Quand les éléphants pleurent

Jeffrey Moussaieff Masson
Susan McCarthy

Quand les éléphants pleurent

La vie émotionnelle des animaux

Traduit de l'américain par Marie-France Girod

Albin Michel

Titre original :

WHEN ELEPHANTS WEEP: THE EMOTIONAL LIVES OF ANIMALS

Traduction française :

22, rue Huyghens, 75014 Paris

ISBN 2-226-08683-8

Pour Leila
et David

Prologue

Sonder le cœur de l'autre

« On dit que parfois l'éléphant d'Asie pleure. »
Charles DARWIN.

Les animaux pleurent. Du moins, ils expriment par la voix leur douleur et leur détresse et, dans bien des cas, ils semblent appeler au secours. C'est pourquoi de nombreuses personnes sont persuadées que les animaux peuvent être malheureux et qu'ils éprouvent des sentiments fondamentaux comme le bonheur, la colère, la peur. Vous et moi, nous croyons volontiers que notre chien, notre chat, notre perroquet ou notre cheval ressent des émotions. Et non seulement nous le croyons, mais nous en avons la preuve sous les yeux en permanence. Nous connaissons tous d'extraordinaires histoires d'animaux dont les héros nous touchent de près. Pourtant, un véritable fossé sépare l'homme de la rue du point de vue officiel de la science sur ce sujet. Par une formation rigoureuse et au prix de considérables efforts mentaux, nombre de scientifiques – notamment ceux qui étudient le comportement animal – sont en effet parvenus aujourd'hui à se rendre aveugles, ou presque, à l'évidence.

Mon intérêt pour les émotions des animaux est né de mes propres expériences – certaines traumatisantes, d'autres profondément touchantes. La comparaison que j'ai pu faire entre les sentiments humains, apparemment opaques et inaccessibles, et les sentiments de mes amis les animaux, d'une pureté, d'une transparence souvent parfaites, surtout en milieu naturel, y est aussi pour beaucoup.

En 1987, je séjournais sur une réserve de l'Inde du Sud, célèbre pour ses éléphants sauvages. Un matin, de bonne heure, je décidai de marcher dans la forêt en compagnie d'une amie. Au bout d'un kilomètre et demi, nous sommes tombés sur un troupeau d'une dizaine d'éléphants qui paissaient paisiblement. De jeunes éléphanteaux se trouvaient parmi eux. Mon amie s'est arrêtée à une distance respectueuse, mais je me suis avancé jusqu'à me trouver à environ six mètres d'eux. Un éléphant imposant a alors regardé dans ma direction en agitant les oreilles.

Je ne connaissais rien aux éléphants. Il ne m'est donc pas venu à l'idée qu'il s'agissait là d'un avertissement. Dans mon ignorance crasse, je m'apprêtais à communier avec eux, comme si j'étais dans un zoo ou face à Babar. Me souvenant d'une formule en sanscrit pour saluer Ganesha, le dieu hindou qui prend la forme d'un éléphant, j'ai lancé : « *Bhoh, gajendra* » – Salut, Seigneur des Eléphants.

L'éléphant a barri. L'espace d'un instant, j'ai cru qu'il me retournait mon salut, mais il a fait volte-face avec une surprenante agilité et m'a chargé dans un bruit de tonnerre. Visiblement, il ne participait en rien à mes fantasmes. Atterré, j'ai vu une masse de deux tonnes foncer sur moi. Rien à voir avec mon charmant Ganesha. J'ai fait demi-tour et pris mes jambes à mon cou.

Je venais de me rendre compte du danger. L'éléphant gagnait du terrain. (J'ai appris plus tard avec horreur que les éléphants peuvent courir plus vite que nous et atteindre les quarante-cinq kilomètres à l'heure.) Décidant que je serais plus en sécurité dans un arbre, je me suis précipité vers une branche en surplomb. Trop haute. J'ai donc contourné l'arbre à toute vitesse et filé dans les hautes herbes. Toujours barrissant, l'éléphant a suivi le même chemin, en me serrant de près. Aucun doute, il tenait à ma mort. Il avait vraiment envie de me jeter au sol d'un coup de trompe et de me piétiner. J'ai cru qu'il ne me restait que quelques instants à vivre. Ma terreur était à son comble. Je me souviens de m'être dit : « Mais comment ai-je pu être assez stupide pour m'approcher d'un éléphant sauvage ? » C'est alors que j'ai trébuché et suis tombé.

L'éléphant s'est arrêté. Il m'avait perdu de vue dans l'herbe haute. Il a levé sa trompe et humé l'air, cherchant à sentir ma trace. Heureusement pour moi, les éléphants ont plutôt une mauvaise vue. J'ai compris que je n'avais pas intérêt à remuer un cil. Au bout de quelques interminables minutes, il a fait demi-tour et il est parti à ma recherche dans une autre direction. Je me suis relevé. En tremblant, j'ai rejoint mon amie qui, terrifiée, observait la scène en croyant ma dernière heure arrivée.

Si j'avais eu ne serait-ce qu'une connaissance rudimentaire des éléphants, cet épisode m'aurait été épargné. Premièrement, un troupeau qui comporte des éléphanteaux est en effet particulièrement sensible au danger ; deuxièmement, les éléphants ont horreur qu'on envahisse leur territoire ; enfin, lorsqu'ils agitent les oreilles, c'est un avertissement sans ambiguïté. Or, je n'avais fait que projeter sur celui-ci mon propre souhait qu'un éléphant en liberté ait envie de me rencontrer.

J'avais eu tort de penser pouvoir communiquer avec un éléphant inconnu de moi dans ces circonstances. Et pourtant, lui avait communiqué avec moi on ne peut plus clairement : il était furieux et je devais m'en aller, c'était net.

Il en va tout autrement avec les émotions humaines, qui sont très souvent décalées. Par exemple, dans mes rêves, je fais l'expérience d'émotions – colère, amour, jalousie, soulagement, curiosité, compassion – d'une intensité jamais atteinte à l'état de veille. A qui appartiennent-elles ? A moi ? Représentent-elles les émotions telles que je les imagine ? Dans le rêve, elles n'ont rien d'abstrait : j'*éprouve* un amour extraordinaire, toujours à l'égard de personnes qui m'inspirent *en fait* de l'amour, mais pas à ce degré. Ayant exercé la psychanalyse, je pensais qu'il s'agissait de sentiments réels, que j'avais d'une certaine manière refoulés dans la journée et auxquels l'accès ne m'était permis que la nuit. Ils étaient toujours là, mais ne pouvaient devenir conscients qu'à certains moments, quand une partie de ma vigilance était en défaut, c'est-à-dire quand je dormais. Il fallait d'une certaine manière circonvenir mon ego pour les retrouver, purs et intacts. Se pourrait-il que les animaux aient plus immédiatement accès à ce monde des émotions que mon moi éveillé ?

Il y a également la question des sentiments d'autrui. Quoi de plus intéressant que ce que les autres *ressentent* ? Eprouvent-ils la même chose que moi ? Je n'ai pu vraiment le découvrir ni en parlant ni même en lisant. Les chansons, les poèmes, la littérature, la marche en forêt, tout cela fait naître certaines émotions. Elles sont parfois étranges, complexes, inexplicables, voire franchement bizarres, souvent d'une incompréhensible intensité. D'où tout cela vient-il ? Je me le suis longtemps demandé. Pourquoi est-ce que j'éprouve cela ? *Quel* est ce sentiment ? Quel nom lui donner ?

Au cours de ma formation psychanalytique, j'ai découvert que les analystes n'étaient que modérément intéressés par les émotions. Ou plutôt, ils se bornaient à interpréter ce que signifiait une émotion par rapport à la psyché ou à examiner si cette émotion était ou non appropriée. Cette notion d'appropriation me paraissait, pour ma part, une catégorie ridicule. Les émotions étaient, un point c'est tout. De plus, elles semblaient se présenter spontanément, comme des invitées mystérieuses, difficiles à saisir. Parfois, l'une d'elles m'effleurait un bref instant, mais elle disparaissait sans laisser de trace dans ma mémoire. Parfois, aussi, je m'éveillais au milieu de la nuit avec le souvenir d'un sentiment ancien, accompagné d'une impression de perte.

La psychanalyse est censée traiter des émotions, et particulièrement des émotions profondes. Pour les psychanalystes, l'*essence* d'une personne n'est pas ce qu'elle pense ou accomplit. C'est ce qu'elle *ressent.* La question standard du psychothérapeute, quasi caricaturale : « Que ressentez-vous à ce propos ? » s'est révélée quintessentielle et la réponse difficile à fournir. Nous ne savons pas toujours ce que nous ressentons – d'où la notion, apparue de bonne heure dans l'œuvre de Freud, d'émotions inconscientes, d'émotions auxquelles l'accès nous est refusé. Le but visé au début par la psychanalyse, à savoir rendre conscient ce qui est inconscient, tendait à faire remonter à la surface les sentiments, les émotions englouties. Pourtant, le problème des émotions éprouvées en rêve n'a guère été abordé dans les ouvrages de psychologie.

Ce qui m'a fasciné, chez les animaux, c'est qu'ils paraissent avoir directement accès à leurs émotions. Pas un seul, semble-t-il, n'a besoin de rêver pour ressentir. Ils manifestent en permanence ce qu'ils éprouvent. Qu'on les ennuie et ils n'hésitent pas à le faire savoir. Faites plaisir à un chat et il se met à ronronner, à se frotter contre vous. Y a-t-il contentement plus visible que celui du chat ? Le chien remue la queue et semble plus heureux de vous voir que n'importe quel être humain. Y a-t-il joie plus visible que celle du chien ? Y a-t-il plus paisible qu'une vache ? Ou bien s'agit-il là de simples projections de l'esprit humain ?

Enfant, j'ai eu un canard qui me suivait partout, comme si j'étais sa mère. Quand nous sommes partis en vacances, un voisin a offert de s'occuper de lui. Au retour, j'ai demandé avec impatience comment était mon canard. « Délicieux », m'a répondu l'homme. Ce jour-là, je suis devenu végétarien. Je ne peux toujours rien manger qui ait des yeux, tant cela m'a marqué.

J'aime les chiens. J'ai toujours été certain qu'ils ont une vie émotionnelle intense. « Non, Misha, on ne sort pas maintenant. » *Comment ?* Les oreilles de Misha se dressaient. *J'ai bien entendu ?* « Désolé, Misha, c'est non. » Impossible de s'y tromper. Les oreilles retombaient et Misha s'effondrait sur le sol.

Aucun doute sur sa déception. Aucun doute non plus sur sa joie quand je lui disais : « D'accord, tu prends ta laisse et on va faire un tour », sur son plaisir à marcher à mes côtés, courir en tête, poursuivre les feuilles mortes, filer dans la forêt, revenir vers moi, me suivre ou me précéder. Tout aussi évidente était sa satisfaction quand nous rentrions à la maison, que j'allumais le feu et m'asseyais pour lire, tandis qu'il restait allongé auprès de moi, sa tête sur mon genou. Quand il s'est fait vieux et qu'il n'a plus marché aussi bien, je pouvais presque le voir se repasser en imagination les scènes de sa vie passée. De la nostalgie chez un chien ? Et pourquoi pas ? Darwin jugeait bien la chose possible.

Dans son ouvrage *L'Expression des émotions chez l'homme et les animaux*[1], Charles Darwin n'hésite pas à imaginer la vie consciente d'un chien : « Mais pouvons-nous être certains qu'un vieux chien doté d'une excellente mémoire et de quelque imagination, comme le montrent ses rêves, ne médite pas sur les plaisirs de ses chasses passées ? Ce serait une forme de conscience. » Plus précisément encore, il s'interroge : « Qui peut dire ce qu'éprouvent les vaches quand elles se rassemblent autour d'une compagne agonisante ou déjà morte et qu'elles la contemplent intensément[2] ? » Darwin ne craignait pas d'aborder des sujets qui semblaient nécessiter des recherches approfondies.

Les visites au zoo, une expérience que nous avons tous faite, un jour ou l'autre, m'ont aussi beaucoup donné à réfléchir. Chacun peut observer l'expression de tristesse de l'orang-outan, la nervosité des loups tournant en rond, l'apathie des gorilles qui désespèrent apparemment de tout, y compris de recouvrer leur liberté.

Un ouvrage joua un rôle clé dans ma réflexion : *The Question of Animal Awareness*, de Donald Griffin[3]. Dans ce livre, attaqué sur plusieurs fronts lors de sa publication, en 1976, Griffin débattait de l'éventualité d'une vie intellectuelle chez les animaux et se demandait si la science examinait honnêtement la question de leur cognition et de leur conscience. S'il n'explorait pas l'émotion, il la désignait néanmoins comme un domaine à explorer. Ces pages, convaincantes et très excitantes intellectuellement, me donnèrent envie de me plonger dans un ouvrage comparable sur les émotions chez l'animal. Je me rendis compte alors qu'il n'existait pratiquement aucune investigation de la vie émotionnelle des animaux dans toute la littérature scientifique moderne.

Pourquoi cette carence ? Parce que, entre autres, les scientifiques, les béhavioristes, les zoologues et les éthologistes craignent d'être taxés d'anthropomorphisme, une forme de blasphème scientifique. Non seulement les émotions animales ne sont pas considérées comme un domaine d'étude respectable, mais on n'est pas censé leur appliquer les termes associés aux émotions. Pour quelle raison est-il mal vu de discuter de la vie intérieure des animaux, de leurs capacités émotionnelles, de leurs sentiments de joie, de déception, de nostalgie et de tristesse ? Il y a peu, Jane Goodall écrivait, à propos de son travail sur les chimpanzés : « Lorsqu'au début des années 60, j'ai utilisé effrontément des termes comme "enfance", "adolescence", "motivation", "excitation", et "humeur", on m'a beaucoup critiquée. J'ai fait pire : j'ai suggéré que les chimpanzés avaient des "personnalités". Je prêtais des caractéristiques humaines à des animaux et j'étais en conséquence coupable du pire péché éthologique, l'anthropomorphisme[4]. »

Avide d'en apprendre plus sur les émotions animales, je m'aperçus que le livre que j'avais envie de lire restait à écrire. C'est ainsi que je me suis lancé à la recherche de récits sur des animaux spécifiques.

Les chercheurs qui étudient les dauphins ont été parmi les premiers que j'ai interrogés. Les dauphins prennent un plaisir si évident à exécuter ce qu'on leur demande et même à en rajouter, qu'il doit exister chez eux une composante émotionnelle élaborée. Je me rendis au Marine World Africa USA, près de Berkeley, en Californie, pour y rencontrer Diana Reiss, une des principales spécialistes. Elle me montra « ses » quatre dauphins, qui étaient dans leur grand bassin propre et net. Tous, visiblement, la suivaient des yeux et observaient ses mouvements, impatients qu'elle vienne jouer dans l'eau avec eux. J'avais envie de penser qu'ils étaient heureux et contents d'être là. Je posai la question. Oh ! oui, dit-elle, ils se nourrissaient bien, ils s'accouplaient, ils étaient en parfaite santé, ils avaient beaucoup de plaisir à pratiquer les jeux qu'elle inventait pour eux dans le cadre de ses recherches. J'acquiesçai. Mais cela suffisait-il pour parler de bonheur ? Je me souvins de ce que disait dans son autobiographie George Adamson, l'époux de Joy Adamson, célèbre auteur de *Elsa, la lionne* : « Un lion n'est pas un lion s'il n'est libre que de manger, de dormir et de copuler. Il est digne d'être libre de chasser et de choisir ses proies, de vouloir former un couple, de défendre son territoire et de mourir là où il est né, dans la brousse. Il devrait avoir les mêmes droits que vous et moi [5]. »

Pensant que les experts qui étudient les animaux et travaillent en leur compagnie me confieraient plus volontiers de vive voix ce qu'ils hésitent à écrire dans un article scientifique, j'allai interroger d'autres éminents spécialistes du comportement des dauphins. Aucun n'avait envie de se lancer dans des spéculations, ni même de parler de ce qu'il avait observé. L'un d'eux déclara : « Je ne sais pas ce qu'*émotion* veut dire. » Un autre se déchargea du sujet sur ses étudiantes, sous-entendant par là que sa dignité de scientifique (ou de mâle ?) le plaçait au-dessus de ce genre de chose.

Pourtant, les actes de ces spécialistes démentaient leurs paroles. L'un d'eux étreignit un de ses dauphins les plus doués dans ce qui était bel et bien un moment d'émotion, du moins pour le chercheur. L'autre avait du mal à quitter ses animaux pour la nuit, tant était grand son attachement à ceux qu'il appelait ses « sujets ». Quant aux étudiantes, elles avaient une foule d'histoires à raconter sur l'affection mutuelle que se portaient chercheurs et dauphins, même vivant en liberté. On a peine à croire que ces scientifiques puissent manifester des sentiments aussi intenses à l'égard d'animaux s'ils les estiment dénués d'émotions et incapables de répondre aux leurs.

De toute manière, comment prétendre qu'un animal ne ressent rien sans avoir étudié sérieusement la question ? Arriver, sans étude préalable, à la conclusion qu'il n'éprouve rien ou ne peut rien ressentir, c'est, au nom de la science, se fonder sur un préjugé, sur un parti pris non scientifique. Ce domaine n'est d'ailleurs pas le seul où les scientifiques s'accrochent à un dogme opposé à l'esprit de la science. Prenons le cas des abus sexuels sur des enfants. Pendant longtemps, les psychanalystes en ont nié la réalité. Ces abus avaient lieu bien avant que Freud ne commence à s'y intéresser, mais en concluant sans preuve qu'ils ne s'étaient pas produits, dans la majorité des cas, il les oblitéra jusqu'à ce que le féminisme révèle leur ampleur.

Au cours de mes recherches sur l'attitude des dresseurs vis-à-vis des émotions des animaux qu'ils utilisaient dans leurs shows, j'entrai en contact avec le directeur des relations publiques du Sea World de San Diego. Il me déclara froidement qu'il n'était pas d'accord avec la notion d'émotions animales. Pas question que le nom de Sea World fût associé à mon travail, parce que « ça sentait l'anthropomorphisme ». Je fus d'autant plus surpris en assistant aux shows. Dauphins et épaulards étaient dressés à agiter leurs nageoires pour dire « bonjour » aux spectateurs, à leur « serrer la main » et à les arroser d'eau. Dressés à se comporter comme des êtres humains – plus précisément, des êtres humains qu'on aurait formés à amuser le public, des esclaves utilisés à des fins commerciales.

A ce jour, la psychologie comparative débat du comportement observable et de l'état physique des animaux, des explications évolutionnistes de leur existence, mais se garde bien de s'attacher aux états mentaux inséparables de ce comportement[6]. Et si elle étudie ces états, c'est sous l'angle de la cognition et non de l'émotion. De son côté, l'éthologie, ou science du comportement animal, discipline plus récente qui insiste sur les distinctions entre les espèces, cherche des explications fonctionnelles et causales au comportement, plutôt que des explications d'ordre émotionnel. Les explications causales sont centrées sur des théories de la « cause ultime » – les animaux s'accouplent parce que cela accroît les chances de reproduction – qu'il faut distinguer de la « cause proximale » – les animaux s'accouplent parce qu'ils sont tombés amoureux. Même si les deux explications ne s'excluent pas nécessairement l'une l'autre – l'une des plus grandes figures de l'éthologie, Konrad Lorenz, parlait en toute confiance d'animaux qui tombaient amoureux, avaient mauvais moral ou étaient dans le deuil – la discipline dans son ensemble a continué à considérer les émotions comme indignes de l'attention des scientifiques[7].

L'avènement des études animales en laboratoire, tout particulièrement dans les années 60, a encore accru la distance avec l'univers de la sensibilité animale. Et cette distance a conforté les scientifiques qui pratiquent des expériences douloureuses sur les animaux dans leur opinion que ceux-ci ne ressentent ni douleur ni souffrance, ou une douleur suffisamment éloignée de la nôtre pour qu'on n'en tienne aucun compte dans l'élaboration des expériences. Des intérêts professionnels et financiers sont en jeu. Ils expliquent, du moins en partie, la résistance à la notion que les animaux ont une vie émotionnelle complexe et sont capables de ressentir, non seulement de la douleur, mais des émotions supérieures comme l'amour, la compassion, l'altruisme, la déception, la nostalgie. Car admettre une telle possibilité entraîne certaines obligations morales. Si les chimpanzés ressentent solitude et angoisse, c'est mal, évidemment, de les utiliser dans des expériences où ils se trouvent isolés et dans l'attente quotidienne de la douleur. Il y a là, au bas mot, matière à discussion. Or, le débat a à peine commencé.

Aujourd'hui, une partie des recherches les plus innovatrices sur les animaux concerne l'usage du langage, la conscience de soi et autres capacités cognitives, de sorte qu'une brèche devrait s'ouvrir dans l'aveuglement volontaire de la science à l'égard du monde des émotions animales. La cognition, la conscience sont des sujets alléchants, plus faciles à expérimenter et plus respectables que l'émotion. Bien sûr, l'intelligence est fascinante, mais un animal, au même titre qu'un être humain, n'a pas besoin d'être intelligent pour avoir une sensibilité. Et les données qui existent sur les émotions animales ne sont pas issues des travaux de laboratoire, mais des études de terrain. Certains des chercheurs les plus estimés actuellement, de Jane Goodall à Frans de Waal, défient de temps à autre l'orthodoxie et appliquent aux animaux des termes comme *amour* et *souffrance.* Ces aspects de leur œuvre sont néanmoins virtuellement ignorés. Quant aux scientifiques moins éminents, il est risqué pour eux d'utiliser des termes de ce genre.

Les choses sont toutefois en train de changer de manière significative. Récemment, Sue Savage-Rumbaugh, une scientifique appartenant au Yerkes Primate Center d'Atlanta, en Georgie, écrivait dans l'introduction à son livre, *Ape Language* :

> Si l'on passe sur la légère différence dans la forme de la face, on peut déchiffrer les émotions des grands singes aussi facilement et aussi précisément qu'on lit les sentiments et les émotions chez l'être humain. Il y a peu de sentiments que les grands singes ne partagent pas avec nous, sauf peut-être la haine de soi. Il ne fait aucun doute qu'ils expérimentent et expriment l'exubérance, la joie, la culpabilité, le remords, le dédain, l'incrédulité, la honte, la tristesse, l'émerveillement, la tendresse, la loyauté, la colère, le manque de confiance et l'amour. Un jour, peut-être, nous serons capables de faire la démonstration de l'existence de telles émotions sur un plan neurologique. D'ici là, seuls ceux qui vivent et interagissent avec les grands singes dans la même proximité qu'avec les membres de leur propre espèce se révéleront capables de

comprendre l'ampleur des similitudes de comportement entre le grand singe et l'homme[8].

La connaissance de nos émotions est pour nous une façon d'estimer si l'animal ressent quelque chose de similaire, mais ce n'est pas forcément la seule, ni même la meilleure. Doit-on se poser la seule question des similitudes et des différences avec l'être humain ? Est-ce même l'interrogation la plus importante ? Nous pouvons parfaitement nous entraîner à éprouver en imagination de l'empathie à l'égard d'autres espèces. Qu'on nous apprenne ce qu'il faut rechercher dans les traits de la face, dans les attitudes, les gestes, le comportement, et nous saurons nous montrer plus ouverts, plus sensibles. A nous de faire fonctionner notre imagination, de l'étendre bien au-delà de son domaine actuel, d'observer ce qui, auparavant, nous aurait échappé. Nous ne devons être limités ni par ce qui a déjà été écrit ni par le consensus existant entre scientifiques. Nous ne devons pas non plus nous considérer comme un point de référence. Qu'avons-nous à perdre en faisant accomplir à notre imagination le saut nécessaire pour élargir le champ de nos sympathies, pour faire reculer notre horizon ? Pour ma part, j'ai décidé de dépouiller tous les écrits scientifiques sur les animaux, afin d'y chercher des éléments sous-jacents sur leurs émotions, même si le sujet n'était pas explicitement traité. A ce jour, aucun scientifique éminent n'a entrepris de traiter de manière approfondie le thème des émotions animales. Il faut espérer, pour le bien des animaux comme pour celui des humains, que la science va finir par se convaincre de l'intérêt d'examiner plus sérieusement ce qu'éprouvent les animaux qui partagent notre monde.

Dans cet ouvrage, je tente de montrer que les animaux de toutes les espèces ont une vie émotionnelle complexe. Rares sont les scientifiques qui ont écrit sur le sujet, même s'ils sont nombreux à avoir cru à l'existence des émotions chez les animaux qu'ils étudiaient. C'est pourquoi ma coauteur et moi-même, nous nous sommes plongés dans un grand nombre de publications scientifiques, à la recherche de preuves non reconnues comme telles. J'ai mis à contribution une longue liste d'experts témoins et tout particulièrement des scientifiques ayant étudié les animaux en milieu naturel. Je m'en suis tenu en majorité aux travaux de spécialistes reconnus, afin que les sceptiques eux-mêmes voient que les preuves sont issues d'un vaste choix d'études sérieuses sur des animaux dans des environnements divers.

Ces études sur le terrain révèlent ce que la plupart des profanes ont toujours cru : les animaux aiment et souffrent, rient et pleurent, ont le cœur battant de joie ou serré de désespoir. Ils connaissent la solitude, l'amour, la déception, la curiosité. Ils regardent en arrière avec nostalgie, anticipent le bonheur à venir. Ils *ressentent des émotions.*

Aucun de ceux qui ont partagé la vie d'un animal ne viendrait le nier. C'est pourtant ce que font de nombreux scientifiques. Pour cette raison, je me suis efforcé de répondre à leurs préoccupations de manière peut-être plus détaillée que nécessaire pour le lecteur moyen. « C'est évident », dit le maître d'un animal familier. « C'est une revendication dont les implications sont considérables », dit l'homme de science. Ce livre aimerait combler le fossé entre ce que sait la personne qui a toujours observé les animaux sans a priori et l'esprit scientifique qui se refuse à s'aventurer sur un terrain aussi émotionnel.

Beaucoup de scientifiques ont évité de réfléchir aux émotions animales dans la crainte – tout à fait justifiée – d'être accusés d'anthropomorphisme. C'est pourquoi j'ai tenu à mettre l'accent sur cette question précise. Si l'on parvient à s'en débarrasser en montrant qu'il s'agit d'une fausse critique, l'étude des émotions animales pourra aller de l'avant, libérée d'une peur fantôme.

J'ai aussi tenté d'examiner avec objectivité les arguments de la biologie évolutionniste. Je me suis posé la question de savoir quand ils aidaient à expliquer la vie émotionnelle réelle des animaux et quand ils étaient utilisés pour évacuer cette réalité.

Au fil des pages, vous serez peut-être surpris de découvrir un comportement émotionnel inattendu chez certains animaux : l'éléphant auquel une souris sert d'animal de compagnie ; la femelle chimpanzé qui attend le retour de son enfant mort ; un ours perdu dans la contemplation d'un coucher de soleil ; des bisons patinant sur la glace ; un perroquet qui pense ce qu'il dit ; un dauphin qui invente ses propres jeux. Et puis, tout du long, vous rencontrerez des scientifiques qui se refusent à reconnaître ce qui vous paraîtra sans doute évident.

Pour conclure, j'examinerai certains des choix moraux qui découlent d'une juste compréhension des émotions animales. Nous aurons vu que les animaux ressentent de la colère, de la peur, de la joie, de la honte, de la compassion, de la solitude, avec une intensité présente seulement dans les romans et les fables. Peut-être cela influera-t-il non seulement sur la conception que vous avez d'eux, mais aussi sur la façon dont vous les traitez. Plus il m'est apparu évident que les animaux avaient des émotions profondes, plus j'ai été indigné à la pensée qu'on puisse se livrer sur eux à des expériences. Comment justifier cette expérimentation en sachant ce qu'ils ressentent lorsqu'ils subissent ces tortures ? Peut-on continuer à les manger tout en sachant combien ils souffrent ? Nous sommes horrifiés en lisant que des êtres humains en tuent d'autres pour faire commerce de leurs organes, même dans des romans. Mais, chaque jour, on abat des éléphants pour leurs défenses, des rhinocéros pour leur corne, des gorilles pour leurs mains. Je forme l'espoir qu'au fur et à mesure que nous prendrons conscience de la nature émotionnelle de l'animal, il nous sera de plus en plus difficile de justifier des actes aussi cruels.

Jeffrey Moussaieff Masson,
Half Moon Bay, avril 1995.

1.
La cause des émotions

Quelque part en Inde, un dauphin du Gange, une femelle, vient chercher son compagnon pour dormir auprès de lui sous les eaux sombres du fleuve. Elle est aveugle et pourtant elle n'a jamais eu besoin d'y voir. Ces dauphins se dirigent grâce à l'écoute de l'écho. Dans le ciel, au-dessus d'eux, passent deux grues. Elles reviennent de Chine et se dirigent vers leur territoire de reproduction, en Sibérie. Les grues sont à mille cinq cents mètres de hauteur et elles observent le sol de leurs yeux d'or. Qu'y a-t-il dans leur cœur ? Qu'y a-t-il dans le cœur des dauphins ? Leurs joies et leurs peines ont beau être éloignées des nôtres, elles n'en sont pas pour autant hors d'atteinte de notre imagination. Quand le dauphin surgit des eaux boueuses, quand, en vol, les grues tendent leur long cou, une soudaine impression de familiarité nous envahit, la certitude d'avoir le même héritage émotionnel. Ils éprouvent, nous éprouvons des émotions, même si nous avons un certain mal à savoir quelles sont les leurs.

Après des débuts prometteurs, il y a plus de cent vingt ans, lorsque Darwin a ouvert la voie dans son ouvrage *L'Expression des émotions chez l'homme et les animaux*, peu de scientifiques ont par la suite admis et étudié les émotions animales, ou même réfléchi à la question. Les forces qui militent contre l'idée même des émotions dans la vie animale le font avec une telle constance que la question semble réglée, taboue, presque.

Dans tous les travaux scientifiques publiés sur les animaux, il existe de nombreux comptes rendus, observations et anecdotes suggérant qu'ils sont susceptibles de ressentir ou d'exprimer des émotions, ou du moins incitant à faire des recherches plus poussées à ce propos. Et pourtant, rien ou presque ne se profile à l'horizon.

G.G. Rushby, un garde-chasse qui effectuait « un travail de contrôle des éléphants » en Tanzanie (alors Tanganyika), en repéra quatre dans les hautes herbes, trois femelles et un mâle pré-adulte. Sa tâche consistait à maintenir à la baisse la population éléphantine. Il tira donc sur eux, tuant les éléphantes et blessant légèrement le jeune, avant de s'apercevoir, dépité, que deux éléphanteaux accompagnaient les femelles. Les hautes herbes les avaient cachés. Il s'avança vers eux en criant et en agitant son chapeau, espérant les faire revenir vers le gros du troupeau, où d'autres éléphantes les adopteraient. L'éléphant blessé, sonné et sans défense, ne savait de quel côté se tourner. Au lieu de fuir, les éléphanteaux orphelins se pressèrent contre lui et, le soutenant, l'entraînèrent hors de la zone dangereuse[1].

Terreur, compassion, bravoure... Des récits comme celui-ci, s'ils étaient systématiquement exploités, prouveraient l'existence d'un monde d'émotions animales profondes, mais il n'y a apparemment guère de place pour eux dans la littérature scientifique. On considère les incidents qui se sont produits une seule fois comme des « anecdotes ». Il n'y a pourtant aucune raison d'ignorer les faits rares. Et quand l'occasion de recenser d'autres cas ou même de reproduire des événements rares se présente, les scientifiques ne la saisissent généralement pas, tant ils redoutent d'être accusés d'« utiliser des preuves anecdotiques ». Lorsque Sue Savage-Rumbaugh, chercheuse spécialisée dans les primates, évoque les capacités des chimpanzés Sherman et Austin à improviser d'impressionnantes combinaisons de symboles tout à fait inhabituelles, elle dit de ces manifestations spontanées qu'elles sont « vraisemblablement parmi les informations les plus importantes que nous ayons ». Mais elle précise : « Nous avons évité de les décrire dans les rapports destinés à la publication[2]. »

Les anecdotes présentent sans aucun doute des inconvénients pour les scientifiques – entre autres, l'impossibilité de contrôler les circonstances qui les ont entourées, le manque fréquent de documentation et l'impossibilité d'établir des statistiques à partir d'un événement isolé. Cependant, même lorsque l'événement se produit dans une situation parfaitement contrôlée et fait l'objet d'un enregistrement méticuleux, comme les combinaisons de symboles de Sherman et d'Austin, de nombreux scientifiques se refusent à l'utiliser, parce qu'il n'a eu lieu qu'une fois. La preuve expérimentale a une telle crédibilité par rapport à l'expérience personnelle qu'on se croirait dans le domaine de la religion plutôt que dans celui de la logique.

Pour Jane Goodall, la réticence des scientifiques à accepter la preuve anecdotique est un problème grave qui déteint sur la science tout entière. « J'ai toujours recueilli des anecdotes, car à mes yeux elles sont d'une très grande importance – alors que la plupart des scientifiques n'ont que mépris pour l'anecdotique. “Oh, c'est juste anecdotique.” Qu'est-ce que l'anecdotique ? C'est la description soigneuse d'un événement inhabituel[3]. » Elle évoque le cas d'une assistante de recherche dans un laboratoire, chargée de noter la réponse de singes rhésus mâles à des femelles, dont certaines étaient soumises à un traitement hormonal ou avaient subi une ablation des ovaires : « Elle m'a parlé [...] d'une vieille femelle qu'elle avait observée à tous les stades successifs, jusqu'à l'ablation des ovaires. C'était cette femelle-ci qui avait le plus de succès, à quelque stade qu'elle se trouvât. Elle, *personnellement*, et cela on le négligea complètement. Pourtant, c'était fascinant. Il doit y avoir des millions d'observations de ce genre qui n'ont jamais été rapportées dans les publications. » Pareilles observations pourraient servir de base fertile à l'analyse et à des recherches ultérieures. Or, il n'en existe pratiquement pas. Il est bien sûr possible de décrire de tels faits sans employer des termes ayant une connotation émotionnelle, mais une description sèche ne se révélera pas nécessairement plus juste.

Dans cet ouvrage, l'*émotion* est définie comme une expérience subjective, ce à quoi l'on se réfère lorsqu'on dit : « Je me sens triste », ou « Je suis heureux », ou bien « Je suis déçue », ou encore « Mes enfants me manquent. » Elle n'est pas distincte d'un sentiment, d'une passion ou de ce que les scientifiques appellent l'« affect ». L'*humeur* fait référence à une émotion qui dure un temps donné. Ces termes se rapportent simplement à des états intérieurs, à ce qui est ressenti.

Impossible d'ignorer l'émotion dans la pratique

Pour la plupart des personnes en contact direct avec les animaux, tels que les dresseurs, il va de soi que ceux-ci éprouvent des émotions. Avec les éléphants, par exemple, il est clair que celui qui ignore leur « humeur » le fait à ses risques et périls. Mary Midgley, philosophe britannique, l'explique très bien :

> Visiblement, les cornacs font preuve à l'égard des éléphants de croyances erronées parce que « anthropomorphiques ». C'est-à-dire qu'ils interprètent à tort certains aspects annexes du comportement de l'éléphant en se rapportant à un schéma humain inapproprié. Mais s'ils faisaient de même à propos des émotions quotidiennes et fondamentales – lorsque leur éléphant est content, ennuyé, effrayé, excité, fatigué, soupçonneux, se met en colère ou a mal – ce n'est pas leur place qu'ils perdraient, mais la vie[4].

Celui qui tenterait de dresser des animaux sans avoir la moindre idée de ce qu'ils ressentent serait condamné à l'échec. Certains prétendent mieux travailler avec telle espèce ou tel individu parce qu'ils comprennent mieux ce qu'ils éprouvent. Gunther Gebel-Williams, dresseur d'animaux de cirque, a remarqué des différences, au niveau des émotions individuelles, entre ses tigres. « On ne peut entraîner [...] tous les tigres à sauter à travers un cercle de feu. Quand j'ai inclus ce tour dans mon numéro, j'ai dû en trouver plusieurs, parmi mes vingt animaux, qui ne soient pas effrayés par le feu. Et cela n'a pas été facile, parce que la plupart des tigres ne s'approchent pas des flammes[5]. »

D'après Mike Del Ross, qui supervise le dressage des chiens d'aveugles dans un centre de San Rafael, Californie, la crainte de se livrer à de l'anthropomorphisme peut être un handicap, car au contraire : « Plus l'on s'efforce de deviner le chien, plus l'on se concentre et mieux on y parvient. »

Interrogés pour savoir s'ils continueraient à travailler avec des chiens si ceux-ci étaient dépourvus d'émotions, les dresseurs ont trouvé l'idée saugrenue[6]. « Sans doute pas, a répondu Kathy Finger, parce que pour moi, quand on s'occupe de chiens, qu'on les aime et les respecte, déchiffrer leurs émotions fait partie de la relation. » Quant à Del Ross, il s'est exclamé : « Impossible ! A quoi cela rimerait-il s'ils n'avaient pas d'émotions ? »

Une telle empathie, appliquée à l'observation scientifique des animaux, est un sujet de controverse. Pourtant, il peut être fructueux de se demander ce que l'on ressentirait à leur place. La plupart des scientifiques qui étudient les animaux en milieu naturel se fondent sur l'empathie pour comprendre leur comportement. Ils vont se dire, par exemple : « Si j'avais perdu mon plus proche compagnon, moi non plus je n'aurais pas envie de me nourrir pendant quelque temps. » C'est une bonne méthode.

Les émotions de la captivité – « ça ne compte pas... »

Souvent, les preuves de l'émotion chez l'animal en captivité et chez l'animal familier sont considérées comme irrecevables. L'animal captif, objecte-t-on, se trouve dans une situation qui n'a rien de naturel. Quant à l'animal domestique, il n'aurait pas grand-chose à voir avec ce qu'est *réellement* l'animal – comme s'il n'en était pas vraiment un. Tandis que les animaux véritablement domestiqués diffèrent *de fait* des animaux sauvages, les termes *domestique* et *apprivoisé* n'ont pas la même signification. Les animaux domestiques ont été élevés pour vivre avec les êtres humains – ils ont subi une modification, sur le plan génétique. Les chiens, les chats, les vaches sont des animaux domestiques. Ils sont différents des animaux en captivité – les éléphants par exemple. Ce sont en effet des animaux sauvages que, de génération en génération, on a pratiquement toujours capturés et dressés, pas *élevés.* Dans la mesure où la nature des éléphants demeure inchangée, les observations faites sur des animaux apprivoisés ou captifs se rapportent en vérité tout aussi bien, dans leur grande majorité, à ceux vivant en liberté.

L'animal domestique et l'animal sauvage ne sont peut-être pas absolument semblables, mais ils ont beaucoup en commun. Et ce que l'on sait des uns peut s'appliquer aux autres. Comme l'a écrit George Schaller, biologiste sur le terrain : « Un maître aimant peut vous en dire plus sur la conscience de l'animal que certains béhavioristes travaillant en laboratoire[7]. » La biologiste Lory Frame fit une découverte étonnante en étudiant des chiens sauvages du parc national de Serengeti. Les animaux dominants – les seuls dans une meute à se reproduire, généralement – ressemblaient beaucoup moins à des chiens domestiques. « Si, intuitivement, il me semblait comprendre Maya et Apache, c'est parce qu'ils me rappelaient, par leur comportement de subordination, les chiens domestiques. Le chien de ma famille n'était pourtant pas du genre à ramper ; au contraire, il me rudoyait quand j'étais petite. Mais l'attitude de Maya, sa façon de remuer la queue, évoquait ce que les gens attendent – et en général obtiennent – de leur chien. Il n'en va pas de même avec les chiens sauvages dominants... J'en ai rarement vu "sourire" ou remuer la queue. Ils semblaient sérieux et dangereux. Si, étant à pied, je rencontrais Sioux, je grimpais à l'arbre le plus proche. Si c'était Maya, j'avais plutôt tendance à lui tapoter la tête et à lui offrir un biscuit[8]. » L'expérience de Lory Frame avec les chiens domestiques lui était utile pour observer les chiens sauvages.

Si les animaux domestiques et en captivité se trouvent « dans une situation qui n'est pas naturelle », ce n'est pas une raison pour prendre moins au sérieux les études dont ils sont l'objet. Les êtres humains ne sont pas dans une situation plus naturelle. Pour nous non plus, l'évolution ne s'est pas déroulée dans le monde où nous vivons maintenant. Pour autant, nous n'allons pas nier l'existence ou l'authenticité de nos émotions au seul motif qu'elles n'ont pas lieu au sein de petits groupes d'hommes pratiquant la chasse et la cueillette dans la savane africaine, où la vie humaine est censée avoir commencé. Nous sommes nous-mêmes des animaux domestiques. Même si nous sommes éloignés de nos « origines », nous n'en prétendons pas moins que nos émotions sont réelles et caractéristiques de notre espèce. Pourquoi en irait-il autrement pour les animaux ? Il n'est pas naturel, pour un être humain, d'être en prison. Pourtant, si l'on nous met en prison et si nous ressentons des émotions inhabituelles, personne ne viendra nous dire que ce ne sont pas de vraies émotions. L'animal dans un zoo ou l'animal devenu notre compagnon peut fort bien ressentir des émotions qu'il n'aurait pas éprouvées autrement. Elles n'en sont pas moins réelles.

Lorsque Anne Rasa, auteur du livre *La Famille idéale*[9], voulut savoir si ce qu'elle avait appris en observant des mangoustes naines en captivité s'appliquait aux mangoustes en milieu naturel, elle alla passer plusieurs années au Kenya pour les étudier. Là, elle découvrit qu'à deux exceptions près le comportement des mangoustes sauvages dans la brousse s'approchait de celui des mangoustes captives dans de vastes enclos. Les mangoustes sauvages, devant davantage se consacrer à la recherche de nourriture, jouaient et socialisaient moins et leur existence était aussi fortement influencée par l'action des autres espèces. Elles étaient la proie des aigles et des serpents et passaient pas mal de temps à se grouper pour les repousser. Elles se querellaient avec les mangoustes plus grosses. Si, en règle générale, elles ignoraient les lézards et les écureuils, elles essayaient parfois de jouer avec eux. En d'autres termes, le champ de leurs émotions était dans une certaine mesure déterminé par les opportunités qui se présentaient, mais la curiosité et le jeu leur étaient communs, en captivité comme en milieu naturel.

D'un autre côté, il est certain que les conditions de captivité peuvent modifier le comportement des animaux. Gardées ensemble dans une cage, les femelles babouins se constituent en une hiérarchie rigide qui ne ressemble à rien de ce que l'on observe chez l'espèce en liberté[10]. Il ne s'agit pas d'affirmer que la captivité ne change jamais ni les émotions ni le comportement. Simplement, le fait est que l'animal captif, comme l'animal sauvage, semble avoir des émotions, émotions qui sont tout aussi réelles et donc méritent tout autant d'être étudiées.

Complexité de l'émotion

Les émotions se présentent rarement pures, isolées des autres. Chez les humains, la colère et la peur, la peur et l'amour, l'amour et la honte, la honte et le chagrin se mêlent souvent. Les animaux, eux aussi, peuvent éprouver des émotions mêlées. La mère dauphin qui, durant plusieurs jours, emporte avec elle son enfant mort ressent peut-être à la fois du chagrin et de l'amour. Hope Ryden évoque le cas d'un jeune wapiti qui veillait le cadavre d'un autre jeune, tué par les coyotes, après le départ du troupeau. Pendant deux jours au moins, le jeune wapiti est resté fermement planté au-dessus de la dépouille, chassant agressivement les coyotes, reniflant de temps en temps et caressant du museau la tête de l'animal mort. Plus tard, lorsque les coyotes eurent réussi à dévorer une partie du cadavre, le jeune wapiti finit par s'en aller[11]. Peut-être s'est-il senti seul, sans le reste du troupeau. Peut-être éprouvait-il de l'affection pour le jeune mort et avait-il du chagrin ; peut-être éprouvait-il de la colère à l'égard des coyotes, de la peur aussi. Ce n'est pas parce que les sentiments sont complexes, multiples ou difficiles à interpréter qu'ils n'existent pas.

Pas plus que les humains, les animaux n'ont tous les mêmes émotions. De même que les comportements des différentes espèces diffèrent, leur vie affective varie. Or, on en tient rarement compte quand on prend des exemples chez les animaux. « Les oies restent en couple toute la vie », déclare-t-on. Ou bien : « Les rouges-gorges jettent leurs petits à bas du nid quand ils sont assez grands pour se débrouiller seuls. » « Le chien ne reste pas pour aider la chienne à élever ses petits. » C'est affirmer, à tort, que tous les animaux se ressemblent et vouloir en tirer des conclusions pour les êtres humains. En fait, si les oies s'accouplent pour la vie, ce n'est pas le cas des grouses. Chez les grouses, le mâle s'accouple avec un maximum de femelles et il les laisse élever seules les petits. La poule de Tasmanie s'accouple avec deux mâles et le trio élève ensemble les petits[12]. Si le rouge-gorge quitte le nid très jeune, les condors restent des années avec leurs parents. Les loups et les louves élèvent ensemble les louveteaux. Ces différences donnent souvent l'occasion d'une sorte de jeu de salon sociobiologique : nous tentons de justifier certains aspects de notre comportement en nous référant à l'espèce animale dont le comportement est celui que nous souhaitons définir comme « naturel » chez l'être humain. Mais les espèces animales peuvent aussi différer en termes de contenu émotionnel. En prouvant que les éléphants ressentent du chagrin ou de la compassion, on ne prouve pas que les hippopotames ressentent de la compassion et les pingouins du chagrin. C'est peut-être vrai, peut-être pas.

Les animaux diffèrent également les uns des autres en tant qu'individus. Prenons les éléphants. Certains peuvent être timides, d'autres audacieux. L'un sera sujet à des accès de fureur, l'autre parfaitement paisible. Un sujet de la reine Victoria faisait ce commentaire sur des éléphants utilisés à différentes tâches à Rangoon : « Il y a ceux qui travaillent volontiers et ceux qui sont fainéants ; il y a des tempéraments doux et d'autres qui ont la tête dure comme du bois. Certains vont tirer sans rechigner un tronc de deux tonnes, tandis que d'autres, tout aussi forts mais d'une bonne volonté moindre, vont faire toute une histoire devant une misérable branche [13]. » Parlant d'une espèce qu'il a chassée, Theodore Roosevelt écrivait : « [Les] ours présentent d'un individu à l'autre des différences de courage et de férocité, exactement comme les hommes [...] Certain grizzli, mis en situation de se défendre, se révélera incapable de résister ; un autre se battra jusqu'au bout, contre toute attente, sans broncher ou même attaquera sans avoir été provoqué... Même les vieux chasseurs – une catégorie qui, dans son ensemble, fait preuve d'un esprit étroit et d'opinions arrêtées – ont tendance à généraliser de façon aussi inconsidérée que des débutants [14]. »

Les points de vue de l'homme de la rue et de l'homme de science

La plupart des gens ordinaires qui se trouvent en contact étroit avec les animaux admettent volontiers la réalité de leurs émotions. C'est le fruit à la fois d'une déduction logique et de l'écoute de leurs sens. Pour celui qui entend des oiseaux en train d'attaquer un chat près de leur nid, ces oiseaux sont en colère. Quand un écureuil s'enfuit à notre approche, nous pensons qu'il a peur. Si un chat ronronne, nous l'estimons heureux. Même ceux qui n'ont pas l'expérience directe des animaux pensent être devant un état émotionnel et font le lien avec un sentiment humain similaire. Considérée sous cet angle, la description de la vie animale par le profane peut se révéler plus juste que celle du béhavioriste qui ne fait aucune tentative pour étudier de manière sérieuse ou systématique les émotions animales. Elle est en tout cas plus riche.

Malgré cette absence d'études scientifiques poussées sur leurs émotions, l'intérêt porté aux réalités de la vie des animaux est aujourd'hui plus grand que jamais. Dans un large éventail de disciplines, on prend de plus en plus conscience de la complexité de leurs actes – sur le plan cognitif, perceptif, comportemental, individuel et social – tandis que, parallèlement, notre humilité face à la question de leurs capacités grandit. Nous ne sommes plus prêts de la même manière à décréter ce que l'animal peut faire ou ne pas faire, être ou ne pas être. Nous commençons à admettre que nous avons encore énormément à apprendre.

Quoique l'étude de l'émotion soit une discipline digne de respect, ceux qui la pratiquent sont en général des psychologues universitaires dont le domaine se borne aux émotions humaines. Le *Dictionnaire du comportement animal*, ouvrage de référence pour les spécialistes du comportement animal, donne ce conseil : « [On] sera bien avisé d'étudier le comportement, plutôt que de tenter d'avoir accès à quelque émotion sous-jacente[15]. » Pourquoi ? Même si les sentiments et les émotions de l'animal se révèlent difficiles à cerner et à mesurer, ce n'est pas une raison pour en déduire qu'ils n'existent pas ou sont dépourvus d'intérêt.

Les êtres humains ne sont pas toujours conscients de ce qu'ils ressentent. Ils peuvent se révéler incapables de le traduire en mots, comme les animaux. Est-ce à dire qu'ils n'éprouvent rien ? Sigmund Freud n'a-t-il pas envisagé qu'un homme ait été amoureux d'une femme pendant six ans et n'en ait pris conscience que bien des années plus tard ? Avec la meilleure volonté du monde, cet homme n'aurait pu verbaliser ce qu'il ignorait. Il éprouvait des sentiments, mais il n'en savait rien. Cela peut paraître paradoxal car, pour nous, un sentiment est quelque chose que nous sommes conscients d'éprouver. Comme l'indique Freud en 1915, dans son article « L'inconscient » : « Il est certainement de l'essence d'une émotion que nous en ayons conscience[16]. » Pourtant, sans aucun doute, nous pouvons « avoir » des sentiments dont nous sommes ignorants.

Dans le vocabulaire de la psychiatrie, on utilise le terme *alexithymie* pour désigner l'état des personnes qui, incapables de décrire ou de reconnaître leurs émotions, les définissent « seulement en termes de sensations somatiques ou de réaction comportementale, au lieu de les relier aux pensées qui les accompagnent[17] ». Leur incapacité à comprendre ce que sont les sentiments représente pour elles un handicap. Il est curieux que, pour étudier le comportement animal, il faille se transformer en alexithymique.

Définir les émotions

Pour les théoriciens de la psychologie, il existe une gamme d'émotions humaines universelles, discrètes et considérées comme innées[18]. Ces émotions fondamentales, semblables aux couleurs primaires, peuvent générer de multiples variations. Un psychologue en a répertorié 154[19]. Les théoriciens ne s'entendent pas sur les émotions fondamentales. Pour Descartes, il en existe six : l'amour, la haine, la surprise, le désir, la joie et le chagrin. Pour Kant, elles sont au nombre de cinq : l'amour, l'espoir, la pudeur, la joie et le chagrin. William James en a défini quatre : l'amour, la peur, la peine et la rage[20]. Le béhavioriste J.B. Watson a postulé l'existence de trois émotions fondamentales, X, Y et Z, équivalentes, grosso modo, à la peur, la colère et l'amour[21]. Les théoriciens modernes comme Robert Plutchik, Carroll Izard et Silvan Tomkins en ont répertorié soit six, soit huit, mais elles diffèrent de l'un à l'autre[22]. Sur la plupart des listes des théoriciens modernes, l'*amour* ne fait pas partie des émotions. La plupart des scientifiques préfèrent le qualifier de pulsion ou de motivation, quand d'ailleurs ils s'y réfèrent. Certains chercheurs estiment avoir observé chez les animaux toutes les émotions figurant sur ces listes communément acceptées et utilisées.

A cela, on peut ajouter qu'il existe probablement d'autres émotions, avec chacune ses variations, que les gens éprouvent de temps à autre, quelle que soit la culture à laquelle ils appartiennent. Essayer d'en établir la liste intégrale ne va pas de soi. C'est ce que met en évidence la linguiste polonaise Anna Wierzbicka quand elle remarque que dans certaines cultures non occidentales, par exemple chez les aborigènes australiens, un concept lié à la honte, et cependant non identique à elle, joue un rôle social absent de notre culture[23]. Le mot qui décrit cette émotion peut englober le concept anglo-saxon de « honte », « embarras », « timidité » et « respect ». Le sentiment en soi serait pourtant vraisemblablement identifiable, du moins de façon approximative, par quelqu'un appartenant à une autre culture.

Nous devons veiller à ne pas confiner une émotion à une seule partie du monde. Après tout, il n'y a pas si longtemps, les ethnologues estimaient qu'il existait des cultures (inférieures, visiblement) dans lesquelles toute la gamme des émotions occidentales ne pouvait s'exprimer et n'était donc probablement pas expérimentée. Il semblait aussi inutile de chercher à découvrir au sein de certaines tribus montagnardes de la compassion ou un ravissement esthétique, que de les répertorier aujourd'hui chez les ours. L'un des « grands » textes anthropologiques, publié au début du siècle par L. Lévy-Bruhl, professeur à la Sorbonne, s'intitule *Les Fonctions mentales dans les sociétés inférieures*[24]. Un tel parti pris est en train de disparaître lentement. La capacité à ressentir toutes les émotions présente, à n'en pas douter, un caractère d'universalité. En lisant les grands textes littéraires, on ne peut s'empêcher de penser que certains états émotionnels sont universels ; du moins, d'une culture à l'autre, retrouve-t-on la capacité à les ressentir, même si, d'une culture à l'autre, d'un individu à l'autre, on peut les décrire différemment ou attacher une importance variable à leurs nuances. Donc, si les sentiments franchissent les barrières culturelles, ils devraient franchir celles des espèces.

Cet ouvrage aborde les émotions animales dans l'ordre où nous les jugeons les plus plausibles. Les humains sont tout à fait disposés à admettre que les autres animaux ressentent de la peur. Ils vont leur attribuer moins volontiers de l'amour, du chagrin, de la joie, considérés comme « plus nobles ». Bien que de nombreuses personnes soient prêtes à parler de colère chez les animaux, certains, parmi les dresseurs expérimentés, s'y refusent. Suite au débat entamé par la sociobiologie sur le thème de l'altruisme, le refus d'attribuer la compassion aux animaux a fait tache d'huile. Quant à la honte, au sentiment de la beauté, à la créativité, au sens de la justice, ce sont, avec d'autres capacités peu aisées à cerner, les émotions que nous leur reconnaissons le moins facilement.

Fonctions et bénéfices de l'émotion

A quoi servent les sentiments ? La plupart des non-scientifiques jugeront la question curieuse. Pour eux, les sentiments existent, un point c'est tout. Ils se justifient en eux-mêmes. Les émotions donnent un sens et de la profondeur à l'existence. Elles n'ont pas d'autre raison d'être. Quant aux biologistes évolutionnistes, nombre d'entre eux, contrairement aux béhavioristes spécialistes des animaux, admettent certaines émotions pour leur fonction de survie avant tout. Pour l'homme comme pour l'animal, en effet, c'est la peur qui permet d'éviter le danger; l'amour est nécessaire pour s'occuper des enfants; la colère prépare à faire face. Toutefois, ce n'est pas parce qu'un comportement aide à la survie que c'est son but initial. D'autres scientifiques ont attribué ce même comportement au conditionnement, à des réponses acquises. Il est certain que des réflexes et des schémas d'action établis interviennent sans que l'émotion ou la pensée consciente n'entrent en jeu. Le petit de la mouette becquette un point rouge qui se trouve au-dessus de lui. Son parent a un point rouge sur le bec; le petit becquette le bec de son parent. Le parent mouette nourrit son petit quand celui-ci le becquette sur le bec. Le petit est nourri. Point n'est besoin de contenu émotionnel à cette interaction.

En même temps, il n'y a aucune raison pour que ce genre d'action soit dépourvu de contenu émotionnel. Chez les mammifères – y compris la femme – le lait est souvent automatiquement disponible quand le nouveau-né pleure. Cela échappe à tout contrôle; il s'agit d'un réflexe. Nourrir son enfant n'est pas pour autant exclusivement un geste réflexe, dénué de sentiments comme l'amour. Les êtres humains éprouvent des sentiments dans le cadre de leur comportement, même si celui-ci est conditionné ou réflexe. Néanmoins, dans la mesure où le réflexe existe et où le comportement conditionné est largement répandu, mesurable et observable, la plupart des scientifiques essaient d'expliquer le comportement animal en se servant uniquement de ces concepts. C'est plus simple.

Ceux qui s'élèvent contre l'idée de l'émotion et de la conscience animales se réfèrent souvent au principe de parcimonie, ou rasoir d'Ockham. Il s'agit de choisir l'explication la plus simple à un phénomène. Pour le béhavioriste Lloyd Morgan : « Il ne saurait être question d'interpréter une action comme le résultat de l'exercice d'une faculté physique supérieure, si elle peut être interprétée comme le résultat de l'exercice d'une faculté placée plus bas sur l'échelle psychologique. » Cette règle qui préconise d'accorder crédit uniquement à l'explication la plus simple ou la plus basse d'un comportement, n'est pas inattaquable. Le fait de désigner des facultés comme étant supérieures ou inférieures recouvre nombre d'idées contestables. Les raisons qui font considérer les émotions comme des facultés supérieures manquent de clarté. De plus, le monde n'est pas forcément un lieu où s'exerce la parcimonie. Comme le fait remarquer Gordon Burghardt : « Pour ce qui est de l'origine de la vie, la création présente plus de simplicité que les méthodes indirectes de l'évolution[25]. »

Préférant expliquer le comportement d'une manière qui cadre plus facilement avec les méthodes de la science, de nombreux scientifiques se sont refusés à envisager toute autre cause au comportement animal que le réflexe et le conditionnement. Si l'on s'en tient à l'orthodoxie scientifique, ce que l'on ne peut mesurer ni tester n'existe pas, ou ne mérite pas de retenir l'attention. Mais pourquoi les explications émotionnelles au comportement animal devraient-elles être impossibles à tester ou d'une extrême complexité ? Elles sont simplement plus difficiles à vérifier selon les procédés habituels de la méthode scientifique. Il faut faire appel à des approches plus intelligentes, plus sophistiquées. La plupart des disciplines scientifiques préfèrent effectuer des approximations successives de ce qui, au bout du compte, peut se révéler inconnaissable, plutôt que l'ignorer complètement.

Funktionslust

La biologie évolutionniste vient apporter son soutien à l'idée des émotions animales car, selon son modèle, tout ce qui augmente les chances de survie a une valeur sélective. Les émotions peuvent motiver un comportement de survie. En s'enfuyant par crainte du danger, un animal arrivera à survivre, au contraire de celui qui restera sur place. En défendant avec fureur son territoire, tel autre aura des chances de vivre mieux et plus longtemps. L'animal qui aime et protège sa progéniture devrait laisser des descendants en plus grand nombre. Un animal peut exercer avec plaisir ses capacités à filer comme le vent, à voler d'une aile puissante, à s'enfouir profondément dans le sol. L'ancien terme allemand *funktionslust* se réfère au plaisir que l'on prend à accomplir ce pour quoi l'on est le plus doué – celui que le chat prend à grimper aux arbres ou les singes à voler de branche en branche. Ce bonheur peut, chez l'animal, accentuer sa tendance à accomplir ces gestes et augmenter ainsi ses chances de survie.

Néanmoins, toutes les actions motivées par l'émotion ne sont pas favorables à la survie. Tel animal aimant laissera derrière lui une progéniture plus nombreuse, et dans ce cas l'amour aide à la survie. Mais tel autre s'occupera d'un petit estropié, d'un compagnon dépourvu de toute chance de survie, ou s'exposera lui-même aux dangers en pleurant ses morts, à moins qu'il n'adopte les petits d'autres animaux et ne transmette donc pas ses propres gènes. En agissant ainsi, loin de développer sa propre aptitude à survivre, il la réduirait plutôt. On peut supposer que les animaux se livrent à certains actes sous l'impulsion de leurs émotions et non pas simplement pour l'avantage sélectif que cela leur confère. Pourtant, l'affection pourra aussi garder une valeur sélective, dans la mesure où elle aura pour effet ultime de laisser une progéniture plus nombreuse. Si un comportement habituellement adaptatif existe également quand il ne présente aucun avantage pour la survie, c'est peut-être qu'il est motivé non par une étroite visée adaptative, mais par une émotion prédominante. De telles observations, si elles étaient effectuées de manière systématique, joueraient en faveur d'une théorisation des émotions et pourraient même permettre de tester leur existence.

Souvent, les biologistes se servent des avantages évolutifs d'un comportement pour contourner la question des émotions. Les scientifiques soutiennent parfois que l'oiseau chante non pas parce qu'il est heureux ou qu'il trouve son chant magnifique, mais parce qu'il établit son territoire et démontre à d'éventuelles compagnes son aptitude à survivre. En considérant le chant de l'oiseau comme un acte agressif et d'ordre sexuel, ils fournissent par là même une explication génétique au comportement. Or, ce chant peut être une façon pour l'oiseau de faire valoir ses revendications territoriales et d'attirer en effet une compagne, mais rien n'empêche qu'il soit également la manifestation de sa joie de vivre et du plaisir pris à s'écouter. Comme le fait remarquer Frans de Waal, primatologue : « Quand je vois un couple de perroquets se lisser mutuellement les plumes avec patience et tendresse, ma première pensée n'est pas qu'ils agissent ainsi pour permettre la survie de leurs gènes. Ce langage est trompeur, dans la mesure où il utilise le présent, alors que les explications des évolutionnistes ne peuvent avoir affaire qu'au passé[26]. » De Waal estime en revanche que les oiseaux expriment de l'amour et une attente, ou, sans aller si loin dans la formulation, qu'ils manifestent « un lien exclusif ».

De même, chez l'être humain, il est *possible* de considérer qu'un comportement augmente l'aptitude à survivre, mais on ne saurait généralement l'expliquer de ce seul point de vue, comme les sociobiologistes essaient parfois de le faire. Quand les hommes monogames ont une liaison, c'est rarement dans le but de maximiser leurs chances de reproduction en imprégnant d'autres femelles que celle avec laquelle ils forment déjà un couple parental. Pas plus que les femmes ne songent à s'accoupler avec un mâle génétiquement supérieur pour le bien de leur progéniture. En fait, dans l'adultère, ils pensent surtout à ne pas se reproduire. De leur côté, les abus sexuels sur des enfants n'ont aucune valeur sélective et pourtant ils sont fréquents. Dans ce cas, si nous, les humains, sommes soumis à l'évolution tout en éprouvant des sentiments impossibles à expliquer en termes de survie, si nous sommes enclins à des émotions apparemment dépourvues d'avantages, pourquoi supposer que les animaux agissent seulement par investissement génétique ?

Un double critère

En tant qu'êtres humains, nous appliquons des critères différents aux animaux et à nous-mêmes, c'est une évidence. Nous nous attribuons des émotions et le justifions habituellement par le fait que le langage les exprime, avec des mots comme « Je t'aime », « Je m'en moque » ou « Je suis triste ». L'expression de nos propres sentiments ou de ceux des autres régit en grande partie notre vie. Même s'il est communément admis que certains mentent sur leurs sentiments pour obtenir un avantage, que d'autres se trompent sur ces sentiments, en ignorent la véritable réalité, ou les expriment de façon peu crédible, personne ou presque ne doute de leur existence. Notre raisonnement se fonde sur l'analogie et l'empathie. Nous savons que nous éprouvons des sentiments parce qu'ils nous émeuvent et, comme les autres font et expriment des choses similaires, nous en déduisons qu'il en va de même pour eux.

Une telle approche a cependant ses limites. Par expérience, nous croyons que les autres éprouvent de la gratitude dans la mesure où ils l'affirment et où ils adoptent le comportement adéquat. En soi, cela ne nous dit pas si un lion peut éprouver de la gratitude. D'un autre côté, l'être humain, même lorsqu'il se trouve dans un environnement culturel sophistiqué, est encore par maints aspects une espèce d'animal ; chez l'un et l'autre, le rapport entre les composantes physiques et psychiques des émotions pourrait bien être similaire. Quoiqu'on ne puisse réduire les émotions à un mélange hormonal, la part prise par les hormones dans les états émotionnels, quelle qu'elle soit, est probablement la même. Des substances comme l'oxytocine, l'épinéphrine, la sérotonine et la testostérone – toutes censées affecter nos actes et nos sentiments – se retrouvent chez l'animal. Les simplifications abusives qui tendaient à expliquer le comportement humain en termes d'hormones se sont révélées non seulement fausses mais pernicieuses : il faudrait veiller à ne pas refaire la même erreur en expliquant le comportement animal[27].

Les voies physiques de l'émotion humaine sont parmi les plus primitives ; voilà qui apporte un démenti à l'idée, solidement établie, que les émotions sont le produit exclusif de nos pouvoirs mentaux inégalés. La partie du cerveau appelée système limbique, dont on pense qu'elle transmet l'émotion, est, sur le plan phylogénétique, l'une des plus anciennes du cerveau humain, au point qu'on l'appelle parfois « le cerveau reptilien[28] ». D'un point de vue purement physique, ce serait un miracle de la biologie que les êtres humains soient les seuls animaux à éprouver des émotions. Est-il possible de montrer, disons, qu'une chatte aime ses enfants ou que les chatons aiment leur mère ? Si l'on mesurait l'accroissement du taux hormonal dans le sang de la chatte lorsqu'elle aperçoit sa progéniture et les pics d'activité électrique dans certaines parties de son cerveau, serait-ce considéré comme preuve ? Non, diraient encore de nombreux scientifiques, il est impossible de savoir si un chat aime. Pourtant, de nombreux observateurs n'ont aucun mal à croire que la chatte aime ses chatons, simplement en se fondant sur son comportement. Les scientifiques, eux, préfèrent ne pas s'avancer.

Se pourrait-il qu'il n'y ait guère de différence entre cette affirmation : « Le singe est visiblement triste », et celle-ci : « Paul est visiblement triste » ? Le *visiblement* sous-entend une interprétation ; il se rapporte à des indices dont on admet, socialement parlant, qu'ils indiquent la tristesse. Paul contemple le plancher pendant des heures en soupirant. De même le singe. Paul refuse de s'alimenter. De même le singe.

Paul ne parle pas ; quand on lui pose une question, son regard se perd derrière la personne qui lui adresse la parole. Nous n'affirmons pas pour autant qu'il ne ressent pas de chagrin, qu'autrement il le dirait. On peut se tromper à propos du singe. On peut aussi se tromper à propos de Paul. Paul ressent peut-être quelque chose de totalement différent – de l'apathie, ou un désespoir existentiel. On peut avoir interprété de travers ses actes, l'expression de son visage, les sons qu'il a produits. Le terme *visiblement* fait référence à une forme de preuve que nous croyons avoir. Or cette preuve peut fort bien se révéler beaucoup moins valable pour les êtres humains que nous ne le croyons. Et beaucoup plus valable que nous ne le croyons pour les animaux.

Les indices incertains du langage

Les êtres humains ont un avantage : le langage. C'est l'une des différences les plus importantes entre eux et les autres animaux. Les animaux ne peuvent exprimer leurs sentiments d'une manière susceptible d'être comprise sans ambiguïté par les humains, même s'il existe des failles dans la barrière du langage entre les uns et les autres. Mais d'une personne à l'autre, le langage n'est pas non plus d'une fiabilité absolue dans la communication des sentiments. Ce n'est pas parce qu'on affirme verbalement une émotion que celle-ci existe ; à l'inverse, l'incapacité à verbaliser une émotion n'est pas la preuve de son inexistence. Certaines personnes avec un important retard mental sont incapables d'exprimer verbalement leurs sentiments ; cela ne veut pas dire qu'elles ne les éprouvent pas. Les muets ont des sentiments. Les gens qui ont un certain niveau intellectuel peuvent mentir sur leurs sentiments ou les dissimuler. Les capacités intellectuelles nous distinguent des autres animaux, dans une certaine mesure du moins, mais intelligence et émotion ne sont pas intimement liées.

Le langage fait partie de la culture et les cultures du monde entier semblent à quelque chose près établir les mêmes distinctions entre les émotions et se référer à des expériences similaires. Pouvons-nous toutefois ressentir une émotion dont notre culture ne nous fournit aucun exemple, aucun mot ? C'est un fait, certaines émotions sont plus favorisées dans certaines cultures que dans d'autres, mais cela ne signifie pas qu'on ne les éprouve pas dans toutes. Bien qu'il puisse être difficile de les définir ou de les exprimer dans sa langue natale, voire d'y réfléchir, et surtout d'en faire part à une autre personne, les sentiments eux-mêmes sont susceptibles d'avoir une certaine autonomie. On les éprouvera donc malgré tout. Parallèlement, les animaux peuvent faire l'expérience d'émotions qu'il leur serait difficile de verbaliser, même s'ils en avaient la capacité, mais qui n'en demeurent pas moins des sentiments véritables. Si l'on fait abstraction de la barrière du langage, nous pourrions bien partager avec les animaux la grande majorité des sentiments dont nous sommes capables.

Le préjugé selon lequel seuls les humains seraient dotés d'une pensée et d'une sensibilité parce qu'eux seuls peuvent communiquer des pensées et des sentiments par des mots, parlés ou écrits, existe de longue date. Au XVIIe siècle, pour Descartes, les animaux étaient des bêtes n'ayant « point de pensée », des *automata*, des machines[29] :

> Car c'est une chose bien remarquable qu'il n'y a point d'hommes si hébétés et si stupides, sans en excepter même les insensés, qu'ils ne soient capables d'arranger ensemble diverses paroles, et d'en composer un discours par lequel ils fassent entendre leurs pensées ; et qu'au contraire il n'y a point d'autre animal, tant parfait et tant heureusement né qu'il puisse être, qui fasse le semblable. Ce qui n'arrive pas de ce qu'ils ont faute d'organes [...] Et ceci ne témoigne pas seulement que les bêtes ont moins de raison que les hommes, mais qu'elles n'en ont point du tout.

Un contemporain de Descartes, resté anonyme, dépeignait crûment les pratiques des cartésiens[30] :

> Les savants [cartésiens] administraient des bastonnades à des chiens avec la plus parfaite indifférence et se moquaient de ceux qui prenaient les bêtes en pitié comme si elles ressentaient de la douleur. Ils disaient que les animaux étaient des horloges ; que les cris qu'ils émettaient lorsqu'on les frappait n'étaient que le simple bruit d'un petit ressort touché, mais que le reste du corps était dépourvu de sentiment. Ils clouaient les pauvres bêtes sur des planches par leurs quatre pattes pour pratiquer sur eux la vivisection et observer la circulation du sang, qui était un vaste sujet de controverse.

Pour Voltaire, au contraire, la vivisection révélait que le chien avait les mêmes *organes de sentiment* qu'un être humain. « Répond-moi, machiniste », écrit-il dans le *Dictionnaire philosophique* à l'adresse de celui qui considère l'animal comme une machine, « la nature a-t-elle arrangé tous les ressorts du sentiment dans cet animal afin qu'il ne sente pas[31] ? ». Ailleurs, dans *Le Philosophe ignorant*, il critique Descartes pour avoir osé « dire que les bêtes étaient de pures machines qui cherchaient à manger sans avoir d'appétit, qui avaient toujours les organes du sentiment pour n'éprouver jamais la moindre sensation, qui criaient sans douleur et qui étaient ainsi une contradiction perpétuelle de la nature[32] ». Dès 1738, Voltaire évoquait les sentiments humains du grand physicien anglais Isaac Newton. Il exposait comment, au même titre que le philosophe John Locke, Newton était convaincu que les animaux avaient les mêmes sentiments que l'homme et qu'on ne saurait les faire souffrir sans se livrer à une « terrible contradiction[33] ».

Il est vrai que la plupart des animaux n'ont pas un discours compréhensible à ce jour. Mais, après tout, l'absence de discours est-elle une indication aussi importante, en matière de sentiments, que certains philosophes l'ont pensé ? Un certain nombre de chimpanzés et autres grands primates ont un vocabulaire ASL (American Sign Language, la langue des signes utilisée aux Etats-Unis par les sourds-muets) de plus de cent mots. Ils communiquent non seulement avec les humains, mais avec des membres de leur propre espèce. Ne gagnerait-on pas à imaginer qu'ils aient déjà pu communiquer à ces derniers certaines de ces mêmes pensées par des moyens différents de notre langue des signes? Pourquoi auraient-ils attendu les scientifiques pour faire ce dont ils étaient capables auparavant? Ce n'est pas parce que les singes n'ont pas nos cordes vocales qu'ils restent sans communiquer. Une fois retombée l'excitation suscitée par ces primates parlant la langue des signes, la communauté scientifique dans son ensemble a choisi soit de refuser d'y croire, soit d'ignorer l'événement. Et cela s'appliquait aussi bien aux cas individuels qu'à l'espèce en général. Or, ces primates communiquaient à propos de la nourriture et des jouets. On imagine quelle aurait été la réaction de ces milieux scientifiques s'il s'était agi de communiquer leurs sentiments. Selon un préjugé profondément enraciné, il est impossible de connaître le sentiment d'un animal, car il manque à celui-ci l'usage de la parole; mais qu'il s'exprime dans une langue humaine et l'on vous répondra que ce qu'il dit ne peut en aucun cas avoir le sens que nous lui donnons.

Même quand les animaux parlent notre langage, nous ne les prenons pas au mot. Pendant seize ans, la psychologue Irene Pepperberg a dressé Alex, un perroquet gris d'Afrique, dont elle étudie les capacités cognitives[34]. Alex est l'un des rares perroquets au monde dont il a été prouvé qu'il comprend le sens des mots qu'il prononce. Il connaît les noms de cinquante objets, sept couleurs et cinq formes. Il peut énumérer jusqu'à six objets et dire lequel d'entre eux est le plus petit. Alex a aussi retenu de nombreuses phrases « fonctionnelles », comme la formule : « Je vais y aller », qu'il a entendu prononcer par certaines personnes dans le laboratoire d'Irene Pepperberg. Celle-ci raconte comment, quand Alex se fait gronder, « nous lui disons : "Non ! Vilain !" et nous sortons. Il sait parfaitement ce qu'il doit dire dans ce contexte. Il nous fait revenir en lançant : "Venez ici ! Je suis désolé !" Alex a appris à dire qu'il était désolé en entendant des êtres humains prononcer ces mots. Il sait dans quelles circonstances il doit le faire. » Eprouverait-il du regret ? « Il mord, dit : "Je suis désolé" et mord à nouveau, déclare Irene Pepperberg non sans une certaine irritation. Il ne s'en veut *pas du tout* ! » Exactement comme beaucoup de gens.

Voici donc un animal qui paraît exprimer verbalement un état émotionnel – le regret – et pourtant nous ne le croyons pas. S'il était vraiment désolé (au sens propre) d'avoir mordu, recommencerait-il aussitôt après ? Peut-être. Quoi qu'il se passe dans la tête d'Alex, il est suffisamment motivé pour apprendre les mots correspondant à des sentiments humains – peut-être afin que les êtres humains soient de meilleurs compagnons pour un perroquet. Alex n'éprouve peut-être aucun regret de blesser quelqu'un. De son côté, Irene Pepperberg peut ne pas avoir le mot adéquat pour désigner ce qu'Alex attend d'elle ; elle peut ne jamais avoir éprouvé ce qu'Alex ressent. Les êtres humains se montrent d'une surprenante pauvreté dans le vocabulaire quand il s'agit de nommer des émotions sociales positives, alors qu'ils ont une gamme infinie de termes pour désigner des émotions individuelles négatives. Ne pourrait-on envisager qu'il existe dans le domaine animal des nuances dans les relations sociales de proximité et les liens affectifs, vis-à-vis desquelles nous serions, fonctionnellement parlant, des illettrés émotionnels ?

Communiquer hors langage

La communication non verbale entre êtres humains a suscité au cours des dernières années, chez les universitaires et les psychothérapeutes, un intérêt croissant. Mieux que les phrases, les gestes expliquent de nombreux états mentaux complexes, dont certains semblent échapper par ailleurs au langage verbal. Chacun d'entre nous a, un jour ou l'autre, essayé de faire partager un sentiment subtil ou fugace, pour s'apercevoir que les mots ne parvenaient pas à le rendre. Après tout, la poésie n'est-elle pas une tentative pour exprimer des sentiments, des humeurs, des états d'esprit et même des pensées difficiles à saisir, qui semblent défier la prose ? Certains sentiments échappent entièrement au langage et même à la poésie. Quand les mots abandonnent, les beaux-arts et le silence prennent le relais.

Il ne fait guère de doute que les êtres humains communiquent *sans* mots des pensées et des sentiments ; de fait, il devient de plus en plus évident qu'une grande partie de la communication avec les autres s'effectue en dehors du discours verbal. Nous communiquons au moyen du langage corporel, d'attitudes, d'une gestuelle qui trouvent leur expression formelle dans le mime et la danse. Au même titre, nous devons prendre pareillement en considération l'affirmation non verbale de ses sentiments par l'animal.

Les animaux transmettent l'information par l'intermédiaire des postures, des vocalisations, des gestes et des actes, à l'intention des autres animaux comme des humains qui s'y montrent attentifs. L'étude de ces schémas s'améliore, mais les spécialistes eux-mêmes peuvent avoir du mal à interpréter ces informations, tout particulièrement lorsqu'ils sont peu familiers des espèces. Les animaux, eux, déchiffrent mieux ces signaux, y compris d'une espèce à l'autre. En fait, pour Elizabeth Marshall Thomas, les animaux réussissent mieux que nous à interpréter nos signaux corporels. « Si notre genre est capable de malmener les autres espèces, c'est moins parce que nous sommes doués pour la communication, que parce que nous ne le sommes pas[35]. » De Waal, quant à lui, se plaint de ce que les singes soient si doués pour déchiffrer le langage du corps humain que ceux qui travaillent avec eux se sentent percés à jour[36].

Pendant quinze ans, David Macdonald a élevé des renards et vécu parmi eux, ce qui lui a permis de comprendre leur langage corporel. Il est capable de dire au premier regard si un renard est heureux, excité ou nerveux. Dans son ouvrage *Running with the Fox*, il nous les montre en train de jouer, de se mettre en colère, de s'abrutir, d'avoir peur, d'être en confiance, satisfaits, flirteurs ou humiliés. Il illustre leur langage corporel de telle sorte que les personnes les moins familières des renards le deviennent. Pourtant, comme, sur le plan scientifique, les émotions animales ne sont pas respectables, Macdonald fait marche arrière : « en supposant qu'ils soient sujets à des émotions reconnaissables par l'homme... » prévient-il quand il cherche à comprendre pourquoi les renards aiment tuer. Pour lui, cette question « ne peut avoir de réponse, philosophiquement parlant[37] ». Mais pour beaucoup de non-scientifiques, il est tout aussi difficile de répondre philosophiquement à la question des raisons de l'existence chez les autres des émotions, y compris le sadisme.

Dans l'ouvrage de Konrad Lorenz, *L'Année de l'oie cendrée*, on pouvait lire cette légende sous la photographie d'un jars : « Après qu'Ado [un autre jars] se fut approprié Selma [auparavant sa femelle], Gurnemanz était dans le trente-sixième dessous, comme le montre cette photo[38]. » Aux yeux du lecteur peu coutumier des oies, la photo ne montre rien de tel. L'oie en question peut tout aussi bien être heureuse que furieuse. Une oie n'a pas une tête expressive, aussi l'expression faciale ne révèle-t-elle pas grand-chose. Avec sa longue expérience, Lorenz connaît le langage corporel de l'oie et il est capable de le déchiffrer. La posture de Gurnemanz et la position du cou révèlent son état de soumission et de démoralisation. Ailleurs, Lorenz décrit certains gestes et postures des oies avec des mots qui évoquent la victoire, l'incertitude, la tension, la joie, la tristesse, l'éveil, la décontraction, la menace.

L'important, c'est qu'une oie, ou tout autre animal, puisse être tremblante d'émotion. Ses sentiments vont être « inscrits sur son visage » et il suffit d'un peu de pratique pour les lire. Ce qui nous limite, c'est l'ignorance, l'absence d'intérêt, le désir d'exploiter l'animal (par exemple de le manger), ou des préjugés qui nous font refuser de reconnaître, comme de droit divin, ce que nous avons en commun quand tel est le cas. Pourrions-nous en effet être des dieux, si les animaux étaient pareils à nous ?

Explorer le sujet interdit

Pour déterminer l'existence d'émotions chez les animaux, les premiers critères à appliquer sont ceux dont nous nous servons habituellement entre nous. On ne devrait pas exiger plus de preuves de l'émotion chez un animal que chez un humain – et, comme nous, l'animal devrait être autorisé à parler son propre langage émotionnel ; à charge pour l'observateur de le comprendre.

Nos émotions, elles aussi, échappent à l'exactitude de l'observation scientifique. En fait, il n'existe aucune preuve scientifique universellement reconnue. Ce que *ressent* une personne n'est jamais entièrement accessible à une autre. Non seulement nous ne sommes pas sûrs que nos sentiments soient communicables, mais rien ne pourra jamais nous assurer que nous comprenons ceux des autres, même si nous pensons le savoir. Sans être enfermés dans l'univers de nos sentiments personnels, nous demeurons devant ce mystère qu'est en dernière instance la vie intérieure de l'autre[39].

La cause des émotions

On ne pourrait raconter l'histoire des gens sans y inclure la peur, la colère, l'amour, l'orgueil, la culpabilité. Le deuil, la tristesse et la nostalgie font partie de l'existence. La vie d'un individu qui n'aimerait, ni ne serait aimé, ni ne voudrait être aimé, qui n'éprouverait ni crainte ni colère et ne mettrait personne en fureur, qui ne connaîtrait pas les profondeurs du désespoir, ne se montrerait ni fier, ni honteux, ni coupable de ses actes, ne serait ni crédible ni exacte. Inhumaine, dirait-on. Or il serait aussi peu exact, aussi superficiel de décrire la vie des animaux sans prendre en compte leurs émotions. Ce serait tout autant les amputer. Pour comprendre les animaux, il est essentiel de comprendre ce qu'ils ressentent.

2.
Des bêtes dépourvues de sentiment

L'Histoire montre que nous avons toujours tenu à établir une distinction, un fossé infranchissable entre les bêtes et nous. Nous parlons, nous raisonnons, nous imaginons, nous anticipons, nous adorons, nous rions. Elles, non. Quel besoin, quelle fonction une telle insistance défend-elle ? Pourquoi nous définissons-nous aussi souvent par rapport aux animaux ? Pourquoi tenons-nous tellement à être différents ?

Grosso modo, on peut classer en deux catégories les efforts effectués pour établir cette distinction. Il y a, en premier lieu, ceux qui s'appuient sur le caractère unique des faiblesses humaines et tout particulièrement sur notre propension à nous entre-tuer. L'auteur, en ce cas, tente généralement de susciter quelques résolutions morales chez son lecteur. Au Ier siècle avant J.-C., Pline l'Ancien, dans son *Histoire naturelle*, émettait ce reproche : « Les lions ne se combattent pas l'un l'autre ; les serpents n'attaquent pas les serpents, pas plus que les monstres des profondeurs n'attaquent leurs semblables. Mais la plupart des calamités subies par l'homme lui sont infligées par ses semblables. » Lorsqu'en 1532 l'Arioste déclarait dans son *Roland furieux* : « L'homme est le seul animal qui blesse sa compagne », c'était aussi une forme de remontrance. Quant à James Froude, il lançait en 1886 dans son *Oceana* : « Les animaux sauvages ne tuent jamais pour le plaisir. L'homme est seul à se divertir de la torture et de la mort de ses pareils. » Et William James lui-même, au XXe siècle, écrivait que « l'homme [...] est la plus terrible des bêtes de proie et la seule en vérité qui chasse systématiquement sa propre espèce ». Pour ces auteurs, il s'agit moins d'observer les animaux que d'exhorter les êtres humains à cesser de tuer (habituellement) leurs semblables. Tous ces exemples ont pour but de nous faire honte, en nous poussant à reconnaître que notre comportement est pire que celui des animaux.

La seconde catégorie, de loin la plus répandue, utilise l'opposition entre l'être humain et l'animal et met en avant nos avantages : notre intelligence, notre culture, notre sens de l'humour, notre notion de la mort. Au XIXe siècle, William Hazlitt affirmait : « L'homme est le seul animal qui pleure et qui rit ; car il est le seul animal à être frappé par la différence entre ce que les choses sont et ce qu'elles devraient être. » Et le philosophe du XXe siècle William Ernest Hocking déclarait : « L'homme est le seul animal à envisager la mort et le seul, aussi, à manifester quelque doute sur sa finalité. » L'être humain serait le seul à avoir le sens de l'humour, la capacité de comprendre la vertu, celle de fabriquer et d'utiliser des outils. Là encore, les auteurs semblent plus intéressés à faire la leçon au lecteur qu'à étudier ou comprendre l'animal.

La comparaison entre les deux espèces a, au cours de l'histoire, constitué une fructueuse source d'éducation morale pour les philosophes humanistes, notamment aux époques où le monde de la nature était considéré comme un modèle et présenté sous un angle sentimental. Buffon, le grand naturaliste du XVIIIe siècle, fit preuve de la vision la plus poétique. Son essai, *Histoire naturelle*, s'ouvre sur l'idée que les animaux ne peuvent ni penser ni se souvenir, mais qu'ils ont « le sentiment même plus exquis que nous ne l'avons ». Buffon voyait un avantage à une vie animale purement émotionnelle. « Nous nous préparons des peines, écrivait-il, toutes les fois que nous cherchons des plaisirs. » Les animaux, au contraire, sont guidés « par cette faculté qu'ils ont bien supérieurement à nous de distinguer sur-le-champ et sans aucune incertitude ce qui leur convient de ce qui est nuisible ». Et Buffon termine en parlant de « la distance infinie que l'Etre Suprême a mise entre les bêtes et [l'Homme][1] ».

Les versions contemporaines de cette opposition sont à peine mieux ancrées dans la réalité et ne jettent pas un meilleur éclairage sur les animaux – ni les humains. « Les êtres humains, écrivait récemment N.K. Humphrey, ont été conduits par leur évolution à devenir les créatures les mieux organisées au monde, socialement parlant. Leurs rapports sociaux ont une profondeur, une complexité et des implications biologiques dont on ne trouve rien d'approchant chez les autres animaux. » Compte tenu du peu que l'on sait des « rapports chez les autres animaux », l'affirmation semble injustifiée[2].

Un fait illustre la minceur de nos connaissances et l'ampleur de notre prétention. Récemment encore, un des canons du comportement animal voulait que, de toutes les femelles, seule la femme ait un orgasme, comme le montre cette affirmation de l'anthropologue Donald Symons en 1979 : « Chez la femelle, l'orgasme est essentiellement réduit à notre espèce[3]. » Or, lorsqu'on étudia ce sujet chez le macaque sans queue, en se servant des mêmes critères physiologiques que pour les humains, on constata que la femelle avait apparemment un orgasme[4]. Le primatologue Frans de Waal a constaté la même chose chez la femelle bonobo (un chimpanzé nain) à partir de preuves comportementales[5]. Il faut dire toutefois que, dans leur ensemble, les scientifiques n'ont guère abordé systématiquement la question, comme nombre de sujets concernant purement la femme, ni effectué sur le terrain les observations nécessaires pour fournir la réponse. Peut-être était-il plus agréable, pour ces hommes, d'imaginer que, si chez l'animal les besoins sexuels de la femelle se limitaient à son cycle oestral et qu'elle avait donc des rapports dans un but purement reproductif, la femme, elle, grâce à ses capacités orgasmiques uniques, avait des besoins permanents.

Nos nobles sentiments

L'homme a toujours revendiqué certains sentiments « élevés » pour se distinguer des autres animaux. Il serait le seul à éprouver des émotions nobles, tels la compassion, l'amour véritable, l'altruisme, la pitié, la mansuétude, le respect, l'honneur, la modestie. D'un autre côté, l'animal est souvent gratifié de prétendues émotions négatives ou « inférieures » : la cruauté, l'orgueil, la gloutonnerie, la fureur, la vanité, la haine. Il s'agirait en fait de refuser toute atteinte à la conception de l'homme comme être unique, à sa prétention à avoir une vie émotionnelle particulièrement noble. Ainsi, pour renforcer la barrière entre les espèces, non seulement nous nous interrogeons sur l'existence des sentiments chez l'animal, mais nous mettons en cause leur nature. Qu'y a-t-il donc derrière cette mentalité du « nous/eux » – derrière ce besoin pressant de nous définir en prouvant notre différence et plus encore notre différence fondamentale, y compris en matière d'émotions ? Pourquoi cette distinction a-t-elle une telle importance ?

Un début de réponse nous est fourni à l'examen des distinctions que nous établissons entre nous. Depuis longtemps, les groupes humains dominants déterminent leur supériorité en se distinguant des groupes qu'ils subordonnent. Ainsi les Blancs définissent-ils en partie les Noirs selon le taux de mélanine de la peau. Ainsi les hommes se distinguent-ils des femmes par des caractères sexuels primaires et secondaires. Par le biais de ces distinctions empiriques, on fait en sorte que ce soient les distinctions elles-mêmes, et non leurs conséquences sociales, qui endossent la responsabilité de la domination sociale d'un groupe sur un autre. La distinction entre l'homme et la bête a donc permis la domination du premier. Si les humains se disent distincts des animaux, ou semblables à eux quand cela les arrange ou les amuse, c'est dans le but de maintenir leur domination. On peut penser qu'ils trouvent leur compte à traiter les animaux comme ils le font – à les blesser, les enfermer, exploiter leur travail, se nourrir de leur chair, les regarder et même en posséder certains comme signe de leur statut social. Aucun être humain libre de son choix ne voudrait être traité de la sorte.

L'article sur les « Animaux » de l'*Encyclopaedia of Religion and Ethics*, rédigé en 1908, constitue un exemple flagrant de ces préjugés, accompagnés de certaines de leurs conséquences sociales :

> La civilisation, ou disons plutôt l'éducation, s'est accompagnée d'une prise de conscience du gouffre qui existe entre l'homme et les animaux inférieurs [...] Dans les couches culturelles inférieures, que ce soit au sein des races globalement au-dessous du niveau européen ou dans les milieux sans culture des communautés civilisées, la distinction entre l'homme et l'animal n'est pas correctement établie, si même elle l'est [...] Le sauvage attribue à l'animal une gamme de pensées et de sentiments beaucoup plus vaste, un éventail de connaissances et de pouvoirs beaucoup plus étendus qu'ils ne le sont [...] Il ne faut guère s'étonner, en conséquence, qu'il manifeste envers la création animale une attitude tenant plus du respect que de la supériorité[6].

Seul un homme inférieur, proche de l'animal, peut accorder de la valeur à celui-ci. L'élégant ouvrage sur la chasse de Matt Cartmill, *A View to a Death in the Morning*, analyse la façon dont les êtres humains ont rationalisé le fossé qui les séparerait des animaux :

> En affinant la limite entre l'animal et l'homme, les scientifiques ont fait preuve d'une grande ingénuité lorsqu'ils ont redéfini des traits censés être le propre de l'homme, et ce afin d'éviter qu'on les attribue à d'autres animaux. Considérons notre cerveau, prétendument plus important. Les êtres

humains sont supposés plus intelligents que les autres animaux. En conséquence, *nous* devrions avoir un cerveau plus gros. Or, en fait, les éléphants, les baleines et les dauphins ont un cerveau plus volumineux que le nôtre et chez certains singes et petits rongeurs le cerveau est proportionnellement plus gros (il pèse plus, par rapport à l'ensemble de la masse corporelle, que le nôtre). Les scientifiques qui étudient la question ont donc planché pour redéfinir la taille du cerveau. Ils ont divisé le poids du cerveau par le taux du métabolisme basal ou quelque autre fonction exponentielle du poids corporel, afin de parvenir à un critère qui permettrait de décréter le cerveau de ces animaux plus petit que le nôtre. L'importance unique du cerveau humain se trouve être en fin de compte une affaire de définition[7].

Ce n'est pas là le seul exemple des manipulations effectuées par la science dans un but de dominance. Dans *La Mal-mesure de l'homme,* Stephen Jay Gould montre comment, consciemment ou non, un scientifique a pu manipuler des données sur la taille du cerveau pour prouver que son groupe racial était intrinsèquement plus intelligent que les autres[8]. (Dans l'ouvrage récent de Murray et Herrnstein, *The Bell Curve,* on trouvera un autre exemple de ce genre de tentative pour mettre la science au service de la discrimination raciale. Pareil plaidoyer est la preuve déprimante que l'intelligence mesurable ne garantit pas pour autant des idées intelligentes.)

Cet autre dépourvu de sensibilité

En présumant l'animal incapable d'éprouver quoi que ce soit, on a trouvé une bonne excuse pour le maltraiter. C'est au point que l'on a longtemps considéré les animaux comme incapables de ressentir une souffrance, physique ou émotionnelle. Pourtant, quand un animal est blessé, il réagit en général à peu près comme le ferait une personne pareillement touchée. Il crie, s'en va à l'écart examiner la partie lésée, puis reste dans son coin. Les vétérinaires ne doutent pas un instant que l'animal blessé souffre. Ils utilisent des analgésiques et des anesthésiques. Le seul critère humain de douleur physique auquel les animaux ne satisfont pas, c'est la capacité de l'exprimer par des mots. On dit cependant que le poisson pris à l'hameçon ne se tortille pas de douleur (ou de peur), mais par un acte réflexe. La langouste plongée dans l'eau bouillante ou les chiots dont on écourte la queue sont censés ne rien ressentir. Un ouvrage sur la conscience animale récemment publié en Allemagne exprime en revanche la théorie contraire : « Le fait que nous comprenions instantanément ces signaux est un signe supplémentaire que nous partageons avec d'autres animaux le schéma global de notre système de la douleur[9]. » Les résultats des recherches effectuées sur ce sujet vont dans le sens de ce que pense tout un chacun : la douleur manifestée par le poisson qui se tortille autour de l'hameçon est réelle[10].

Les groupes dominants ont toujours commodément estimé que ceux qui se trouvent en position de subordination ne souffrent pas ou n'éprouvent pas pareillement la douleur, s'ils en éprouvent. Il est ainsi possible de les abuser ou de les exploiter, la conscience tranquille et en toute impunité. Dans l'histoire des préjugés, l'idée d'une relative insensibilité des classes inférieures et des autres races est une constante[11]. De même, jusqu'aux années 80, il était courant d'opérer des nourrissons avec des substances paralysantes, mais sans anesthésie, selon le vieux principe que les bébés ne souffraient pas. Sans la moindre preuve, on considérait leur système nerveux comme immature[12]. Or, leurs cris viennent contredire cette affirmation. L'idée que le bébé ne souffre pas n'est qu'un mythe scientifique. Il a pourtant constitué un dogme de la médecine, jusqu'à ce que, récemment, des études montrant que les nourrissons privés de traitement contre la douleur mettent plus longtemps à se rétablir après une opération le remettent en cause[13].

Ce même sectarisme s'est étendu à la présence des émotions chez les pauvres, les étrangers, les personnes des milieux défavorisés, et chez les enfants, dont les émotions sont censées être encore inabouties, humainement parlant. On entend souvent dire, par exemple, que le sourire d'un nourrisson est une réaction physique à des gaz intestinaux. Le bébé ne sourirait pas à d'autres personnes, ni pour exprimer son bonheur, mais en réaction à des péripéties digestives. Les adultes ont beau ne pas sourire suite à des désagréments stomachaux, cette notion est largement réaffirmée, bien que les parents, eux, l'admettent rarement. Des études montrant que le sourire du nourrisson n'est pas en relation avec des rots, des régurgitations et autres flatulences n'ont eu que peu d'impact sur cette idée. Beaucoup de gens aiment à penser que les nourrissons ont des sentiments diminués, ou pas de sentiments du tout.

S'il est tellement facile de dénier une vie émotionnelle aux autres personnes, c'est bien évidemment un jeu d'enfant de la dénier aux animaux.

L'anthropomorphisme

Dans les milieux scientifiques, le plus grand obstacle à l'étude des émotions des animaux a été un désir excessif d'éviter l'anthropomorphisme. Le terme « anthropomorphisme » signifie que l'on attribue des caractéristiques humaines – pensée, sentiment, conscience et motivation – à ce qui n'est pas humain. Si vous affirmez que les éléments se liguent contre vous pour gâcher votre pique-nique, ou qu'un arbre est votre ami, vous faites de l'anthropomorphisme. Rares pourtant sont ceux d'entre nous qui croient que le climat complote contre eux. En revanche, les idées anthropomorphiques concernant les animaux sont plus communément répandues. On entend couramment parler, en dehors des cercles scientifiques, des pensées et des sentiments des animaux – familiers, sauvages ou en captivité. Nombre de scientifiques, néanmoins, considèrent l'idée même que les animaux puissent ressentir de la douleur comme la forme la plus grossière d'erreur anthropomorphique.

A tort et aussi à raison, les chats et les chiens constituent la cible principale de l'anthropomorphisme. Il est courant d'attribuer aux animaux familiers des pensées et des sentiments : « Il comprend tout ce que vous dites », dit-on, ou « Il chante de tout son petit cœur pour me remercier ». Certains vont affubler leur compagnon à quatre pattes de vêtements, le couvrir de cadeaux dont il n'aura que faire, ou lui infliger de partager leurs opinions. Quelques propriétaires de chien apprennent même à leur animal à attaquer des personnes d'une autre race qu'eux. De nombreux amis des chiens considèrent les chats comme des créatures égoïstes, sans cœur, qui abusent de leur maître et se servent de lui : tout le contraire des chiens, affectueux, loyaux et naïfs. Toutefois, la plupart du temps, les gens ont une vision plutôt réaliste des capacités, des attributs et des limites de leur compagnon. Pourtant, comme on le constate parfois chez des personnes qui vivent ensemble, les a priori peuvent prendre le pas sur l'expérience vécue.

Prenons trois affirmations sur le comportement d'un chien : « Brandy est perturbé parce que nous avons oublié son anniversaire », « Brandy se sent abandonné, il a besoin qu'on s'occupe de lui » et « Brandy affiche l'attitude de soumission d'un canidé de rang inférieur ». On peut qualifier d'anthropomorphiques les deux premières affirmations. La dernière emploie le jargon de l'éthologie, l'étude scientifique du comportement animal. La première est probablement une erreur ou une projection anthropomorphique : la personne qui parle serait démoralisée si l'on oubliait son anniversaire et elle prête ses pensées à son chien. Or, bien entendu, celui-ci n'a aucune idée de ce qu'est une fête d'anniversaire. La troisième affirmation décrit un « éthogramme » des actes du chien et évite toute mention de pensée ou de sentiment. C'est une description incomplète, qui se limite de manière délibérée aux faits en évitant d'expliquer et de prévoir quoi que ce soit. La deuxième est une interprétation des sentiments du chien. Elle peut être erronée, mais elle ne se révèle anthropomorphique que si les chiens sont incapables de se sentir abandonnés et d'avoir besoin qu'on s'occupe d'eux – ce que la plupart des maîtres savent être faux. Au bout du compte, c'est probablement l'affirmation la plus utile des trois.

Ce sont peut-être les animaux sauvages qui suscitent le plus d'erreurs anthropomorphiques. Dans la mesure où les gens vivent au contact d'animaux domestiques, les faits peuvent venir contredire leurs fausses théories. Ce n'est pas le cas, en revanche, avec les animaux en liberté, compte tenu du peu de contacts que nous avons avec eux. Nous risquons donc de continuer à considérer les loups comme des êtres voraces et les dauphins comme des petits saints.

Dans les milieux scientifiques, faire de l'anthropomorphisme avec les animaux est une faute grave, voire un péché. Le terme a une origine religieuse. Il désignait le fait d'attribuer à Dieu une forme ou des caractères humains – d'agir comme si l'humain pouvait être divin, erreur hiérarchique s'il en est. D'où la connotation de péché. Dans le long article sur l'anthropomorphisme de l'*Encyclopaedia of Religion and Ethics,* l'auteur, Frank B. Jevons, écrit : « La tendance à personnifier des objets – objets des sens ou objets de la pensée – que l'on trouve chez les animaux et les enfants comme chez les sauvages, est à l'origine de l'anthropomorphisme[14]. » L'idée est que l'homme crée ses dieux à son image. Xénophane, auteur grec du VIe siècle avant J.-C., reste l'exemple le plus connu de cette tendance. Il fait remarquer que les Ethiopiens représentent leurs dieux avec la peau noire, les Thraces avec des yeux bleus et des cheveux roux et que « si les bœufs et les chevaux... avaient des mains et étaient capables de peindre », ils représenteraient leurs dieux comme des bœufs et des chevaux. Le philosophe Ludwig Feuerbach en venait à la conclusion que Dieu n'est rien d'autre que la projection par nous-mêmes, sur un écran céleste, de l'essence de l'homme[15]. Pour la science, c'est pécher contre la hiérarchie que d'attribuer des caractéristiques humaines à l'animal. De même que les humains ne pouvaient être semblables à Dieu, aujourd'hui les animaux ne peuvent être semblables aux humains (remarquez qui a pris la place de Dieu).

L'anthropomorphisme comme contagion

On met dans la tête des jeunes scientifiques que cette erreur est grave. Comme l'explique le béhavioriste David McFarland : « On doit souvent leur donner une formation particulière pour qu'ils résistent à la tentation d'appliquer leurs mécanismes de reconnaissance du comportement normal à l'interprétation du comportement des autres espèces[16]. » Dans son récent ouvrage, *The New Anthropomorphism*, un autre béhavioriste, John S. Kennedy, se lamente : « L'étude scientifique du comportement animal a été marquée dès ses débuts, de manière incontournable, par sa parenté anthropomorphique et elle l'est toujours de manière significative. Elle a dû lutter pour s'en libérer et le combat n'est pas terminé. L'anthropomorphisme est encore aujourd'hui un problème beaucoup plus important que ne l'ont pensé la plupart des néo-béhavioristes [...] Si l'étude du comportement animal veut entrer dans sa phase de maturité scientifique, le processus de libération des illusions de l'anthropomorphisme doit se poursuivre[17]. » Il espère que « l'on parviendra à maîtriser l'anthropomorphisme, même si l'on ne peut complètement s'en guérir. Ce n'est pas parce qu'elle est probablement programmée dans nos gènes et inoculée par notre culture que la maladie est incurable[18] ».

Le philosophe John Andrew Fisher remarquait : « L'insouciance avec laquelle scientifiques et philosophes utilisent souvent le terme “anthropomorphisme” pourrait laisser croire qu’il désigne un abus idéologique, un peu comme un terme religieux ou politique (“communiste” ou “contre-révolutionnaire”) qui, utilisé de manière critique, n’a nul besoin d’être expliqué ou défendu[19]. »

Dans une discipline à dominante masculine, on a décidé que les femmes étaient enclines à l’empathie, et donc à l’erreur et à la contamination anthropomorphiques. Longtemps considérées comme inférieures aux hommes précisément à cause de leur prétendu excès de sensibilité, les femmes étaient censées se suridentifier aux animaux qu’elles étudiaient. C’est une des raisons pour lesquelles les hommes de science se sont gardés pendant si longtemps d’encourager la présence sur le terrain des femmes biologistes[20]. Elles étaient, d’après eux, trop dépendantes de leurs émotions, qu’elles faisaient trop intervenir dans leurs jugements et leurs observations... Plus que les hommes, estimaient-ils, elles risquaient d’attribuer une attitude émotionnelle aux animaux en projetant sur eux leurs propres sentiments. Elles pouvaient donc contaminer les données recueillies. Ainsi les préjugés contre le sexe et les préjugés contre l’espèce sont-ils allés de pair dans un environnement prétendument objectif.

Accuser un scientifique d’anthropomorphisme constitue une critique sévère, qui met en cause sa fiabilité, dans la mesure où l’anthropomorphisme est censé constituer une confusion des espèces, un oubli de la séparation entre objet et sujet. Certes, il serait franchement mal venu d’attribuer des pensées ou des sentiments à une créature reconnue incapable de les avoir. Mais attribuer à un animal des émotions comme la joie ou le chagrin ne serait une erreur anthropomorphique que dans la mesure où l’on aurait la certitude qu’il serait incapable de les éprouver. Cette certitude, de nombreux scientifiques ont pourtant décidé de l’avoir, sans s’appuyer sur des preuves. En fait, il s’agit moins pour eux de nier l’émotion que de considérer qu'elle représente un trop grand danger pour l'intégrer au débat scientifique. Ils y voient un vrai champ de mines subjectif, au point qu'ils ne sauraient se livrer à aucune étude de la question. Résultat : personne, sauf les plus éminents d'entre eux, ne se risquera à ruiner sa réputation en s'aventurant sur ce terrain. Peut-être sont-ils nombreux à être persuadés que les animaux éprouvent des émotions, mais ils se refusent à le dire et plus encore à se livrer à des études sur le sujet ou à encourager leurs étudiants à le faire. Il leur arrive même d'attaquer les autres scientifiques qui essaient d'utiliser le langage des émotions. Quant aux non-scientifiques qui tentent d'être crédibles à leurs yeux, ils doivent littéralement marcher sur des œufs. La réponse de l'un des gérants d'un institut de dressage de renommée internationale est en cela très caractéristique. « Nous ne prendrons aucune position sur l'éventualité des émotions chez l'animal, disait-il. Je suis sûr que si vous parliez à *chacun* d'entre nous, il vous dirait : “Ils ont des émotions, c'est certain”, mais en tant qu'organisation, nous ne voulons pas que l'on nous prête ce genre d'affirmation. »

Des tabous linguistiques

En faisant de l'anthropomorphisme une erreur impardonnable, un péché ou une maladie, on a suscité dans le domaine de la recherche quantité de tabous, y compris sur le langage à utiliser. On a édicté des règles linguistiques : un singe ne peut pas être en colère, il montre de l'agressivité ; une grue n'exprime pas de l'affection, elle fait preuve d'un comportement parental ou d'un comportement de pariade ; un guépard n'est pas effrayé par un lion, il manifeste un comportement de fuite. Ainsi, quand Frans de Waal utilise le terme *réconciliation* en parlant de chimpanzés qui se retrouvent après s'être battus, il se fait reprendre : « Ne serait-il pas plus objectif de dire “premier contact post-conflit”[21] ? » En visant à l'objectivité, ce genre de langage instaure une distance et le refus de s'identifier à la douleur d'une autre créature.

Le biologiste Julian Huxley s'est élevé contre cette orthodoxie scientifique. Pour lui, s'imaginer dans l'existence d'un autre animal se justifie, sur le plan scientifique. Cela suscite également des connaissances. Dans sa préface à *Vivre libre*, de Joy Adamson, un extraordinaire récit sur le lien unissant un être humain et une lionne vivant en liberté, il écrit :

> Quand des personnes comme Mrs. Adamson (ou Darwin, d'ailleurs) font appel à des termes de psychologie – colère ou curiosité, affection ou jalousie – pour interpréter des attitudes ou des postures d'un animal, le Béhavioriste strict les accuse de faire de l'anthropomorphisme, de voir un esprit humain à l'œuvre dans la peau de l'animal. Or, ce n'est pas forcément le cas. Le véritable éthologiste doit avoir l'esprit d'évolution. Après tout, c'est un mammifère. Pour interpréter au mieux un comportement, il doit avoir recours à un langage qui puisse s'appliquer aussi bien à ses compagnons mammifères qu'à ses compagnons humains. Et un tel langage se doit d'user d'une terminologie subjective tout autant qu'objective – *peur* aussi bien qu'*impulsion de fuite*, *curiosité* aussi bien que *pulsion exploratoire*, *sollicitude maternelle* dans toutes ses nuances, apport bienvenu à Dieu sait quelle tournure compliquée de la terminologie béhavioriste[22].

Quand Huxley écrit ces lignes, en 1961, son argumentation va à contre-courant de la pensée scientifique dominante. Depuis, celle-ci n'a pas évolué. L'exemple en est Alex, le perroquet gris africain. Alex a été dressé ou testé par des expérimentateurs qui ont varié leurs demandes afin d'éviter qu'il ne prenne des repères et ne s'ennuie. Lorsque Irene Pepperberg soumet à une revue scientifique un article sur le sujet, elle se voit refuser l'usage du terme *ennui*. La chercheuse fait ce commentaire :

Et pourtant, vous avez vu l'oiseau, il vous regarde et il dit : « Je vais m'en aller » et il s'en va ! On a déclaré que c'était un terme anthropomorphique qui n'avait rien à faire dans une revue scientifique... Je peux utiliser tous les termes du type stimulus-réponse que vous voulez. Il n'en reste pas moins que beaucoup de ses comportements sont très difficiles à décrire d'une façon qui ne soit pas anthropomorphique[23].

Qu'y a-t-il de mal à approfondir l'idée, fondée sur de multiples observations effectuées pour la recherche, que les perroquets et les hommes aient une même capacité à s'ennuyer[24] ?

Donner un nom aux animaux

Pendant longtemps, les milieux scientifiques ont considéré comme tabou le fait de donner un nom aux animaux. Pour les individualiser, on les appelait, par exemple, Adulte Mâle numéro 36. Nombre de chercheurs sur le terrain s'y sont toutefois refusé. Ils ont, du moins en privé, baptisé les animaux qu'ils passaient leurs journées à observer et les ont appelés Tache-sur-le-Nez, Queue-en-Trompette, Flo et Figan, Cléo, Freddy ou Mia. Dans leurs travaux destinés à la publication, certains sont revenus à des formes d'identification moins familières ; d'autres non. Sy Montgomery rapporte qu'en 1981 l'anthropologue Colin Turnbull a refusé de défendre par quelques phrases d'éloge l'ouvrage de Dian Fossey sur les gorilles de montagne parce qu'elle leur donnait des noms[25]. On nomme encore moins souvent les animaux de laboratoire, peut-être pour la même raison qui fait que les fermiers évitent de baptiser les bêtes destinées à l'abattoir : les noms propres ont une action humanisante et il est plus difficile de tuer un ami.

Rejetant l'idée selon laquelle donner un nom aux animaux conduit à leur attribuer des traits humains, Cynthia Moss, spécialisée dans la recherche sur les éléphants, note que pour elle c'est exactement le contraire : ce sont les gens qui lui rappellent les éléphants. « Quand on me présente une personne nommée Amy, ou Amelia, ou Alison, j'ai sur-le-champ à l'esprit la tête et les oreilles de l'éléphante dont c'est le nom[26]. » Petit à petit, et tout particulièrement parmi les primatologues, l'usage de ne pas donner de nom s'est modifié. Peut-être est-ce la conséquence des travaux de chercheurs remarquables qui ont baptisé les sujets qu'ils étudiaient – et ont admis l'avoir fait. Pour Bekoff, biologiste de terrain et Jamieson, philosophe, il est non seulement permis, mais conseillé, de donner un nom aux animaux étudiés, dans la mesure où l'empathie permet une meilleure compréhension[27]. Et pourtant, en 1987, en Namibie (alors Sud-Ouest africain), les gestionnaires des parcs demandaient encore aux chercheurs qui étudiaient les éléphants de leur attribuer des numéros, parce que les noms avaient quelque chose de trop sentimental[28]. Si l'on admet qu'un numéro est plus déshumanisé qu'un nom, est-ce pour autant plus scientifique ? Peut-être fait-on de l'anthropomorphisme en attribuant des noms aux animaux – en appelant un chimpanzé Flo ou Figan – mais il en va de même quand on les désigne par un numéro. Les chimpanzés ne se considèrent vraisemblablement pas plus comme étant F2 ou JF3 que Flo ou Figan.

Nous ignorons si les animaux se désignent eux-mêmes par un nom, ou nomment les autres, mais nous savons en revanche qu'ils reconnaissent individuellement les autres animaux et qu'ils font la distinction entre eux. Distinction que nous faisons, nous, par le nom. Les dauphins tursiops sont capables d'identifier et d'imiter mutuellement les sifflements qui sont leur « indicatif », quelque chose qui se rapproche beaucoup d'un nom[29]. On a observé un phénomène similaire chez les animaux en captivité. Si on leur enlevait leur compagnon ou leur compagne, les corbeaux et les grives de Shama vivant en cage « émettaient souvent des sons ou des éléments de chant qui étaient produits principalement ou exclusivement par l'autre. Quand il entendait ces sons, l'oiseau ainsi "nommé" revenait aussitôt, s'il le pouvait[30] ». Chez les oiseaux en liberté, la capacité d'appeler leur compagnon par son nom pourrait se révéler encore plus utile. Certains animaux réagissent de façon nettement émotionnelle quand on les baptise. Dans *Last Wild Years,* Mike Tomkies écrit : « Seuls les ignorants méprisent mon habitude de donner un nom aux bêtes qui, au fil des années, ont vécu dans ma maison. Et aux autres. Tant que ce n'est pas un son brutal, le nom importe peu, mais il ne fait aucun doute qu'un animal ou un oiseau réagit différemment, se révèle plus confiant, une fois qu'il a reçu un nom[31]. »

Si l'empathie s'accroît lorsqu'on baptise les animaux que l'on étudie, cela devrait aider à mieux comprendre leur nature et non agir comme un obstacle. Les attaques contre l'anthropomorphisme passent sous silence un élément fondamental : les êtres humains sont des animaux. Notre relation à l'animal n'est pas un exercice littéraire destiné à créer de charmantes métaphores. Comme le précise Mary Midgley : « Même si certaines personnes se comportent bêtement avec les animaux, il s'agit d'un sujet sérieux. Les animaux ne sont pas faits pour nous distraire, comme le chewing-gum ou le ski nautique, *ils sont le groupe auquel nous appartenons.* Nous ne sommes pas un peu semblables aux animaux, nous *sommes* des animaux[32]. » En agissant comme si nous appartenions à un ordre complètement différent des autres animaux, nous ignorons une réalité fondamentale.

Un autre aspect de l'anthropomorphisme

Même les adversaires les plus farouches de l'anthropomorphisme admettent son efficacité quand il s'agit de prévoir le comportement d'un animal. En tentant de saisir ce que celui-ci pense ou ressent, on a moins de chances de se tromper. Le fait d'avoir vu juste ne prouve en rien que l'animal a vraiment ressenti ou pensé ce que nous avons imaginé, mais la confirmation des prévisions est un test standard des théories scientifiques. Le béhavioriste John S. Kennedy, pour qui l'anthropomorphisme est une maladie, admet néanmoins qu'il sert à prévoir un comportement. L'anthropomorphisme, affirme-t-il, fonctionne parce que l'évolution des animaux les a conduits à agir *comme s'ils* pensaient et ressentaient : « C'est la sélection naturelle et non l'animal qui, généralement, fait en sorte que ses actes "riment à quelque chose", comme on dit[33]. »

Tout en reniant « l'affirmation selon laquelle ils ont des sentiments et des intentions », Kennedy reconnaît que l'empathie peut se révéler utile pour susciter des questions et effectuer des prévisions. On peut prévoir qu'une guéparde, craignant pour ses enfants, va courir vers un lion pour l'entraîner loin d'eux. Si l'on en croit Kennedy, elle agit ainsi non parce qu'elle craint pour la vie de ses petits, mais parce que l'évolution l'a conduite à agir *comme si* elle craignait pour leur vie. Il est permis de penser que son comportement a pour cause ultime de laisser derrière elle une progéniture plus nombreuse. En revanche, penser que la cause proximale soit sa crainte de voir mourir ses petits n'est pas admis. Et imaginer ce qu'elle ressentirait en voyant le lion s'emparer d'eux l'est encore moins. Pourquoi serait-il donc à ce point impossible d'avoir connaissance des émotions des animaux, quelles que soient les preuves en notre possession ? En quoi la démarche est-elle différente de celle qui nous pousse à affirmer sans problème que nous connaissons les sentiments des autres personnes[34] ?

La défense solipsiste

Faute d'être dans la peau des autres, nul ne peut savoir avec certitude ce qu'ils ressentent – certains, dont des philosophes, en ont fait une théorie, le solipsisme (l'idée que le moi ne peut connaître que le moi). Les mots nous aident, mais aussi l'observation du comportement – attitudes, expressions du visage, regards. A partir de là, nous tirons nos conclusions et prenons nos décisions. Il y a des gens que nous aimons, d'autres que nous détestons, d'autres encore qui nous inspirent de la confiance ou de la crainte. Nous agissons en fonction de ces éléments. Il est indispensable, pour vivre dans notre société, de croire aux émotions des autres. « Autant que je sache, écrit N.K. Humphrey, personne à part moi n'a jamais éprouvé une sensation correspondant à ma sensation de faim ; il n'en reste pas moins que le concept de faim, issu de ma propre expérience, m'aide à comprendre le comportement des autres hommes face à la question de la nourriture[35]. » Commentant la position solipsiste extrême qui consiste à prétendre ne rien savoir de la douleur de l'animal, Mary Midgley déclare : « Si la personne qui torture prétendait, en guise d'excuse, qu'elle ignore si ses actes font souffrir, au prétexte que nul ne sait rien de la sensation subjective des autres, elle n'emporterait l'adhésion d'aucun public constitué d'êtres humains. Point n'est besoin qu'un public de scientifiques vise à faire exception à la règle[36]. » Citant un passage stupéfiant de l'*Ethique* de Spinoza, philosophe hollandais du XVIIe siècle, Mary Midgley dépiste l'affirmation fondamentale de la supériorité naturelle de l'homme sous-jacente à la position du solipsiste :

> D'où il apparaît que la loi qui interdit d'immoler des bêtes est plutôt fondée sur une vaine superstition et une pitié de femme que sur la saine Raison. En effet, la raison, qui nous fait chercher ce qui nous est utile, nous enseigne bien la nécessité de nous réunir aux hommes, mais non aux bêtes ou aux choses dont la nature est différente de la nature humaine ; le même droit qu'elles ont sur nous, nous l'avons sur elle. Bien plus, comme le droit de chacun est défini par la vertu ou la puissance de chacun, les hommes ont sur les bêtes un droit

beaucoup plus grand que celles-ci sur les hommes. Et pourtant, je ne nie pas que les bêtes aient conscience ; mais je nie qu'il soit pour cela interdit de penser à notre utilité et de nous servir des bêtes à notre guise et de les traiter selon ce qu'il nous convient le mieux, puisqu'elles ne s'accordent pas avec nous par nature et que leurs sentiments sont, par nature, différents des sentiments humains.

Spinoza se garde bien de dire d'où il tient que les émotions animales sont différentes des émotions humaines, ou d'expliquer en quoi ceci justifie l'exploitation, le dépouillement et le meurtre des animaux. Il se borne à avancer que nous avons plus de pouvoir qu'eux. Et force passe droit. José Ortega y Gasset en vient à la même conclusion dans sa défense de la chasse, en mettant l'accent sur le fait que la victime l'a bien cherché :

> [La chasse] est une forme de rapport que certains animaux imposent à l'homme, au point qu'il faut faire appel à notre volonté délibérée pour essayer de ne pas les chasser [...] Avant même qu'un chasseur ne vienne à les poursuivre, ils se sentent comme une proie possible et ils modèlent toute leur existence en fonction de cette condition. Par là même, ils transforment automatiquement tout homme normal qui vient à tomber sur eux en chasseur. *La seule réaction adéquate à une créature qui vit dans l'obsession d'éviter d'être capturée est d'essayer de l'attraper*[37]. [Les italiques sont d'Ortega y Gasset.]

Une telle illusion anthropomorphique, fondée sur un modèle humain qui est à son tour pure illusion, révèle des intérêts et des conceptions profondément enfouis. Les prémisses cachées d'Ortega y Gasset – à savoir que les êtres chassés cherchent à l'être – ressemblent fort aux raisonnements sur le viol. Les violeurs avancent généralement que les femmes cherchent à se faire violer et donc provoquent le viol, particulièrement quand elles tentent de l'éviter. Ici, on essaie de même d'exonérer les chasseurs en justifiant la capture des animaux par le caractère d'« obsession » de leur fuite – autrement dit, ce qu'ils désirent le plus, c'est ce qu'ils fuient le plus.

D'autres formes d'anthropomorphisme, plus simples, peuvent aussi venir interférer avec l'observation et nuire à la compréhension des animaux. Carl Linné, le naturaliste suédois du XVIIIe siècle qui a développé le système de classification des êtres vivants, n'écrivait-il pas des grenouilles : « Ces animaux ignobles et repoussants sont [...] répugnants du fait de leur corps froid, de leur couleur pâle, de leur squelette cartilagineux, de leur peau immonde, de leur aspect farouche, de leur œil calculateur, de leur odeur nauséabonde, de leur voix rauque, de leur habitat sordide et de leur terrible venin. » Tous ces termes sont d'ordre émotionnel. Ils se rapportent aux émotions qu'éprouvait Linné quand *il* voyait une grenouille. Ce sont de pures projections. *Calculateur* n'a rien d'un terme scientifique pour décrire un œil de grenouille. Ce passage est de l'art – il ne décrit que peu de choses du monde physique, mais transmet avec force l'état subjectif du scientifique.

Masculin, féminin : une projection

Par anthropomorphisme, les humains ont également plaqué sur les animaux leur conception des deux sexes, souvent aussi erronée que leur conception de l'animal. Les gens attendent parfois du mâle qu'il soit à la tête du troupeau, ou dominant, ou plus agressif, même dans des espèces où la réalité est différente. A la télévision américaine, on pouvait voir une série d'émissions qui montrait une famille de guépards dans le parc naturel de Serengeti, en Tanzanie. Le petit mâle s'appelait Tabu et la petite femelle Tamu – ce qui, en swahili, signifie Tracas et Douceur. Il est certain qu'on ne s'attend pas à la même chose de la part d'un Tracas et d'une Douceur. La phrase « Tracas rôde autour de ma tente » a quelque chose de plus menaçant que « Douceur rôde autour de ma tente ». En mettant l'accent sur le caractère « naturel » des préjugés des hommes vis-à-vis des femmes – sous prétexte qu'on les retrouverait chez certaines espèces du règne animal – la sociobiologie a tendu à les encourager. Comme nous l'avons déjà remarqué, on peut prouver tout ou presque, à condition de bien choisir l'espèce. Ce n'est apparemment pas un hasard si l'on a comparé pendant si longtemps la société des hommes à celle des babouins, bien que les babouins aient un dimorphisme sexuel beaucoup plus marqué et qu'ils ne forment pas de couples. L'idée semble être d'accroître l'infériorité sexuelle de la femme en imposant un modèle censément naturel[38].

Les comparaisons inconsidérées entre l'homme et l'animal posent un sérieux problème, dans la mesure où nous n'avons pas actuellement une bonne connaissance de la vie des animaux, surtout en ce qui concerne des sujets cruciaux, comme le rôle de la culture dans l'apprentissage chez l'animal en liberté. Selon l'histoire des relations entre le troupeau et les humains, les éléphants, par exemple, apprennent aux jeunes générations à se méfier de certains. Mike Tomkies raconte qu'il a observé dans la nature un aiglon auquel son parent apprenait comment voler pour chasser et tuer. Le parent faisait démonstration sur démonstration. Il était visible qu'il se consacrait à l'enseignement du petit et non à la recherche de nourriture[39]. Bien évidemment, l'aiglon ne naît pas avec ce savoir, qui est transmis par l'apprentissage, c'est-à-dire par la culture. Il est naturel, mais il est aussi acquis. Ce n'est pas parce qu'il doit être appris qu'il n'est pas naturel. Si le mot *naturel* sert à décrire la manière dont l'aiglon tue, cela veut simplement dire qu'il y a eu observation d'un animal en train de tuer. La distinction entre inné et naturel d'une part, et entre culturel et acquis d'autre part, s'affaiblit considérablement à la lumière des observations récentes sur ce que les animaux s'apprennent mutuellement.

L'anthropocentrisme

En vérité, les nombreuses critiques à l'adresse de l'anthropomorphisme mettent en cause l'*anthropocentrisme.* Quelques-unes des pires erreurs de la science, que ce soit en astronomie, en psychologie ou en matière de comportement animal, viennent de ce que l'on a placé l'être humain au centre de toute interprétation, de toute observation, de tout intérêt, et les hommes dominants au centre de l'ensemble. L'anthropocentrisme traite les animaux comme des formes d'individus inférieurs et nie ce qu'ils sont vraiment. Il reflète un désir passionné de nous différencier d'eux, de faire de l'animal un autre, sans doute afin de maintenir les êtres humains au sommet de la hiérarchie de l'évolution et de la chaîne alimentaire. Il est plus irrationnel d'affirmer que les animaux sont entièrement à part, malgré notre parenté ancestrale commune, que d'affirmer qu'ils sont semblables à nous.

Mais même s'ils étaient tout à fait différents, ce ne serait pas une raison pour éviter de les étudier pour eux-mêmes. J.E.R. Staddon a fait ressortir que « la psychologie, en tant que science fondamentale, devrait avoir pour objet le comportement intelligent et adaptatif, où qu'il se trouve, afin que les animaux soient étudiés pour eux-mêmes, pour ce qu'ils peuvent nous apprendre sur la nature et l'évolution de l'intelligence et non comme des individus inférieurs ou des instruments utilisés pour résoudre les problèmes des humains[40] ». Le savoir recueilli à partir d'une telle étude, qu'il contribue ou non à la résolution des problèmes humains, est toujours du savoir.

Les animaux considérés comme des saints et des héros

Il existe une autre forme d'anthropocentrisme. Elle consiste à idéaliser les animaux – même si on les idéalise moins fréquemment qu'on ne les dénigre ou ne les démonise. C'est faire de l'anthropocentrisme que de les croire dépourvus de tout défaut et parés de toutes les vertus auxquelles nous aspirons, car cela révèle une obsession des aspects repoussants et mauvais de l'humanité, que les animaux servent à mettre en lumière. Le monde de la nature, vu sous cet angle sentimental, est un lieu d'où sont absents la guerre, le meurtre, le viol et l'addiction, où les animaux ne mentent, ne trichent ni ne volent jamais. Or la réalité vient quelque peu contredire cette conception. Du renard arctique à l'éléphant, les animaux ne sont pas toujours tels qu'on les imagine[41]. Les fourmis prennent des esclaves. Les chimpanzés peuvent attaquer d'autres bandes de chimpanzés, en l'absence de toute provocation, avec des intentions meurtrières. Des groupes de mangoustes naines se battent avec d'autres pour leur territoire. L'équipe de recherche de Jane Goodall a établi comment Pom et Passion, deux chimpanzés, ont tué et dévoré les petits d'autres chimpanzés de leur groupe. On a vu des orangs-outans en violer d'autres. Chez les lions, il arrive souvent que les mâles, quand ils rejoignent un groupe, tuent les lionceaux d'autres lions. Parmi les hyènes, les renards et les hiboux, on a constaté que des jeunes tuaient parfois d'autres jeunes de la même portée ou du même nid.

Il n'en va pas toujours comme nous le souhaiterions chez nos cousins d'évolution. On ne peut que partager la réaction de Jane Goodall face au traitement qu'ont infligé certains chimpanzés à l'un des leurs, un vieil animal dont les jambes étaient entièrement paralysées par la polio. Seul, à l'écart des autres, il était quelquefois attaqué par les chimpanzés en bonne santé. Dans l'espoir de pousser deux de ses compagnons qui s'épouillaient à faire la même chose avec lui, il se traîna jusqu'à un arbre et réussit à y grimper :

> Avec un grognement de plaisir, il tendit la main vers eux dans un geste d'accueil, mais avant même qu'il ait établi le contact,

tous deux avaient quitté la branche sur laquelle ils se trouvaient et, sans un regard en arrière, avaient recommencé à s'épouiller à l'autre extrémité de l'arbre. Pendant deux bonnes minutes, le vieux Gregor resta immobile, le regard fixé sur eux. Puis il redescendit au sol avec difficulté. Mes yeux se mouillèrent pendant que je le regardais, assis tout seul. Et lorsque je levai les yeux vers ceux qui s'épouillaient, là-haut, je crois que, cette fois-là, je fus plus près que jamais d'éprouver de la haine envers un chimpanzé[42].

On voit mal comment l'on pourrait romancer un comportement aussi regrettable.

Il y a belle lurette que personne, à part dans un film de Walt Disney, ne qualifie plus le lion de roi des animaux. En revanche, nous avons du dauphin l'image d'un animal supérieurement intelligent, noble, gentil, pacifique et particulièrement doué pour la vie en communauté. Cela ne tient aucun compte du fait, solidement établi, que les dauphins peuvent se montrer très agressifs. On a découvert récemment qu'ils pouvaient se livrer à des viols occasionnels. En même temps, la cruauté animale est loin d'égaler la cruauté des humains. Il est peu probable que le viol chez les dauphins atteigne les mêmes proportions que chez nous. Une étude sérieuse, réalisée en 1977 dans une ville des Etats-Unis, montrait que pratiquement la moitié de la population féminine avait été victime d'un viol ou d'une tentative de viol au moins une fois dans sa vie[43]. En milieu naturel, de rares abus sur des jeunes peuvent se produire, mais rien n'égale la proportion de filles victimes d'abus sexuels dans leur enfance – plus d'une sur trois aux Etats-Unis selon une étude majeure menée en 1983 par la même chercheuse[44].

Le zoomorphisme

Si nous croyons les animaux plus proches de nous qu'ils ne le sont, les animaux, pour leur part, projettent-ils à tort leurs sentiments sur nous ? Pratiquent-ils ce que l'on pourrait appeler du zoomorphisme, en attribuant leurs caractéristiques aux humains ? Le chat qui, jour après jour, apporte à son maître, pourtant horrifié, une offrande de rongeurs, de lézards et d'oiseaux morts, se livre à du zoomorphisme. C'est la même chose que lorsqu'un enfant offre des bonbons à un chat. Dans son ouvrage *La Vie secrète des chiens,* Elizabeth Marshall Thomas écrit : « Quand le chien qui ronge un os menace la personne qui l'observe, il pense vraiment qu'elle veut lui prendre cet objet gluant et plein de terre. Il applique ses critères de chien et fait du cynomorphisme[45]. » Si un chien devait se faire l'historien de la race humaine, il laisserait sans doute de côté certains de nos attributs majeurs, comme nous-mêmes passons à côté d'une partie de la vie animale.

3.
Peur, espoir et terreurs nocturnes

Il est peu probable que les béhavioristes admettent l'idée que les animaux soient pris de terreur de manière récurrente dans leur sommeil. Pourtant, d'un « orphelinat pour éléphants », nous vient un rapport révélateur sur des éléphanteaux d'Afrique. Les petits animaux, qui ont assisté au massacre de leurs parents par des braconniers et ont vu ceux-ci sectionner les défenses sur leur cadavre, se réveillent la nuit en hurlant. Qu'est-ce qui pourrait bien motiver de telles terreurs nocturnes, si ce n'est un profond traumatisme qu'ils revivent dans leur cauchemar[1] ?

Le biologiste Lynn Rogers a passé des décennies à étudier les ours noirs. Il les a suivis dans les forêts et les marais. Albert Erikson, son professeur à l'université, lui a appris à les connaître. Un jour qu'ils tentaient de prendre un échantillon de sang sur un ours sauvage qu'ils avaient anesthésié, celui-ci se réveilla brusquement et donna un coup de patte en direction d'Erikson. A la grande surprise de Rogers, Erikson lui retourna son geste. L'ours se tourna vers Rogers. « Fais pareil ! » dit Erikson. Rogers obéit et l'ours disparut dans la nature. « Ces leçons allaient m'aider à interpréter les actes des ours en fonction de leur peur et non de la mienne, dit-il[2]. »

L'anthropomorphisme peut conduire à tort à voir les ours à travers le prisme de nos propres émotions : nous avons peur d'eux, donc nous les percevons comme furieux et hostiles. Il peut aussi pousser à l'erreur, diamétralement opposée, qui consiste à refuser de leur reconnaître leurs propres émotions. Erreur que n'a pas commise Rogers. Il a ainsi découvert qu'eux-mêmes étaient souvent apeurés. Il a aussi appris ce qui les effraye et comment ne pas leur faire peur. « Une fois que j'ai commencé à considérer les ours sous l'angle de leur propre peur et à interpréter tout ce qui m'effrayait en ces termes, il m'a été facile de gagner leur confiance. J'ai pu les suivre de près, dormir avec eux, faire en sorte de voir comment un animal évolue dans son univers. » Rogers avait si bien réussi à comprendre les ours sauvages qu'il pouvait dormir à quelques pas de leur tanière et même prendre les oursons dans ses bras. A la question de savoir si, habituellement, les scientifiques ne préféraient pas éviter d'utiliser des mots comme *peur* et *confiance* pour décrire le comportement animal, il a répondu : « Si. Mais je crois qu'on est plus à côté de la plaque si l'on ignore ces émotions. Ce sont des émotions fondamentales, communes à l'homme et à l'animal. »

Sa description d'un ours soudain alarmé montre comment nous pouvons apprendre à « déchiffrer » le comportement de cet animal. « On se trouve près d'un ours, dans le plus grand calme, raconte-t-il, et voilà qu'au fin fond de la forêt, un bruit à peine audible et non identifié se produit. Brusquement, l'ours est sur ses gardes, tous ses sens en alerte... A chaque fois qu'un ours, suite à un événement quelconque, prend une grande inspiration – c'est le premier signal montrant qu'il a peur – il faut se dire : "Mieux vaut lui donner un peu de champ et ne pas se coller sur lui, parce que c'est le meilleur moyen pour recevoir un mauvais coup". » Et il ajoute : « Il se sent menacé par ailleurs. Donc, il a besoin d'espace et il préfère ne pas vous avoir dans les pattes pour gérer le problème. A plusieurs reprises, les ours m'ont fait comprendre en termes dénués d'ambiguïté que je devais déguerpir dans ce genre de situation et j'ai fini par retenir la leçon[3]. »

Une émotion clé

La peur est, de toutes les émotions susceptibles d'être éprouvées par les animaux, celle dont les sceptiques admettent le plus souvent l'existence et l'une des rares que la psychologie comparative explore. A cela, il y a une raison : la peur a un avantage sélectif évident. Elle peut déclencher un comportement défensif et donc favoriser la survie de tout organisme capable de se défendre. Elle va pousser les animaux à courir, plonger, se cacher, crier au secours, refermer leur coquille, montrer les dents ou hérisser leurs piquants. La peur n'aurait aucun avantage pour un animal dépourvu de mode de défense. Parfois, aussi, elle joue un rôle négatif : sous l'effet de la panique, une personne ou un animal n'agira pas toujours de la façon la plus avisée, comme le soldat qui, sur un champ de bataille, se précipitera droit sur la ligne de tir [4].

Nous croyons aussi d'autant plus facilement à l'existence de la peur chez les animaux que nous la provoquons, non sans plaisir parfois. Chacun peut, en se promenant dans la rue, faire s'envoler des oiseaux, chasser des insectes. Et tout le monde a vu un chat s'enfuir devant un chien ou un chien devant un autre, plus gros. Point n'est besoin d'avoir fréquenté les zoos pour avoir la certitude que les animaux ressentent de la peur.

Pas besoin non plus d'avoir une intelligence supérieure pour faire l'expérience de l'effroi. L'intelligence aide à discerner de subtiles raisons d'avoir peur, mais la créature la moins intelligente a encore quantité de raisons de craindre. Généralement, ceux qui estiment qu'un fossé nous sépare des autres animaux ne jugent pas leur position menacée par la notion de peur chez l'animal. D'ailleurs, on ne la qualifie pas toujours d'émotion. Si les dictionnaires le font, les béhavioristes spécialistes du comportement animal, eux, peuvent préférer la définition qu'en donne le *Dictionnaire du comportement animal*: « Un état de motivation qui est provoqué par certains stimuli spécifiques et suscite normalement un comportement défensif ou la fuite[5]. »

Le tableau de la terreur

Les traces biologiques de la peur sont faciles à découvrir en laboratoire[6]. (De fait, quel animal n'aurait pas de raison de craindre le laboratoire ?) Chez le chat, une légère impulsion électrique sur la partie du système limbique du cerveau que l'on appelle les amygdales provoque une mise en alerte. Avec une impulsion plus forte, on obtient l'expression et les actes de la terreur. Un rat ayant subi l'ablation de cette partie du cerveau n'éprouvera plus aucune peur des chats et ira droit sur eux. Des chercheurs de la New York University ont dressé des rats à s'attendre à recevoir un choc électrique lorsqu'ils entendaient un certain son et donc à craindre ce son. A leur grande surprise, ils ont découvert que les influx nerveux de ces rats allaient directement de l'oreille aux amygdales au lieu de suivre le chemin habituel le long du cortex auditif. On pense que les amygdales du cerveau donnent une importance émotionnelle à certaines formes d'apprentissage. Les études endocriniennes effectuées montrent que des hormones comme l'épinéphrine et la norépinéphrine aident à transmettre les messages de peur. D'après les généticiens, en dix nouvelles générations seulement, deux lignées de rats peuvent être issues d'une souche parentale, l'une peureuse, l'autre calme[7].

Mais les biologistes eux-mêmes reconnaissent qu'à eux seuls les symptômes physiologiques ne constituent pas une description à part entière de la peur. Le philosophe Anthony Kenny prenait l'exemple d'une personne qui a peur du vide et évite soigneusement de se trouver dans une telle situation, par rapport à un grimpeur que la montagne effraie beaucoup moins.

La première réussira peut-être à ne jamais se trouver en altitude et n'aura donc guère l'opportunité de montrer les signes physiologiques de la peur. Signes qu'on rencontrera en revanche plus fréquemment chez le grimpeur, plus souvent exposé, sans qu'on puisse dire pour autant qu'il a plus peur du vide[8]. Peut-être, néanmoins, faut-il voir là une illustration de la notion de « contre-phobie » élaborée par le psychanalyste Otto Fenichel. Elle s'applique aux personnes qui recherchent très exactement ce dont elles ont peur, car leur peur est inconsciente. De la sorte, certains grimpeurs seraient terrifiés par le vide, sans pouvoir le reconnaître. Leur comportement serait une sorte de surcompensation profonde, une auto-tromperie interne destinée à maintenir constamment sous leurs yeux l'objet qui les effraie mais aussi les fascine. Est-ce là un effort pour maîtriser les choses, comme la compulsion bien connue à répéter les traumas ?

La contre-phobie ne se rencontre peut-être pas que chez les êtres humains. De nombreux animaux, parmi les espèces qui sont fréquemment victimes des prédateurs, montrent un intérêt franchement macabre pour la mort de leurs semblables. Etudiant les hyènes dans le Serengeti, Hans Kruuk a été frappé de voir la fréquence avec laquelle des gnous ou des gazelles s'approchaient d'elles, ou d'autres prédateurs en action, pour regarder. On qualifie cette attitude de « comportement de fascination » ou « phénomène du badaud ». Cette attirance existe même lorsque la victime n'est pas de la même espèce que l'observateur. Certains animaux appartenant à des espèces chassées s'intéressent aussi aux prédateurs lorsqu'ils ne sont pas en train de tuer. Ils les observent, les suivent. Un guépard, qu'un troupeau de gazelles observait, se précipita soudain sur l'une d'elles et s'en empara. Ce comportement n'est donc pas dénué de risques. Pour Kruuk, il possède un avantage sélectif, soit parce que les proies éventuelles gardent ainsi un œil sur les prédateurs et préviennent les embuscades, soit parce qu'elles obtiennent sur eux des informations intéressantes.

Dans son étude désormais classique des cerfs communs, F. Fraser Darling notait : « Visiblement, les cerfs s'opposent à ce que tout objet ou personne qu'ils pensent menaçants sorte de leur champ de vision[9]. » On peut aussi voir dans cette attitude un exemple de contre-phobie.

Dans *L'Expression des émotions chez l'homme et les animaux*, Darwin étudie systématiquement les signes de la peur chez l'animal. Comme chez nous, ce sont, en totalité ou en partie : les yeux écarquillés, la bouche ouverte, les yeux qui roulent, l'accélération du rythme cardiaque, les pilosités qui se hérissent, les tremblements musculaires, les dents qui claquent, le relâchement des sphincters, le fait de se figer sur place ou de se faire tout petit. Ces règles sont identiques pour un nombre remarquable d'espèces. D'une certaine manière, il est étonnant d'apprendre qu'un dauphin terrifié claque des dents et montre le blanc de ses yeux[10] et que les jambes du gorille effrayé tremblent[11]. Un comportement aussi familier chez un animal sauvage nous rappelle que nous sommes proches. Comme l'écrit Melvin Konner : « Nous sommes – non pas métaphoriquement, mais précisément, biologiquement – pareils à la biche qui, dans une paix profonde, mordille quelques brins d'herbe mouillés dans la brume de l'aube naissante, câline un faon couvert de rosée, remplit ses poumons d'air humide et soudain, sans raison apparente, va jeter autour d'elle des regards affolés[12]. »

D'autres symptômes de la peur sont particulièrement propres à une espèce. Le biologiste Douglas Chadwick rapporte que la chèvre des neiges, quand elle est effrayée, se passe la langue sur les lèvres, s'accroupit et lève la queue en l'air. Le petit lève la queue s'il veut téter ou qu'on s'occupe de lui et l'animal adulte continue à le faire quand il a peur. D'après Chadwick, si la queue est à demi dressée, cela signifie : « Je m'inquiète » ; si elle l'est complètement, cela veut dire : « J'ai peur » ou, peut-être : « Maman, au secours ! »[13].

Wolfgang de Grahl, aviculteur, fait remarquer que les jeunes perroquets gris placés dans un nouvel environnement peuvent non seulement battre follement des ailes à l'approche d'un être humain, mais se cacher la tête dans un recoin. Pour lui, ces oiseaux croient probablement qu'ainsi on ne les voit pas, comme les autruches, dont on a dit qu'elles se cachaient la tête dans le sable[14]. Ce qui exagère vraisemblablement la stupidité des oiseaux. Quand nous plaçons nos mains sur nos yeux ou détournons la tête devant un spectacle effrayant, nous ne croyons pas être invisibles pour autant. Peut-être, à l'égal de nous, les perroquets ne peuvent-ils supporter la vue de ce qui les effraie, ou essayent-ils de ne pas se laisser envahir par leurs émotions.

Ce qui fait peur aux animaux

Nous vivons depuis si longtemps dans la compagnie des chevaux que nous comprenons aisément ce qui, dans certains cas, les effraie. Outre les dangers évidents comme les prédateurs, un mouvement, une odeur, un bruit inhabituels peuvent les alarmer. Un changement dans leur environnement aussi. Un cheval ombrageux semblera même craindre un changement imaginaire : un objet devant lequel il sera passé maintes fois peut susciter chez lui un écart sans raison aucune. Ce qui en effraiera un en laissera un autre de marbre. Certains, par ailleurs, ont rarement peur. Un autre craindra de se rendre en des endroits où des chevaux ne sont jamais venus, ce que l'odeur lui révèle. Tel autre enfin, qui monte en général de bon cœur dans des remorques, refusera de pénétrer dans une remorque neuve.

L'histoire personnelle joue également un rôle dans la genèse de la peur ressentie par un animal. Il peut apprendre à craindre quelque chose qu'il ne craignait pas auparavant. Cela, tout un chacun le croira volontiers. Par exemple, si vous prenez un bâton pour qu'un chien aille le rechercher et qu'à la place l'animal se recroqueville de terreur, votre première pensée sera vraisemblablement que ce chien a été battu. Les animaux associent la peur à des objets qui les ont effrayés par le passé. Une certaine similitude, voire des idées vagabondes, peuvent déclencher un souvenir.

Les animaux apprennent aussi à avoir peur afin d'éviter de souffrir. Les rats de laboratoire craignent la douleur et apprennent à avoir peur de recevoir un choc électrique. Les coyotes apprennent à redouter de se retrouver avec des piquants de porc-épic en plein museau. Les singes apprennent qu'une longue chute est douloureuse.

Peur et autodéfense

Non sans logique, les animaux craignent leurs prédateurs. Comment savent-ils que ce sont des prédateurs s'ils ne les ont jamais vus en action auparavant ? La réponse n'est pas toujours évidente. En revanche, leur attitude, elle, est sans ambiguïté. Dans les Rocheuses, Chadwick voit un jour un lynx en train de guetter une grosse chèvre des neiges. Le lynx se glisse jusqu'à un surplomb rocheux, en une position apparemment idéale pour bondir sur sa proie, mais hésite. La chèvre l'aperçoit et recule dans un coin. Au bout d'un moment, elle s'avance, frappe le sol de ses sabots et se met à bondir en direction du félin, les cornes en avant. Le lynx examine la situation, donne de temps à autre un coup de patte négligent en direction de la chèvre et finit par s'en aller. La chèvre, au début, a eu peur de son prédateur, puis elle a cessé d'être effrayée pour devenir agressive. Le lynx, lui, était légèrement effrayé par elle – assez pour ne pas l'attaquer et pour laisser tomber, en fin de compte[15].

Un des facteurs permettant à l'animal de reconnaître un prédateur serait une réaction innée à un regard fixé sur lui. Les oiseaux sont plus susceptibles de se jeter sur une chouette empaillée si celle-ci a des yeux. De jeunes poulets qui n'ont jamais vu un prédateur vont éviter les objets qui ont des yeux ou des taches en forme d'yeux, surtout de grande taille. Des oiseaux sauvages ont plus tendance à fuir une mangeoire si celle-ci est rehaussée par un dessin évoquant des yeux et plus ce dessin est réaliste, plus leur panique est forte[16].

Il semble également que la peur de tomber de haut soit innée chez beaucoup d'animaux. Les jeunes de nombreuses espèces, les humains y compris, manifestent de la terreur lorsqu'ils sont placés devant un profond à-pic, ou sa représentation réaliste, même s'ils n'ont jamais été lâchés dans le vide ou vu un à-pic. La peur du vide se déclenche sans doute plus facilement chez certaines espèces que chez d'autres. L'animal qui vit dans les hauteurs ne pourra survivre s'il passe son temps à couiner de peur. Pourtant, les chèvres des neiges observées par Chadwick montraient aussi des signes de crainte quand elles essayaient d'assurer leurs pas sur des falaises trop escarpées, même pour elles, ou quand un morceau de roche commençait à se détacher sous leur sabot.

En Alaska, un ourson brun tomba dans la McNeil River et fut entraîné vers les rapides. Il manifesta alors tous les signes de la peur, roulant des yeux, oreilles couchées sur le crâne. Sa mère, témoin de sa chute, ne parut pas alarmée pour autant. Elle attendit qu'il soit entraîné assez loin d'elle pour se mettre en mouvement. Peut-être ne se rendait-elle pas compte que ce qui n'était pas dangereux pour elle l'était pour lui. Ou peut-être comprenait-elle, ou sentait-elle, qu'il n'était pas vraiment en danger. Quoi qu'il en soit, l'ourson réussit à s'en tirer par ses propres moyens.

Tout seul et complètement perdu

Pour les animaux sociaux et pour les jeunes de la plupart des espèces, la solitude génère la peur. La peur éprouvée en se retrouvant seul se confond parfois avec la peur éprouvée quand on est perdu. Wingnut, un ourson brun particulièrement timide que Thomas Bledsoe a observé sur la McNeil River, avait peur de son ombre, au sens propre. Quand il était seul, il était terrifié et appelait sa mère « de façon hystérique » jusqu'à son retour chaque fois qu'elle le laissait pour aller pêcher[17]. Un marsouin du Pacifique, Keiki, vivait dans un parc d'attractions aquatique. On le relâcha dans une baie proche. Séparé de ses compagnons, il fut pris de terreur dans cet endroit inconnu et se mit à claquer des dents et à rouler des yeux[18].

Des gardiens rapportent que les éléphants en captivité dans les zoos sont sujets au « syndrome de la mort subite » ou « syndrome du cœur brisé », qui se produit (la plupart du temps chez les jeunes éléphants) lorsqu'ils sont séparés de leur groupe social ou laissés seuls dans un nouvel enclos. Pour Jack Adams, du Center for the Study of Elephants, cela équivaut à un « accès de terreur[19] ».

Comme les chevaux effrayés par l'inconnu, les perroquets gris vivant en captivité, mais non apprivoisés, sont sensibles aux changements dans leur environnement. Plutôt que de manger dans un nouveau bol, ils préféreront avoir faim pendant des jours. Et même lorsqu'ils ont appris à faire confiance à une personne en particulier et à accepter la nourriture de sa main, un simple changement de vêtements peut les alarmer. De Grahl raconte qu'un groupe de perroquets refusaient les cacahuètes si elles ne leur étaient pas proposées par sa mère, et encore les acceptaient-ils uniquement quand elle portait le même tablier[20]. On a forgé le terme *néophobie* pour qualifier cette peur de l'inhabituel. La néophobie peut susciter des réactions curieuses chez un animal élevé dans des circonstances particulières. Billy Arjan Singh, un écologiste indien qui a élevé un bébé léopard orphelin et un bébé tigre, rapporte que l'un comme l'autre ont été terrifiés la première fois qu'ils ont aperçu la jungle. Il a fallu les rassurer patiemment en les y emmenant à plusieurs reprises, afin de les persuader que la promenade valait la peine[21].

Cody, un orang-outan élevé par des humains depuis sa petite enfance, fut terrifié la première fois qu'il aperçut un autre orang-outan. Ses poils se hérissèrent, il se recroquevilla de peur et alla se cacher derrière son « parent » humain, en s'y accrochant avec une telle force qu'il laissa des marques dans sa chair. Le paisible orang-outan qui lui faisait si peur n'était autre que sa propre mère[22].

Jim Crumley raconte que, tandis qu'il observait une volée de quelque deux cents cygnes en train de se reposer dans un champ, en Ecosse, ceux-ci sortirent soudain de leur sommeil et manifestèrent des signes d'inquiétude. Les têtes se levèrent, les regards se tournèrent en direction de l'ouest, puis le calme revint peu à peu. Brusquement, l'agitation les reprit. Les cygnes dressèrent de nouveau la tête et poussèrent des cris d'alarme. Cette attitude se répéta, à la grande perplexité de Crumley. A la troisième fois, il comprit ce qui les inquiétait. Un orage approchait et ils l'avaient entendu arriver avant lui. Il les observa pendant toute sa durée. Les éclairs ne suscitèrent chez eux aucune réaction, mais chaque coup de tonnerre les terrifiait[23].

Apprendre à avoir peur

La peur est en grande partie acquise. Nous rejoignons ici la théorie béhavioriste classique du conditionnement selon laquelle les animaux, y compris les humains, apprennent à associer des stimuli négatifs à des événements donnés. Il faut se garder de donner une origine innée ou instinctive à ce qui peut être appris par l'expérience ou même enseigné d'une manière ou d'une autre par les autres membres de l'espèce. Elizabeth Marshall Thomas relève quelques-unes des peurs particulières à sa chienne Koki, un husky qu'elle avait acquis déjà adulte. En entendant un objet siffler dans l'air, par exemple une corde ou un bâton, Koki se recroquevillait, le poil hérissé, en claquant des dents. D'après Elizabeth Marshall Thomas, « le son d'une voix d'homme chargée d'alcool » lui faisait le même effet[24]. Peut-être Koki réagissait-elle à l'odeur plutôt qu'au son, dans la mesure où l'alcool a une action sur l'odeur de la transpiration, mais le fait est qu'elle avait appris à avoir peur des hommes qui avaient bu. Comment ne pas imaginer qu'elle ait été frappée par un ivrogne ?

La théorie classique du conditionnement a été sérieusement ébranlée lorsqu'on a découvert que certains stimuli étaient plus facilement associés que d'autres à la peur. Les rats associent aisément la nourriture à la maladie. Ils éviteront un aliment qui les a rendus malades. En revanche, ils n'associeront pas un choc électrique ou un bruit fort à la maladie, quelle que soit la fréquence à laquelle les expérimentateurs associent les deux stimuli. Nombreuses sont les personnes qui ont peur des serpents ou des araignées, même si elles en trouvent rarement sur leur chemin et n'ont eu aucune fâcheuse expérience avec eux. Pourtant, comme le fait remarquer Martin Seligman, peu de gens ont la phobie des marteaux ou des couteaux, beaucoup plus dangereux néanmoins. Peut-être redoutent-ils moins ces objets parce qu'ils leur sont familiers.

Les chèvres des neiges ont appris à craindre les avalanches et les chutes de pierres et à fuir en conséquence. Quand elles entendent un grondement évocateur d'un glissement au-dessus d'elles, elles lèvent la queue, couchent leurs oreilles et courent se mettre à l'abri d'un surplomb rocheux, s'il y en a un à portée de sabots. Sinon elles frappent le sol, s'accroupissent et se pressent contre la montagne. Certaines décampent au dernier moment[25].

Des peurs indéterminées

Chacun a fait un jour l'expérience d'une terreur sans objet apparent – cette impression que quelque chose d'inconnu et d'épouvantable va se produire. Il arrive aussi que la peur se déclenche quand on se retrouve en terrain inconnu, comme le bébé tigre et le bébé léopard de Singh. C'est une menace indéfinie. La peur peut être un vertige moral.

Au Zimbabwe, dans le parc national de Hwange, chaque année, on élimine un certain nombre d'éléphants pour des raisons sanitaires. Au cours de l'opération, des avions rabattent les familles d'éléphants vers des chasseurs. Seuls les éléphanteaux en réchappent. On les rassemble pour les vendre. Les jeunes courent partout, crient, cherchent leur mère. Une année, un guide d'une réserve privée située à près de cent cinquante kilomètres du parc remarqua que quatre-vingts éléphants avaient disparu de leur retraite habituelle le jour où l'opération avait commencé à Hwange. Il les retrouva plusieurs jours après, groupés tout au fond de la réserve, le plus loin possible du parc[26].

On a découvert récemment que les éléphants pouvaient communiquer sur de longues distances au moyen d'appels subsoniques – des sons si graves que l'on ne peut les entendre. Il ne serait donc pas surprenant que les éléphants de la réserve aient reçu un message terrifiant de ceux de Hwange. A moins que la communication entre éléphants ne soit beaucoup plus évoluée que nous ne le pensons, ce message ne devait néanmoins pas être très précis. Ceux de la réserve ont dû savoir que quelque chose de terrible se passait à Hwange, sans plus de précision. Leur peur, sans objet déterminé, n'en était pas moins réelle.

Craindre pour les autres

Les êtres humains craignent non seulement pour eux-mêmes mais pour les autres. Ce sentiment frôle l'empathie et nous sommes moins enclins à l'attribuer aux animaux que la peur. Les exemples d'animaux terrifiés sont légion ; il est beaucoup plus rare qu'on les voie avoir peur pour les autres. Souvent, la situation est ambiguë. Un singe affiche des signes de terreur physiques en observant l'attaque dont un autre est victime : est-ce parce qu'il se considère comme une victime potentielle, ou a-t-il peur pour son congénère ? En fait, comme on peut s'en douter, on rencontre les manifestations les plus évidentes de ce genre de peur dans le cas des parents qui craignent pour leurs enfants.

Le biologiste Thomas Bledsoe a observé Red Collar, une mère grizzly dont les oursons ont disparu pendant qu'elle pêchait le saumon dans la McNeil River, lieu de rendez-vous des ours. Elle a commencé par chercher le long de la rivière, puis couru au sommet de la falaise, où elle a accéléré le rythme de ses recherches, dressée sur ses pattes de derrière, l'écume aux lèvres, le souffle court. Puis, au bout de quelques minutes, Red Collar a abandonné ses recherches et s'est remise à pêcher. Pareil comportement est étonnant. On peut en donner différentes interprétations, qui vont de la perte d'intérêt (et nous avons du mal à l'admettre) à l'idée que rien de mal n'était arrivé à ses petits. Il faut remarquer qu'à chaque fois que les oursons de Red Collar ont disparu de la rivière, c'était pour suivre l'une des nombreuses mères et sa famille. En fait, ils étaient sains et saufs. D'après Bledsoe, les oursons de Red Collar ont passé une fois trois jours en compagnie d'une autre ourse avant qu'elle ne s'en aperçoive et n'aille les récupérer[27].

Les parents ne craignent pas seulement de perdre leurs enfants. Ils ont aussi peur qu'ils soient blessés. Une autre ourse de la même espèce étudiée par Bledsoe, Big Mama, s'inquiéta quand, par curiosité, ses deux oursons d'un an décidèrent d'aller voir de plus près les scientifiques qui les observaient. Elle courut derrière eux en les appelant, alarmée, jusqu'à ce qu'ils abandonnent. Lynn Rodgers, spécialiste des ours noirs, plus petits, raconte que, face au danger, la mère fait non seulement grimper ses oursons dans les arbres, mais les décourage d'escalader les arbres à l'écorce tendre, comme les trembles, et les oriente vers les pins, à l'écorce plus dure (plus faciles à escalader pour des oursons[28]). Paul Leyhausen a constaté que plusieurs chattes laissaient leurs chatons chasser les souris, mais intervenaient s'ils s'avisaient de s'attaquer aux rats. Hors de la présence de la mère, les chatons se montrèrent tout à fait capables de s'affronter à des rats[29].

Chez les chèvres des neiges, les mères veillent à ce que leurs enfants ne fassent pas une chute dangereuse ou mortelle. D'après Douglas Chadwick, elles tentent de se placer du côté de la pente, tant lorsque ceux-ci sont en mouvement que lorsqu'ils dorment. L'exubérance de leur progéniture les rend constamment sur le qui-vive. Parlant de l'une d'elles, Chadwick raconte : « Je l'entendais littéralement pousser un cri lorsque le petit faisait une culbute. Elle se précipitait pour le lécher et le renifler et l'encourageait à téter[30]. » La réaction de la mère ressemble à celle que l'un d'entre nous aurait en voyant quelqu'un tomber. On ne pourrait trouver plus belle preuve d'empathie.

Un faucon pèlerin attaquait l'un de ses petits chaque fois que celui-ci s'approchait de trop près des observateurs. Le jeune oiseau finit par changer de comportement et par les éviter. La peur que son père éprouvait pour lui avait modifié ses actes[31].

Les animaux sociaux peuvent craindre pour d'autres membres du groupe. Un expérimentateur décida d'étudier la réaction de jeunes chimpanzés face à un « homme hardi » et à un « homme timide ». Lia, une femelle, évita l'homme hardi, tandis qu'une autre, Mimi, s'affrontait à lui. Un jour, « l'homme hardi » prit un doigt de Mimi et le tordit jusqu'à la faire crier.

Lia vint à la rescousse, mais s'arrêta quand elle reçut un coup de poing (ainsi en va-t-il avec la recherche expérimentale). Après quoi, Lia fit tous ses efforts pour retenir Mimi, en lui prenant les mains et en l'entraînant plus loin[32]. A l'Oklahoma Institute for Primate Studies, une femelle chimpanzé que l'on avait précédemment privée de ses enfants eut un nouveau bébé. Elle se mit à manifester des signes d'appréhension quand les scientifiques s'approchaient d'elle et du petit. Dans les cages voisines, les autres femelles firent de même[33]. Rien ne dit toutefois que, dans ce cas, ces femelles aient été vraiment emplies de crainte ; peut-être manifestaient-elles simplement leur hostilité. On n'a jamais étudié la frayeur que peut occasionner chez un animal le simple fait d'être dans un laboratoire. Ce serait sans doute mettre en évidence un dilemme éthique que le regard de la science a choisi d'ignorer.

Le spectre de la peur

La peur, quand elle est sur le point de naître, alerte l'animal, le met sur ses gardes. Elle a visiblement une fonction de survie. Le ver de terre en alerte entend arriver l'oiseau. Il s'enfuit. Quand cette sensation s'intensifie, elle se change en anxiété, en un douloureux malaise de l'esprit. Chez certaines personnes, cette anxiété atteint un tel degré qu'elle devient paralysante, ce qui fait le fonds de commerce de la psychiatrie. D'autres, au contraire, l'écartent d'un revers de main, la jugeant inutile ou excessive.

Une peur extrême, comme une douleur extrême, peut créer un *état de choc.* Le terme est médicalement défini et il ne fait aucun doute qu'il s'applique aux animaux. On trouve sous la plume de Hans Kruuk la description de ce qui ressemble à un état de choc chez des gnous acculés par des hyènes. Une fois immobilisés, ces animaux se défendent rarement. Ils restent sur place, en gémissant, et sont mis en pièces[34].

Le biologiste Douglas Chadwick et sa femme attirèrent Pandora, une chèvre des neiges de deux ans, en un point de ravitaillement en sel afin de lui poser un collier-radio. Au début, elle fit de violents efforts pour s'échapper. Elle essaya de sauter par-dessus la barrière de l'enclos, puis d'encorner Chadwick. Une fois prise et maintenue au sol, elle tenta en vain de se relever. Quand on lui banda les yeux, elle tomba en état de choc et s'évanouit. Or Pandora ne s'était que légèrement blessée dans la lutte. Il semble donc que cette réaction ait résulté de sa peur intense. (Après l'avoir équipée du collier, on la ranima en lui faisant respirer des sels et on la relâcha sans qu'elle parût souffrir le moins du monde de l'aventure[35].)

En Afrique, un buffle attaqué par un lion resta étendu sur le sol en état de choc, parfaitement indemne, tandis que le lion (peut-être inexpérimenté) lui mâchouillait la queue. Ce genre d'exemple montre, lui aussi, que la peur n'est pas toujours mère de la survie[36].

Courageux comme un lion

La bravoure – ou le courage – parfois considérée comme une émotion, est liée à la crainte. Malheureusement, le flou de sa définition ne vient pas nous faciliter la tâche quand il s'agit de déterminer si elle existe chez l'animal. On estime souvent qu'elle s'oppose à la peur – en la surmontant ou en la repoussant. Mais est-ce faire acte de courage que de braver le danger sans avoir peur ? Ou bien la bravoure n'existe-t-elle que lorsqu'il y a peur ?

A plusieurs reprises, Hans Kruuk a pu observer une femelle gnou qui, accompagnée de son petit, était pourchassée par des hyènes[37]. A chaque fois, lorsque celles-ci rattrapaient le petit, sa mère leur faisait face et les attaquait avec une telle violence qu'elle les envoyait rouler à terre. C'est peut-être là une preuve de bravoure. Sans son enfant, la femelle gnou aurait continué à courir. Car la peur la fait courir, certainement. D'un autre côté, une personne placée dans une situation similaire peut fort bien dire : « J'étais dans une telle colère que je n'avais plus peur. » Qui nous dit que ce n'était pas le cas de la femelle gnou ? A-t-elle alors fait montre de courage ?

Lors du tournage d'une émission sur la nature pour la télévision, on filma une lionne qui était en train de tuer une portée de petits guépards[38]. Quand la mère revint, le fauve était encore là. Elle tourna autour, hésita, puis s'avança jusqu'à ce que la lionne se lance à sa poursuite. Les petits étaient déjà morts, mais la mère devait l'ignorer. A l'évidence, elle avait peur que la lionne tue ses enfants. Elle avait tout aussi certainement peur que la lionne, beaucoup plus grosse qu'elle, ne l'attaque. On pourrait dire que ses efforts pour l'entraîner loin de ses enfants sont un acte de courage. Une fois la lionne partie, elle découvrit ses petits, morts, en prit un dans sa gueule et l'emporta. Un orage soudain éclata. La caméra la saisit alors qu'elle attendait sous la pluie, le corps de son petit abrité sous son ventre. Après l'averse, elle s'en alla sans jeter un regard en arrière.

Charles Darwin, lui aussi, s'intéressait au courage chez l'animal. Voici ce qu'il raconte :

> Il y a plusieurs années, un gardien du Jardin zoologique me montra les blessures profondes et à peine cicatrisées qu'il portait à la nuque. Un babouin furieux les lui avait infligées pendant qu'il était agenouillé sur le sol. Dans la même cage vivait un petit singe d'Amérique, très ami avec le gardien. Le grand babouin le terrifiait. Pourtant, quand il vit son ami en péril, il se précipita à la rescousse, poussa des cris, mordit l'attaquant, de telle sorte que l'homme put s'échapper. Les chirurgiens estimèrent que celui-ci avait été à deux doigts de laisser sa vie dans l'aventure[39].

Il ne fait pas de doute pour Darwin qu'un « simple » singe puisse être un ami, et un ami courageux, qui plus est. Ce qui lui a valu les critiques sévères d'un scientifique pour sa « tendance à faire de l'anthropomorphisme avec le comportement animal », et ce commentaire : « Il n'est guère étonnant qu'il ait pu découvrir des preuves de tous les attributs humains [chez l'animal], y compris une conduite morale et de la bravoure. » Apparemment, certains scientifiques sont profondément perturbés par le fait que Darwin, entre tous, parle d'un petit singe assez courageux pour risquer son propre futur génétique en tentant de sauver un membre d'une autre espèce avec lequel il a développé une relation d'amitié et non de dépendance. *Bravoure* et *courage* ne sont pas des mots que les scientifiques tiennent à voir appliquer à un singe par le fondateur de la théorie de l'évolution.

Ce n'est pas toujours ce que croient leurs aînés qui effraie les éléphanteaux, les petites chèvres des neiges ou les oursons. Cynthia Moss étudie les éléphants au Kenya. Elle rapporte que les éléphanteaux ne semblent guère avoir peur. Ils peuvent fort bien s'approcher de sa Land Rover et l'examiner – avec les gens qui sont dedans. Ce qui ne va pas sans alarmer leurs mères et tantes et créer des conflits. Les éléphantes ont visiblement envie de les faire déguerpir, mais elles ont trop peur de s'approcher. Elles se tiennent raides, avancent et reculent, ou bien lèvent une patte. Quand l'éléphanteau finit par revenir, les adultes l'attirent à elles, le palpent et font des gestes de menace en direction du véhicule[40].

Un éventuel besoin d'avoir peur

Lorsque l'éléphant est devenu adulte, il a vraisemblablement eu l'occasion dans sa vie de craindre un certain nombre de choses en dehors des Land Rover. Tout le monde, un jour ou un autre, se trouve face à des objets ou des créatures qui suscitent une crainte justifiée. Que se passe-t-il toutefois quand l'animal est si bien à l'abri, si bien protégé qu'il ne se trouve jamais face à rien d'effrayant ? Que devient sa capacité à craindre ? Va-t-il malgré tout avoir peur, avoir besoin d'exprimer cette capacité en l'attachant de façon apparemment arbitraire à un objet ? Ce n'est pas impossible.

Koko, une femelle gorille née dans un zoo, a été élevée par des humains dans un environnement protégé, entourée d'affection. Elle n'a jamais été confrontée à des gorilles plus gros et plus âgés, ni à des léopards, ni à des chasseurs, à rien qui puisse l'effrayer. Or elle a peur. Peur, par exemple, des alligators, bien qu'elle n'en ait jamais vu un en vrai. Pendant des années, elle a manifesté de la frayeur devant des jouets représentant un alligator, sauf si leur mâchoire inférieure manquait. Son alligator de chiffon ne lui faisait pas peur, mais elle s'en servait pour jouer à la poursuite. Une fois, elle a déclaré dans la langue des signes à une assistante qu'un alligator la pourchasserait si elle ne se dépêchait pas de préparer le repas. Elle semblait aussi avoir peur des iguanes, surtout d'un iguane apprivoisé qu'elle voyait souvent. L'animal – décrit comme « comateux » – n'avait jamais eu le moindre geste menaçant à son égard. Et pourtant, Koko filait dans sa pièce quand on le lâchait[41].

Koko a peut-être une peur instinctive, ou en partie instinctive, des alligators et des lézards, que l'absence d'autre objet de crainte renforce encore. Il n'est pas exclu qu'il faille un objet à la peur et qu'un enfant, si protégé, si en sécurité soit-il, fasse jouer ce rôle aux vampires, loups-garous et voitures de pompiers. En vieillissant, Koko semble s'être débarrassée de sa peur des alligators, peut-être parce qu'on lui a offert quantité de jouets à leur image.

Viki, un chimpanzé élevé par des humains, avait une telle peur des bâches qu'on pouvait lui interdire l'entrée d'une pièce simplement en attachant un morceau de bâche à la poignée de porte[42]. Les bâches laissaient imperturbable la célèbre

Washoe, mais elle avait peur des chiffons à poussière. Moja, qui appartenait au même groupe, ne redoutait nullement les chiffons à poussière, mais craignait tellement les séparateurs des bacs à glaçons que les chercheurs en dissimulaient dans des tiroirs et des placards, afin de les exhiber sous son nez en guise de punition.

Les chercheurs incitèrent aussi Washoe et les autres chimpanzés de son groupe à craindre un imaginaire « chien fouettard » en utilisant le langage de façon remarquable. Au départ, il était question de pousser la jeune et gentille Washoe à utiliser plus souvent le signe « non ». Un soir, Roger Fouts, un chercheur, regarda par la fenêtre de la caravane où se trouvait Washoe et lui dit, dans la langue des signes, qu'il voyait dehors un énorme chien noir aux grandes dents en train de dévorer des bébés chimpanzés. Il demanda à Washoe si elle voulait sortir. La réponse fut un « non » franc et massif. En d'autres occasions, quand Washoe jouait dehors et ne voulait pas rentrer, il suffisait que les chercheurs lui disent par signes qu'ils voyaient arriver le gros chien noir pour qu'elle rentre en quatrième vitesse[43].

L'absence de peur des animaux insulaires

Sur les îles lointaines, il arrive que des animaux accueillent sans peur les voyageurs. Ces audacieux, au lieu de fuir les hommes, observent avec attention la personne qui s'approche d'eux, munie d'un filet ou d'un fusil. Le botaniste Sherwin Carlquist rapporte sa rencontre avec une espèce insulaire de chouette des terriers, qui se laissa paresseusement photographier de près en clignant des yeux. Un serpent s'approcha en ondulant. Carlquist s'en saisit. Loin de s'affoler, le serpent s'enroula autour de ses épaules et se laissa promener ainsi toute la journée. Sur le même archipel, le botaniste put caresser des éléphants de mer et des fous en train de couver leurs œufs. Et partout, il y avait une espèce de chuckwalla (un gros lézard), si placide que même « un petit coup de pied de biologiste » ne le dérangeait pas[44].

D'autres biologistes arrivèrent sur une île déserte après un voyage pénible et décidèrent de prendre un peu de repos. L'un d'eux s'allongea sur la plage et s'endormit. Un troglodyte se posa sur son pied, vérifia les lacets de ses bottillons, et remonta en sautillant jusque sur son menton, puis, à la grande joie des compagnons du dormeur, examina soigneusement chacune de ses narines avant de s'envoler[45]. On trouve une semblable absence de peur sur de petites îles où les prédateurs sont rares ou inexistants. « En termes d'évolution, avance Carlquist, rien ne sert d'être ombrageux à l'excès. Si un oiseau passe le plus clair de son temps à s'envoler suite à de fausses alertes, c'est autant de moins qu'il pourra consacrer à la recherche de sa nourriture et aux autres activités. Ainsi, dans une situation dépourvue de prédateurs, un animal raisonnablement oublieux peut s'en tirer mieux qu'un autre, perpétuellement nerveux. » Il n'est pas précisé si les espèces insulaires apprivoisées éprouvent d'autres peurs – du vide ou de l'eau – mais cela paraît vraisemblable. Par absence de peur, de nombreuses espèces insulaires sont allées calmement à leur perte. Pour ne pas avoir fui les hommes ou les autres animaux affamés, le grand pingouin et le dodo, entre autres, ont disparu de la surface de la terre.

L'inverse de la peur

Si la peur est le sentiment de l'imminence d'un événement négatif, on peut dire que l'espoir est l'inverse : le sentiment de l'imminence d'un événement positif. Chez l'homme, l'espoir, comme la peur, peut être irraisonné et irrationnel, ou logique et conscient. Un des aspects les plus attachants des animaux familiers, c'est l'espoir (raisonnable) qu'ils ont d'être nourris et leur joie non dissimulée à cette perspective. Les chiens tournent comme des fous, les chats ronronnent, se frottent contre les objets, les gens, les autres animaux.

Quand Washoe est devenue adulte, elle a eu un enfant, qui est mort quatre heures après, suite à une malformation cardiaque. Trois ans plus tard, elle a donné naissance à Sequoyah. De santé fragile, Sequoyah est morte de pneumonie à l'âge de deux mois, malgré les soins de sa mère. Les chercheurs, déterminés à voir Washoe élever un bébé, ont alors fait tous leurs efforts pour lui trouver un bébé de substitution et ont fini par se procurer Loulis, un chimpanzé de dix mois. Une quinzaine de jours après la mort de Sequoyah, Fouts est allé trouver Washoe et lui a dit, dans la langue des sourds-muets : « J'ai un bébé pour toi. » Washoe, le poil hérissé, a montré les signes de la plus grande excitation, poussant des cris et déambulant sur ses deux jambes. Elle faisait sans arrêt le signe « bébé ». « Et puis elle a fait le signe "mon bébé", et j'ai compris qu'on n'allait pas jouer sur du velours », dit Fouts.

Quand Fouts est revenu avec Loulis, l'excitation de Washoe est retombée instantanément. Son poil s'est remis en place et elle a refusé de prendre Loulis, en faisant imperturbablement le signe « bébé ». Au bout d'une heure, néanmoins, elle s'est approchée de Loulis et a essayé de jouer avec lui. Ce soir-là, elle a tenté de l'endormir dans ses bras, comme Sequoyah. Au début, elle n'y est pas arrivée mais, le lendemain matin, tous les deux étaient enlacés et par la suite Washoe a été une mère dévouée pour Loulis. Avec les autres chimpanzés du groupe, elle lui a appris un vocabulaire de cinquante signes. Il paraît évident que lorsqu'on lui a dit qu'elle allait avoir un bébé, Washoe a eu l'espoir de revoir Sequoyah[46].

Pour Ludwig Wittgenstein, les animaux éprouvent de la peur mais non de l'espoir. Dans les années 40, il écrivait : « On peut envisager qu'un animal soit en colère, effrayé, malheureux, surpris. Mais plein d'espoir ?... Un chien croit certes que son maître est à la porte. Mais peut-il croire également que son maître viendra le surlendemain ? » Pour lui, seule la maîtrise du langage permet de ressentir de l'espoir[47]. Or, à ce jour, cela reste à prouver. De plus, on ne voit pas pour quelle raison un animal serait incapable d'imaginer le futur ou même d'en rêver. Il ne parle pas le langage de l'espoir, mais il partage probablement avec l'être humain les sentiments qui inspirent l'espoir. Si les animaux peuvent se remémorer le passé et en rêver et si la peur peut se revivre, pourquoi ne pourraient-ils imaginer un futur où la peur n'aurait pas de raison d'être ?

4.
L'amour et l'amitié

En Birmanie, dans les années 30, une éléphante utilisée à des tâches et son petit de trois mois furent un soir pris au piège par la montée des eaux de la rivière Taungdwingyi. En entendant les cris de l'éléphanteau, des dresseurs se précipitèrent. En vain. Les rives escarpées mesuraient entre trois mètres cinquante et quatre mètres cinquante de haut. Ma Shwe, l'éléphante, avait encore pied, mais son enfant flottait déjà. Elle le ramenait à elle avec sa trompe chaque fois que le courant commençait à l'entraîner. L'eau montait très vite et, bientôt, le petit fut emporté. Ma Shwe s'abandonna aux flots sur une cinquantaine de mètres et parvint à se saisir de l'éléphanteau, qu'elle maintint solidement contre la rive avec sa tête. Puis elle le souleva dans les airs avec sa trompe, se dressa sur ses pattes de derrière et le déposa sur un rebord rocheux à un mètre cinquante de l'eau, avant d'être emportée par le courant.

Les dresseurs reportèrent leur attention sur l'éléphanteau. Il avait du mal à tenir sur l'étroit rebord sur lequel il se trouvait, tout tremblant, deux mètres cinquante plus bas. Une heure et demie plus tard, le directeur du campement des éléphants, le Britannique J.H. Williams, était en train de considérer le petit animal en se demandant comment il allait pouvoir le sortir de là, lorsqu'il entendit « les sons les plus merveilleux que l'amour puisse inspirer. Ma Shwe avait traversé la rivière, escaladé la rive et revenait à toute vitesse, en lançant des appels tout du long. Elle poussait une sorte de rugissement, mais c'était en fait une véritable musique aux oreilles du petit, dressées telles des cartes de l'Inde en miniature vers les seuls sons qui comptaient pour lui, les appels de sa mère. » Lorsque Ma Shwe aperçut l'éléphanteau sain et sauf sur l'autre rive, elle cessa ses appels et se mit à produire les borborygmes caractéristiques des éléphants quand ils sont contents. On laissa la mère et le fils là où ils étaient. Au matin, Ma Shwe avait traversé la rivière qui était rentrée dans son lit et l'éléphanteau avait quitté le rebord rocheux[1].

Trop noble pour un animal

Les humains, qui, après tout, sont des primates sociaux, croient savoir ce qu'est l'amour et le tiennent en grande estime. Pourtant, de nombreux théoriciens ne le considèrent pas comme une émotion, mais plutôt comme une « pulsion » au même titre que la faim[2].

Emotion ou pulsion, l'amour, quand il s'agit des animaux, n'a pas droit de cité dans les milieux scientifiques. Si J.H. Williams avait été un béhavioriste, il ne se serait sans doute pas autorisé à utiliser le mot *amour* pour décrire le comportement de Ma Shwe. Il aurait plutôt parlé de « lien » entre elle et son éléphanteau. Commentant les expériences de privation de Harry Harlow, qui obligeait de jeunes singes rhésus à grandir sans leur mère, la biologiste Catherine Roberts écrivait : « Ignore-t-il que l'amour humain diffère qualitativement de l'amour animal ? Ignore-t-il qu'une mère humaine est unique dans la mesure où elle a une idée abstraite du Bien et où l'amour humain, au contraire de l'amour animal, a son origine ontogénétique dans un lien spirituel entre mère et enfant[3] ? » En d'autres termes, les animaux ne peuvent aimer comme nous parce que leurs liens ne sont pas de nature spirituelle.

L'approche évolutionniste privilégie la valeur sélective de l'amour par rapport à son authenticité émotionnelle. L'auteur d'un livre destiné au grand public constatait que les animaux qui s'accouplent pour la vie recueillent l'assentiment général, ajoutant : « Il ne faut pas oublier [...] que ces animaux ne manifestent pas un "amour sincère", mais qu'ils se bornent à agir selon ce que leurs gènes leur dictent. Ce sont des machines à survivre, qui ont pour mission de multiplier leurs propres gènes dans le fonds génétique commun. Si le mâle sent que sa compagne est capable d'élever seule les enfants, il va filer sur-le-champ. Cela n'aura rien à voir avec notre abandon de famille. Inutile, donc, d'être désolés pour la femelle. L'un comme l'autre suivent le schéma qui va leur permettre de positionner au mieux leurs gènes – une démarche adaptative et donc magnifique[4]. » La plupart du temps, les gens auront du mal à accepter le bien-fondé de cette manière de considérer leurs amours et leur famille, quelle que soit leur vision scientifique de l'accouplement chez l'homme. Il n'en reste pas moins que, sur ce point précis, nul ne sait exactement sur quoi joue la différence entre les animaux et eux. Se pourrait-il que l'amour humain le plus « magnifique » soit celui qui pousse à rechercher des gènes dominants dans un but de reproduction ? Quand on nous décrit un animal d'un côté comme une machine et de l'autre comme un être capable de déterminer si sa compagne est capable d'élever seule leurs enfants, ce n'est qu'une incohérence parmi d'autres. Des affirmations de ce genre, ostensiblement objectives, ne sont que trop caractéristiques d'un système de pensée qui réduit la complexité de la vie intérieure à sa fonction. Peut-être l'amour – l'émotion – a-t-il une valeur évolutive. Elizabeth Marshall Thomas s'appuie sur l'exemple de ses deux chiens, Misha et Maria :

> On dit couramment que, sauf à faire de l'anthropomorphisme, il est impossible d'appliquer aux chiens le concept de l'amour romanesque, avec les conséquences bénéfiques qu'il

engendre sur le plan de la fidélité, sexuelle et autre. C'est faux. Tout autant que n'importe quelle histoire d'amour humaine, l'histoire de Misha et Maria montre la valeur évolutive de l'amour. Si la force qui poussait Roméo et Juliette s'incarne dans une espèce autre que l'espèce humaine, elle n'en perd pas pour autant sa puissance, car ce lien permet au mâle d'être sûr que lui, et non, disons, Tybalt ou Bingo, est le père des enfants à naître et qu'il place les deux parents dans un même esprit de coopération lorsque vient le moment d'élever ces enfants[5].

Elizabeth Marshall Thomas a eu beau faire remarquer que, scientifiquement parlant, l'émotion pouvait avoir une raison d'être, elle a été critiquée pour avoir utilisé le mot *amour* plutôt que le mot *lien* en parlant de chiens[6].

L'amour parental

L'approche évolutionniste suggère que l'amour parental – le fait de s'occuper des jeunes – se justifie par l'urgence. En s'occupant des enfants, les parents permettent à un plus grand nombre d'entre eux de survivre. Protégés, les jeunes se développent en attendant d'affronter seuls le monde extérieur. Un babouin peut même hériter du statut maternel dans la troupe et une ourse noire adulte utiliser le territoire de sa mère alors que celle-ci l'occupe encore. Le jeune animal apprend comment survivre tout en étant sous la protection de son parent. Peut-être même – c'est là l'objet d'un débat – le parent le lui apprend-il en partie.

Tous les animaux ne protègent pas leur progéniture. La tortue dépose ses œufs dans le sable et s'en va. Elle ne reconnaîtrait vraisemblablement pas ses petits et éprouverait encore moins de l'amour à leur égard. Mais quand un animal pond et reste à veiller sur ses œufs, comme le crocodile, il doit bien être motivé par quelque chose – qui l'empêchera également de dévorer les petits quand les œufs vont éclore. Il ne s'agit pas forcément d'amour – un mécanisme simple peut être en cause, par exemple une inhibition l'empêchant de manger les œufs de son espèce et les petits crocodiles. Mais les soins que l'animal apporte à ses enfants peuvent constituer une preuve d'amour. Les crocodiles extraient leurs petits du nid à leur sortie de l'œuf, veillent sur eux, les transportent dans leur gueule et réagissent vivement à leurs cris de détresse. En Asie du Sud-Est, la femelle d'un papillon diadème reste posée sur ses œufs comme pour les veiller. Sans doute cela augmente-t-il leurs chances de survie, mais parfois elle conserve cette attitude jusqu'à la mort et son cadavre en état de décomposition monte la garde sur des œufs qui n'ont pas encore éclos[7].

Les araignées-loups ne se contentent pas de s'occuper de leurs œufs. Elles transportent leurs petits sur leur dos. Peut-être ceux-ci doivent-ils acquérir des techniques de chasse. Plus vraisemblablement, on peut penser qu'ils ont besoin d'être protégés pendant qu'ils grandissent. J.T. Moggridge raconte l'histoire d'une araignée qu'il avait ramassée et décidé de conserver dans de l'alcool. Il n'ignorait pas que les araignées continuaient à remuer longtemps après avoir été placées dans ce liquide, mais à l'époque on croyait qu'il s'agissait d'un simple réflexe. Moggridge fit tomber les petits de son dos en la secouant, puis la plongea dans l'alcool. Au bout d'un moment, estimant qu'elle ne devait « plus rien sentir », il envoya ses vingt-quatre petits la rejoindre. Horrifié, il vit la mère araignée allonger les pattes, rassembler ses petits sous elle et les étreindre jusqu'à ce qu'elle meure. Par la suite, Moggridge adopta l'usage du chloroforme[8].

Une araignée aime-t-elle ses petits ? Etait-ce un simple réflexe qui avait poussé celle-ci à attirer les siens à elle ? C'est possible, dans ce cas, sans être certain. Un instinct pouvait lui faire ramener à elle tout ce qui ressemblait à de petites araignées ou se saisir de tous les objets qui flottaient dans l'alcool.

Chez les araignées-loups, les mères se montrent aussi attentionnées envers les petits des autres qu'envers leur progéniture. Un état émotionnel accompagne-t-il cette attitude ?

Il est si difficile de se mettre à la place d'une araignée qu'on ne saurait apporter de réponse à ce genre de question, en l'état actuel de nos connaissances. L'évolution des araignées les a conduites à produire des venins et des fluides digestifs complexes. Elles tissent des fils de soie variés, issus de six types différents de glandes. Elaborer une toile d'araignée est un comportement extrêmement complexe. On pourrait dire qu'une araignée n'est pas vraiment un organisme simple et que l'amour maternel, en se développant, peut faire franchir un plus grand pas évolutif que l'élaboration de la toile. Peut-être saurons-nous un jour à quoi nous en tenir. Que se passerait-il si l'on découvrait qu'à la vue de ses petits une mère araignée-loup reçoit un afflux d'une hormone dont la présence est associée au sentiment de l'amour chez des animaux plus évolués ? Serait-ce la preuve que l'araignée aime ses petits ? Et si cette hormone était propre aux araignées ? Cela voudrait-il dire que ce n'est pas de l'amour ?

Lorsque nous essayons de comprendre ce qu'est la vie intérieure de créatures aussi différentes de nous, mieux vaut éviter d'avoir à l'esprit une hiérarchie dont les humains constituent le sommet. Il serait plus juste et plus utile de se placer dans l'optique d'un spectre commun aux animaux. Une araignée peut avoir une vie intérieure riche, avec des émotions dont certaines sont si différentes des nôtres que nous courrions à l'échec en nous prenant comme point de comparaison.

L'amour parental chez l'araignée est une question qui nous échappe. En revanche, il ne fait guère de doute qu'il existe chez les animaux « supérieurs ». Leur comportement est si complexe qu'on ne saurait l'évacuer en le considérant comme le résultat exclusif d'inhibitions, de réflexes et de schémas d'action déterminés. En nourrissant et nettoyant leurs enfants, en jouant avec eux, en les protégeant des dangers extérieurs et de leur inexpérience, les parents montrent qu'ils se préoccupent d'eux. Des mammifères, même « primaires » comme les ornithorynques et les échidnés, allaitent leurs petits. La mère qui allaite est extrêmement vulnérable, car elle s'autorise rarement à être en compagnie d'animaux adultes – une attitude qui va à l'encontre de la plupart des instincts de protection.

Les jeunes mammifères sont plus en sécurité dans leur nid. Au cours d'une série d'expériences classiques sur des rats, les chercheurs placèrent des ratons sur le sol de la cage. La mère, ou, dans certains cas, une femelle sans progéniture, fit tout pour ramener les petits dans le nid, traversant pour cela un grillage électrifié. Les rates allaient chercher avec la même célérité leurs petits et ceux des autres. Curieux de voir jusqu'où elles iraient, les expérimentateurs proposèrent à une rate cinquante-huit ratons, pas moins. Elle les ramena tous et les tassa dans son nid. « A la fin de l'expérience, que nous avons dû interrompre faute de ratons à notre disposition, la femelle semblait tout aussi disposée à intervenir qu'au début[9]. » Un tel comportement n'allait pourtant pas dans le sens de sa propre survie. De même, lorsque des biologistes escaladent un rocher jusqu'à une saillie afin de baguer de jeunes guillemots (des oiseaux de mer ressemblant à des pingouins), la plupart des adultes s'envolent, effrayés, mais quelques-uns tiennent fermement leur position et les petits dont les parents sont partis se dirigent vers eux. « Il n'est pas rare de voir une femelle particulièrement motivée tenter vainement d'abriter une bonne douzaine de poussins », remarquent des biologistes[10].

Contrairement aux rates et aux femelles des guillemots, chez l'ibex de Nubie, la femelle rejetterait un de ses faons quand elle donne naissance à des triplés et non à des jumeaux[11]. Sans doute n'a-t-elle pas assez de lait pour trois petits, qui seraient mal nourris si elle les gardait tous. On pourrait aussi voir dans ce « comportement du canot de sauvetage » une forme d'amour responsable, sur le plan de l'éthique.

Quand la plupart de ses petits meurent ou sont tués, la lionne abandonne parfois le dernier lionceau. Aux yeux de certains biologistes, élever un seul lionceau représente pour elle une dépense d'énergie inutile, alors que, si elle ne le fait pas, elle pourra bientôt être grosse de nouveau, et son « sens instinctif de l'investissement » lui dicte son attitude[12]. A quoi exactement ressemble ce sens instinctif de l'investissement et en quoi diffère-t-il d'une prise de décision difficile, sur le plan affectif, quand les circonstances y obligent ? Ce n'est pas évident. On sait que, chez les humains, les parents peuvent être conduits à prendre ce genre de décision. On ne sait pas encore ce qui se passe dans la tête d'une femelle ibex ou d'une lionne confrontée à une telle situation.

Lorsque les jeunes mammifères grandissent, les parents les nourrissent souvent. Certains animaux se bornent à laisser les jeunes leur prendre des morceaux de leur propre nourriture, d'autres leur apportent à manger. Un oiseau marin commence par régurgiter de la nourriture partiellement digérée à l'intention de son poussin. Quand celui-ci est plus grand, le parent passe à un poisson entier, qu'il lui apporte et maintient jusqu'à ce que le petit sache le prendre correctement dans son bec. En grandissant, les jeunes animaux jouent, quelquefois avec les autres petits de la même portée, quelquefois avec leurs parents. Tous ceux qui ont observé des chatons et des chiots savent que les jeunes peuvent se révéler peu tendres avec les adultes. Etudiant des chiens sauvages en Afrique, des biologistes constatèrent que lorsque ceux-ci apportaient de la nourriture à une mère et à ses chiots âgés de trois semaines, les petits se saisissaient de leur part avec agressivité. Si la mère avait un morceau de viande que le chiot désirait, il lui prenait la joue entre ses dents pointues et la tordait. La mère lâchait alors le morceau. Des chiots un peu plus âgés suivaient les adultes qui chassaient et s'emparaient des carcasses de leurs proies, allant parfois jusqu'à leur mordiller l'arrière-train pour les éloigner plus vite[13].

Parmi les tâches parentales, l'une des plus importantes est la protection des jeunes. Les bébés animaux sont par définition petits, inaptes et sans défense. Ils constituent un mets de choix pour les prédateurs. Certains parents protègent leur progéniture en la dissimulant. D'autres doivent parfois se battre pour la sauver. Un lion attaqua un troupeau de six girafes, qui, pour la plupart, prirent la fuite, mais un girafon ne se montra pas assez rapide. Sa mère essaya de le pousser à aller plus vite. Quand elle vit qu'il n'y arriverait pas, elle fit face au lion, ce qui la mettait en grand danger, car il arrive souvent que les lions tuent des girafes. Le lion tourna autour d'elle. Elle effectua une rotation pour rester face à lui et, chaque fois qu'il s'approchait d'elle, elle faisait mine de le frapper avec ses pattes de devant. Au bout d'une heure, le lion abandonna la partie et disparut. La girafe et son girafon rejoignirent le troupeau[14].

Nous savons parfaitement que, chez les animaux, les parents sont prêts à se battre pour défendre leur progéniture, puisque nous la mettons souvent nous-mêmes en péril. Mais les hommes représentent une menace telle que ce genre de rencontre se termine rarement par un véritable combat. En cherchant des œufs d'oiseau dans l'Iowa, l'ornithologue J.W. Preston découvrit la dernière grue blanche sur le territoire des Etats-Unis. « Quand je m'approchai de son nid, écrit-il, l'oiseau, qui s'était un peu éloigné, revint à toute vitesse [...] les ailes et la queue étendues, la tête et le cou au ras de l'eau ; il commença alors à ramasser des bouts de mousse et des brindilles qu'il jeta d'un air de défi ; puis, la mine pitoyable, il s'allongea à la surface de l'eau et me supplia de lui laisser son trésor, ce que, d'un cœur sans pitié, je refusai de faire[15]. » La grue pouvait être soit un mâle soit une femelle, dans la mesure où l'un comme l'autre couvent les œufs.

Outre les prédateurs, les animaux tentent d'arracher leur progéniture à d'autres dangers. Ainsi de cette chatte, qui n'était jamais allée dans l'eau mais sauta dans une piscine pour sauver ses chatons. Dans le nord de la baie d'Hudson, l'explorateur Peter Freuchen fit la rencontre d'une famille de six loups, deux adultes et quatre louveteaux. Les loups hurlaient, car l'un des louveteaux était pris dans un piège posé au-dessus d'une cache de nourriture entourée de pierres. Les autres faisaient des efforts désespérés pour le délivrer. Ils avaient retourné la majorité des grosses pierres et grattaient le sol autour de celle à laquelle était relié le piège [16]. Quand les êtres humains agissent ainsi avec leur progéniture, on dit que c'est par amour.

Quand on parle d'amour, on cite souvent des exemples d'amour maternel. Il est donc utile de préciser que, chez de nombreuses espèces, l'amour paternel est manifeste. On estime que chez dix pour cent des espèces de mammifères le mâle s'occupe directement des petits [17]. Cela va d'une attention discrète à un dévouement intense. Gerald Durrell, écrivain et défenseur de l'environnement, décrit la naissance de ouistitis au zoo de Jersey. La mère mit au monde deux petits, selon la norme. Le père vint alors les prendre, les nettoya et les garda avec lui. Il les emmenait partout, souvent accrochés à ses flancs, et ne les restituait à leur mère que pour la tétée. En grandissant, les petits se mirent à explorer leur environnement. Si le père les sentait menacés, il se précipitait et les reprenait avec lui [18]. En milieu naturel, chez diverses espèces de ouistitis, le père se comporte de la même manière. Il assiste souvent à la naissance. Chez les ouistitis à crinière, on a vu des pères broyer des fruits entre leurs doigts pour les petits qui commençaient à être sevrés. Chez les nyctipithèques (singes nocturnes), le père porte également les petits, joue avec eux, partage avec eux sa nourriture. Dans ces circonstances, il traîne souvent derrière la mère et des jeunes déjà grands et parvient devant les arbres fruitiers une fois qu'il ne reste plus grand-chose. La mère allaite le petit et le restitue au père.

David Macdonald, spécialiste des renards, décrit un jeune père tout frétillant à la perspective de s'occuper de ses petits :

Smudge était un époux si attentionné que c'en était presque comique. Avant de manger quoi que ce soit, il prenait dans sa gueule un maximum de nourriture et le traînait jusqu'au terrier de Whitepaws. A l'entrée il appelait et, si elle ne se manifestait pas, il poussait du nez la nourriture à l'intérieur, comme avec une queue de billard.

Quand les renardeaux grandissent, il entre dans les intentions de Smudge de jouer avec eux, ce que la mère et ses sœurs ne tolèrent pas toujours. « Smudge se dissimulait dans la végétation. Il attendait que Big Ears – leur tante maternelle – se soit endormie et appelait doucement les renardeaux qui montraient le nez, puis venaient gambader avec lui. Bientôt, dans leurs jeux, ils se mettaient à pousser des cris qui finissaient par éveiller Big Ears. Celle-ci, alors, réprimandait vertement Smudge[19]. »

Le paradigme psychanalytique d'une rivalité meurtrière entre père et fils prétend refléter ce qui se passe dans la nature. Comme la sociobiologie, la psychanalyse s'est surtout intéressée aux observations qui vont dans le sens des théories en vigueur. Elle a tendance à ignorer les contre-exemples : les pères zèbres restent en bons termes avec leurs grands fils et, si ceux-ci finissent par quitter le troupeau, ce n'est pas parce qu'on les en chasse, mais parce qu'ils sont en quête de compagnons de jeu. Un jour, en milieu naturel, des chercheurs décidèrent de marquer un étalon qui, à l'âge de quatre ans et demi, vivait encore avec son père, afin de pouvoir le suivre dans ses déplacements ultérieurs. Or, à leur grand désarroi, la fléchette destinée à l'anesthésier le tua. Le vieux zèbre s'approcha du cadavre et tenta de le ranimer, puis, des heures durant, il alla de troupeau en troupeau en appelant son fils[20].

Chez de nombreuses espèces d'oiseaux, le père s'occupe directement de la progéniture. Le kiwi, par exemple, couve les œufs et élève les poussins sans l'aide de la mère. En de nombreuses autres occasions, on a pu constater l'amour des pères pour leurs enfants, ou, du moins, le plaisir qu'ils prennent à être en leur compagnie. Le père castor joue avec les siens, le père loup les autorise à lui mâchonner la queue et, chez les mangoustes naines, le père emmène sa progéniture avec lui.

Est-ce de l'amour ?

Les animaux semblent donc bien manifester de l'amour parental. Affirmer, comme le font de nombreux théoriciens, qu'on ne peut faire la comparaison avec l'amour parental humain représente un exemple classique de ce que Roger Fouts appelle une règle extensible. Une règle extensible est une règle dont les critères varient selon que le comportement étudié est ou n'est pas humain. Lorsqu'on s'interroge pour savoir si, chez les grands singes, la femelle aime son enfant, on peut aussi se poser la question à propos des voisins. Les uns et les autres nourrissent leur rejeton et s'en occupent, lui font guili-guili, jouent avec lui, le défendent de toutes leurs forces. Or, dans le cas des singes, tout cela n'a pas valeur de preuve.

A la différence du singe, les voisins peuvent certes *affirmer* qu'ils aiment leur bébé. Mais comment savoir s'ils disent la vérité ? En dernière instance, on ignore ce que les gens entendent exactement par « aimer ». Pourtant, nous sommes pratiquement certains qu'ils aiment leur enfant. Et si tel n'est pas le cas, cela nous choque. Les abus sur les enfants nous révoltent, entre autres parce qu'il s'agit de la violation d'une relation d'affection. En vérité, la plupart des gens croient que la femelle chimpanzé aime son enfant, la chienne ses chiots et la chatte ses chatons, les scientifiques comme les autres, même s'ils hésitent à l'affirmer, du moins dans un document scientifique. Un sceptique pourrait encore émettre l'idée que la femelle chimpanzé agit avec son enfant de façon purement instinctive. Les voisins n'agiraient-ils pas alors par instinct, eux aussi ? Tout dépend de la manière dont on définit l'amour, mais qu'on le qualifie ou non d'instinct, pourquoi des sentiments d'amour ne seraient-ils pas également présents ?

L'amour parental a son pendant, l'amour filial. Il est plus difficile à cerner. On peut facilement faire preuve de scepticisme et considérer presque toutes les démonstrations d'attachement du jeune animal envers ses parents comme une manifestation d'intérêt. Quand les bébés tigres lèchent leur mère, quand les louveteaux courent à la rencontre de leur père, ils montreraient simplement leur désir de rester auprès de leur source de nourriture, de chaleur, de sécurité. En règle générale, le jeune animal ne se bat pas pour protéger ses parents. On a pourtant vu en milieu naturel un babouin adolescent, Paul, essayer de défendre sa mère contre de gros mâles adultes de la bande, sans succès d'ailleurs, mais, aux yeux de l'observateur scientifique, il avait pris un grand risque[21]. En grandissant, nombre de jeunes animaux ont si peu envie de quitter leur famille que les parents doivent les pousser dehors. Cela ne suffit toutefois pas à prouver qu'ils aiment leurs parents. Peut-être sont-ils réticents à abandonner la sécurité, à se défaire de leurs habitudes pour s'aventurer en terrain inconnu. Tous ne sont pas poussés dehors. Dans certaines familles, les liens d'affection perdurent. Les chimpanzés restent généralement dans le même groupe que leur mère. Ils passent du temps ensemble. Les jeunes aident parfois leur mère à s'occuper de la génération suivante. Les éléphants aussi vivent en troupeaux maternels stables, au sein desquels existe une extraordinaire coopération : les tantes jouent un rôle très important dans les soins donnés aux enfants.

Des expérimentateurs ont retiré les femelles d'une colonie de babouins en captivité dès qu'elles recommençaient à avoir un cycle menstruel, après la naissance d'un enfant. Les petits babouins, âgés de six mois environ, étaient laissés au sein de la colonie, où les autres femelles les élevaient. Sept ou huit mois plus tard, on remettait dans la colonie la mère d'origine, souvent encore sous l'effet de l'anesthésie. Chaque fois qu'on ramenait une femelle inconsciente, son enfant commençait à pousser les cris du « bébé perdu ». Lorsqu'on remettait la mère dans son enclos, le petit allait vers elle et leur relation de mère à enfant reprenait. Même si les autres femelles s'étaient bien occupées d'eux, les jeunes singes reconnaissaient leur mère. Elle leur avait manqué. Chaque babouin a sa personnalité, cependant, et l'un d'eux choisit de rester avec sa mère adoptive[22].

Jane Goodall décrit la réaction de Flint, un chimpanzé âgé de huit ans à la mort de sa mère, Flo. Flint resta plusieurs heures auprès du corps de Flo, tirant de temps en temps sur sa main. Au fil des jours, il devint de plus en plus apathique et léthargique. Trois jours après la disparition de sa mère, on avait pu le voir grimper à un arbre et contempler le nid où, peu de temps auparavant, il dormait avec elle. Il finit par perdre toute énergie et mourut dans le mois qui suivit, probablement d'une gastro-entérite. Jane Goodall conclut : « Il est vraisemblable que les troubles psychologiques et physiologiques associés à la perte le rendirent plus vulnérable à la maladie. » C'est une conclusion scientifique, mais Jane Goodall l'a traduite en termes courants selon une formule poignante que cite Sy Montgomery : « Flint est mort de chagrin[23]. »

L'adoption

Les animaux qui adoptent des enfants totalement étrangers à eux montrent combien l'amour parental peut être souple. Les chercheurs parviennent régulièrement à persuader des ourses noires en liberté d'adopter des oursons orphelins. En Afrique, d'autres chercheurs ont enlevé des petits babouins cynocéphales, puis les ont relâchés près de troupes parfaitement étrangères à la leur. A chaque fois, ils ont été adoptés par de jeunes adultes, des mâles, qui s'en sont occupés avec tendresse[24]. En règle générale, plus le petit animal est en bas âge, plus il est susceptible d'être adopté.

Il arrive aussi qu'un animal adopte un enfant appartenant à une espèce différente, ce qui montre combien cet amour parental peut être flexible. Les expérimentateurs qui offrirent l'opportunité à la rate d'adopter cinquante-huit ratons allèrent plus loin. Ils proposèrent des petits d'une autre espèce à des mères rates, qui adoptèrent ainsi volontiers des lapereaux et des souriceaux. Elles prirent aussi avec elles de jeunes chatons et tentèrent d'empêcher les expérimentateurs de les ôter du nid. Toutefois, dans la mesure où les chatons tètent leur mère quand elle est en position allongée et où les rates allaitent leurs petits debout sur leurs pattes, celles-ci ne purent nourrir les chatons malgré leurs vigoureux efforts pour les placer dans la bonne position. Par curiosité, les expérimentateurs poussèrent l'expérience et leur donnèrent deux poussins. Les rates essayèrent « avec enthousiasme et à de nombreuses reprises » de les fourrer dans leur nid. Le résultat fut encore pire, car les poussins « firent grand bruit et battirent des ailes » quand les rates voulurent les prendre par le cou pour les emporter dans leur nid[25].

Il existe des cas innombrables de chiennes et de chattes qui ont adopté des petites mouffettes ou des cochonnets orphelins. On voit fréquemment dans les journaux la photo de ces étranges familles. Voici une histoire d'adoption peu banale et spontanée :

> A Northrepps Hall, près de Cromer, demeure du défunt sir Fowell Buxton, on avait établi une importante colonie de perroquets et d'aras dans une vaste volière à ciel ouvert, près des habitations, avec des cages dans lesquelles les oiseaux pouvaient s'installer. Mais, en général, les oiseaux préféraient aller dans les bois [...] Ils ne revenaient que pour se nourrir. En entendant le tintement familier de la cuillère sur la man-

geoire métallique qui contenait leur nourriture, un vol d'oiseaux au plumage coloré venait se poser tout autour dans un bruissement d'ailes, offrant un spectacle inhabituel en Angleterre. Les cages se trouvant donc pratiquement désertées, une chatte jugea que l'endroit lui convenait pour mettre bas. Une fois qu'elle était allée explorer les alentours, un perroquet revint par hasard et découvrit les chatons. Il s'agissait d'une femelle qui les adopta aussitôt. Le factotum de lady Buxton la découvrit en train de couvrir de ses ailes sa progéniture d'adoption[26].

D'autres espèces semblent ne pas pratiquer l'adoption. D'après les chercheurs, dans les imposants troupeaux de gnous, le petit qui perd sa mère va périr, car il ne sera pas adopté[27]. Ce qui nous conduit à réfléchir sur le jugement que nous portons sur la sélectivité en matière d'amour. Nous ne considérons guère d'un œil favorable les parents incapables de discerner si un petit leur appartient ou non, mais nous n'apprécions pas non plus que des parents se livrent à une discrimination trop brutale avec les petits des autres. Or, nous avons beau apprécier une attitude plus que l'autre, il n'y a apparemment aucune raison pour considérer que l'une ou l'autre soit incompatible avec l'amour parental.

L'empreinte

Pendant une courte période après leur éclosion, les canetons et les oisons s'attachent à la première créature qui croise leur chemin et la suivent. C'est l'acquisition de l'« empreinte ». En ce sens, un colvert n'est pas né pour aimer seulement un colvert, pas plus qu'une sarcelle n'est née pour aimer seulement une sarcelle. Ils en viennent à aimer celui qui, le premier, s'occupe d'eux. En principe, pour un colvert, ce sera un colvert et pour une sarcelle une sarcelle, mais on rencontre couramment des colverts élevés par des humains qui s'attachent à leurs parents adoptifs. On dit souvent d'un animal dans cette situation : « Il croit *être* un humain. » A moins qu'il ne prenne l'être humain pour un colvert. Dans un cas comme dans l'autre, la flexibilité de l'amour filial s'exerce.

L'amour peut dépasser le cadre des relations parents/enfants et s'étendre à d'autres membres de la famille. Un éléphanteau sauvage aimait visiblement tout autant sa grand-mère, Teresia, que sa mère car, après avoir tété celle-ci, il allait retrouver Teresia, âgée de plus de cinquante ans. Il demeurait auprès d'elle, ou la suivait[28]. Dans de nombreuses espèces, des castors aux gibbons, les jeunes restent avec leurs parents et aident à élever la nouvelle génération. C'est ce que font souvent les jeunes coyotes, qui nourrissent, nettoient, protègent et gardent leurs petits frères et sœurs. C'est ce qu'on appelle l'« allomaternage ». L'allomaternage bénéficie de façon évidente aux parents, qui ont besoin d'un maximum d'aide pour les bébés, et à ces derniers, qui ont besoin d'un maximum d'adultes pour s'occuper d'eux. Dans certains cas, ce sont les frères et sœurs des parents qui aident, et non les jeunes. Si les parents viennent à être tués, les jeunes plus âgés ou les oncles et tantes peuvent se charger d'élever les enfants, dans la mesure où ils ne sont pas trop petits. Dans une bande de chiens sauvages de la savane africaine, la mère de neuf chiots mourut quand ils avaient cinq semaines. Ils étaient apparemment assez grands pour passer à une alimentation solide, car le reste de la bande, composée de cinq mâles, réussit à les élever[29].

Les biologistes évolutionnistes, qui évitent de faire la moindre allusion à l'affection, ont répertorié les différents avantages que cette attitude procure aux jeunes frères et sœurs des petits coyotes et à leurs oncles et tantes. Ceux-ci disposent de plus de temps pour apprendre à chasser. Ils n'ont pas à aller se battre pour un territoire, le cas échéant. Ils augmentent également leurs chances de voir leurs gènes se transmettre, dans la mesure où ils ont en commun un grand nombre de ces gènes avec leurs petits frères et sœurs ou leurs nièces et neveux. Mais peut-être, aussi, aiment-ils leur famille.

Les castors âgés d'un an restent avec leurs parents et les aident à prendre soin des plus petits. En observant les castors sauvages au Québec, Françoise Patenaude a constaté que les jeunes toilettaient les petits et allaient leur chercher à manger. Durant l'hiver, la famille au grand complet passait une bonne partie de son temps dans sa hutte. A plusieurs reprises, il arriva qu'un jeune sorte de l'eau un petit tombé dans la rivière en regagnant la hutte et le ramène en lieu sûr. (Les castors peuvent marcher sur leurs pattes de derrière et tenir entre leurs pattes de devant certains objets, y compris de tout petits castors.) Plus tard, ces jeunes jouèrent avec les petits et participèrent à toutes les tâches parentales, sauf, bien entendu, l'allaitement[30].

Les animaux sociaux

Les animaux sociaux vivant en groupe se comportent souvent d'une manière amicale envers d'autres membres de ce groupe, même lorsqu'ils n'ont avec eux aucun lien de parenté. Les troupes de babouins, les troupeaux d'éléphants et de zèbres ne sont pas qu'un rassemblement d'étrangers. Cela peut dépasser largement la tolérance et aller jusqu'à une forme de besoin : un singe demeuré seul travaillera pour être en présence des autres, de la même manière qu'un autre travaillera parce qu'il a faim et doit se nourrir[31]. Au sein d'un groupe social, les animaux établissent des liens entre eux, dont certains sont de l'ordre de l'affection. Les lionnes gardent les petits des autres, comme d'ailleurs de temps en temps les chattes domestiques. De nombreux babouins font alliance avec d'autres membres de la même troupe, qui prendront leur parti dans les chamailleries.

Il semble que les éléphants soient capables d'égards envers des membres de leur troupeau. On a vu en Afrique un troupeau se déplacer à petite vitesse parce que l'un de ses membres ne s'était jamais bien remis d'une fracture à la patte subie quand il était petit. Le gardien d'une réserve raconte qu'il a vu, dans un troupeau, une femelle transporter un éléphanteau mort depuis plusieurs jours. Elle le déposait sur le sol chaque fois qu'elle buvait ou mangeait. Sa progression était lente et le reste du troupeau l'attendait[32]. On peut en déduire que les animaux, comme les gens, agissent selon leurs sentiments plutôt que dans le seul but d'assurer leur survie et que l'approche évolutionniste ne réussit pas mieux à expliquer les sentiments animaux que les sentiments humains. Un seul exemple de ce genre, même rapporté avec précision, ne va certes pas remettre en cause dans sa totalité le paradigme évolutionniste concernant les sentiments, mais il pose des questions que les biologistes doivent déjà affronter. Le comportement de ce troupeau-là semble avoir une bien faible valeur de survie. On peut donc croire que si les éléphants l'ont manifesté, c'est tout simplement parce qu'ils aimaient leur amie en deuil de son petit et voulaient lui apporter leur soutien.

Chez les animaux comme chez les humains, l'affection se mêle parfois d'admiration et peut se communiquer à d'autres espèces. Les loups manifestent apparemment de l'admiration pour les animaux dominants (alpha) de leur bande. Chez leur parent le plus proche, le chien, cette aptitude à admirer les leaders a permis la réussite de la domestication. Le chien, dans son désir de faire plaisir, traite ses propriétaires de la façon dont un loup traite un loup alpha.

On rencontre fréquemment chez d'autres animaux sociaux ce désir d'accorder pareil statut à des êtres humains. Si la chercheuse Jennifer Zeligs réussit aussi bien à dresser les lions de mer à différentes tâches, comme d'aller chercher sous l'eau divers objets, c'est sans doute parce que ces animaux ont envie de lui faire plaisir et de recevoir ses attentions et ses compliments. En effet, elle ne les récompense pas avec de la nourriture. Ils ont déjà mangé quand elle travaille avec eux. On pourra objecter qu'il ne s'agit nullement d'amour, dans la mesure où Jennifer Zeligs procure du plaisir aux lions de mer en s'occupant d'eux. Il ne faudrait pas chercher ailleurs les raisons de l'attention qu'ils lui portent. Mais l'amour humain est-il si différent ? Doit-il être totalement désintéressé pour exister en tant que tel ? Les lions de mer paraissent capables d'amour et d'affection. Le fait que, dans des conditions particulières, ils puissent étendre ces sentiments à une espèce différente de la leur révèle simplement certains aspects de ces sentiments. Deux lions de mer éprouvent de l'affection l'un pour l'autre et la chercheuse bénéficie de l'extension de ce sentiment à un être humain.

Parfois le bénéfice du comportement social est évident, parfois il l'est moins. En étudiant les hyènes, Hans Kruuk a pu montrer les avantages qu'elles retirent de ce comportement. En revanche, celui du blaireau européen l'a laissé perplexe. Les blaireaux ont beau vivre en commun dans des terriers, ils ne vont pas ensemble à la recherche de la nourriture, ne patrouillent pas de concert sur leur territoire, ne se défendent pas mutuellement et ne s'aident pas à élever les petits. « Les blaireaux n'ont même pas de cri d'alarme digne de ce nom. Ils ne préviennent donc même pas les autres membres du clan de l'approche du danger. » Le seul bénéfice matériel que Kruuk a pu discerner chez eux, c'est qu'ils se tiennent chaud en dormant serrés les uns contre les autres[33].

S'il est vrai que la vie sociale ne présente aucun avantage sélectif pour les blaireaux, pourquoi, dans ce cas, vivent-ils ensemble ? Peut-être, tout simplement, parce qu'ils aiment être ensemble.

L'amitié

En règle générale, les animaux ne se montrent amicaux qu'envers les membres de leur propre espèce. On rencontre toutefois des exceptions notables chez les animaux en captivité, qui, souvent isolés ou cohabitant avec des membres d'une autre espèce, se lient parfois d'amitié avec ceux-ci, y compris les humains. John Teal, qui a tenté l'élevage des bœufs musqués, une espèce menacée, se trouvait une fois avec certains d'entre eux dans un enclos lorsque des chiens se précipitèrent dans leur direction. Inquiet, il vit les bœufs gratter le sol en soufflant, puis se ruer sur lui. Avant qu'il ait pu lever le petit doigt, ils l'avaient entouré d'un cercle protecteur et menaçaient les chiens de leurs cornes. C'est ainsi que les bœufs musqués protègent leurs jeunes des prédateurs[34]. Mais l'amitié avec un animal d'une autre espèce n'entraîne pas forcément l'amitié avec la totalité de l'espèce. Une femelle léopard, qui avait été élevée au biberon en compagnie d'une chienne, jouait avec celle-ci mais n'en tentait pas moins de tuer tous les autres chiens, y compris ceux qui ressemblaient beaucoup à son amie[35].

En de rares cas, on a constaté des associations amicales chez des animaux sauvages. Le biologiste Michael Ghiglieri, qui attendait patiemment que des chimpanzés viennent se ravitailler à un arbre fruitier de la forêt humide tanzanienne, fut stupéfait de voir arriver en premier un mâle, en compagnie d'un babouin adulte[36].

Les ouvertures amicales ne sont pas toujours bien reçues. Dans le Serengeti, les chiens sauvages et les hyènes sont en concurrence et se dérobent mutuellement des proies. Un jour, des chiens sauvages, victimes de ce genre de larcin, se lancèrent à la poursuite de l'une des voleuses et lui mordirent si férocement l'arrière-train qu'elle resta dans un trou, montrant les dents, jusqu'à ce qu'ils s'en aillent. Le soir même, tandis que les chiens sauvages se préparaient au sommeil et que les hyènes partaient en chasse, une jeune hyène, le poil encore duveteux, s'approcha du chien dominant, Baskerville, en reniflant son odeur avec enthousiasme. Baskerville frémit et grogna, mais, chaque fois qu'il essayait de dormir, la hyène se rapprochait. Elle finit par le lécher et le toiletter. Au début, Baskerville fit mine de l'ignorer. Les observateurs voyaient bien, pourtant, qu'il ne dormait pas. Ses yeux s'agrandissaient au fur et à mesure que la jeune hyène poursuivait ses amabilités. Il finit par se ramasser sur lui-même et par lui lancer un regard furieux, mais la jeune hyène s'allongea calmement près de lui, apparemment prête à s'installer pour la nuit. C'en était trop pour Baskerville. Il bondit sur ses pattes en aboyant. La bande s'éveilla et s'en alla – suivie par sept hyènes tachetées. Les chiens sauvages finirent par se débarrasser des hyènes, mais le lendemain matin, lorsqu'ils tuèrent une gazelle, celles-ci vinrent la leur dérober[37]. Etant donné les relations mutuelles entre les deux espèces, on comprend sans mal pourquoi Baskerville a repoussé les avances de la jeune hyène. On peut penser que ce sont des raisons de ce genre qui, souvent, motivent l'accueil plutôt froid que les animaux sauvages réservent entre eux à des gestes amicaux.

De temps en temps, c'est poussés par le désespoir que les animaux essayent de se lier d'amitié avec des membres d'une autre espèce. A Madagascar, un maki brun avait été pris au piège. Au cours de son transfert dans une autre région, il s'échappa. Il n'y avait pas de makis bruns à cet endroit et il rejoignit donc une troupe de makis catta, une espèce différente par la couleur, les cris, les glandes à sécrétions odoriférantes et les habitudes de marquage. Ceux-ci tolérèrent sa présence sans pour autant l'accueillir. Les mâles se soumirent à lui et il devint donc, par définition, le mâle dominant. Les femelles ne lui permettaient pas de les marquer avec ses sécrétions. Elles ne lui permettaient généralement pas non plus de s'asseoir auprès d'elles et de les épouiller. Une fois, lors de la saison des amours, il fit des avances à une femelle, Grin. Sur vingt-quatre tentatives, elle l'autorisa seulement cinq fois à s'asseoir auprès d'elle et refusa de s'accoupler avec lui, alors qu'elle ne repoussait pas d'autres mâles. Ce sont les jeunes qui lui firent le meilleur accueil. Non seulement ils le laissèrent s'asseoir à leurs côtés, mais ils le toilettèrent et parfois firent les premiers pas vers lui. C'était visiblement très important pour lui, même s'il n'était pas entièrement accepté par la troupe[38].

Un animal, même s'il n'est pas considéré comme social, peut se faire des amis en captivité. Les ocelots, généralement considérés comme solitaires, deviennent parfois très amicaux envers les êtres humains. Devant l'amitié que lui manifestait le sien, Paul Leyhausen chercha à en comprendre la raison. Il émit l'hypothèse que ces félins, dans leur petite enfance, ont la capacité d'être aussi doux que des chatons, mais qu'une fois devenus adultes ils ne peuvent s'empêcher de voir dans chaque autre félin un rival ou un intrus. Pour lui, les êtres humains sont suffisamment proches pour être des amis, tout en étant assez dissemblables pour ne pas paraître des rivaux : « De la sorte, une authentique et durable amitié, du genre qu'on ne rencontrera probablement jamais entre félins, peut exister entre des êtres humains et différentes espèces de félins solitaires. En d'autres termes, si l'hypothèse ci-dessus est correcte, le félin sauvage, en tant qu'individu, "aimerait" vraiment être amical envers d'autres félins, mais il se retrouve à peu près dans la position de l'excentrique qui se met tout le monde à dos et qui, interrogé pour savoir pourquoi il n'a pas d'amis, répond, stupéfait : "J'aimerais bien en avoir, mais les autres sont épouvantables !"[39] »

On voit rarement des animaux devenirs amis avec des êtres humains quand ils ne sont pas en captivité. En général, ils nous craignent. Avec le temps, les castors peuvent tolérer certains humains dont les manières leur plaisent. Pour peu que ceux-ci leur offrent une nourriture particulièrement savoureuse, ils iront même jusqu'à aller la chercher en montant sur leurs genoux. Ils savent faire la différence entre les personnes qu'ils connaissent et des étrangers[40]. Il n'y a néanmoins aucune raison de supposer que les castors apprécient vraiment notre compagnie. L'absence de peur n'est pas la même chose que l'amitié.

Quand les animaux ont eux aussi leurs animaux de compagnie

Le plus souvent, c'est entre un animal familier et un humain que des liens d'amitié se créent, mais il arrive qu'un animal ait son propre animal de compagnie, surtout lorsqu'il vit en captivité. Pour combler la solitude de Lucy, une femelle chimpanzé élevée par des humains, on lui donna un chaton. Lorsqu'elle l'aperçut pour la première fois, son poil se hérissa, puis elle l'empoigna en criant, le jeta au sol et essaya de le mordre. La deuxième fois, même scénario. A la troisième, Lucy se montra plus calme. Le chaton la suivit comme son ombre et, au bout d'une demi-heure, l'attitude de Lucy changea du tout au tout. Elle le souleva de terre, l'étreignit, l'embrassa. A dater de ce moment, elle l'épouilla, le berça, le transporta avec elle en permanence, lui prépara des nids douillets et le tint à l'écart des humains. Elle se comportait en fait comme ces enfants qui débordent d'affection envers leur animal sans savoir exactement comment s'en occuper. Le chaton « n'eut jamais l'air inquiet d'être transporté par le chimpanzé ». Comme il refusait de s'accrocher aux flancs de Lucy, elle le tenait dans une main ou l'incitait à grimper sur son dos[41]. Un chaton était aussi l'objet d'une grande tendresse de la part d'une femelle gorille, Koko. Elle l'avait elle-même baptisé All Ball. Tout cela ressemble étrangement à de l'amour authentique, dans la mesure où le choix de ce comportement n'est pas en rapport avec la survie.

Les chevaux se lient couramment à d'autres animaux, par exemple des chèvres, qu'ils veillent à ne pas blesser. Quantité d'histoires circulent à ce sujet. Certains chevaux de course, dit-on, broient du noir et cessent d'être performants sur les hippodromes quand on les sépare de leur amie. Pour eux, ces chèvres pourraient bien représenter une sorte d'animal familier. Les chevaux savent faire la différence entre les espèces. Ils n'ignorent pas que la chèvre n'est pas un cheval et ne l'en apprécient pas moins. On raconte aussi qu'un éléphant en captivité avait l'habitude de mettre de côté un peu de son grain pour une souris[42].

L'amour, le bel amour

Au même titre que l'amitié et l'amour de la famille, l'amour romanesque est de ces sentiments que nous plaçons très haut et il paraît des plus suspect de l'attribuer à l'animal. On estime d'ailleurs qu'il est devenu rare, un vestige du Moyen Age et de l'amour courtois, un passe-temps de privilégiés qui n'a pas sa place dans certaines cultures. Quoi qu'il en soit, les anthropologues ont jugé inutile de l'étudier en tant que tel jusqu'à ce que l'American Anthropological Association tienne son premier séminaire sur le sujet en 1992. L'anthropologue William Jankowiak affirme qu'il lui a fallu trois ans pour organiser cette manifestation. « Quand j'en parlais aux gens au téléphone, ils éclataient de rire. » Si on l'interroge sur les raisons de cette absence d'intérêt, Jankowiak répond qu'aux yeux des chercheurs « ce type de comportement était un fait de culture ». Il ajoute qu'il faut tenir compte du parti pris qui existait en faveur des preuves linguistiques : « Le modèle dominant était un modèle linguistique et, selon lui, ce qui n'avait pas d'existence dans la langue ne valait pas qu'on s'y arrête. » Or, non seulement certaines cultures manquent de mots pour définir l'amour romanesque, mais le lexique anthropologique n'en fournit pas de définition. « Eux-mêmes n'ont pas les catégories adéquates[43]. »

Jankowiak ajoute que, lorsque, demandant à ses collègues s'ils voulaient participer à ces sessions, il s'entendit répondre que l'amour romanesque n'existait pas dans les cultures qu'ils étudiaient, il leur demanda si les membres de ces cultures n'avaient pas de liaisons clandestines, ne refusaient pas un mariage arrangé, ne s'enfuyaient pas ensemble ou ne se suicidaient pas par amour. Si, bien sûr, cela arrivait, lui fut-il à chaque fois répondu, mais les chercheurs ne l'avaient pas étudié de manière suivie.

Cette absence d'études a une autre cause. On considère en effet qu'il s'agit d'une fioriture. Comme l'a expliqué Charles Lindholm, pionnier en la matière : « En anthropologie comme d'ailleurs dans les autres sciences, le paradigme général est utilitaire. Il maximalise le gain. Alors, l'amour romanesque… ça ne cadre pas très bien avec ce paradigme… Des gens qui sacrifient leur vie l'un pour l'autre, on ne peut pas dire que cela maximalise le gain… » Et il a ajouté en riant : « Sans compter que c'est plutôt embarrassant ! On interroge les gens sur leur vie privée et les anthropologues, comme tout un chacun, n'aiment pas trop ça. » De plus, le milieu académique n'a guère encouragé l'étude de l'amour. « Ce serait plutôt une affaire de femmes, vous voyez ce que je veux dire. Pas fameux pour votre carrière…[44] »

L'ensemble de ces facteurs – l'amour considéré comme un luxe ou une affaire de femmes, l'absence de preuve linguistique, l'accent mis sur l'utilité, la gêne, l'absence d'un cadre théorique et même le souci de la carrière –, tout cela peut expliquer qu'on n'ait pas, non plus, étudié l'amour chez l'animal.

Jane Goodall, dont les travaux ont mis en lumière la vie émotionnelle des chimpanzés, n'en nie pas moins l'amour chez ces animaux. Pooch et Figan, deux chimpanzés qu'elle a étudiés, firent preuve à plusieurs reprises d'une attirance mutuelle quand Pooch était sexuellement active. Ils quittaient le groupe pour se retirer ensemble quelques jours dans la forêt, ce qui est contraire aux habitudes des chimpanzés. « Je ne peux concevoir, écrit Jane Goodall, que des chimpanzés éprouvent l'un pour l'autre des émotions semblables à la tendresse, aux gestes protecteurs, à la tolérance, à la joie de l'esprit qui sont l'empreinte de l'amour humain le plus authentique et le plus profond... Au mieux, la femelle peut s'attendre, de la part de son soupirant, à une cour rapide, à un contact sexuel d'une durée d'une demi-minute dans le meilleur des cas, suivi, parfois, d'un petit épouillage. Le romantisme, le mystère, les joies sans limite de l'amour humain ne sont pas pour eux[45]. » C'est peut-être vrai. Pourtant, comment être sûr de ce qu'éprouvent les chimpanzés ? Comment savoir s'il n'existe pas des joies de l'amour simiesque qui nous échapperaient ?

Certains animaux s'accouplent pour la vie et demeurent ensemble jusqu'à ce que la mort les sépare. D'autres s'accouplent l'espace d'une saison, d'autres encore se séparent tout de suite après l'accouplement. Chez ceux dont les liens ont une durée significative, certains forment un couple, d'autres un groupe plus important, un trio, par exemple, ou, comme l'éléphant de mer, un « harem ». Les biologistes évolutionnistes considèrent que la constitution du couple est un mécanisme destiné à assurer que les parents élèvent correctement les petits. Dans certains cas, ce n'est pas très évident. Les poissons-papillons des récifs hawaiiens *(Chaetodontidae)*, par exemple, vivent durablement en couple, mais ne s'occupent aucunement de leurs œufs ou de leurs larves[46].

Certaines personnes estiment l'affection totalement absente des relations des animaux qui s'accouplent puis se séparent sans créer de liens. C'est tout à fait illogique. A.J. Magoun et P. Valkenburg, qui, du haut d'un petit avion, ont suivi les évolutions des gloutons dans la toundra, décrivent l'accouplement de ces animaux rares et solitaires, proches du loup. Généralement, le mâle semble agressif et la femelle récalcitrante. C'est pourquoi ils furent d'autant plus surpris par l'attitude d'une femelle, baptisée F9, et d'un mâle non identifié. F9 et le mâle se mirent à explorer ensemble un rocher qui se dressait dans la toundra. Ils jouaient, roulaient ensemble sur le sol. F9, telle une chienne exubérante, aplatissait l'échine en remuant frénétiquement la queue, puis reculait d'un bond.

A un moment, quand elle renifla le mâle sans obtenir de réaction de sa part, elle fit volte-face et lui donna un petit coup avec le flanc. Après avoir joué, ils se reposèrent, puis ils s'accouplèrent. Deux jours plus tard, ils se séparaient, peut-être pour ne plus se revoir[47]. Il s'agit là de la description d'une interaction amicale et ludique entre deux animaux et non d'un désir sexuel unilatéral ou d'un arrangement commode. Doit-on raisonnablement lui donner le nom d'amour ? D'affection ? D'intérêt mutuel ? F9 n'avait qu'un an. On peut donc attribuer son attitude joueuse à sa jeunesse. Mais même si ses émotions – et celles du mâle – étaient le fait de sa jeunesse, elles n'en existaient pas moins.

On rétorquera qu'il ne saurait être question d'amour lorsqu'une rencontre est aussi brève. Mais si l'on mesure l'amour à l'aune de la durée, combien d'amours humaines vont-elles correspondre à ce critère ?

Après tout, mon aimé de jadis,
Toi que j'ai cessé de chérir,
Dirons-nous que l'amour n'était pas
Simplement parce qu'il n'est plus[48] ?

On peut raisonnablement avancer que F9 et son consort se sont plu à rester ensemble quelques jours, qu'ils s'appréciaient. Rien ne les obligeait à jouer ensemble ; s'ils l'ont fait, c'est parce qu'ils le voulaient bien.

S'il paraît suspect d'attribuer des sentiments amoureux aux gloutons et à leurs brèves aventures, qu'en est-il des animaux qui s'accouplent pour la vie ? Ils se font la cour, s'accouplent, élèvent les petits et restent ensemble quand ils n'ont pas à s'occuper de leur progéniture. Parfois ils restent au sein d'un groupe, par exemple une volée de cygnes ; parfois ils l'abandonnent, comme lorsque les cygnes font leur nid. Le mâle et la femelle dorment couramment ensemble, se toilettent et parfois partent ensemble à la recherche de la nourriture. Ils ne se nourrissent généralement l'un l'autre que pendant la durée de la cour ou lorsque l'un des deux reste auprès des petits en très bas âge. Chez la plupart des espèces, la durée de l'activité sexuelle est réduite à une brève période.

La peine que manifeste un animal lorsque son mâle ou sa femelle meurt est l'une des preuves d'amour les plus courantes. Konrad Lorenz en décrit un exemple parfait avec le jars Ado. Lorsque Susanne-Elisabeth, sa femelle, est tuée par un renard, Ado reste silencieux auprès du cadavre à demi dévoré, qui gît en travers de leur nid. Les jours suivants, son corps s'affaisse, sa tête se penche, ses yeux s'enfoncent dans ses orbites. Son statut au sein du troupeau s'effondre, dans la mesure où il n'a plus le cœur à se défendre des attaques des autres oies. Un an plus tard, Ado, remis, rencontrera une autre oie.

L'amour peut littéralement frapper un animal. D'après Konrad Lorenz, deux oies cendrées sont plus susceptibles de tomber amoureuses quand elles se sont connues toutes jeunes, puis se retrouvent après avoir été séparées. C'est pour lui la même chose que lorsqu'un homme, stupéfait, demande à une femme : « Etes-vous *vraiment* la petite fille que je voyais se promener avec ses tresses et son appareil dentaire ? » et il ajoute : « C'est comme ça que je me suis marié[49]. » Mattie Sue Athan, spécialiste du comportement des perroquets, considère que, chez certaines espèces de perroquets parmi les plus répandues, le coup de foudre est chose courante.

Les animaux ne tombent pas amoureux de n'importe qui. Pour un cacatoès, Mattie Sue Athan acheta une jeune femelle avec un plumage superbe, puis les laissa ensemble. A son grand désespoir, « il fit comme si elle n'était même pas dans la pièce ». Quelques mois plus tard, on lui apporta une femelle plus âgée, en piteux état. Supportant mal la captivité, elle s'était arraché les plumes. « Elle n'avait plus une seule plume sur le corps à partir du cou. La peau de ses pattes était toute rugueuse et elle avait le tour du bec tout ridé. Or, pour lui, c'était l'amour de sa vie. » Les deux oiseaux s'accouplèrent sur-le-champ et eurent beaucoup de petits cacatoès[50].

Dans les zoos, les gardiens savent très bien qu'à leur grand regret, les animaux de la plupart des espèces ne s'accouplent pas avec n'importe lequel de leurs congénères. Les orangs-outangs ont la réputation d'être parmi les plus sélectifs, même si, en milieu naturel, ils ne forment pas des couples durables. Les animaux sauvages, eux aussi, sont sans aucun doute sélectifs, mais c'est moins évident dans la mesure où on ne les a pas enfermés avec un compagnon susceptible de leur déplaire. Timmy, un gorille du zoo de Cleveland, refusa successivement deux femelles qu'on lui présenta mais, quand il rencontra Katie, tous deux se plurent sur-le-champ. Ils jouèrent, s'accouplèrent, dormirent ensemble. Quand on découvrit que Katie était stérile, on décida de transférer Timmy vers un autre zoo afin qu'il ait une chance de se reproduire et d'apporter sa contribution au patrimoine génétique de son espèce menacée. Cette décision suscita un tollé général, ce qui mit le directeur en fureur : « Ça me rend malade quand les gens commencent à attribuer des émotions aux animaux, déclara-t-il ; c'est une façon de les avilir. On ne peut les considérer comme une sorte d'êtres humains. Ce sont des animaux. Quand on parle d'émotions à leur propos, on perd de vue la réalité[51]. » Sa réaction véhémente révèle combien la crainte de l'anthropomorphisme peut être forte, même chez des personnes qui travaillent dans la proximité des animaux, et malgré le plaisir mutuel dont les uns et les autres font montre.

Laissés à eux-mêmes, les animaux sont-ils fidèles ? On a beaucoup mis en avant les taux significatifs d'infidélité relevés chez quelques oiseaux chanteurs, mâles et femelles, sur la base d'une analyse génétique des parents et de la progéniture et sur l'observation des parents sur le terrain[52]. Comme on pouvait s'y attendre, les scientifiques ont évité de tomber dans le ridicule en se livrant à des expériences afin de vérifier si ces oiseaux ne succombaient jamais à la tentation, même s'il est connu que certains animaux semblent écarter toute occasion d'infidélité. Par exemple, le campagnol mâle qui vit en couple chasse les autres campagnols des deux sexes[53].

Les éléphantes d'Afrique vivent de temps en temps en couple avec un mâle pendant leurs périodes de chaleur. On ignore toutefois les raisons de cette attitude. Ont-elles une préférence pour lui et recherchent-elles simplement sa compagnie ou bien, en restant avec un mâle, se protègent-elles des assauts des autres mâles que leur compagnon va systématiquement repousser dès qu'ils s'approchent ? D'après Cynthia Moss, il s'agit chez les éléphantes d'un comportement acquis. Les jeunes femelles qui ne font pas le choix de vivre en couple risquent en effet d'être « chassées et harcelées » par de nombreux mâles[54].

Il y a des espèces où les femelles sont loin d'être aussi vulnérables. Les rhinocéros du Serengeti ont une réputation de solitaires, mais ils semblent néanmoins former des couples pendant l'œstrus. Un observateur fut témoin d'une scène intéressante. Un rhinocéros s'étant éloigné de sa femelle, un autre mâle s'approcha dans l'intention de s'accoupler avec elle. La femelle le repoussa. Dès que son mâle revint, tous deux s'accouplèrent[55]. Cela tendrait à montrer que, si la femelle a repoussé le second, ce n'est pas par manque d'intérêt pour l'accouplement, mais selon un principe personnel plus sélectif – de l'affection, peut-être. A la lumière de telles observations, on peut envisager que, parmi les oiseaux chanteurs dont l'infidélité a été si soigneusement étudiée, ceux qui demeuraient fidèles à l'autre le faisaient par sentiment et non par absence d'opportunités.

La dévotion mutuelle à l'intérieur d'un couple est aussi une preuve d'amour. Certains oiseaux sont des exemples célèbres de fidélité. Les oies, les cygnes, les canards mandarins sont des symboles de dévotion maritale, ce que confirment les observations des biologistes sur le terrain. Les coyotes, pourtant considérés comme des symboles de ruse, pourraient tout aussi bien servir d'exemples, dans la mesure où ils forment des couples durables. En captivité, on a constaté qu'ils commencent à avoir un attachement réciproque avant même d'être sexuellement actifs. Hope Ryden a observé des couples de coyotes qui dormaient ensemble, chassaient les souris côte à côte, s'accueillaient mutuellement à grand renfort de démonstrations et hurlaient en duo. Elle raconte comment un mâle et une femelle se sont accouplés après avoir hurlé de concert. La femelle a tapoté le mâle avec sa patte et lui a léché la face, puis ils se sont endormis l'un contre l'autre[56]. Voilà qui ressemble fort à de l'amour. Quelles que soient les distinctions que l'on établisse, l'amour, qu'il réunisse deux personnes ou deux animaux, paraît souvent de la même essence.

Peut-être l'aptitude à aimer a-t-elle évolué parce que les animaux dotés de cette faculté ont mieux réussi que les autres – c'est-à-dire ont laissé une progéniture plus nombreuse. Mais il s'agit aussi d'une aptitude flexible. L'instinct pousse l'animal à aimer, sans préciser l'objet de cet amour, même s'il laisse certains indices bien en vue. L'aptitude à aimer dira à un animal qu'il doit protéger ses petits et s'occuper d'eux, sans les identifier pour autant. Ce n'est pas tellement différent chez les êtres humains.

Souvent, en devenant adulte, l'animal élevé par un membre d'une autre espèce voudra former un couple avec celui-ci. Un oiseau, s'il appartient à une espèce qui vit en couple, a la capacité d'aimer un partenaire. Il peut aussi avoir des instincts tout à fait spécifiques pour faire sa cour à ce même partenaire. Quand Tex, une grue blanche élevée par des humains, fut prête à s'accoupler, elle rejeta les mâles de son espèce. C'étaient les « hommes de type caucasien, de taille moyenne et aux cheveux foncés » qui l'attiraient. Dans la mesure où les grues blanches sont une espèce en voie d'extinction, il était vital de mettre Tex en état de se reproduire afin qu'elle puisse subir une insémination artificielle. Pour ce faire, le directeur de l'International Crane Foundation, George Archibald – cheveux foncés, type caucasien – passa de nombreuses semaines à courtiser Tex. « J'avais entre autres la tâche, pendant des heures interminables, d'"être là" et rien de plus, de danser plusieurs minutes tôt le matin et autant le soir, d'effectuer de longues marches à la recherche de vers de terre, de construire un nid et de défendre notre territoire contre les humains... » Ces efforts portèrent leurs fruits. Une petite grue naquit un peu plus tard[57]. Si la danse et la construction du nid sont des schémas fixes chez la grue, le sentiment d'affection semble une impulsion plus diffuse. Involontairement, la grue a fait une erreur. Si des grues l'avaient élevée, Tex serait tombée amoureuse d'un mâle de son espèce, comme la plupart des autres grues. Si George Archibald avait été élevé par des grues, de qui serait-il tombé amoureux ?

Dans *Raven, Seek Thy Brother,* Gavin Maxwell raconte l'histoire de Tibby, la loutre. Tibby avait été élevée sur une île écossaise par un homme qui se déplaçait avec des béquilles. Celui-ci, gravement malade, confia la loutre à Maxwell. Il ne devait jamais revenir la chercher, car il mourut peu de temps après. Tibby n'appréciait guère d'être enfermée dans l'enclos que Maxwell avait édifié pour elle. Elle prit l'habitude de s'échapper et de faire quelques incursions dans le village voisin, où elle rencontra un homme qui marchait aussi avec des béquilles et décida de vivre avec lui. Lorsqu'elle essaya de construire un nid sous sa maison, il la chassa et, peu de temps après, Tibby disparut. Puis, un jour, Maxwell reçut un coup de téléphone. Au bout du fil, quelqu'un, alarmé, lui parlait d'une loutre au comportement bizarre, qui avait même essayé de le suivre dans sa maison. « Pris d'une inspiration soudaine, raconte Maxwell, je lui demandai : "Est-ce que par hasard vous vous serviriez de béquilles ?" "Oui, répondit-il, une note de stupéfaction dans la voix, mais comment diable le savez-vous ?"[58] » Tibby avait l'empreinte de tous les humains qui se servaient de béquilles. A moins qu'elle n'ait tout simplement eu de l'affection pour les personnes qui lui rappelaient le disparu qui avait été si gentil avec elle.

Même si, en général, nous croyons à l'amour que les autres

prétendent éprouver, il nous arrive de manifester quelque scepticisme dans des cas particuliers. Il y a en effet des parents qui n'aiment pas leurs enfants, des enfants qui haïssent leurs parents, des époux, des frères, des sœurs qui ne s'aiment pas. Cela ne nous empêche pas de persister à croire, au fond de nos cœurs, que des parents, des enfants, des époux, sœurs et frères s'aiment. Il semble alors logique d'employer les mêmes critères pour les animaux.

Pourquoi a-t-on accordé si peu d'attention à l'idée de l'amour chez les animaux ? Pourquoi en sommes-nous réduits aux explications plutôt fastidieuses de l'approche évolutionniste ? C'est celle qu'on enseigne dans les universités, où ses implications plus étendues passent pratiquement inaperçues. Elle suggère que plus les tâches parentales qu'effectue un animal sont élaborées, plus il est avantageux qu'il soit poussé à les accomplir par une émotion prédominante comme l'amour. Si le comportement parental consiste à éviter de manger ses petits et rien d'autre, point n'est besoin d'un déploiement spectaculaire d'émotions. Mais pour les nourrir, les nettoyer, risquer sa vie pour eux ou – pire, peut-être – les laisser vous mâchouiller, vous ôter la nourriture de la bouche, supporter leur vacarme, mieux vaut les aimer profondément, du moins un certain temps. Et néanmoins, selon l'analyse biologique, l'amour est avant tout un mécanisme destiné à produire les générations futures. Il aurait un but et non une raison d'être. Les affirmations « scientifiques » sur l'amour ne prennent pas son essence en compte. La science éclaire rarement l'amour entre deux femmes, entre un homme et son père, entre les gens et les animaux auprès desquels ils vivent, l'amour d'un animal à un autre. En revanche, il est souvent une source d'émerveillement et de délices qui s'exprime dans les paroles et les lettres, les poèmes et les romans. En nous libérant de la tyrannie de l'explication purement biologique, nous ne pouvons qu'élargir notre horizon et découvrir que l'amour chez les animaux recèle les mêmes mystères, les mêmes surprises que l'amour humain depuis toujours.

5.

Chagrin, tristesse et ossements d'éléphants

Dans les montagnes Rocheuses, la biologiste Marcy Cottrell Houle observait l'aire de deux faucons pèlerins, Arthur et Jenny, très occupés à nourrir leurs cinq petits. Un matin, le mâle revint seul au nid avec de la nourriture. Jenny ne se montra pas et le comportement d'Arthur changea de façon notable. Il attendit une bonne heure auprès de l'aire avant de repartir chasser, ce qu'il n'avait jamais fait auparavant. Il appela encore et encore, écoutant si sa compagne lui répondait, regarda à l'intérieur du nid en poussant un cri interrogateur. La biologiste eut du mal à ne pas interpréter cette attitude comme une manifestation d'attente déçue. Jenny ne se montra pas non plus le lendemain ni le surlendemain. A la fin du troisième jour, Arthur, perché sur son aire, émit un son inhabituel, « un cri pareil au gémissement aigu d'un animal blessé, le cri d'une bête qui souffre ». Bouleversée, Marcy Cottrell Houle écrit : « On ne pouvait se tromper, il y avait de la tristesse dans ce cri ; l'ayant entendu, je ne douterai plus jamais qu'un animal éprouve des émotions dont nous, les êtres humains, sommes persuadés d'avoir le monopole. »

Après avoir crié, Arthur resta immobile sur le rocher et ne bougea plus de la journée. Le cinquième jour suivant la disparition de Jenny, Arthur se mit frénétiquement à chasser. Il apporta sans arrêt de la nourriture aux aiglons, de l'aube au crépuscule. Avant la disparition de Jenny, il se donnait moins de mal. La biologiste note qu'elle n'a jamais vu un faucon travailler autant sans s'arrêter. Quand des biologistes grimpèrent jusqu'au nid, une semaine après la disparition de Jenny, ils s'aperçurent que trois des oisillons étaient morts de faim. Deux, toutefois, avaient survécu et profitaient bien grâce aux soins paternels. Ils grandirent sans problème. En fait, leur mère avait probablement été abattue par un chasseur[1].

Nous ignorons comment nous réagirons lorsque l'un de nos proches viendra à disparaître. Certaines personnes ne semblent rien ressentir consciemment et paraissent même soulagées, alors qu'intérieurement elles sont détruites et risquent de ne jamais s'en remettre. Les signes extérieurs de chagrin ne révèlent pas tout. L'introspection fournit des éléments, mais ils ne sont pas toujours fiables. La curiosité scientifique, quand elle s'avise de sonder les profondeurs de la tristesse humaine, doit être tempérée d'humilité. Personne, en effet, et surtout pas le psychiatre qui propose un médicament comme remède à la souffrance, ne peut parler d'autorité sur les origines, la durée, la pathologie de celle-ci. Plus grande encore est l'humilité dont nous devons faire preuve quand il s'agit de la tristesse et du chagrin chez les animaux.

Lorsque nous évoquons la tristesse animale, l'exemple qui nous vient le plus souvent à l'esprit est celui de l'animal qui perd son partenaire ou dont le maître disparaît. Nous remarquons et respectons ce type de chagrin. Mais il y a bien d'autres chagrins qui passent inaperçus, la vache à laquelle on enlève son veau, ou le chien abandonné. Et puis il y a toutes les peines que les humains ignorent, les cris que l'on n'entendra jamais au cœur de la forêt ou au flanc des montagnes.

Pleurer la perte de l'aimé

On a vu des animaux sauvages pleurer leur compagne ou leur compagnon. D'après le naturaliste Georg Steller, l'espèce, aujourd'hui éteinte, des vaches de mer qui porte son nom était monogame. Les familles étaient généralement composées d'un mâle, d'une femelle et de deux jeunes d'âges différents : « Un déjà grand et un petit, encore à l'âge tendre. » Steller, marin naturaliste, raconte que lorsque l'équipage du navire tua une femelle dont la mer rejeta le corps sur le rivage, le mâle retourna auprès de son cadavre deux jours de suite, « comme s'il venait voir ce qui lui arrivait[2] ».

Le destin tragique des trois petits faucons pèlerins le prouve : le chagrin peut avoir des conséquences désastreuses pour un animal sauvage. Ne pas manger, broyer du noir, être dans la peine, tout cela ne favorise pas la survie. On peut aisément ramener l'amour à une fonction évolutive, mais le chagrin dû à la perte d'un être aimé, autre expression de l'amour, représente souvent une menace pour la survie. Il faut donc trouver une explication au chagrin lui-même.

Chez l'animal captif ou familier, il est relativement aisé de constater la peine consécutive à un deuil. Elizabeth Marshall Thomas raconte de manière particulièrement émouvante l'histoire des chiens Maria et Misha. Les deux huskies vivaient comme un couple, mais, un jour, les maîtres de Misha décidèrent d'en faire don à d'autres personnes.

> Lui et Maria surent que quelque chose de terrible allait arriver quand les maîtres vinrent le chercher. Maria essaya de le suivre dehors, mais on l'en empêcha. Elle se précipita alors vers la chaise placée près de la fenêtre et, tournant le dos à la pièce, regarda Misha monter dans la voiture. Par la suite, elle resta sur cette chaise pendant des semaines, le regard fixé au-dehors, attendant le retour de Misha. A la fin, elle dut se rendre compte qu'il ne reviendrait pas. Alors, quelque chose changea en elle. Elle perdit tout éclat et devint déprimée. Elle se déplaçait plus lentement, réagissait moins et se mettait en colère pour des détails dont elle ne se serait pas occupée auparavant... Maria ne se remit jamais de cette perte. Elle

n'abandonna jamais son statut de femelle alpha, mais elle n'eut plus aucune envie de créer un lien permanent avec un autre mâle…[3]

Maria savait qu'elle avait perdu Misha. Son comportement rappelle le chagrin des humains face à une séparation permanente d'avec un être aimé. Les loups et les coyotes, dont les chiens sont proches parents, forment de véritables couples. Les conditions de vie des chiens sont très différentes de celles des canidés sauvages. Sans doute le comportement des chiens est-il plus flexible et fortement influencé par les conditions de vie que nous leur attribuons. Si, aux yeux de beaucoup, les chiens et les chiennes en sont venus à symboliser la promiscuité sexuelle, il faut en attribuer la responsabilité à la façon dont nous les élevons. Cette promiscuité ne leur est pas intrinsèque. On peut se demander dans quelle mesure la prétendue sexualité « naturelle » des humains n'est pas de même le produit d'attentes et d'arrangements sociaux.

Certains animaux qui, en milieu naturel, ne vivent pas en couple, sont réunis par la captivité et s'attachent profondément l'un à l'autre. Souvent, ils n'ont d'autre compagnie. Alle et Ackman, deux chevaux de cirque, partageaient la même écurie. On ne remarqua aucun attachement entre eux jusqu'à la mort subite d'Ackman. Alle, la jument, se mit alors « à hennir continuellement ». Elle ne mangea ni ne dormit pratiquement plus. Dans un effort pour la distraire, on la changea d'écurie. On lui donna de nouveaux compagnons, une nourriture spéciale, on l'ausculta et on lui fit prendre des médicaments, au cas où elle aurait été malade. En vain. Deux mois après, elle mourait, après s'être complètement laissé dépérir[4].

Kiko et Hoku, deux dauphins « kiko » qui vivaient dans un parc d'attractions aquatiques à Hawaii, étaient inséparables depuis des années. Quand ils nageaient dans leur bassin, ils se touchaient mutuellement avec leur aileron. Kiko mourut brusquement et Hoku refusa de s'alimenter. Il nagea lentement en rond, les yeux obstinément clos « comme s'il ne voulait pas voir un monde dont Kiko était absente », ainsi que l'écrit Karen Pryor, qui l'entraîne[5]. On lui choisit une nouvelle compagne, Kolohi. Elle se mit à nager à ses côtés, le caressa et il recommença à se nourrir. Il s'attacha bientôt à Kolohi, mais moins qu'à Kiko. L'attitude de Hoku réflétait-elle vraiment le désir de ne pas voir un monde dont Kiko était absente ? En tout cas, il est clair que Hoku avait du chagrin.

Ayant pris une femelle dauphin à l'hameçon, des chercheurs la placèrent dans un bassin, mais désespérèrent bientôt de la sauver. Pauline, comme ils la baptisèrent, ne pouvait se redresser et devait être constamment soutenue. A son troisième jour de captivité, ils capturèrent un autre dauphin qu'ils installèrent auprès d'elle. Le moral de Pauline remonta. Le mâle l'aidait à nager et, de temps à autre, il la poussait un peu pour la faire émerger à la surface. Pauline semblait en voie de parfaite guérison. Deux mois après, cependant, elle mourait d'un abcès provoqué par l'hameçon. Le mâle refusa alors toute nourriture et, trois jours plus tard, il était mort à son tour. L'autopsie révéla qu'il avait un ulcère gastrique perforé, aggravé sans nul doute par son jeûne[6].

Si tous les animaux qui perdent un proche mouraient de chagrin, ce serait la fin de la plupart des espèces. De tels cas sont bien sûr extrêmes et inhabituels. Mourir de chagrin n'est pas la seule preuve d'amour et d'affection chez l'animal, mais ces incidents mettent en évidence une gamme d'émotions et des possibilités émotionnelles. Il arrive aussi que les animaux sauvages pleurent des compagnons autres que leur mâle ou leur femelle. Les lions ne vivent pas en couple, mais on en a vu un demeurer auprès du cadavre d'un congénère abattu et lécher sa fourrure[7]. On rencontre chez les éléphants des exemples de sentiments très proches des nôtres. Cynthia Moss a étudié pendant des années les éléphants d'Afrique. Elle a vu des mères éléphantes apparemment en pleine forme devenir léthargiques plusieurs jours durant après la mort d'un éléphanteau et se traîner derrière le reste de la famille[8].

Un jour, dans un troupeau d'éléphants, une ancêtre s'est mise à vaciller, puis s'est écroulée. Les autres l'ont alors entourée et ont fait tous leurs efforts pour la remettre sur ses pattes. Un jeune mâle a tenté de la redresser avec ses défenses, lui a mis de la nourriture dans la bouche et s'est même efforcé de la monter. En vain. Les autres éléphants l'ont caressée avec leur trompe. Un éléphanteau s'est agenouillé et a essayé de la têter. Finalement, le troupeau s'est ébranlé, mais une femelle et son petit sont restés en arrière. L'éléphante est demeurée le dos tourné à l'ancêtre, qui était morte. De temps en temps, elle la touchait avec sa patte. Les autres l'ont appelée et elle a fini par les rejoindre lentement[9].

Cynthia Moss rapporte aussi le comportement d'un troupeau d'éléphants devant un compagnon mort : « A plusieurs reprises, [ils l'entourent] en manifestant tous les signes de la tristesse et, s'il ne bouge toujours pas, ils s'arrêtent, hésitants. Ils se tournent alors vers l'extérieur, la trompe pendante. Au bout d'un moment, ils évoluent de nouveau en cercle, puis se replacent dos à lui. » Finalement – peut-être quand il devient évident pour eux que l'éléphant est mort – « ils arrachent des branches et des touffes d'herbe à la végétation environnante et les lâchent sur le cadavre ou les posent autour de lui[10] ». Le fait que les éléphants se tournent vers l'extérieur suggère qu'ils jugent le spectacle douloureux. Peut-être veulent-ils rester tout près, mais sans se montrer indiscrets face à la souffrance. A moins qu'il n'y ait là une signification rituelle qui nous échappe encore.

On a pensé un moment que les éléphants allaient mourir dans un cimetière. Depuis, preuve a été faite que l'on se trompait, mais, pour Cynthia Moss, il n'en reste pas moins que les éléphants ont un concept particulier de la mort. Ils manifestent un vif intérêt pour les ossements – ceux des éléphants et pas du tout ceux des autres espèces. Leur réaction est si prévisible qu'on n'a aucun mal à les filmer en train de les examiner. Ils les reniflent, les retournent, passent leur trompe dessus, les touchent, parfois les transportent sur une certaine distance avant de les laisser tomber. Les crânes et les défenses font l'objet d'une attention particulière. D'après Cynthia Moss, les éléphants essaieraient de reconnaître ainsi l'individu auquel ces ossements appartiennent.

Une fois, la chercheuse rapporta à son camp la mâchoire d'une éléphante adulte morte pour tenter de déterminer son âge exact. Quelques semaines après, la famille de cette éléphante vint à passer à la périphérie du camp. Elle fit un détour pour se rendre auprès de la mâchoire et l'examiner. Longtemps après le départ des autres, l'éléphanteau orphelin, âgé de sept ans, resta auprès de la mâchoire, la touchant et la retournant avec ses pieds et sa trompe. Comment ne pas conclure avec Cynthia Moss que, d'une manière ou d'une autre, l'éléphanteau retrouvait le souvenir de sa mère et, peut-être, se remémorait les contours de sa tête ? Il la sentait proche. Sa mémoire était certainement à l'œuvre. Qu'il ait éprouvé un sentiment de nostalgie mélancolique, du chagrin, de la joie, peut-être, en retrouvant le souvenir de sa mère, ou qu'il ait eu une expérience émotionnelle impossible à identifier pour nous, des sentiments entrent ici en jeu, indéniablement.

Si l'on se fonde sur leur comportement, les sentiments des chimpanzés, témoins de la chute mortelle de l'un des leurs dans le parc national de Gombe, en Tanzanie, semblent faire preuve de la même complexité. Trois petits groupes, des mâles, pour la plupart, mais avec une femelle en chaleur parmi eux, s'étaient réunis, lorsque Rix, un adulte, tomba on ne sait comment dans une ravine rocheuse et se brisa la nuque[11]. Aussitôt, ce fut un indescriptible désordre. Les singes hurlaient, chargeaient, s'étreignaient, copulaient, jetaient des pierres, poussaient des cris, gémissaient apparemment sans que cela réponde à un schéma. Ils finirent par se calmer et, pendant plusieurs heures, ils entourèrent le cadavre. Ils s'approchèrent et, en silence, jetèrent des regards au corps de Rix, certains grimpant à un arbre pour avoir un point de vue différent. Ils ne le touchèrent pas. Un adolescent, Godi, semblait particulièrement concerné. Il gémissait et grognait sans arrêt tout en contemplant Rix. Il redoubla d'agitation lorsque plusieurs gros mâles vinrent très près du corps. Au bout de quelques heures, lorsque les chimpanzés se retirèrent, Godi se pencha au-dessus de Rix et le contempla intensément avant de courir rejoindre ses compagnons.

Pendant tout cet épisode, les chimpanzés lançaient des appels – les « wraah » qu'ils émettent quand une présence humaine étrangère ou des buffles du Cap les dérangent, mais aussi quand ils aperçoivent un chimpanzé ou un babouin mort. On en a en effet entendu certains pousser des « wraah » quatre heures durant, après avoir été témoins de la mort d'un babouin, blessé en se battant avec ses congénères.

Au zoo d'Arnhem, une femelle chimpanzé, bizarrement nommée Gorilla, eut plusieurs petits, qui moururent malgré ses soins attentionnés. Chaque fois, elle était visiblement déprimée et restait effondrée dans son coin pendant des semaines, ignorant les autres. Parfois, elle se mettait brusquement à crier. Cette histoire a une heureuse issue : Gorilla fut une mère comblée lorsqu'on lui confia Roosje, un bébé chimpanzé de dix semaines, qu'on lui apprit à nourrir au biberon[12].

La solitude

La solitude affecte apparemment les animaux qui vivent en groupes sociaux ou familiaux. En captivité, c'est probablement l'un des facteurs de décès les plus répandus. Pour les castors captifs, par exemple, la présence ou l'absence d'un compagnon compte énormément pour sa survie. Un biologiste a remarqué que les castors âgés d'un an, « s'ils demeurent sans compagnon, sont capables de rester là où on les a mis et de se laisser mourir[13] ». La solitude est souvent la conséquence de la domestication et du confinement. En milieu naturel, le castor qui se retrouve seul pourra sans doute partir à la recherche d'autres castors.

Au contraire de ce qu'ont pensé un temps les biologistes, les animaux recherchent beaucoup la compagnie des autres. Peut-être s'agit-il là d'un effort pour échapper à la tristesse, à la solitude, à la peine. Chez certaines espèces, les mâles qui ont été « mis dehors » par leur mère se regroupent en troupeaux de célibataires. Les éléphants africains se rassemblent dans les « quartiers des mâles[14] ». Des études sur le terrain ont souvent révélé que, parmi les animaux réputés solitaires, les tigres, léopards, rhinocéros et ours passaient plus de temps avec les autres qu'on avait bien voulu le faire croire. Le chat sauvage européen et le chat viverin ont été décrits comme appartenant à une espèce solitaire. Le mâle et la femelle s'accouplent, puis se séparent et la femelle élève seule les chatons. Dans les zoos, cependant, le mâle et la femelle sont parfois placés dans la même cage et les résultats sont intéressants. En règle générale, on enlève le mâle avant la naissance des petits, de peur qu'il ne les blesse. Pourtant, au zoo de Cracovie, où l'on avait omis de prendre cette précaution, le mâle, au lieu d'attaquer les siens, a apporté sa viande à l'entrée de la tanière en les encourageant de la voix à s'approcher. De même, au zoo de Magdebourg, le père a monté la garde nuit et jour auprès de la tanière. Lui qui était habituellement pacifique attaquait le gardien si celui-ci s'approchait de trop près. Il apportait aussi de la nourriture à la tanière et, quand ses chatons ont été assez grands pour mettre le nez dehors et jouer, il s'est mis à cracher et à menacer les visiteurs qui leur faisaient peur. Au zoo de Francfort, les chats viverins ont mené également une vie familiale étonnamment chaleureuse. Non seulement le mâle apportait de la nourriture, mais il venait souvent se blottir auprès de la mère et des petits dans leur caisse. Il se révéla si consciencieux que, lorsque la femelle sortait de la caisse pendant qu'il se trouvait à l'extérieur, il prenait sa place auprès des chatons.

Ces espèces sont peut-être moins solitaires qu'on ne l'a cru. A moins que ce ne soit là une autre preuve de la flexibilité du comportement animal. Pour Paul Leyhausen, qui a étudié ces petits félins, les mâles peuvent très bien, en milieu naturel, n'avoir aucun lien avec leur compagne et leurs chatons et, en captivité, « être soumis à des stimuli qui éveillent en eux des schémas de comportement habituellement en sommeil[15] ». Si tel est le cas, on peut légitimement se demander s'il n'arrive jamais au chat viverin qui erre quelque part dans une forêt d'Asie du Sud-Est de sentir ces schémas se réveiller en lui et d'éprouver un sentiment de solitude.

La privation de liberté

Même lorsque les animaux captifs ne sont pas confinés dans la solitude, la privation de liberté les rend tristes. On dit souvent que, dans un zoo, les animaux sont heureux si les petits jouent et si les adultes se reproduisent. Pourtant, s'il s'agissait d'appliquer ce critère de définition du bonheur à elles-mêmes, la plupart des personnes qui travaillent dans les zoos le rejetteraient. Comme le fait remarquer Jane Goodall : « Même dans les camps de concentration, il y avait des naissances et on ne voit pas pourquoi il en irait autrement avec les chimpanzés[16]. »

Il est certain que la captivité est plus pénible pour certains animaux que pour d'autres. Les lions supportent apparemment mieux l'idée de passer la journée allongés au soleil que les tigres, par exemple. Pourtant, dans les zoos, les lions eux-mêmes font les cent pas, dans cette attitude stéréotypée propre à tant d'animaux privés de liberté. On ne saurait envisager le concept de *funktionslust*, ce plaisir de jouir de ses propres capacités, sans évoquer son contraire, le sentiment de frustration et de détresse qui s'empare de l'animal mis dans l'impossibilité de s'y adonner. S'il y a plaisir d'un côté, il peut y avoir *manque* de l'autre. Quoique le concept architectural des zoos évolue actuellement vers la construction de cages de plus en plus proches de l'habitat naturel, la plupart des animaux, et tout particulièrement les plus gros d'entre eux, n'ont guère l'occasion d'y exercer leurs capacités. Les aigles n'ont pas suffisamment d'espace pour voler, les guépards ne peuvent courir et les chèvres ont un unique rocher à escalader.

Pourquoi la vie dans un zoo ne serait-elle pas source de tristesse pour la plupart des animaux qui y sont enfermés, comme des personnes déplacées en temps de guerre ? Rien ne nous permet malheureusement d'être sûrs qu'ils y coulent des jours heureux, ravis d'être bien soignés et reconnaissants d'avoir leur prochain repas assuré. La plupart saisissent toutes les occasions de s'échapper et ne se reproduisent pas. Ils ont envie de rentrer chez eux, il est difficile d'en douter. Certains meurent de chagrin quand on les prive de liberté. Parfois, la cause apparente de ces morts est la maladie, peut-être parce qu'un animal qui subit un stress important y est plus vulnérable. D'autres meurent à l'évidence de désespoir – ce sont quasiment des suicides. Certains animaux sauvages refusent de s'alimenter, ce qui est la seule façon pour eux de se tuer. Nous ignorons s'ils sont conscients de mourir en refusant toute nourriture, mais il est clair en revanche qu'ils sont extrêmement malheureux. En 1913, Jasper von Oertzen décrivait ainsi la mort d'une jeune femelle gorille importée en Europe : « Hum-Hum avait perdu toute joie de vivre. Elle se retrouva à Hambourg, d'où on lui fit gagner le Parc animalier de Stellingen. Tout le monde s'occupait d'elle, mais elle ne recouvra pas son énergie. Elle manifestait les signes de la plus profonde tristesse et pleurait son bonheur enfui. On ne lui trouva aucune maladie mortelle. Elle connut le destin de tous les animaux précieux et "mourut le cœur brisé"[17]. »

En captivité, le taux de décès des mammifères marins est très élevé, ce que ne savent pas toujours les visiteurs des parcs d'attractions aquatiques et des océanariums. Un océanarium avait bâti sa publicité sur sa vedette, une baleine pilote. Or, il s'agissait non d'une, mais de treize baleines. On les utilisait successivement en les présentant à chaque fois sous le même nom, comme s'il s'agissait d'un seul et même animal[18]. La différence entre la vie d'un mammifère marin dans son milieu naturel et celle qu'il mène dans un océanarium saute aux yeux. Les orques peuvent atteindre sept mètres de long, peser quatre tonnes et faire plus de cent cinquante kilomètres par jour. Comment éprouveraient-elles quelque satisfaction, sans même parler de joie, dans les cages et les bassins auxquels elles sont confinées dans tous les océanariums ? Les orques sont censées avoir une espérance de vie équivalente à la nôtre. Et pourtant, au Sea World de San Diego, l'océanarium où, statistiquement, les orques ont la meilleure espérance de vie, celle-ci ne dépasse pas onze ans en moyenne[19].

Parlerait-on encore de bonheur pour une personne dont la vie serait raccourcie d'autant? Quand on les interroge, les dresseurs de mammifères marins répondent avec un bel ensemble que oui, leurs animaux sont heureux : ils mangent, ont des rapports sexuels (il est extrêmement rare qu'une orque se reproduise en captivité), sont rarement malades. Cela signifie peut-être qu'ils ne sont pas déprimés, mais sont-ils heureux ? Nous nous posons trop souvent la question pour que ce ne soit pas le signe d'un malaise – peut-être l'indice d'une profonde culpabilité pour avoir privé de liberté ces grands voyageurs.

Il est difficile de prévoir quels animaux vont le plus souffrir de la captivité. Certaines espèces de phoques s'épanouissent dans les océanariums et les zoos, mais les phoques moines d'Hawaii meurent pratiquement toujours – parfois ils refusent de s'alimenter, parfois ils succombent aux maladies. D'une façon ou d'une autre, comme le fait remarquer Karen Pryor, ils se laissent en général « mourir de mélancolie[20] ».

Quand on aborde la captivité et ses effets, le sort des animaux qui ne peuvent vivre autrement – parce que leur habitat a disparu, comme c'est le cas pour un nombre croissant d'espèces, ou qu'ils sont physiquement handicapés – se révèle le plus douloureux. Le nombre des condors californiens vivant en milieu naturel passa à un moment en dessous de la douzaine. Une vive querelle éclata alors entre ceux qui préconisaient de les capturer pour qu'ils puissent se reproduire en captivité et ceux qui préféraient voir l'espèce s'éteindre librement, sans subir cette ignominie. Le condor vole très haut dans le ciel et il peut parcourir ses quatre-vingts kilomètres par jour. Autant dire que la vie dans une cage est très loin de ces conditions. En fin de compte, les partisans de la capture l'emportèrent. Il n'y eut donc, pendant un certain temps, aucun condor californien en liberté. Depuis, on a tenté de réimplanter l'espèce dans la nature en relâchant des oiseaux élevés en captivité.

Pour étudier et comprendre l'aptitude de l'animal à éprouver de la tristesse, il faudrait d'abord admettre son existence. Dans les zoos, les gardiens s'interrogent sur la santé des animaux, sur leurs chances de se reproduire, mais ils se demandent rarement : « Qu'est-ce qui rendrait cet animal *heureux* ? » Les études effectuées par les béhavioristes ne sont guère plus utiles. On trouve dans le *Dictionnaire du comportement animal* cette remarque : « On peut raisonnablement admettre que les animaux éprouvent de la détresse s'ils sont incapables de boire et de manger, de remuer leurs membres, de dormir, et d'être socialement en interaction avec leurs camarades. Toutefois, la difficulté rencontrée pour définir la détresse de manière objective et convaincante a créé un obstacle à la constitution d'une législation concernant la protection des animaux, y compris dans les pays où le public manifeste un grand intérêt pour la façon dont on les traite[21]. »

Dépression et impuissance acquise

Chez les humains, on appelle dépression une tristesse extrême. Pour les psychiatres et les psychologues, le diagnostic de dépression est un fourre-tout par lequel ils désignent la mélancolie issue d'une quantité de sources. Dans leurs efforts pour valider le modèle médical de la psychiatrie, des scientifiques ont cherché à produire en laboratoire des animaux cliniquement déprimés – et dans ce but, certains expérimentateurs ont travaillé à rendre l'enfance d'animaux particulièrement malheureuse.

Les expériences que le psychologue Harry Harlow a effectuées sur des singes rhésus sont parmi les plus connues de l'histoire du comportement animal. Elles ont rendu célèbres les bébés singes qui ont préféré de moelleux susbtituts maternels de tissu, contre lesquels ils pouvaient se blottir, à de durs substituts en fil de fer, et ce même quand seuls ces derniers distribuaient du lait. Ils ont servi à prouver que les études psychologiques sur les animaux – en vérité, des formes de torture – étaient utiles pour connaître les émotions des êtres humains. Si l'étude suggère que, dans le maternage, le sentiment qui accompagne le nourrissage peut primer sur sa valeur de survie, cette expérience sinistre était d'une cruauté gratuite, émotionnellement parlant, et parfaitement inutile.

D'autres petits singes rhésus furent placés seuls, à l'âge de six semaines, dans la « cage de dépression », une cuvette en acier inoxydable aux parois verticales, destinée à simuler un « puits de désespoir » psychologique[22]. Ils sortirent de ces cinquante-cinq jours de confinement solitaire handicapés à vie. Des mois après l'expérience, ils se montraient toujours incapables d'attention et de curiosité et restaient dans leur coin, les bras serrés autour du torse, pratiquement asociaux. Aucun gain de connaissance, aucune démonstration de preuve ne justifie pareils sévices[23].

De même, on a poussé des chiens, des chats et des rats à faire l'expérience en laboratoire du pessimisme général connu sous le terme d'« impuissance acquise[24] ». Pour cela, on immobilisait des chiens dans un harnais et on leur envoyait au hasard des décharges électriques. Ils ne pouvaient ni prévenir ni atténuer la décharge. Ensuite, on les plaçait dans une cage divisée en deux parties. Quand un signal sonore retentissait, ils devaient sauter de l'autre côté de la cage s'ils voulaient éviter de recevoir le courant. La plupart des chiens apprenaient rapidement à le faire, mais parmi ceux qui avaient été soumis aux décharges impossibles à éviter, les deux tiers se contentaient de gémir sans bouger. Ils ne faisaient aucun effort pour s'échapper. L'expérience leur avait apparemment appris le désespoir. Leur attitude persistait quelques jours. En revanche, cette « impuissance acquise » avait un effet durable chez les chiens qui recevaient quatre fois par semaine des décharges impossibles à éviter. Pour le psychologue Martin Seligman, auteur des recherches les plus poussées sur l'impuissance acquise – et auteur du best-seller *Apprendre l'optimisme* –, l'animal qui reçoit le courant commence par avoir peur, puis s'enfonce dans la dépression quand il s'aperçoit de son impuissance. Expliquant comment lui est venue l'idée de ces expériences, Seligman cite les recherches effectuées dans les années 50 par C.P. Richter. Pour Richter, en effet, « chez un rat vivant en liberté, le fait d'être placé dans la main d'un prédateur tel que l'homme, de se faire couper les moustaches et d'être plongé dans un bac d'eau chaude dont il lui est impossible de s'échapper, produit un sentiment d'impuissance ».

On a suscité expérimentalement l'impuissance acquise chez les êtres humains, mais pas au moyen de décharges électriques. Si l'on confie à des personnes des tâches qu'elles échoueront systématiquement à effectuer, elles auront vite la certitude de ne pas réussir d'autres tâches et elles feront beaucoup moins bien que les personnes n'ayant pas subi une série d'échecs. Dans la réalité, les femmes battues, pour prendre cet exemple, se révèlent parfois incapables, en effet, de quitter l'auteur de ces violences. Peut-être agissent-elles ainsi parce qu'elles ont l'impression de ne pouvoir échapper aux abus dont elles sont victimes. Mais leur comportement peut aussi bien être motivé par la crainte de prendre des risques ou par l'absence de point de chute. En fait, contrairement au but avoué de ces recherches, l'expérimentation animale ne révèle sur les humains rien qu'on ne puisse apprendre en parlant avec les femmes battues[25].

Une fois qu'il a rendu des chiens dépressifs, Seligman a voulu les soigner. Il a donc replacé les chiens « impuissants » dans la cage, dont il a supprimé la séparation, afin qu'ils puissent facilement passer de l'autre côté pour éviter les décharges. Or, les chiens n'ont fait aucun effort pour fuir celles-ci. Ils n'ont donc pas découvert qu'ils pouvaient leur échapper. Seligman est alors entré dans la cage et a tenté de les attirer par des appels et de la nourriture. Les chiens n'ont pas bougé. Pour finir, il a dû les mettre en laisse et les tirer d'un côté, puis de l'autre – plus de deux cents fois pour certains avant qu'ils ne découvrent que, cette fois, ils pouvaient échapper aux décharges. D'après Seligman, l'impuissance acquise a définitivement disparu chez eux. L'expérience, toutefois, leur a certainement laissé des traces.

Bien d'autres expérimentateurs ont produit l'impuissance acquise en laboratoire par des moyens divers, avec quelquefois des résultats diaboliques. L'un d'eux éleva des singes rhésus dans la solitude d'une cage isolante aux parois peintes en noir jusqu'à l'âge de six mois, afin d'induire chez eux « l'impuissance sociale[26] ». Puis il attacha chaque jeune singe à un dispositif en forme de croix et le plaça dans une cage avec d'autres jeunes singes une heure par jour. Après avoir pris leurs distances, les singes libres de leurs mouvements se mirent à tâter et tripoter les singes immobilisés, leur arrachèrent des poils, essayèrent de leur arracher les yeux, leur ouvrirent la bouche en grand. Ces derniers ne pouvaient que crier. Après deux ou trois mois de sévices, leur comportement se modifia.

Ils continuèrent à crier, mais cessèrent de se débattre. Comme note l'auteur de l'expérience : « Il ne saisit aucune des nombreuses opportunités qu'il eut de mordre l'oppresseur qui pressait ses doigts ou ses organes sexuels contre sa bouche ou les enfonçait dedans. » Ces singes furent durablement traumatisés. Ils restèrent terrifiés par les autres singes, même quand ils étaient libres de leurs mouvements. Cette expérience se révèle particulièrement cruelle.

Comparativement, peu nombreux sont les êtres humains dépressifs pour avoir été confinés dans la solitude pendant leur enfance avant de subir les sévices de leurs pairs. Il est intéressant de noter que, pour justifier leurs expériences, ces scientifiques prétendaient que l'étude de la dépression chez les animaux est riche d'enseignements sur la dépression chez les humains, compte tenu de la similitude entre ce qu'éprouvent les uns et les autres. D'où la question d'éthique essentielle que posent les militants de la défense des droits de l'animal : si les animaux souffrent comme nous souffrons, n'est-ce pas du sadisme de pratiquer ces expériences ? Les animaux peuvent être rendus profondément malheureux, cela ne fait aucun doute. Pourquoi alors ne pas avoir observé ce fait lorsqu'il se produit dans des conditions naturelles, sans soumettre des créatures sensibles à une inutile cruauté ?

Dans tous ces tourments, les animaux manifestent leur chagrin par leurs mouvements, leurs postures, leurs actes. Souvent, c'est par la voix que s'exprime leur tristesse. Chez les loups, il existe apparemment un hurlement de deuil ou de solitude différent de leur hurlement convivial usuel[27]. D'autres animaux, dit-on, se plaignent, gémissent ou pleurent. Quand, au sein d'un groupe de gorilles des montagnes, une femelle, Marchessa, mourut à un âge avancé, le mâle à dos argenté déprima. On l'entendit souvent geindre, fait unique de la part d'un gorille à dos argenté[28]. Ces deux-là avaient peut-être bien passé une trentaine d'années de leur vie ensemble. Un observateur écrit, parlant des orangs-outans : « Le jeune spécimen, quand il est déçu, geint ou pleure couramment, sans toutefois verser de larmes[29]. »

Personne ne sait vraiment pourquoi les êtres humains pleurent. Les nouveau-nés pleurent, mais ils ne versent généralement pas de larmes avant l'âge de quelques mois. Les adultes pleurent moins et certains ne versent jamais de larmes. On a classé les larmes en trois catégories : les pleurs continuels, qui gardent les yeux humides ; les larmes réflexes, qui repoussent les objets étrangers ou les gaz irritants entrés dans l'œil, et les larmes d'émotion – larmes de chagrin, de joie ou de colère. Les larmes d'émotion diffèrent des autres en ceci qu'elles ont un taux de protéines plus élevé[30]. Curieusement, depuis l'étude que leur a consacrée Darwin en 1872, les pleurs n'ont guère été l'objet de travaux, mais on a avancé l'idée que les larmes d'émotion pouvaient à la fois avoir une fonction physique et jouer un rôle social ou de communication.

Dans la mesure où nous pouvons être très malheureux sans pleurer pour autant, nous ignorons pour quelle raison exacte les larmes sont une forme de communication si efficace. Peut-être notre réaction est-elle instinctive. Peut-être le respect que les larmes suscitent chez nous est-il dû en partie au fait qu'elles nous sont propres. Toutes les sécrétions humaines – les excréments, l'urine, la morve – sont considérées comme répugnantes et leur ingestion est tabou, à une exception près : les larmes. Seule production corporelle d'ordre uniquement humain, elles ne viennent pas nous rappeler ce que nous avons de commun avec l'animal[31].

Les êtres humains ne sont d'ailleurs peut-être pas les seuls à être impressionnés par les larmes. Nim Chimpsky, qui cherchait toujours à consoler les personnes tristes, se montrait particulièrement tendre quand il voyait des larmes et il les essuyait. Nim le chimpanzé avait été élevé par des humains. Qui sait s'il n'avait pas appris à faire le lien entre les larmes et la tristesse[32] ?

Il serait intéressant de savoir si les animaux qui n'ont pas eu l'occasion d'apprendre ce que sont les larmes les considèrent comme une manifestation de tristesse chez les humains, ou même chez les autres animaux. L'expérimentation pourrait aider à répondre à cette question. Si un chimpanzé élevé avec d'autres chimpanzés en voyait un verser des larmes, réagirait-il comme Nim ? Si un chimpanzé habitué aux humains voyait pour la première fois pleurer quelqu'un, se comporterait-il comme s'il s'agissait d'un signal de détresse ?

Chez les animaux, les larmes conservent aux yeux leur humidité ; l'irritation peut les faire larmoyer. Il arrive que la souffrance leur tire des larmes, comme on a pu le constater chez des animaux aussi différents qu'un cheval blessé ou une femelle perroquet gris ne parvenant pas à pondre son œuf[33]. Certains pleurent plus que d'autres. Les phoques ont tendance à avoir la face ruisselante de larmes, car l'absence de conduit naso-lacrymal ne permet pas à celles-ci de s'écouler. On pense que cela les rafraîchit quand ils sont à terre[34].

Quand Charles Darwin rassembla sa documentation pour *L'Expression des émotions chez l'homme et les animaux,* il chercha des preuves sur la présence ou l'absence de larmes d'émotion chez l'animal. « Le *Macacus maurus,* se plaignait-il, qui pleurait si abondamment au Jardin zoologique, aurait été un parfait sujet d'observation, mais les deux singes qui s'y trouvent actuellement, et dont on croit qu'ils appartiennent à la même espèce, ne pleurent pas[35]. » Faute d'avoir observé des animaux versant des larmes d'émotion, il qualifia donc les pleurs d'« expression particulière à l'homme ».

Darwin nota toutefois une exception : l'éléphant d'Asie. Sir E. Tennant lui avait rapporté qu'à Ceylan (actuellement Sri-Lanka), des éléphants récemment capturés et gisant sur le sol, entravés, manifestaient « seulement leur souffrance par des larmes qui baignaient leurs yeux et coulaient sans cesse ». Un autre éléphant, qui venait d'être capturé, se laissa tomber sur le sol après avoir été entravé « en hoquetant des sanglots, tandis que les larmes coulaient sur ses joues ». L'éléphant captif, généralement, se trouve aussi séparé de sa famille. D'autres personnes qui observaient les éléphants à Ceylan eurent beau assurer Darwin qu'eux-mêmes, pas plus que des chasseurs de la région, n'avaient jamais vu pleurer les éléphants, il choisit de croire aux affirmations de Tennant, car le gardien des éléphants du zoo de Londres vint apporter une confirmation à ses dires. En effet, à plusieurs reprises, cet homme avait vu une vieille femelle verser des larmes après qu'on lui eut enlevé son jeune compagnon.

Depuis Darwin, rien n'est venu faire pencher la balance dans un sens ou dans l'autre. La plupart de ceux qui observent les éléphants ne les ont jamais vus pleurer – sauf en de rares occasions, quand ils étaient blessés – et pourtant quelques-uns prétendent en avoir vus pleurer qui étaient en parfaite santé. Un dresseur d'un petit cirque américain a confié à William Frey que son éléphant, Okha, pleure de temps en temps, sans qu'il sache pourquoi. Il est arrivé à Okha de pleurer quand on le réprimandait et, une fois au moins, il a versé des larmes en transportant des enfants sur son dos[36]. Iain Douglas-Hamilton, qui a passé des années à travailler avec des éléphants d'Afrique, les a vus verser des larmes, mais uniquement quand ils étaient blessés. Claudia, une éléphante en captivité, pleura la première fois qu'elle mit bas, avec beaucoup de difficultés[37].

Au XVIIIe siècle, R. Gordon Cummings, un chasseur d'Afrique du Sud, raconte comment il a abattu le plus gros mâle qu'il ait jamais vu. Il a commencé par lui tirer dans l'épaule pour l'empêcher de s'enfuir. En boitant, l'éléphant est allé s'appuyer contre un arbre. Avant de le tuer, Cummings a voulu prendre le temps de contempler l'animal. Il s'est fait un café, puis a décidé de déterminer expérimentalement quelles étaient les parties vulnérables d'un éléphant. Il s'est avancé vers lui et a tiré en divers endroits de la tête. L'éléphant n'a pas bougé. Il s'est contenté de toucher les blessures avec l'extrémité de sa trompe. Cummings, « surpris et bouleversé en voyant que je ne faisais que tourmenter le noble animal qui supportait l'épreuve avec une telle dignité et prolonger ses souffrances », écrit-il, décida de l'achever et lui tira neuf balles derrière l'épaule. « Maintenant, de grosses larmes coulaient de ses yeux, qu'il ferma lentement, puis rouvrit, sa masse colossale frémit convulsivement, et, tombant sur le côté, il expira[38]. » Cet éléphant a dû terriblement souffrir, cependant, et cela seul aurait suffi à lui faire verser des pleurs. Il n'y a que l'homme pour infliger expérimentalement des tortures à d'autres animaux.

Dans son livre *Elephant Tramp,* George Lewis, dresseur d'éléphants itinérant, rapportait en 1955 que, dans toute sa carrière, il n'en avait vu un pleurer qu'une fois. C'était une jeune et timide femelle nommée Sadie, dressée, avec cinq autres éléphantes, à faire un numéro pour le cirque des Robbins Brothers. L'apprentissage était mené bon train, dans la mesure où le numéro allait débuter trois semaines après, mais Sadie avait du mal à suivre. Un jour, incapable de comprendre ce qu'on attendait d'elle, elle sortit de la piste. « Nous l'avons ramenée et avons commencé à la punir pour sa stupidité[39]. » (Si l'on se fonde sur une information que Lewis donne par ailleurs, la punition a sans doute consisté en des coups portés sur le côté de la tête avec un gros bâton.) A leur grande surprise, Sadie, qui était au sol, émit de gros sanglots et les larmes jaillirent de ses yeux. Les dresseurs abasourdis s'agenouillèrent auprès d'elle et la caressèrent. Lewis raconte qu'il ne l'a plus jamais punie par la suite. Elle a réussi à apprendre son numéro et est devenue un « bon » animal de cirque. Les autres dresseurs d'éléphants, qui n'avaient jamais été témoins d'une scène pareille, sont restés sceptiques. Mais il n'y a pas que les spécialistes du comportement animal qui racontent ce genre de chose. Dans son journal, Victor Hugo écrivait, à la date du 2 janvier 1871 : « On a abattu l'éléphant du Jardin des Plantes. Il a pleuré. On va le manger[40]. » En Inde, où, depuis des siècles, les éléphants font partie de la vie, beaucoup croient qu'ils pleurent des larmes d'émotion. On dit que lorsque Tamerlan le Conquérant captura trois mille éléphants lors d'une bataille, on leur mit dans les yeux du tabac à priser pour qu'ils aient l'air de verser des larmes. Douglas Chadwick a entendu raconter l'histoire d'un jeune éléphant d'Asie qui versait des pleurs lorsqu'on le réprimandait pour avoir joué trop impulsivement et avoir renversé quelqu'un, et celle d'un autre éléphant qui, s'étant enfui, pleura avec son cornac quand celui-ci le rattrapa[41]. En Asie, Chadwick observait des éléphanteaux orphelins dans leurs stalles quand il remarqua que l'un d'entre eux pleurait. Un cornac lui dit alors que les bébés éléphants pleuraient souvent lorsqu'ils avaient faim et que l'heure de les nourrir était venue. Mais celui-ci, une fois nourri, continua à pleurer[42].

Les conducteurs d'éléphants affirment que les yeux des éléphants larmoient beaucoup, sans doute pour rester humides. Leurs glandes temporales, situées entre l'œil et l'oreille, peuvent également émettre du liquide. Mais personne, parmi les familiers des éléphants, ne s'y laissera prendre. La plupart des éléphants qui ont versé des larmes étaient allongés; peut-être cette position, qui ne leur est pas naturelle, joue-t-elle un rôle, en empêchant les larmes d'être drainées[43]. A notre connaissance, les éléphants pleurent souvent de chagrin, mais s'ils se tiennent debout sur leurs pattes, les larmes s'écoulent le long des conduits naso-lacrymaux et à l'intérieur de leur trompe.

On aurait constaté des larmes d'émotion chez d'autres espèces. Le biochimiste William Frey, qui étudie le phénomène chez les humains, a reçu des témoignages sur des chiens – en particulier des caniches – qui versaient des pleurs dans des circonstances mettant en jeu des émotions, comme lorsque leur maître ne les avait pas emmenés avec lui. Malgré des efforts répétés, toutefois, il n'a pu le confirmer en laboratoire. Seuls les maîtres avaient pu voir ces larmes et les caniches sont une race aux yeux particulièrement humides, même quand ils sont joyeux.

De même, on a rapporté que les phoques adultes versaient

des larmes devant le spectacle des bébés phoques tués à coups de bâton par les chasseurs. C'est indubitablement vrai. Mais, dans la mesure où il est fréquent que des larmes coulent des yeux des phoques, rien ne prouve qu'il s'agissait de larmes d'émotion.

On soupçonne également que les castors pleurent de la même manière. Des trappeurs ont affirmé avoir vu un castor pris au piège verser des larmes, mais ce peut être des larmes de souffrance. Un biologiste a cependant rapporté qu'ils pleurent abondamment quand on les immobilise[44]. Dian Fossey raconte qu'elle a constaté des larmes chez un gorille des montagnes, une femelle orpheline, Coco. Coco avait trois ou quatre ans quand on tua sa famille sous ses yeux pour pouvoir la capturer sans danger. Quand Dian Fossey entra en sa possession, elle avait passé un mois dans une cage minuscule et était très malade. On la plaça dans un enclos fermé, avec des fenêtres. Lorsque Coco vit pour la première fois par la fenêtre un paysage de montagnes couvertes de forêts, semblable au décor dans lequel elle avait grandi, elle se mit soudain « à sangloter et à verser de vraies larmes[45] ». C'est la première et la dernière fois que Dian Fossey a pu constater ce genre de chose chez un gorille.

Montaigne est peut-être le premier auteur occidental à avoir exprimé son dégoût de la chasse. En 1580, il écrivait dans son essai *De la cruauté* :

> De moy, je n'ai pas sçu voir seulement sans desplaisir poursuivre et tuer une beste innocente, qui est sans deffense et de qui nous ne recevons aucune offense. Et comme il advient communément que le cerf, se sentant hors d'alaine et de force, n'ayant plus d'autre remede, se rejette et rend à nous memes qui le poursuivons, nous demandant mercy par ses larmes… ce m'a tousjours semblé un spectacle très-desplaisant[46].

En fin de compte, peu importe si les cerfs, les castors, les phoques ou les éléphants pleurent. Les larmes ne sont pas du chagrin, mais des marques de chagrin. D'autres comportements animaux viennent apporter des preuves solides que le chagrin existe chez l'animal. Nul doute que les éléphants secoués de sanglots évoqués par Darwin étaient malheureux, même si leurs pleurs avaient une cause mécanique. Un phoque est sûrement triste en voyant son petit tué, qu'il ait ou non les yeux secs. De même qu'un psychiatre ne peut jamais vraiment savoir si quelqu'un est passé du chagrin « normal » au deuil « pathologique », les humains ne peuvent être certains que les capacités émotionnelles de l'animal ne lui permettent pas d'avoir accès au monde de la peine. La tristesse, la nostalgie, la déception sont des sentiments que nous connaissons par expérience directe ; les animaux qui nous sont familiers nous laissent entendre qu'ils éprouvent des sentiments parallèles. Si la science relève leur défi et tente de comprendre la peine animale, il faudra que sa description soit, dans sa précision même, subtile et complexe, et dépasse de beaucoup les catégories grossières et les causalités réductrices qui prévalent dans la psychologie de la souffrance humaine.

6.

Une aptitude à la joie

En mer, un groupe de dauphins qui nageait au-dessus d'un banc de thons avait été entouré par des thoniers et pris dans un immense filet. Le bruit des bateaux rapides et puissants qui les encerclaient les terrifiait et les désorientait. Ils s'étaient tassés en silence au fond du filet et seuls les mouvements de leurs yeux indiquaient qu'ils étaient en vie. Des biologistes venus à la rescousse contemplaient la scène avec désespoir. Mais lorsqu'un dauphin passa par-dessus l'extrémité du filet, le biologiste Kenneth Norris, spécialiste des dauphins, qui raconte cet épisode, déclare : « Il *a su* qu'il était libre. Il a bondi en avant, propulsé par ses coups de queue amples et puissants...puis [il] a plongé et s'est enfoncé à toute allure dans les profondeurs... pour émerger un peu plus loin et sauter très haut dans les airs à plusieurs reprises[1]. »

Norris, dans son compte rendu, se concentre sur les dauphins pris au piège et avance que leur comportement est signe non pas d'apathie, mais de peur. Mais leur joie a été forte, lorsque, libérés de leur prison, ils se sont mis à évoluer dans l'eau et à bondir dans les airs. Etudiant la joie chez les êtres humains, les théoriciens ont cherché à la placer dans une certaine catégorie et à en analyser les causes en des termes qui vont de la « réduction marquée du gradient de stimulation neurale » à « ce qui est obtenu à la suite d'un acte producteur d'un bénéfice créatif ou social, qui n'a pas été accompli dans l'intention expresse de procurer de la joie ou de faire du bien[2] ». Ces théoriciens n'envisagent pas que les animaux, eux aussi, puissent éprouver de l'allégresse.

Pour tous ceux qui ont eu un jour un chien ou un chat, l'aptitude des animaux à être heureux est évidente. Le bonheur qu'ils manifestent et nous font partager est l'un des grands plaisirs de la vie à leurs côtés. Ils courent, bondissent, aboient, expriment un plaisir qui, traduit dans notre langage, donnerait : « Enfin, tu es rentré ! » ou : « Tu vas me donner à manger ! » ou encore : « On va faire un petit tour ! » Un tel plaisir est contagieux et il se répercute sur nous. Nous éprouvons rarement un bonheur aussi extatique que celui du chat sur le point de recevoir sa pâtée ou celui du chien que l'on va promener. Si pareil bonheur était une pure projection anthropomorphique, ce serait un cas remarquable d'hallucination collective.

Le bonheur peut être la récompense d'un effort accompli. Si un animal est content en se livrant à des actes qui ont une valeur sélective, cette joie-là, c'est certain, a une valeur sélective. Cela ne signifie pas pour autant que le bonheur existe pour la seule raison qu'il a une valeur sélective. Les mornes tâches que les gens effectuent pour survivre, même bien, ne les rendent guère heureux. Ce qui, souvent, fait le bonheur, c'est qu'il n'a aucune fonction et ne vise pas un but rationnel ou, alors, indirectement. On a de bonnes raisons de croire que l'animal, comme l'homme, éprouve ce genre de joie pure.

C'est, entre autres, par des vocalisations que les animaux manifestent leur joie. Nous aimons entendre le chat ronronner. Ce bruit manifeste son contentement, bien qu'il serve aussi à apaiser un autre animal. Les félins ronronnent également. Les guépards le font quand ils se lèchent mutuellement et, pour les petits, quand ils se reposent auprès de leur mère. Les lions ronronnent, mais moins souvent que le chat domestique et uniquement sur l'expiration. Les jeunes comme les adultes émettent par ailleurs un petit bourdonnement quand ils jouent gentiment, se frottent la tête ou se lèchent mutuellement, ou encore se reposent[3].

On dit que les gorilles chantent quand ils sont contents. Le biologiste Ian Redmond rapporte qu'ils émettent un son – entre le gémissement du chien et le chant humain – quand ils sont très heureux. Par une belle journée, quand la récolte de nourriture a été particulièrement bonne, le groupe familial s'installe pour manger et « chante », enlacé[4]. Les loups hurlent pour affirmer leurs droits sur un territoire ou pour cimenter des relations sociales, mais certains observateurs estiment que ce n'est pas sans plaisir[5].

D'après le biologiste Lynn Rogers, les ours noirs, quand ils sont tout petits, expriment leurs émotions plus franchement que les adultes. « Lorsqu'un ourson se sent bien, dit-il, et particulièrement quand il tète, il va émettre ce que j'appelle un bruit de bien-être. Je l'ai qualifié de "vocalisation de tétée" et puis je me suis aperçu que des oursons produisaient aussi ce son quand ils ne tétaient pas. » Et Rogers ajoute, en imitant ce piaillement sourd : « C'est un gentil petit bruit. Un jour, j'ai donné un peu de graisse chaude à un ours de belle taille. Il a eu l'air ravi. En fait, il a émis le même bruit, mais avec une grosse voix. Alors, je me demande... Est-ce ou non du bonheur ? Une manifestation de bien-être ? En tout cas, il était content[6]. »

La joie n'est pas toujours bruyante. En observant les animaux de diverses espèces, on apprend vite à reconnaître le langage corporel qu'ils utilisent pour exprimer leur contentement. Darwin mentionne les cabrioles d'un cheval conduit au pâturage, le sourire des orangs-outans et des singes que l'on caresse. Dans une lettre personnelle, il rapporte de manière charmante une scène de bonheur animal dont il a été témoin :

> Il y a deux jours passés, je me rendis à la Société zoologique. Le temps était doux et j'eus cette chance que, pour la première fois de l'année, on avait sorti le rhinocéros. C'est un

spectacle rare de voir le rhinocéros, tout à sa joie, ruer des quatre pattes (sans pour autant atteindre des sommets ni par-devant ni par-derrière). L'éléphant était parqué à côté. Quelle ne fut pas sa surprise de découvrir le rhinocéros aussi guilleret… Ils s'approcha de la palissade et, après avoir observé fixement la scène, il se mit à son tour à trottiner, queue en l'air et trompe dressée, en couinant et en cornant comme une demi-douzaine de trompettes fêlées[7].

On peut indubitablement se méprendre sur les signes de joie. Le « sourire » permanent des dauphins tursiops contribue grandement à fasciner les gens, bien qu'il soit dû à la forme de leur mâchoire. Dans la mesure où le dauphin n'a pas une face expressive, il « sourit » même quand il est furieux ou abattu.

Pourtant, le biologiste Kenneth Norris est persuadé que l'être humain et le dauphin peuvent saisir le contenu émotionnel de la plupart de leurs signaux mutuels. Autrement dit, les deux espèces peuvent reconnaître, ou apprendre à reconnaître chez l'autre, les manifestations d'hostilité, d'amitié ou de peur, même si elles ne comprennent pas ses vocalisations. Il cite les glapissements « péremptoires » du dauphin à bec, indicateurs d'un comportement agité, et les compare aux petits gloussements qui accompagnent un contact amical, souvent entre le mâle et la femelle. Pour lui, non seulement le langage corporel de la mère avec sa progéniture est comparable chez l'être humain et chez le dauphin, mais il est facilement compris par les deux espèces[8].

Au printemps, en Nouvelle-Angleterre, lorsque la glace d'un étang finit par fondre, on vit un castor mâle emmener sa fille jeter un œil sur leur barrage. En route, ils firent le marsouin, c'est-à-dire qu'ils jouèrent en quelque sorte à « saute-mouton » en nageant. Au retour, ils traversèrent l'étang d'un bord à l'autre, plongeant, faisant surface, partant en vrille et se livrant à maintes gambades aquatiques, et l'on n'avait pas besoin d'être champion de natation pour comprendre qu'ils étaient fous de joie[9].

Pour donner un exemple de langage plus littéral, on a appris à plusieurs grands singes le signe qui veut dire « heureux ». Nim Chimpsky utilisait le mot quand il était excité, comme lorsqu'on le chatouillait[10]. Koko, à qui on demandait ce que disaient les gorilles quand ils sont heureux, répondit par signes « câlin gorille[11] ». Nim et Koko comprendraient-ils chacun l'usage que l'autre fait du signe « heureux » ? Nul ne le sait. On a critiqué l'enseignement du langage aux grands singes, en lui reprochant notamment d'exclure les mots leur permettant d'exprimer des émotions, sauf dans le cas de Koko, le gorille, alors que, vraisemblablement, ils auraient envie de communiquer leurs états émotionnels à leurs amis et ennemis. Carolyn Ristau suggère : « Cela vaudrait la peine d'essayer d'apprendre à un chimpanzé à associer les signes à des états mentaux tels que "agressif", "effrayé", "mal", "a faim", "a soif" ou "veux jouer"[12]. » Ces mots-là risqueraient en effet de les intéresser vraiment.

Par une journée pluvieuse, à Washington, on proposa aux chimpanzés Tatu et Moja d'aller jouer dehors. Moja, qui déteste la pluie, sortit mais se réfugia dans une cavité, tandis que Tatu grimpait jusqu'en haut d'une structure de jeu et restait sous la pluie en répétant à plusieurs reprises le signe « dehors ». Un chercheur devait déclarer : « On aurait dit qu'elle chantait sous la pluie[13]. »

On constate chez les chèvres des neiges et les chamois un comportement tout aussi expressif que l'on a appelé « danse de guerre ». L'un d'eux se met à ruer, à bondir, à donner des coups de corne dans le vide et à tourner sur lui-même. Petit à petit, tout le troupeau s'y met. Les chèvres se livrent à leur danse de guerre le plus souvent durant l'été, quand la nourriture est abondante. La vue d'une plaque de neige qui commence à se détacher peut la déclencher. Elles se mettent alors à tournoyer et se laissent glisser le long de la pente en faisant voler la neige avec leurs sabots. Elles dépensent une telle énergie qu'on a pu en voir certaines faire pratiquement deux tours en l'air[14].

Qu'est-ce qui rend ces chèvres des neiges aussi heureuses ? Elles ne viennent pas d'apprendre qu'elles ont fait un héritage, on ne leur a pas proposé un travail et elles n'ont pas vu leur nom dans le journal. Elles n'ont aucune raison d'être contentes, sauf qu'elles sont en vie, que le soleil brille et qu'elles ont de quoi se nourrir. Elles sautent de joie.

Il arrive que la cause de ce bonheur soit parfaitement évidente, comme l'excitation d'une bande de chimpanzés qui découvre une grosse quantité de nourriture. « Trois ou quatre adultes se donnent alors de petites tapes, s'étreignent, se serrent la main, se touchent du bout des lèvres et poussent de grands cris avant de se calmer et de pouvoir commencer à manger », rapportent Diane Goodall et David A. Hamburg. Les implications paraissent évidentes. « Ce genre de comportement, écrivent-ils, est similaire à l'attitude d'un enfant à qui une personne apprend qu'il va être particulièrement gâté. Il l'entoure de ses bras et, l'air extasié, pousse de petits cris de plaisir[15]. »

Les animaux sociaux éprouvent tout particulièrement de la joie quand ils sont en présence de leur famille et de membres de leur groupe. Nim Chimpsky a été élevé par une famille durant les premiers dix-huit mois de sa vie. Quand il a eu quatre ans, on a organisé leurs retrouvailles. Dès qu'il a aperçu ces personnes, en un lieu où il n'était jamais allé auparavant, Nim a eu un grand sourire. Il a poussé des cris aigus et martelé le sol pendant trois minutes, en promenant son regard de l'une à l'autre. Finalement il s'est calmé, suffisamment pour aller serrer contre son cœur sa mère adoptive, en continuant à sourire. De temps en temps, il se mettait à crier. Il a passé plus d'une heure à les étreindre tous, à les toiletter et à jouer avec eux. C'est la seule occasion où l'on a vu Nim sourire pendant une durée supérieure à plusieurs minutes[16].

De même, se retrouver après une séparation est source de joie. D'habitude, lorsque des dauphins mâles sont enfermés ensemble, ils ont des relations conflictuelles. Or, dans un océanarium, deux tursiops faisaient exception et s'entendaient bien. L'un d'eux fut envoyé ailleurs pendant trois semaines pour participer à un autre show. Quand il revint, son compagnon et lui furent tout excités. Ensemble, ils firent bruyamment le tour de leur bassin durant des heures. De temps en temps, ils sautaient hors de l'eau. Pendant plusieurs jours, ils ne se quittèrent plus et ignorèrent complètement le dauphin qui partageait également leur bassin[17].

Quand deux groupes d'éléphants réunis par un lien de parenté se retrouvent, c'est aussi, apparemment, un grand moment d'émotion, extatique et très spectaculaire. Dans son ouvrage, Cynthia Moss décrit les retrouvailles entre un groupe conduit par Teresia, la vieille femelle, et un autre groupe conduit par Slit Ear. Les deux animaux s'interpellèrent à quatre cents mètres de distance, la tête et les oreilles dressées. (Dans la mesure où les éléphants communiquent de loin par des sons trop bas pour que nous puissions les entendre, ils devaient avoir pris mutuellement conscience de leur présence avant de lancer des appels audibles.) Teresia changea de direction et accéléra le pas. Du liquide s'écoulait des glandes temporales (situées entre l'œil et l'oreille) de tous les éléphants de son troupeau. Ils s'arrêtèrent, lancèrent un appel, obtinrent une réponse, changèrent légèrement de direction et reprirent leur course. Le groupe de Slit Ear apparut, sortant du couvert des arbres, et se précipita à leur rencontre.

En barrissant, les deux groupes se rejoignirent. Teresia et Slit Ear croisèrent leurs défenses et nouèrent leur trompe, tout en agitant les oreilles et en émettant des borborygmes. Le reste des éléphants fit de même. Ils se frottèrent les uns contre les autres, tournèrent sur eux-mêmes. Les sécrétions de leurs glandes temporales étaient si abondantes que du liquide coulait sur leur menton. « Même quand je suis dans un esprit strictement scientifique, écrit Cynthia Moss, je ne doute aucunement que les éléphants éprouvent de la joie à se retrouver. Ce n'est peut-être pas une joie similaire, ni même comparable, à la joie humaine, mais c'est une joie éléphantine et elle joue un rôle très important dans l'ensemble de leur système social[18]. » Dans la mesure où la joie chez l'éléphant ressemble à la nôtre, on l'admet comme telle. Pourtant, Cynthia Moss a raison de dire que nous ne devons pas considérer qu'il s'agit d'une joie similaire. Après tout, nous n'avons aucune idée de ce que l'on ressent quand on a du liquide qui coule des glandes temporales. Il doit y avoir des formes de joie, dans la société éléphantine, qui diffèrent de celles que connaissent les humains.

Le biologiste Lars Wilsson a constaté que Tuff, une femelle castor, surveillait d'un air maussade son petit en train de nager et semblait très malheureuse si un étranger s'approchait de lui, mais, dit-il, « il émanait d'elle le bonheur pur de la maternité » lorsqu'elle s'occupait de lui ou l'allaitait[19].

Beaucoup d'animaux tirent une grande joie de leur progéniture. Un bébé animal se reconnaît à certaines caractéristiques, comme de grands yeux, une démarche incertaine, de grands pieds, une grosse tête. Les êtres humains réagissent très positivement à ce genre de traits, chez les enfants comme chez les jeunes animaux, et également chez certains animaux adultes. Certains animaux y répondent par de l'affection, d'autres par l'absence d'agression ou par une démarche protectrice. On considère que le fait de reconnaître les traits de l'enfance est en grande partie inné. Par moments, les animaux doivent ressentir la même chose que les humains quand ils trouvent un bébé adorable. Constatant la présence de ce genre de caractéristiques chez les bébés dinosaures, le paléontologiste John Horner a pu avancer que certains dinosaures ont dû trouver leurs petits « mignons[20] ».

D'une espèce à l'autre, on retrouve la tendresse et certains animaux manifestent un plaisir évident à s'occuper des petits.

Quand un jeune moineau vint s'écraser sur le sol de la cage des chimpanzés du zoo de Bâle, l'une des femelles tendit la main et s'en empara. Le gardien, s'attendant à ce qu'elle gobe le moineau mort de peur, fut stupéfait de la voir au contraire le bercer au creux de sa main, d'un geste tendre, en le contemplant avec ce qui ressemblait à du ravissement. Les autres chimpanzés l'entourèrent et le petit oiseau passa délicatement de main en main. Le dernier à le prendre s'approcha des barreaux et le tendit au gardien, qui n'en revenait pas[21].

La fierté de l'effort couronné de succès est également cause de bonheur chez les êtres humains. Dans quelle mesure s'agit-il chez l'animal d'une émotion consciente et dans quelle mesure cela correspond-il au *funktionslust* ? Il est difficile de le déterminer. Lars Wilsson décrit le changement d'attitude de Greta et Stina, deux castors en captivité, lorsqu'ils réussirent à construire un barrage dans leur enclos. Ces castors, âgés d'un an, avaient été capturés tout petits et n'avaient jamais vu un barrage. Ils s'entendaient plutôt mal et chacun montrait les dents à l'autre si celui-ci s'approchait trop. Une fois le barrage édifié, ils se mirent à manger côte à côte, en émettant de petits bruits « de bavardage ». La présence de l'autre avait cessé d'être pour eux une cause de mécontentement. Mieux, ils la recherchèrent pour vocaliser ensemble ou se toiletter mutuellement. Tous deux passèrent aussi plus de temps en dehors de leur caisse. Ils nageaient et plongeaient dans l'eau, devenue plus profonde après la construction du barrage. La fierté de la tâche accomplie semblait avoir fait aussi naître de l'amitié[22].

Un couple de castors sauvages avait eu son barrage gravement endommagé par des vandales, à une période de l'année où il était difficile de trouver des matériaux de réparation. L'un des deux scientifiques qui les observaient fit en sorte de placer les branchages nécessaires non loin d'eux pendant leur sommeil. Le mâle était en train d'ôter du bois à sa loge pour le transférer au barrage quand il les aperçut. Il se mit à les renifler et à pousser des cris d'excitation. L'un des observateurs pensa que le castor « se réjouissait », l'autre qu'il « s'émerveillait », puis tous deux, revenant à l'esprit scientifique, convinrent que « nous n'avions pas les moyens… de vérifier les sentiments subjectifs du castor[23] ».

En captivité, certains animaux ont une vie presque totalement dépourvue de joie. Quelques-uns sont dressés à faire des numéros et c'est pour eux une chance de travailler, d'accomplir des prouesses, d'éprouver de la fierté. Le tigre qui ne peut ni chasser, ni s'accoupler, ni explorer son territoire n'a guère d'occasions d'être fier. Peut-être que, pour certains, sauter à travers un cercle de flammes représente déjà quelque chose. Mais pourquoi devraient-ils en arriver là ? Changer ces animaux splendides en esclaves, leur faire réaliser pour notre distraction des numéros qui les abaissent encore est tout autant révélateur de notre abjection que de leurs capacités. Qu'un tigre en soit réduit à trouver plaisir à réussir un numéro pour éviter la mort lente de l'ennui montre ce que les êtres humains ont été capables de faire à ces prédateurs magnifiques[24].

Ce comportement a des effets pervers sur les dresseurs comme sur les animaux. Pendant vingt ans, une tigresse nommée India a participé au numéro du dompteur Gunther Gebel-Williams. Quand celui-ci a jugé qu'elle était désormais trop vieille et méritait bien de se reposer, il a cessé de l'utiliser, mais à chaque fois qu'il passait devant sa cage avec les autres tigres, avant leur entrée en piste, elle « pleurait[25] ». Il en a été tellement navré qu'il a réintégré India dans son numéro, avec, hélas, des conséquences désastreuses, dans la mesure où, par la suite, un autre tigre l'a attaquée et blessée. Peut-être son numéro était-il source de fierté pour India et lui procurait-il donc plus de plaisir que le confinement forcé dans une cage, mais elle n'avait d'autre joie au monde et, cela, elle ne l'avait pas vraiment choisi. Il est important de prendre en compte, en même temps que la fierté, la perte de la dignité. S'il existe peu d'études sur la dignité chez les animaux, c'est sans doute parce que, dans l'histoire de nos rapports mutuels, elle n'a guère eu l'occasion de se manifester. Considérant les animaux comme des êtres « inférieurs » par définition, nous ne sommes pas vraiment sensibles à la perte de cette dignité.

Pour Karen Pryor, les dauphins seraient quasiment sur le point d'« accepter d'être domestiqués ». Ils prennent plaisir, affirme-t-elle, à accomplir les tâches que les humains leur assignent. « J'ai vu un dauphin qui, essayant de parvenir à la maîtrise d'un tour particulièrement ardu, sur le plan des performances physiques, a refusé de manger le poisson destiné à le récompenser avant d'y avoir réussi[26]. » Il est difficile de soutenir que le dauphin « prend plaisir » au défi, à moins de savoir quelle est pour lui l'alternative. Un dauphin sauvage apprécierait-il d'accomplir semblable tâche ? Peut-être cet incident ne concerne-t-il que les dauphins qui ont un sens de la justice, ou du moins de la récompense, mais c'est difficile à dire. Si pareil comportement était constaté chez les dauphins en liberté, ce serait plus significatif et plus révélateur sur leur société.

D'après les entraîneurs de chevaux, ces animaux éprouvent de la fierté. Secretariat, qui remporta le Kentucky Derby en 1973, avait, dit-on, son orgueil. Les entraîneurs et les jockeys en tiennent pour preuve qu'il refusait de courir, sauf si on lui permettait de faire la course à sa façon – c'est-à-dire de forcer l'allure au moment de son choix – et ce, malgré sa docilité habituelle[27]. A la question de savoir si un chien dressé qui se comporte bien dans un concours est fier de lui, le dresseur Ralph Dennard a répondu, non sans une certaine prudence : « Il en a tout l'air. Il donne tous les signes de l'animal fier de lui. On sent qu'il a confiance en lui, qu'il est heureux[28]. »

Mike Del Ross, dresseur de chiens d'aveugles, évoque, lui, comment la fierté grandit chez ces chiens. Au début du dressage, nombreux sont ceux qui commencent à manquer d'assurance. « C'est comme s'ils se disaient : “C'est trop dur, je ne vais pas y arriver.” » Ils ouvrent des yeux immenses, ce qui leur donne un air accablé. Ils se couchent, se mettent dans un coin ou même se roulent en boule. « Si on ne redresse pas tout de suite la situation, c'est terminé. » Mais si le dresseur permet au chien de faire une pause, de laisser retomber la tension, puis le remet à la tâche (qui peut être un geste simple, comme de guider quelqu'un en marchant en droite ligne), le chien va reprendre confiance. Au fur et à mesure qu'il maîtrise ce qu'on lui demande : « Brusquement, leur travail devient moins hésitant... Tout se remet en place pour eux. » Le langage corporel de ces chiens exprime leur confiance en eux et leur fierté. « Et à la fin, ils s'aperçoivent qu'ils peuvent le faire. Ils en sont contents et fiers. »

Un de ces chiens parut éprouver de la fierté à réussir quelque chose qu'on ne l'avait pas dressé à faire. Les chiens étaient installés séparément dans des boxes qui donnaient sur une grande allée et chaque matin, en arrivant, les dresseurs les libéraient. Une chienne apprit à ouvrir les loquets des boxes. Chaque matin, ce jeune berger allemand défaisait le sien, puis allait de box en box libérer les autres chiens. On changea le système et les loquets furent remplacés par des crochets, mais elle apprit à les ouvrir aussi. On finit par fermer les boxes avec des courroies de cuir et, là, la chienne dut déclarer forfait. Mais en évoquant ce souvenir, Kathy Finger, responsable du chenil, a encore le sourire : « Elle était si fière d'elle-même... Elle se précipitait à notre rencontre, en frétillant de la queue. Elle nageait dans le bonheur... »

Certains d'entre nous sont fiers de l'endroit où ils vivent. Il n'est pas impossible que les animaux le soient aussi. La colonie de chimpanzés dont Washoe fait partie a été récemment installée dans de nouveaux locaux, avec des terrains d'exercice intérieurs et extérieurs. Quand une personne que connaissait Washoe vint lui rendre visite pour la première fois depuis son emménagement, le chimpanzé la prit par la main et la conduisit de pièce en pièce, en lui montrant chaque coin et recoin. Peut-être Washoe avait-elle d'autres motivations, mais peut-être aussi était-elle simplement fière de ses nouveaux quartiers, très spacieux. En les faisant visiter, elle faisait partager le bonheur qu'ils lui procuraient et c'était une façon de manifester ses sentiments d'amitié[29].

Le bonheur d'être libre

Etre libre procure de la joie. Les directeurs de zoo, les scientifiques qui pratiquent des expériences sur les animaux, d'autres encore qui se retranchent derrière leurs intérêts prétendent souvent que si les besoins d'un animal sont satisfaits, celui-ci se moque d'être libre ou non. Or les animaux bien nourris et bien traités qui tentent sans arrêt d'échapper à la captivité sont nombreux. La liberté est une notion toute relative. Au printemps, quand on permet aux chimpanzés du zoo d'Arnhem de sortir pour la première fois, ils exultent. Ils poussent des cris, s'étreignent, s'embrassent, sautent sur place et se donnent de grandes tapes dans le dos. Ils ne sont pas libres, mais ils sont excités par l'élargissement de leur espace vital, par la liberté relativement plus grande qui est la leur, et on dirait bien que cela leur procure de la joie[30].

George Schaller décrit le comportement, dans un centre d'élevage chinois, d'un panda âgé de deux ans auquel on venait de permettre pour une fois d'aller dans un enclos extérieur. Il a jailli de sa cage sombre, escaladé un monticule d'un pas vif, roulé jusqu'en bas et recommencé encore et encore. Il « explosait de joie », dit Schaller[31].

Le bonheur d'être libre tient en partie au fait que l'on peut décider de son destin. Quelques scientifiques estiment que les animaux éprouvent un tel besoin. Le zoologiste J. Lee Kavanau a donné à des souris à pattes blanches (ou chevrotains) l'opportunité de régler l'intensité de la lumière dans leur cage au moyen d'un levier. Les souris ont préféré la pénombre à la lumière vive ou à l'obscurité. Mais s'il les soumettait à une lumière intense, elles réagissaient en faisant l'obscurité dans leur cage. Inversement, s'il faisait l'obscurité dans la cage, les souris ajustaient la lumière au maximum. Il s'est aperçu également que, s'il dérangeait les souris dans leur sommeil et qu'elles sortaient de leur nid pour aller voir ce qui se passait, elles le regagnaient très vite, mais que, s'il les y replaçait lui-même, elles en ressortaient aussitôt systématiquement[32]. Pour elles, le choix primait sur le confort. Quand on leur donnait la possibilité de gérer leur environnement, elles se battaient pour en garder la maîtrise. Dans la mesure où, en liberté, les chevrotains maîtrisent mieux leur environnement et leurs activités, c'est ce qui compte le plus pour l'animal captif. Même si on donne à un animal tout ce qui lui est nécessaire, il lui manquera quelque chose de vital, quelque chose dont il a besoin pour être heureux. Peut-être l'une des joies de la liberté tient-elle dans la capacité d'échapper aux contraintes.

L'histoire de Charles est de la même veine. Cette petite pieuvre était le sujet d'une expérience destinée à découvrir si les invertébrés peuvent, comme les vertébrés, apprendre à accomplir des tâches conditionnées. Avec Albert et Bertram, deux autres pieuvres qui se trouvaient chacune dans un réservoir, on décida de le dresser à tirer sur un interrupteur de façon à ce qu'une ampoule s'allume, puis à se diriger vers cette lumière afin d'être récompensé par un morceau de poisson. Albert et Bertram apprirent à le faire et, au début, ce fut apparemment aussi le cas de Charles. Puis celui-ci se rebella. Il commença à s'arrimer à la paroi de son réservoir et à tirer sur le levier avec une telle fureur qu'il finit par le casser. Ensuite, au lieu d'attendre sous l'ampoule qu'on lui donne le bout de poisson qu'il avait gagné, Charles tendit un tentacule hors de l'eau, saisit l'ampoule et l'emporta dans son réservoir. Pour finir, il se laissa flotter dans son réservoir, les yeux affleurant à la surface, en aspergeant littéralement les expérimentateurs. « Les variables responsables de la poursuite et du renforcement du comportement concernant l'allumage de la lampe et l'arrosage chez cet animal n'étaient aucunement manifestes », remarqua d'un ton pincé l'auteur de l'expérience[33].

Sur un site où l'on élevait et relâchait dans la nature des perroquets, au cœur d'une forêt de l'Arizona, les oiseaux captifs étaient en parfaite santé et bien nourris en attendant d'être libérés. La nourriture et l'eau étaient abondantes, ils étaient en sécurité, ils avaient des compagnons. Ils ressemblaient apparemment aux perroquets de compagnie les mieux traités. Or, à bien y regarder, les perroquets libres avaient l'air spectaculairement en meilleur état. Il était toutefois difficile de dire en quoi ils étaient différents, car les deux groupes d'oiseaux avaient l'œil vif, le plumage brillant. Sans doute cette différence tenait-elle à l'attitude des deux groupes. Les perroquets captifs n'étaient ni pathétiques ni repliés sur eux-mêmes ; simplement, les perroquets en liberté avaient l'air d'être dix fois plus forts, plus heureux, plus sûrs d'eux. Même s'ils regardaient le ciel pour y chercher l'éventuelle menace d'un faucon, ils semblaient éprouver une grande joie de vivre. Dans son ouvrage désormais classique, *A Herd of Red Deer*, F. Fraser Darling fait la même constatation à propos des cerfs gardés dans des enclos par rapport aux cerfs en liberté : il leur manque quelque chose[34].

Les animaux peuvent-ils être heureux en captivité ? Un zoo peut-il être un bon zoo, au sens où l'on dirait un zoo joyeux ? Dans la mesure où le comportement animal a souvent une certaine flexibilité, ce devrait être possible, mais ceux qui gardent des animaux captifs s'interrogent rarement sur ce qui les rendrait heureux. Ils se demandent plutôt ce qui les rendrait dociles, ou bien ce qui leur permettrait de réussir leur numéro ou de se reproduire. Or l'art de rendre les animaux d'un zoo satisfaits, contents ou joyeux, n'a rien à voir avec les connaissances techniques.

Les loups se reproduisent en captivité, mais celui qu'on observe constamment de près, qui n'a aucun endroit où se cacher et ne voit jamais la lune, ne sera vraisemblablement jamais satisfait. Peut-être un loup ne sera-t-il jamais heureux quand on l'exhibe, même si c'est un beau spectacle. Le raton laveur n'aura sans doute pas le même problème, mais il n'en subira pas moins des atteintes à son intégrité. Pour être heureux, un animal doit se sentir en sécurité. S'il s'agit d'un animal social, il a besoin de compagnie. Il a besoin d'avoir quelque chose à faire. Si on lui apporte une assiette trois fois par jour, ce peut être équivalent, sur le plan nutritionnel, à quatre heures de recherche de nourriture, mais ce ne sera pas la même chose sur le plan émotionnel.

Quand Indah, une femelle orang-outan, s'est échappée de son enclos du zoo de San Diego en juin 1993 et a réussi à grimper jusqu'à la plate-forme d'observation, elle n'a pas filé dans la nature et elle ne s'est pas mise non plus à attaquer les gens. Elle a choisi de fouiller une poubelle, de goûter un peu à tout ce qu'elle contenait, d'y vider un cendrier et de se mettre un sac de papier sur la tête, sous l'œil intéressé des spectateurs[35]. En d'autres termes, elle a à la fois satisfait sa curiosité sur ce qui se passait en dehors de son univers et son besoin d'intervenir à sa façon sur cet environnement. Cela semble bien signifier qu'Indah s'ennuyait dans son enclos. Elle n'était pas épanouie. Elle avait envie de faire certaines choses et elle en était empêchée. Dans les zoos, les visiteurs font sans arrêt des remarques sur l'ennui qui semble le lot de nombreux animaux. Ils se sentent mal à l'aise et font preuve de compréhension à leur égard, car ils se mettent à leur place.

Il faut aussi de l'espace aux animaux, afin qu'ils puissent évoluer sur une distance propre à leur espèce. Ceux de petite taille, qui apprécient d'avoir un nid ou un terrier à proximité, se satisferont d'une cage ordinaire, pour peu qu'elle soit suffisamment bien aménagée. Mais aucune cage ne sera suffisante pour un ours polaire ou un couguar. Un animal, si petit soit-il, peut-il être heureux si on le prive de la liberté de choisir son environnement ? La question mérite d'être posée. La liberté de choix ne fait-elle pas fondamentalement partie du bonheur ? Il n'y a rien d'étonnant à ce que l'on apprenne aux animaux en captivité à mimer le bonheur. On dresse les dauphins, qui sont confinés dans des espaces réduits, privés de compagnie et contraints de n'exercer qu'une petite partie de leurs capacités, à trouer la surface de l'eau dans une gerbe d'écume, à danser un véritable ballet aquatique, à sauter en l'air avec toutes les apparences du bonheur. Même si cette joie est réelle, elle ne reflète pas, globalement, la réalité de l'existence de l'animal captif.

Le jeu

Le jeu, auquel beaucoup d'animaux se livrent durant une grande partie de leur vie, est à la fois signe et source de joie. On a de nouveau beaucoup étudié ce sujet au cours des dernières années, après un long arrêt des recherches car, dans les milieux professionnels, on considérait qu'il manquait de sérieux[36]. Robert Fagen, de l'Université de Pennsylvanie, y voit une réaction aux travaux de Karl Groos. Groos, à la fin du XIXe siècle, plaidait pour l'existence d'un lien entre le jeu et l'esthétique et décrivait le jeu comme une forme simplifiée de tentative artistique. Fagen remarque que « l'étude du jeu chez l'animal n'a jamais pu tout à fait se débarrasser de l'embarras qu'avaient fait naître les efforts de Groos pour relier la psychologie animale à l'esthétique[37] ». Aujourd'hui encore, l'intérêt que manifeste le public envers d'éventuels rapports entre le jeu animal et la créativité humaine continue à consterner les biologistes[38].

Fagen ne se démonte pas pour autant. A la fin de son ouvrage sur le jeu chez l'animal, il écrit :

> Il y a dans le jeu des animaux une pure esthétique qui est un défi à la science. On ignore pourquoi les chatons se poursuivent et se donnent des coups de patte sans se faire de mal, puis recommencent jusqu'à être pratiquement morts de fatigue. Et pourtant, on est fasciné, enchanté, à vrai dire, par ce comportement[39].

Pour certains chercheurs, si l'on a négligé l'étude du jeu, c'est faute d'avoir correctement défini celui-ci. On a avancé diverses définitions, plus ou moins laborieuses. Celle de l'éthologiste Robert Hinde reflète sa frustration : « Le terme "jeu" désigne globalement les activités qui, pour l'observateur, ne semblent pas contribuer immédiatement à la survie[40]. » Autrement dit, le jeu est ce à quoi l'on se livre pour la joie que cela procure et rien d'autre.

Mieux vaut toutefois des définitions gauches (dont certaines sont de simples listes de comportements ludiques) que pas du tout. Marc Bekoff, professeur de biologie à l'Université du Colorado, remarque que les éthologistes et les spécialistes du comportement ont tendance, devant un concept difficile à définir, soit à en donner des définitions si étroites qu'elles en deviennent inutilisables, soit à déclarer qu'on ne saurait étudier ce qui échappe à la définition. « Par exemple, certains ont affirmé que le jeu social n'était pas une catégorie de comportement valable, dans la mesure où l'on avait du mal à le définir. En le plaçant hors définition (ou en le définissant par ce qu'il n'est pas), ils proposaient en quelque sorte de faire l'impasse sur le jeu social et comme nous n'avions pratiquement aucun autre choix, nous nous retrouvions sans rien[41]. »

Le jeu joue un rôle important chez l'animal et certains considèrent qu'il remplit une grande variété de fonctions évolutives, malgré les risques que l'animal se tue ou se blesse quand il s'y livre. Des théoriciens y voient une forme de pratique, d'apprentissage des tâches. Il servirait aussi à exercer des aptitudes sociales, neurologiques ou physiques. Lorsque, voyant des éléphants d'Afrique jouer sous la pluie – ils courent, tournent sur eux-mêmes en agitant les oreilles et la trompe, s'aspergent d'eau, secouent des branches et barrissent à tue-tête – Cynthia Moss écrit : « Comment peut-on étudier sérieusement des animaux qui se comportent de la sorte ! », elle exprime peut-être l'opinion de bien des biologistes[42].

Hans Kruuk, étudiant les hyènes tachetées, regrette que le jeu « soit un terme anthropomorphique, dont on a donné une définition négative ; je ne m'en suis guère servi pour caractériser certaines activités qu'au sein de notre propre espèce nous appellerions ainsi[43] ». Kruuk donne comme exemple de ces activités quatre hyènes adultes qui nagent dans une rivière, bondissent dans l'eau, s'aspergent et se poussent mutuellement sous la surface. Il ajoute que les hyènes ont fait un important détour pour avoir accès à l'eau.

Les éléphants, qu'ils soient d'Asie ou d'Afrique, sont particulièrement joueurs. Un jour, un cirque ambulant vint planter ses tentes près d'une cour d'école où étaient installées des balançoires. On garda les éléphants adultes enchaînés, sauf Norma, une jeune femelle. Le spectacle des enfants qui se balançaient l'intrigua. En moins de temps qu'il n'en faut pour le dire, elle s'approcha d'eux, les chassa en agitant sa trompe et essaya de s'asseoir sur une balançoire. Mais elle eut beau se servir de sa trompe pour maintenir la balançoire en place, elle n'y parvint pas. Finalement, elle l'envoya promener d'un geste mécontent et retourna auprès de ses compagnons. Les enfants s'étaient à peine réinstallés que Norma se remettait en tête de faire un nouvel essai. Elle se livra à une série de tentatives pendant une bonne heure. En vain. Norma n'arriva jamais à se balancer[44].

Il n'est pas impossible que Norma ait cherché à se distraire pour tromper son ennui. Pourquoi douterait-on du fait que les animaux s'ennuient ? D'après les personnes qui ont appris à Nim Chimpsky la langue des sourds-muets, le chimpanzé s'ennuyait souvent. Il demandait à se rendre aux toilettes ou à aller se coucher. Ses instructeurs étaient à peu près persuadés qu'il cherchait à échapper à ses leçons, comme tous les écoliers[45].

En tant qu'omnivores, beaucoup d'entre nous considèrent la vie de la plupart des herbivores comme intrinsèquement ennuyeuse, car tous les jours, du matin au soir, ils broutent la même nourriture. Peut-être, toutefois, les vaches, les buffles, les bisons supportent-ils mieux la monotonie et considèrent-ils chaque brin d'herbe comme différent du précédent. Rien ne nous dit que leur existence n'est pas un tourbillon d'intrigues et d'excitation, mais à un niveau sensoriel qui nous échappe, parce que trop éloigné du nôtre. Quoi qu'il en soit, c'est du pur anthropomorphisme de penser qu'un buffle sauvage s'ennuie parce que nous ferions de même à sa place.

On a vu en Alaska des bisons s'amuser sur la glace. L'un après l'autre, ils partaient d'un surplomb rocheux au-dessus d'un lac gelé, dévalaient la pente et profitaient de leur élan pour glisser sur la glace, les pattes raides et la queue en l'air. En bout de course, chacun poussait un meuglement sonore, « une sorte de *wouaaa* », avant de regagner le rivage d'un pas hésitant et de recommencer[46].

Les animaux jouent même quand ils sont seuls. Durant toute leur vie, les ours s'amusent. On peut les voir dévaler les rives enneigées comme des loutres, la tête la première, ou les pieds en avant, ou sur le ventre, sur le dos, en faisant des cabrioles. Dans les Rocheuses, deux grizzlis ont été observés en train de lutter pour la possession d'une bûche. Celui qui l'a emporté s'est renversé sur le dos et a fait rebondir son butin sur ses pattes comme un jongleur en rugissant de plaisir. Un autre ours, plus calme, qui se baignait dans un lac de montagne par une chaude journée, a plongé son museau sous l'eau pour faire des bulles et, allongeant une patte, les a crevées avec ses griffes[47]. Les petits tigres et les bébés léopards aiment à sauter dans l'eau du haut d'une branche et à recommençer[48]. Des bonobos (chimpanzés nains) du zoo de San Diego jouent tout seuls à colin-maillard. Ils placent une feuille, un sac de papier, ou leurs doigts sur leurs yeux, puis évoluent d'un pas hésitant sur la structure d'escalade[49].

Des corneilles mantelées ont endommagé la feuille d'or qui recouvre les dômes du Kremlin. Les oiseaux ne se livraient pas à leur penchant bien connu pour le larcin. Ils avaient tout simplement découvert combien il était amusant de se laisser glisser sur ces bulbes et leurs griffes les avaient considérablement abîmées. Il a fallu les chasser en se servant d'un enregistrement de cris de corneilles en détresse et en faisant intervenir des faucons apprivoisés[50].

Les animaux jouent aussi avec des objets. On l'a même constaté chez certains, pourtant peu réputés pour jouer avec d'autres animaux. Un dragon de Komodo qui vivait en captivité dans un zoo britannique s'amusait avec une pelle, qu'il traînait bruyamment dans son enclos[51]. On a vu en Georgie un alligator sauvage d'un mètre de long jouer pendant quarante-cinq minutes avec les gouttes d'eau qui tombaient d'un tuyau dans une mare. Il les guettait, attendait qu'elles tombent, puis les saisissait au vol dans sa mâchoire[52]. En captivité, des chimpanzés et des gorilles aiment jouer avec des poupées. Ils pratiquent aussi d'autres jeux qui nécessitent de l'imagination, comme lorsque Koko, la femelle gorille, fait semblant de se brosser les dents avec une banane en plastique[53], ou lorsque Loulis, le chimpanzé, place une planche sur sa tête et déclare par signes : « C'est un chapeau[54]. »

Chez certains animaux, le jeu avec un objet se transforme vite en un jeu avec les autres. Dans un océanarium, un dauphin se mit un jour à jouer avec une plume, qu'il poussait jusqu'à un tuyau d'arrivée d'eau, puis la laissait flotter au gré du courant avant de la poursuivre. Un second dauphin se joignit à lui et les observateurs rapportent qu'ils ont joué chacun à son tour. Une autre fois, trois ou quatre dauphins luttèrent pour la possession d'une plume[55]. En liberté, les dauphins jouent de même à emporter des objets divers[56]. Les baleines belugas portent sur leur tête des roches ou des algues, que les autres tentent de faire tomber par surprise[57]. Les lions, comme les lionceaux, essayent parfois gentiment de se prendre des morceaux d'écorce ou des brindilles[58].

Les taquineries sont une forme de jeu, du moins pour celui qui les pratique. Certains animaux taquinent aussi bien leurs congénères que les membres d'autres espèces. Un dauphin en captivité lançait une tortue hors de l'eau et la faisait rouler sur le fond du bassin. Un autre avait pris pour cible un poisson qui vivait dans une crevasse rocheuse de son bassin. Il plaçait de petits bouts de calamar près du trou et, au moment où le poisson sortait pour s'en emparer, il les reprenait[59]. De nombreux visiteurs ont pu voir des dauphins captifs taquiner impitoyablement les lions de mer et les phoques qui partagent leur bassin. En vol, les corbeaux excitent les faucons pèlerins en les rasant jusqu'à ce que le faucon tente de les attraper[60]. Les cygnes, avec leur allure si digne, sont souvent en butte à ces agaceries. On a vu des grèbes tenter de leur arracher des plumes de la queue avant de plonger sous l'eau. Sur la terre ferme, ce sont les corneilles qui se livrent à ce petit jeu et, chaque fois que le cygne se retourne contre elles, elles font un bond en arrière[61].

Les renards s'approchent des hyènes, moins agiles, tournent autour, puis filent dès qu'elles ne peuvent plus les ignorer et se jettent sur eux. On a rapporté plusieurs cas où une hyène a tué un renard dans ces circonstances[62]. Peut-être le renard se renseigne-t-il ainsi sur les capacités de la hyène, et ces informations lui sont-elles précieuses lorsqu'il vient lui voler un morceau de sa proie. A moins qu'il n'essaie de l'accoutumer à sa présence, pour les mêmes raisons. C'est un motif pratique qui permet d'expliquer la persistance de ce comportement, mais ne nous renseigne guère sur ce qu'éprouve le renard. Pourquoi ne manifesterait-il pas l'espièglerie qu'on lui attribue depuis des siècles ?

Des jeux sportifs

Il existe d'autres formes de jeux, dans lesquels tous les participants semblent s'amuser. Les jeunes animaux, mais aussi parfois les adultes, aiment couramment à lutter, à se poursuivre, à faire semblant de se battre. Les propithèques s'allongent sur le dos, se placent plante des pieds contre plante des pieds et « pédalent ». Chez de nombreuses espèces, des cerfs communs aux loups, l'un des jeux préférés des jeunes consiste à se placer en hauteur et à défendre son « château » contre des assaillants. Des bandes de propithèques et de makis cattas s'amusent souvent à se barrer le passage en bondissant de tous côtés. Ces taquineries n'ont rien à voir avec les disputes pour le territoire, qui voient les deux troupes se concentrer au contraire sur un objectif précis[63].

On ignore dans quelle mesure les animaux respectent des règles implicites dans leurs jeux. Des dresseurs ont réussi à apprendre à certains des jeux comportant des règles, mais le fait est rare. Après plusieurs mois de dressage, les éléphants du cirque Bertram Mills sont arrivés à pratiquer une version simplifiée du jeu de cricket. Ils ont mis beaucoup de temps à apprendre à se servir de la batte et à occuper le terrain, car l'éléphant comprend surtout ce qu'est le jet d'objets. Au bout de quelques mois, ils auraient commencé à « saisir l'esprit du jeu » et à jouer avec un bel enthousiasme[64].

On a enseigné les règles de base du water-polo à plusieurs dauphins d'un océanarium. Au début, on leur a montré comment marquer un but, puis les dresseurs ont tenté de les amener à empêcher l'autre équipe de marquer. Au bout de trois séances, les dauphins ont parfaitement saisi qu'il s'agissait de lutter contre un adversaire. Si parfaitement que, méprisant les règles du fair-play, ils se sont attaqués mutuellement avec une telle absence d'esprit sportif qu'il a fallu définitivement arrêter le dressage et les jeux de compétition. Il ne semble pas que, par la suite, les dauphins se soient mis à jouer au polo de leur propre initiative[65].

Des jeux interespèces

De temps en temps, les animaux prennent pour partenaires de jeu les membres d'une autre espèce. C'est le cas en captivité, où se trouvent souvent réunies des espèces qui ne se rencontreraient vraisemblablement jamais en milieu naturel. Ainsi un léopard et un chien peuvent-ils jouer ensemble, ou un chat et un gorille. On a vu des chiens côtoyer amicalement des kangourous qu'une famille gardait dans la cour de la maison, malgré quelques problèmes. Les chiens aimaient se livrer avec leurs copains à de folles poursuites dans un concert d'aboiements, les kangourous préféraient la lutte et la boxe, passe-temps parfaitement étranger aux chiens et, pourtant, les uns et les autres s'arrangeaient pour jouer ensemble[66].

Dans la nature, il arrive aussi parfois que des animaux appartenant à des espèces différentes jouent ensemble. On a vu au Kenya des mangoustes naines tenter de jouer avec des écureuils terrestres, des lézards, des oiseaux. Là aussi, les différences dans la forme du jeu peuvent constituer une barrière. Repoussée par ses compagnes, M'Bili, une jeune mangouste, se précipita vers un gros lézard. Elle se mit à sautiller en l'incitant à jouer par ses cris et en faisant voler des feuilles mortes. Devant son absence de réaction, elle se livra à une petite danse autour de lui, tout en lui donnant de légers coups de patte et en entreprenant de lui mordiller le dos, les pattes de devant et la face. Le lézard ferma les yeux et demeura sans réaction. M'Bili finit par abandonner.

Une autre mangouste, Moja, tenta sa chance avec un écureuil terrestre d'Afrique. Elle jouait avec une de ses compagnes lorsqu'un écureuil vint se placer entre elles et, debout sur ses pattes de derrière, entreprit de grignoter une noix. Moja se précipita vers lui en lançant des « appels au jeu », se dressa sur ses pattes de derrière, posa ses pattes de devant sur les épaules de l'écureuil et se mit à « valser » avec lui. Quand une mangouste joue ainsi avec une autre mangouste, elle fait mine, ensuite, de mordiller sa tête et son cou. Moja se mit en demeure de passer à cette étape, mais l'écureuil ne réagit pas. Il se contenta d'être entraîné dans la valse, totalement passif. Puis Moja s'empara de la queue de l'écureuil et la mordit, ce qui le mit en fuite. A la place, Moja attaqua une brindille.

Tatu, une autre jeune mangouste, eut plus de chance avec un tisserin à tête blanche. Elle tenta d'attraper l'oiseau en bondissant en l'air. Celui-ci, au lieu de s'enfuir, se mit à voleter à une trentaine de centimètres au-dessus du sol, frôlant à plusieurs reprises la tête de Tatu, avant de se poser sur des brindilles tout près d'elle. C'est Tatu qui, la première, se lassa de ce jeu[67]. Une alliance plus réussie a réuni dans le jeu, en milieu naturel, deux jeunes loutres d'eau douce et deux bébés castors, sous les yeux des adultes qui restèrent sans réaction quand leur progéniture se mit à échanger des petits coups de nez et de patte et à se poursuivre sur la rive et dans l'eau. Le jeu se poursuivit jusqu'à ce que les parents loutres emmènent leur petite famille[68]. De jeunes singes mangabeys et des singes à queue rouge, dont les bandes se groupent souvent pour partir à la recherche de nourriture dans la forêt humide de Tanzanie, s'amusent aussi à lutter ensemble[69]. Ces jeux entre espèces différentes ont un charme particulier aux yeux des humains. Si deux espèces animales savent faire fi de la barrière qui les sépare et se retrouver pour le plaisir, les humains devraient pouvoir suivre leur exemple et partager les joies des animaux. Quelquefois, un fossé profond sépare deux espèces. Douglas Chadwick raconte comment un vieil éléphant d'Afrique venu s'abreuver à une source se retrouva à boire dans la même flaque d'eau qu'un pluvier. L'air féroce, le minuscule oiseau déploya ses ailes et poussa un cri menaçant. L'énorme animal abandonna les lieux. « En partant, malgré tout, le vieux mâle piaffa et hocha un peu la tête, comme s'il riait sous cape. » Chadwick admet que l'on puisse juger sa description anthropomorphique. Certains, commente-t-il, tiendraient à préciser que c'était simplement, de la part de l'éléphant, « un comportement de déplacement et qu'il relâchait quelque peu la tension qui s'était accumulée en lui en réaction à la menace de l'oiseau. Mais quelle différence cela fait-il avec les nombreuses occasions qui s'offrent à nous de hausser les épaules et de hocher la tête en riant sous cape ? En fait, j'ai eu exactement la même réaction quand des pluviers se sont précipités vers moi en criant[70] ». En refusant de voir ce qu'une personne et un éléphant ont en commun, on élargit volontairement le fossé. En revanche, l'oiseau et l'éléphant ne sont sans doute pas proches dans leur appréciation de la situation : l'éléphant paraît avoir trouvé la rencontre amusante, mais rien ne permet de penser que la réciproque soit vraie.

Il arrive que le fossé entre deux espèces soit infranchissable. Bert Hölldobler et Edward O. Wilson sont les auteurs d'un ouvrage sur les fourmis qui fait autorité et dans lequel se trouve une partie intitulée « Les fourmis ne jouent pas »[71]. Ils y réfutent la notion de jeu qui a été avancée par certains observateurs de ces insectes. Pour eux, par exemple, ce n'est pas par jeu que les fourmis observées par Buber et Stumper luttaient : les compétitrices appartenaient à des colonies différentes engagées dans une lutte de domination. « Pour nous résumer, déclarent-ils, ces activités ont une explication simple qui n'a rien à voir avec le jeu. A notre connaissance, il n'existe aucun comportement, chez les fourmis comme chez les autres insectes sociaux, que l'on puisse interpréter comme un jeu ou une pratique sociale proche du type qu'on rencontre chez les mammifères. » Pourtant, cette description des fourmis Eciton du Brésil par le naturaliste du XIXe siècle Henry Water Bates n'est guère évocatrice d'un combat :

> Je les ai souvent vues évoluer nonchalamment, d'une manière qui avait toutes les apparences de la récréation. A chaque fois, cela se passait dans un espace ensoleillé de la forêt [...] Au lieu d'avancer d'un air affairé et d'aller à droite, à gauche,

pour grappiller quelque butin, toutes semblaient saisies d'un soudain accès de paresse. Certaines progressaient avec lenteur, d'autres passaient leurs pattes de devant sur leurs antennes, mais le spectacle le plus cocasse, c'étaient leurs séances de nettoyage mutuel. Ici et là, on voyait une fourmi tendre une patte, puis l'autre, à l'une ou à plusieurs de ses camarades, afin qu'elles la frottent et la lavent. Celles-ci s'exécutaient, faisant glisser le membre entre langue et mâchoire, avant de mettre la touche finale en donnant amicalement un petit coup de lustre sur ses antennes [...] C'était apparemment un pur moment de loisir et d'amusement. Ces petites créatures auraient-elles donc de l'énergie en excès, bien plus que ce que nécessite l'accomplissement des tâches essentielles au bien-être de l'espèce et la dépenseraient-elles en folâtrant comme les agneaux et les chatons ou en se livrant à l'oisiveté comme les êtres doués de raison ? Il est probable qu'elles ont un besoin indispensable de ces heures de détente et de nettoyage pour pouvoir mener à bien leurs tâches les plus dures ; mais en les regardant, on ne pouvait s'empêcher de conclure que ces fourmis étaient tout simplement en train de jouer[72].

Peut-être Bates a-t-il raison et les fourmis jouent-elles. Quand nous évoquons le jeu avec un animal, nous avons tendance à penser à un chien, ou à un chat. Nous avons du mal à nous imaginer en train de jouer avec une fourmi, mais pourquoi les fourmis ne joueraient-elles pas entre elles ?

Nous avons plaisir à reconnaître que d'autres créatures aiment jouer autant que nous. Parlant des baleines, Jacques-Yves Cousteau écrit qu'elles sont des créatures « sociables, affectueuses, dévouées, aimables, captivantes, pleines d'ardeur. L'océan tout entier est leur empire – et leur terrain de jeu. Leur société est une "société des loisirs" qui a précédé la nôtre de quelque quarante millions d'années. Elles consacrent moins d'un dixième de leur existence à la recherche de leur nourriture. Le reste du temps, elles le passent à nager, à folâtrer dans les vagues, à converser entre elles, à courtiser le sexe opposé et à élever leurs baleineaux – un programme inoffensif s'il en est ! »

Depuis longtemps, le jeu social des canidés – loups, chiens, coyotes – fascine les scientifiques et les autres, car il implique une mutuelle compréhension du langage et des liens sociaux. Lorsqu'un canidé allonge sur le sol ses pattes de devant et remue la queue, c'est une façon de dire : « A partir de maintenant, tout n'est qu'un jeu. Tu es prêt à jouer ? » Les chiens essaient de jouer avec d'autres animaux, par exemple des chats, mais, généralement, ils sont déçus par leur absence de familiarité avec ce métalangage canidé ou par leur indifférence. En revanche, le jeu entre le chien et son ami humain fonctionne bien, comme si les chiens reconnaissaient avoir trouvé un compagnon auquel ils peuvent apprendre les règles. Ils ne semblent d'ailleurs pas non plus être malheureux quand ils tentent de comprendre les règles des jeux que nous souhaitons leur faire partager. Visiblement, l'attitude concentrée du chien qui campe sur son bout de bois en attendant que nous allions le lui reprendre est *intentionnellement* un peu humoristique : elle fait partie du jeu. Jouer ainsi avec un chien permet en quelque sorte de lire en lui. Nous devinons ses intentions. Et lui, de son côté, peut lire dans notre esprit et comprendre ce que nous voulons. Sous l'action du jeu, du rire, de l'amitié, la barrière entre les espèces vole en éclats.

7.
Fureur, dominance et cruauté

Au XVe siècle, en Europe, à une époque où l'on connaissait encore les girafes sous le nom de caméléopards, Cosme de Médicis enferma dans un enclos une girafe avec des lions, des chiens courants et des taureaux de combat, pour déterminer quelle était l'espèce la plus sauvage [1]. Quand le pape Pie II vint jeter un coup d'œil, les lions et les chiens somnolaient, les taureaux ruminaient paisiblement et la girafe, tremblante de peur, était blottie contre la clôture. En s'apercevant qu'aucune goutte de sang n'était versée, ces meneurs d'hommes furent bien déçus et s'interrogèrent sur la sauvagerie des animaux.

Les récits historiques, la presse, notre propre expérience sont là pour faire la preuve que nous sommes régulièrement aux prises avec des mouvements de colère et d'hostilité. Malgré tout, nous éprouvons le désir de maîtriser, ou, du moins, de déguiser ces émotions. Par contraste, nous mettons souvent en avant l'agression chez l'animal, que nous qualifions de « brutale », ou de « sauvage ». L'agression est un des sujets d'étude favori des éthologistes, mais on a peu de chances de trouver le mot *colère* dans leurs travaux [2].

Les animaux semblent pourtant se mettre en colère. Indubitablement, ils s'agressent, se battent pour leur carré d'herbe, s'infligent des blessures, s'entre-tuent, quoique pas tout à fait comme on pourrait s'y attendre.

Comme Cosme de Médicis et Pie II, les scientifiques ont été déconcertés par la réalité de l'agression animale. Parfois, les éthologistes qui cherchent à établir des hiérarchies de dominance au sein des groupes d'animaux sauvages sont frustrés en s'apercevant qu'ils ne peuvent arriver à savoir lesquels sont dominants. Ils sont apparemment persuadés qu'avec un peu de chance ou d'obstination ils verront se dessiner la véritable hiérarchie entre les animaux. L'idée ne les effleure pas toujours que ces relations pourraient ne pas être d'ordre hiérarchique et que des animaux venant boire à une mare d'eau ne vont pas faire la queue comme des universitaires attendant des subventions[3].

Certains nourrissent l'espoir que les animaux – et sinon toutes les espèces, du moins certaines parmi leurs préférées – ne sont agressifs que pour se défendre. Ils préfèrent imaginer un monde d'harmonie quand ils évoquent les loups, les dauphins, les colombes. Et, si le lion ne vient pas dormir auprès de l'agneau, du moins les agneaux sont-ils la douceur même. Il suffit pourtant de regarder des agneaux se précipiter tête en avant l'un contre l'autre pour avoir la preuve que cette douceur a son revers. Les loups, les dauphins, les colombes sont capables de se comporter entre eux avec une grande brutalité. Toute leur vie sociale n'en est pas placée pour autant sous le sceau du conflit. Simplement, il est peu vraisemblable de voir jamais se concrétiser notre espoir qu'une espèce bénie soit un véritable symbole d'amour et de paix. Peut-être est-ce cette attente en elle-même qui n'est pas raisonnable.

L'agression va de l'attaque sans provocation à l'autodéfense. Quand un animal en écarte un autre de sa nourriture, ou refuse de se laisser repousser, quand il grogne en direction d'un autre qui s'approche de ses petits, ou qu'il chasse un rival, il se comporte avec agressivité. Du point de vue de la survie, pareil comportement a souvent ses avantages. L'animal agressif a plus à manger, protège mieux sa progéniture, a plus de chance de s'accoupler ou fait face à une moindre compétition, autant d'éléments qui lui permettront de laisser un plus grand nombre de descendants. La colère, entre autres émotions liées à l'agression, peut être à l'origine de ce genre de comportement[4].

Entre toutes les manifestations de force physique dans le monde animal, l'autodéfense et la défense de la progéniture sont celles que nous pardonnons le mieux tout en les critiquant. Qu'un loup attaque un cerf et nous le traitons de sauvage, de glouton, tandis que le cerf qui se défend se voit attribuer du courage et de l'héroïsme. La tigresse ou l'ourse qui défend ses petits est pour nous l'archétype du juste courroux. Des animaux comme le kangourou, dont la femelle est capable de se débarrasser du plus gros de ses petits si elle est sur le point d'être rattrapée, ont mauvaise réputation : ce n'est pas, en effet, le genre d'histoire que l'on aime à raconter.

Faire la guerre

L'espèce humaine est, dit-on, la seule à faire la guerre et c'est l'une des plus graves accusations portées contre elle. « Les animaux se battent, mais ils ne font pas la guerre », écrivait récemment l'auteur allemand contemporain Hans Magnus Enzensberger[5]. Nous sommes censés en rougir de honte. Pourtant, certains animaux font la guerre. Il y a l'exemple bien connu des fourmis, mais les insectes sont trop différents de nous pour que nous le prenions vraiment en considération. Aussi les recherches effectuées au cours des dernières années sont-elles intéressantes, car elles ont permis de découvrir que des animaux aussi proches de nous que les chimpanzés partaient en guerre. Les fameux chimpanzés de Gombe attaquent d'autres bandes sans avoir été provoqués, avec des intentions meurtrières ; non seulement ils patrouillent sur leurs frontières mais ils effectuent des raids contre elles. Ils sont capables de s'entre-tuer et de s'entre-dévorer.

L'épisode qui suit évoque tout particulièrement nos propres guerres. On y retrouve à la fois un comportement terroriste et la soudaine reconnaissance de l'appartenance à une même espèce. Lorsque des chimpanzés du groupe Kasakela de Gombe découvrirent dans un arbre une femelle étrangère accompagnée de sa fille en bas âge, ils lancèrent dans sa direction des glapissements menaçants. Elle fut la cible de quelques coups, puis il y eut une pause. Certains chimpanzés allèrent cueillir leur nourriture dans le même arbre qu'elle. Elle s'approcha alors d'un des mâles dans une attitude de soumission et le toucha, mais il ne réagit pas. Quand elle voulut s'en aller, plusieurs mâles lui barrèrent le passage. Elle renouvela alors sa tentative de soumission, avec un autre mâle, Satan, qui, lui, eut une réaction apparemment xénophobe. Il cueillit des feuilles et s'en servit pour frotter la partie de son corps qu'elle avait touchée. Aussitôt, plusieurs chimpanzés attaquèrent la femelle et s'emparèrent de son bébé. Elle le défendit, sans succès, pendant huit minutes, avant de s'échapper, grièvement blessée. L'un des chimpanzés fracassa la petite femelle contre des arbres et des rochers et la jeta à terre. Elle vivait encore. Satan, alors, la prit avec douceur, l'épouilla et la reposa au sol. Au cours des heures qui suivirent, trois mâles différents, dont Satan, promenèrent avec tendresse le bébé en le réconfortant, avant de l'abandonner et de le laisser mourir de ses blessures[6]. Que penser de cette étrange histoire ? Faut-il attribuer à ces chimpanzés le sentiment d'être allés trop loin, quelque chose comme du regret ? Ont-ils commencé par éprouver de la haine, puis de la compassion, comme c'est parfois le cas chez les humains en temps de guerre ? Lors d'autres rencontres entre bandes, des tout petits ont été tués et mangés. Cet incident suggère l'existence de sentiments mélangés, le petit passant de l'état d'« ennemi » à celui de « bébé ».

Il arrive aussi que des bandes de mangoustes naines se battent, apparemment pour un territoire. Beaucoup sont blessées, certaines meurent. Une fois, un groupe arriva sur le territoire d'un autre. D'abord, les deux bandes se réunirent, babillèrent, se toilettèrent et se firent mutuellement des marques odorantes. Puis le groupe résident se souda et se plaça face à l'autre. Les deux « armées » avancèrent et reculèrent. Des mangoustes se mirent à planter leurs dents dans la chair de leurs vis-à-vis. A un moment, les deux bandes semblèrent respecter une sorte de trêve, puis la bagarre reprit. Les envahisseurs finirent par se retirer. Aucune des mangoustes résidentes ne fut tuée. On déplora cependant quelques doigts amputés à coups de dents, des oreilles à demi arrachées, une queue cassée. Une de ces mangoustes était si gravement atteinte qu'elle se retrouva dans l'incapacité de se nourrir et finit par mourir. Lors de l'affrontement suivant, ce groupe perdit la bataille[7].

Ces conflits de masse semblent avoir pour objet la possession du territoire. Un groupe envahit le territoire d'un autre et une bataille s'ensuit. Hans Kruuk a été témoin de combats entre hyènes tachetées lorsqu'un membre d'un clan tuait une proie sur le terrain de l'autre clan. En général, les résidentes sortaient vainqueurs après de nombreuses menaces et poursuites, mais quelquefois c'était l'escalade. Il y avait des morts et des blessés. Une fois, Hans Kruuk, horrifié, fut témoin du traitement mortel que des hyènes infligèrent à une autre, dont le clan était venu tuer un gnou sur leur territoire. Elles lui arrachèrent les oreilles, les pieds et les testicules à coups de dents et la laissèrent paralysée, à demi dévorée et perdant son sang en abondance[8].

Lorsque Jane Goodall montra ce qui ressemblait à la guerre chez les chimpanzés, on put presque entendre les scientifiques pousser un soupir de soulagement. Pourtant, si l'on considère l'événement à la lumière de notre propre histoire, c'est une broutille, qui vaut seulement d'être signalée par son caractère de nouveauté. Nous ignorons si le fait est courant et Jane Goodall ne prétend pas le savoir non plus. Sous maints aspects, c'est un peu l'histoire de l'homme qui mord le chien. Sa rareté fait son intérêt. La coexistence pacifique est généralement de règle chez les animaux. L'histoire humaine est autrement plus violente. Nous pourrions peut-être découvrir pourquoi en adoptant une approche inverse du sujet et en effectuant une étude de l'agression chez les humains considérée du point de vue de la paix chez les éléphants.

Agresser pour avoir accès aux ressources

De nombreux animaux utilisent l'agression comme moyen d'accès aux ressources, entre autres la nourriture. Dans la savane africaine, quand des hyènes ont tué un gnou, c'est un des grands plaisirs des chercheurs de guetter les lions qui vont venir leur voler la carcasse et les chacals et les vautours qui vont réussir à dérober quelques bouchées avant d'être chassés. Ce genre de conflit est évidemment spectaculaire, mais la plupart des animaux ne se bagarrent pas ainsi. Quand il était en vie, le gnou, enjeu de la bataille, ne s'est livré à aucune lutte sanglante avec d'autres gnous pour décider de celui qui paîtrait un carré d'herbe.

La compétition consomme énormément d'énergie. De nombreuses espèces semblent donc réduire les querelles au strict minimum. Beaucoup d'animaux disposent d'une posture de reddition, qui inhibent l'attaquant de la même espèce. Quand le loup roule sur le dos, quand le singe détourne le regard, l'agresseur met un terme à son attaque.

Chez la plupart des animaux, c'est généralement avec un de ses congénères qu'un animal risque le plus de se trouver en compétition pour la nourriture ou pour le site de nidification. Parfois même c'est avec son partenaire. Les recherches effectuées incitent à penser que les différences de taille à l'intérieur d'une même espèce sont destinées à augmenter les chances de survie. Par exemple, la femelle du balbuzard pêcheur est plus grande que le mâle. L'un et l'autre attrapent des poissons de taille différente, ce qui réduit la compétition entre eux et augmente leurs réserves communes de nourriture.

Les perroquets apprivoisés prennent souvent les humains en grippe, que ce soit des individus ou des groupes. Parfois, ce sont tous les hommes ou toutes les femmes qui se révèlent être la cible de leur hostilité[9]. Les vétérinaires entendent sans cesse leurs clients dire : « Il déteste tous les hommes. Un homme a dû lui faire du mal par le passé. » Certains détestent les rouquins, les brunes, les adultes. Si les conditions dans lesquelles les perroquets sauvages ont été capturés et transportés ont fait qu'ils ont presque tous été été maltraités, le cas est beaucoup plus rare chez les perroquets élevés en captivité. Mais on ignore si ce genre de répulsion existe en milieu naturel. Peut-être ces perroquets aiment-ils tout simplement avoir des ennemis. Cela pourrait accroître la solidarité au sein de leur volée, prévenir les croisements entre espèces, renforcer le lien entre le mâle et la femelle ou autre fonction similaire.

L'irritabilité des perroquets pourrait aussi être en rapport avec la lutte pour la dominance dans la volée. Depuis que, dans les années 20, on a annoncé que les poulets avaient une « hiérarchie du becquetage », les éthologistes en ont vu partout – on parle aujourd'hui de « hiérarchie de dominance ». Dans une hiérarchie du becquetage, un poulet est dominant sur certains autres, qu'il peut becqueter et éloigner de la nourriture, sauf s'il s'agit du poulet tout en bas de la hiérarchie. Et, celui-ci, sauf s'il s'agit du poulet au sommet de la hiérarchie, sera à son tour dominé par d'autres et permettra que les autres le becquettent et l'écartent de la nourriture. L'idée qu'il existe des animaux dominants et des animaux subordonnés a rencontré une grande popularité, tout comme la reconnaissance de la valeur de l'agression en ceci qu'elle aide un animal à dominer.

Au cours des dernières années, la notion de hiérarchie de dominance s'est trouvée contestée. Certains scientifiques se sont demandé s'il ne fallait pas y voir plutôt une projection de nos conceptions humaines. Il faut remarquer qu'en liberté les poulets ne constituent pas de hiérarchies rigides comme ils le font dans la basse-cour.

Aujourd'hui, certains éthologistes avancent que si les rapports de dominance entre deux animaux existent (« la femelle grise est dominante par rapport à la femelle noire »), ce n'est pas le cas des *rangs* de dominance assignés à des individus (« la femelle de deuxième rang dans la meute[10] »). D'autres font remarquer qu'un animal peut dominer dans une certaine situation – la compétition pour la nourriture – et pas dans une autre – la compétition pour la femelle. D'autres encore déclarent que, s'il y a dominance entre deux babouins mâles adultes, il n'est pas réaliste de se servir de la formule pour décrire la relation entre une femelle et sa fille adolescente[11].

Le coup le plus dur porté à ces théories a été la découverte que la conception selon laquelle les animaux mâles dominants sont capables de s'accoupler plus souvent et de se reproduire en plus grand nombre – une des affirmations les plus fondamentales sur la dominance – n'était pas toujours juste. Non sans un certain romantisme, en effet, certains ont fait de ces mâles des princes super-puissants, des héros génétiques. Or, des études récentes montrent que les mâles dominants ne réussissent pas toujours à s'accoupler plus souvent que les autres. Le babouin hamadryas, par exemple, doit plus son succès auprès des femelles au fait qu'il leur plaît qu'à sa dominance[12]. Shirley Strum a montré que, chez les babouins olivâtres, plus un mâle était agressif et de rang élevé, *moins* les femelles étaient susceptibles de s'accoupler avec lui. Ces mâles-là étaient également perdants quand le groupe découvrait quelque chose de spécial à manger, sans doute parce qu'ils avaient moins d'amis pour partager avec eux[13]. Roger Leyhausen a remarqué, il y a longtemps déjà, que lorsque les chats sauvages se battent pour une femelle en chaleur, celle-ci n'est pas plus encline à s'accoupler avec le gagnant qu'avec le perdant – fait qui semble avoir échappé à beaucoup d'observateurs[14]. De tels faits devraient inciter à réexaminer nombre de théories bien établies. Toute analyse de la dominance devrait prendre en compte les émotions des animaux subordonnés comme celles des animaux dominants. Il est de plus en plus nécessaire, pour tenter d'intégrer les théories de la dominance à la vie réelle des animaux, de faire appel à des termes comme *respect, autorité, tolérance, respect de l'âge* et *leadership,* termes qui intègrent concepts émotionnels aux concepts de statut.

Loin d'essayer de se servir de leur dominance pour faire leur cour, de nombreux animaux semblent au contraire la mettre en retrait, afin d'éviter d'effaroucher l'objet de leur flamme. Chez la chèvre des neiges, le bouc courbe l'échine pour paraître moins massif, prend bien garde à ne pas mettre ses cornes en avant, fait de petits pas. L'ours brun s'affaisse, garde les oreilles aplaties sur le crâne, veille à ne pas regarder la femelle dans les yeux et adopte une attitude enjouée.

Il y a quelque chose de séduisant pour les scientifiques dans l'idée d'observer des animaux qui se comportent d'une façon mystérieuse et d'établir une hiérarchie parfaitement nette, avec à la clé des prévisions qu'ils pourront aisément tester. Parfois l'idée que les hiérarchies sont inévitables et que cela va dans le sens de certains de nos comportements ajoute à cette séduction. C'est sans doute pourquoi certains théoriciens s'intéressent plus aux espèces agressives qu'aux espèces pacifiques et aux espèces où les mâles dominent plutôt qu'à celles où ce sont les femelles, comme chez les makis[15]. Nous sommes tellement intéressés par la dominance que les erreurs dues à des projections y sont particulièrement nombreuses. Sous cet angle, le comportement des scientifiques vaut celui des chasseurs du dimanche, qui recherchent souvent les plus gros mâles pour en faire des trophées. Ces animaux, vraisemblablement des mâles dominants ou des mâles alpha, ne sont habituellement ni les meilleurs au goût, ni les plus faciles à trouver[16].

Et pourtant la dominance peut être un phénomène réel chez les animaux comme chez les humains. Notre expérience nous conduit à reconnaître, quand nous le rencontrons, ce besoin de respect et de reconnaissance sociale qu'on appelle l'ambition. Au sein d'un troupeau d'oryx algazelles, dans une réserve d'animaux sauvages du désert du Néguev, un mâle nommé Napoléon se faisait vieux. Il avait le souffle court et avait perdu son statut. Plutôt que de quitter le troupeau, il continuait à défier les autres mâles et à poursuivre les femelles. Les mâles ignoraient ses défis, mais lorsqu'il s'agissait des femelles, ils le repoussaient avec leurs cornes, qui atteignent quatre-vingt-dix centimètres de long.

Les responsables de la réserve décidèrent de le protéger en le plaçant dans un enclos de deux hectares. Le jour suivant, il s'était déjà enfui et un autre oryx le blessait. Repris, soigné, il s'échappa de nouveau. A sa huitième évasion – l'enclos était pourtant désormais fermé par maints verrous et targettes –, les responsables changèrent de tactique. Puisque Napoléon ne pouvait être maîtrisé, ils allaient lui fournir ce qu'il voulait dans son enclos. Et ils décidèrent que ce qu'il voulait, ce n'était ni attaquer les autres mâles ni être avec des femelles, mais être dominant. Aussi, tous les matins, le directeur pénétra-t-il dans l'enclos, muni d'une tige de bambou, pour se livrer à une bataille rituelle avec l'oryx. Il donnait de petits coups de bambou sur les cornes de Napoléon et Napoléon le menaçait, puis le chargeait, jusqu'à ce que le directeur l'autorise à le vaincre en le chassant hors de l'enclos. Napoléon cessa alors de s'enfuir. Il vécut dans son enclos, où il était l'oryx supérieur et mourut de vieillesse, apparemment heureux[17]. On ne peut s'empêcher de s'interroger sur ce que ressent un animal quand il perd son statut. S'adapte-t-il ? Est-il déprimé, voire soulagé ?

Le viol

Le viol, forme sexuelle de l'agression, existe chez les animaux. Les biologistes ont observé des cas chez les orangs-outans, les dauphins, les phoques, les mouflons, les chevaux sauvages et chez certains oiseaux. En Arizona, c'est chez le coati (un animal un peu semblable à un raton laveur, avec un museau allongé) qu'une tentative de viol a été constatée. Un gros mâle a surgi des buissons et, bondissant au milieu d'un groupe de femelles et de jeunes, a sauté sur une jeune femelle, qui s'est mise à pousser des cris. Aussitôt trois femelles adultes se sont jetées à leur tour sur le mâle en montrant les dents. Repoussé, celui-ci a été pourchassé dans le canyon sur une cinquantaine de mètres[18]. Les viols ne sont absolument pas la norme chez la plupart de ces espèces. En revanche, certaines en sont coutumières. Par exemple, les guêpiers à front blanc – des oiseaux d'Afrique nichant dans des terriers – vivent en couple, mais les femelles, lorsqu'elles quittent le nid, doivent esquiver les mâles qui veulent les violer[19]. Les mâles attaquent de préférence les femelles avec des œufs. Ainsi celles-ci peuvent-elles pondre un œuf fertilisé par le violeur et non par leur partenaire.

Parmi les oiseaux aquatiques, tels les canards mallards, les pilets et les sarcelles, il arrive qu'un ou plusieurs mâles poursuivent une femelle non consentante. Parfois celle-ci en meurt, noyée sous le poids de plusieurs mâles qui essaient de s'accoupler avec elle en même temps[20]. En général, elle se défend et s'enfuit et son partenaire essaye de mettre les agresseurs en déroute, mais leurs efforts ne sont pas toujours couronnés de succès. En outre, le mâle va quelquefois tenter de s'accoupler avec sa femelle aussitôt après que celle-ci aura été victime d'une tentative de viol et, dans ce cas, la parade qui précède habituellement l'accouplement chez un couple n'aura pas toujours lieu. La plupart du temps, « la femelle s'est visiblement débattue, mais en aucun cas elle n'a fui ». Pour les sociobiologistes, ce genre de viol conjugal s'explique par le fait qu'il donne au mâle une meilleure chance de mettre son sperme en compétition avec celui du violeur. Cela ne nous dit pas ce qu'éprouvent le mâle ou la femelle. Cela ne prouve absolument pas non plus que le viol chez l'homme soit « naturel », déterminé biologiquement, ou avantageux pour la reproduction.

Dans les centres aquatiques, où l'on place les dauphins qui viennent d'être capturés auprès d'un compagnon accoutumé à la captivité, on ne fait jamais jouer ce rôle à des tursiops, dans la mesure où ils sont capables de tourmenter et parfois de violer la nouvelle venue si elle appartient à une autre espèce[21]. En milieu naturel, on a pu constater que ces dauphins, malgré leur réputation idyllique auprès du public, pouvaient se constituer en bandes et séquestrer et violer des femelles de leur propre espèce[22].

Hans Kruuk a été témoin d'une scène au cours de laquelle une hyène tachetée mâle essayait de s'accoupler avec une femelle qui le repoussait à chaque fois. Celle-ci avait auprès d'elle sa fille âgée de dix mois. Le mâle monta à plusieurs reprises la petite hyène et éjacula sur elle. D'après Kruuk, cette dernière ignora parfois la chose et parfois se débattit « un peu, comme s'il s'agissait d'un jeu ». La mère n'intervint pas[23]. Ce genre de comportement semble néanmoins très peu fréquent chez les animaux et les récits sont extrêmement rares.

Colère et agression

Dans la plupart des débats sur l'agression et la dominance, la colère et les émotions qui peuvent accompagner ces comportements sont passées sous silence. Il est très difficile de dire quand la colère intervient dans l'agression. Chez les humains, l'attitude agressive est parfois froidement calculée et ne semble pas le fruit d'une fureur spontanée. On dit qu'avant de plonger, un groupe de pingouins peut pousser à l'eau l'un des leurs, afin de voir si des léopards de mer ne les guettent pas pour les manger[24]. Si c'est vrai, il est peu probable que des pingouins se livrent à de tels actes d'agression par colère.

Dans certaines circonstances, les animaux ont un comportement qui nous rappelle notre propre colère. Sans doute alors l'interprétons-nous plus facilement, car il ne s'agit pas d'une réaction stéréotypée. Par exemple, les girafes ont l'air de détester les voitures. Une fois, un conducteur ayant donné un coup de klaxon pour faire dégager une girafe qui lui barrait la route, l'animal renversa la voiture et lui donna de vigoureux coups de patte. Un autre conducteur tomba un soir sur deux girafes qui traversaient la route. Il s'arrêta et diminua l'intensité de ses phares. Une des deux girafes disparut, mais l'autre fonça sur lui, lui tourna le dos et décocha une série de ruades arrière en direction du radiateur[25]. Tous ceux que les klaxons ont un jour agacés verront dans cette attitude l'image même de l'irritation, peut-être même la concrétisation d'un de leurs fantasmes.

Comme le fait remarquer Karen Pryor, une même irritation unit les personnes et les marsouins qui, ayant correctement exécuté une tâche, se voient privés de leur récompense habituelle. Les humains prennent un air amer et grognent, les marsouins jaillissent hors de l'eau et vous éclaboussent des pieds à la tête[26].

Karen Pryor décrit également la réaction d'Ola, un jeune épaulard – un cétacé un peu semblable à une orque – à la présence d'un oiseau à proximité de lui. Un jour, pendant un show à l'océanarium, un fou vient se poser près du bassin d'Ola. Ola sort la tête de l'eau et se met à le regarder fixement. Le fou ne bouge pas. Ola bondit dans sa direction, gueule ouverte. Aucune réaction de l'oiseau. Le public, qui s'est détourné du show, n'a d'yeux que pour ce spectacle. Ola fait le tour du bassin en donnant de grands coups contre les parois, provoquant de grosses vagues qui viennent s'écraser sur les pieds de l'oiseau. Lequel ne bouge toujours pas. Ola, décontenancé, remplit sa gueule d'eau et vient la cracher directement sur le fou. Celui-ci, trempé, s'envole enfin, sous les rires de l'assistance[27]. Il y a dans ce rire une sorte de complicité, de familiarité avec cette scène.

Curieusement, les dresseurs de chiens ne sont pas unanimes sur la question de la colère chez ces animaux, même s'ils s'accordent en général à penser qu'ils savent reconnaître la colère chez les êtres humains. Pour Mike Del Ross, dresseur de chiens d'aveugles d'une grande expérience, les chiens ressentent de la tristesse, du bonheur, de la peur, de la frustration, mais vraisemblablement pas de la colère ou de la jalousie, même lorsqu'ils se comportent avec agressivité. Pour Kathy Finger, également spécialiste des chiens d'aveugles, au contraire, il ne fait aucun doute que les chiens éprouvent de la colère.

Une telle divergence d'opinions peut naître de la diversité des définitions de la colère, mais il est probable qu'elle se fonde également sur une situation qui revient sans arrêt aux oreilles des dresseurs : celle du chien qui, laissé seul, saccage tout autour de lui. Le maître est certain que son chien, furieux d'être abandonné, se venge en mordillant les meubles, en creusant des trous, en renversant les objets ou en aboyant. Le dresseur, lui, est parfois tout aussi sûr que le chien s'ennuie affreusement. Pour lui, il n'y a qu'une solution au problème : placer le chien dans de meilleures conditions au lieu de discuter à n'en plus finir de ce que le maître considère comme une fureur injustifiée. En fait, les deux explications sont parfaitement compatibles.

Un des collègues du célèbre Ivan Pavlov essaya de découvrir dans quelle mesure un chien était capable de faire la différence entre un cercle et une ellipse. Il récompensa un chien avec de la nourriture quand il reconnaissait le cercle et non l'ellipse. A chaque fois que l'expérimentateur découvrait (en étudiant apparemment la salivation de l'animal) que le chien distinguait entre les deux formes, il recommençait l'expérience avec une ellipse de plus en plus arrondie. Au bout de trois semaines, le chien n'arrivait plus très bien à faire la distinction. « Le chien, précédemment paisible, se mit à gémir dans sa cage, en remuant incessamment la queue. Il arracha avec ses dents le mécanisme de stimulation cutanée et mordit les tuyaux qui reliaient la salle dans laquelle il se trouvait à l'observateur. Jamais, auparavant, il n'avait eu un comportement semblable. Quand on le conduisit dans la salle d'expériences, il se mit à aboyer bruyamment, ce qui n'était pas non plus son habitude. En bref, il présentait tous les symptômes d'un état de névrose aiguë[28]. » Le bon sens nous dit que ce chien n'était aucunement névrosé, mais qu'il était furieux et frustré.

La difficulté de faire la part de la colère et celle de l'agression n'est pas la même avec les prédateurs, qui se procurent leur nourriture d'une façon beaucoup plus directe que la nôtre. (La personne qui mange un hamburger n'est pas censée se réjouir des souffrances du bœuf.) Cela a souvent servi de prétexte pour avancer qu'en matière de sauvagerie, les animaux diffèrent des humains.

On dit souvent des prédateurs qu'ils sont cruels, comme est cruelle la nature. Au nom de quoi, on a permis que certaines espèces, comme le tigre et le loup, soient chassées au point d'être au seuil de l'extinction. On accuse de même de petits prédateurs, tels les renards et les geais bleus. La cruauté qu'ils manifestent envers les autres nous donnerait en quelque sorte le droit, ou le devoir, de les exterminer.

Les prédateurs suscitent tout particulièrement des réactions horrifiées lorsqu'ils tuent plus qu'ils ne peuvent manger ou commencent à dévorer leur proie encore vivante. Dans tout ce qui a été écrit contre la protection des loups, par exemple, on trouve d'abondants récits de cerfs « littéralement dévorés tout vifs » par ces prédateurs[29]. Le chien sauvage des Indes (le dhole de Kipling) possède des canines courtes et tue donc rarement ses proies avec rapidité, ce qui l'a fait considérer comme perfide et vicieux et l'a conduit à être persécuté[30].

Il arrive en effet souvent que certains prédateurs commencent à dévorer leur proie alors qu'elle vit encore. Tout aussi couramment, ils tuent des bébés animaux et les mangent sous les yeux de leur mère. Est-ce là, en vérité, de la cruauté ? Sans aucun doute il s'agit d'indifférence, d'absence d'empathie. Selon le lieu et l'époque, c'est pour les êtres humains un grand raffinement de manger certains animaux vivants. La question n'est pourtant pas de savoir si les humains sont cruels – l'histoire le démontre de manière irréfutable – mais si les animaux le sont.

Si, arguant du fait que les animaux ne peuvent tout simplement pas comprendre les sentiments de l'autre, il faut les excuser lorsqu'ils se livrent à certains actes de cruauté, comme de manger un petit sous les yeux de sa mère, peut-on alors croire à leur gentillesse, à leur compassion, à leur empathie, qui nécessitent également la compréhension des sentiments de l'autre ?

La torture : le chat et la souris

La cruauté va de l'absence d'empathie au sadisme. Il ne fait aucun doute que les animaux commettent des actes de cruauté. Mais sont-ils cruels ? Tourmentent-ils ? Torturent-ils ? Aiment-ils à faire souffrir les autres ? (Les extrémistes qui refusent d'admettre que les animaux puissent souffrir doivent aussi refuser d'admettre qu'ils puissent être cruels, dans la mesure où il est impossible de se réjouir d'une souffrance inexistante.) L'illustration habituelle d'un cas de torture d'un animal par un autre est celle du chat et de la souris. Tout le monde sait qu'il arrive à un chat bien nourri d'attraper une souris qu'il ne va pas manger. Il ne la tuera pas toujours sur-le-champ, mais la jettera en l'air, puis la laissera s'échapper avant de la rattraper à la dernière minute. Il la tiendra prisonnière sous sa patte et considérera ses efforts désespérés pour se libérer avec une expression qui ressemble fort à du plaisir. On a vu un léopard se comporter de la sorte avec des chacals qu'il avait pris[31].

Les expériences que Paul Leyhausen, entre autres, a réalisées avec des chats domestiques et des chats sauvages captifs montrent qu'un chat peut chasser, attraper et tuer des souris alors qu'il a cessé depuis longtemps d'être affamé. Par la suite, il peut cesser de les tuer, mais continuer à les chasser et à les attraper. S'il cesse, il continuera à les suivre à la trace. Enfin, au bout d'une longue période, il peut ne plus toucher aux souris, temporairement. Mais la phase au cours de laquelle le chat poursuit la souris et l'attrape sans la tuer et sans la manger ressemble fort à de la torture[32].

Remarquons ce que le chat préfère, dans l'ordre : chasser, attraper, tuer et, en dernier lieu, manger. Il y a là, en apparence, quelque chose de tout à fait contraire à la survie, mais cette hiérarchie correspond à ce que le chasseur doit pouvoir faire pour parvenir à ses fins. Un prédateur peut avoir à chasser de nombreux animaux avant d'en attraper un seul. Il n'est pas toujours capable de tuer sa proie (certaines s'enfuient). Il peut avoir à attraper plus de proies que nécessaire pour se nourrir (comme lorsqu'il doit faire des provisions pour ses petits). On a estimé qu'un tigre réussit à capturer une proie sur vingt[33]. Beaucoup de chatons exercent leurs talents de prédateur sur des proies que la mère a attrapées sans les tuer immédiatement. On a vu une lionne tenir entre ses pattes un phacochère vivant sous les yeux fascinés de ses lionceaux et des guépards apporter des gazelles vivantes à leurs petits[34].

Le chat qui a tué des souris à satiété prend-il plaisir à les voir souffrir ? Les chasseurs aiment à exercer leur habileté au tir et leurs capacités à dénicher leur proie. Tuer le faisan ou le cerf leur procurera une satisfaction, mais la plupart affirmeront qu'ils n'aiment pas les voir souffrir. Et pour les chats, comment savoir ? Prenons des proies incapables de souffrir. On ne voit pas comment un chat pourrait se réjouir de la souffrance d'une pelote de laine ou d'une boule de papier. Ce qui l'attire chez ses proies, ce sont certains attributs, un trottinement vif, une façon hésitante de se déplacer. Il est certain que ce n'est pas le propre de la pelote de laine ou de la boule de papier, mais de la souris. Mais si la boule de papier pouvait couiner et trottiner, peut-être attirerait-elle tout autant le chat. On a d'ailleurs vu des chats jouer avec des boules de papier pendant que des souris couraient autour d'eux[35].

Il n'y a pas que les mouvements de la proie qui fascinent les félins. Il y a aussi le fait qu'elle se cache. Leyhausen rapporte qu'en captivité un serval (un félin africain haut sur pattes, semblable au lynx), une fois sa faim satisfaite, est capable d'attraper une souris, de la porter délicatement au bord d'un trou ou d'une crevasse et de la relâcher. Si la souris n'en profite pas pour aller se cacher, le serval la pousse dans le trou d'un petit coup de patte, avant d'essayer de l'en faire sortir. C'est certainement très mauvais pour les nerfs de la souris, mais les servals jouent de même avec des morceaux d'écorce.

On peut aussi se demander si les chats prennent du plaisir à la souffrance d'une proie lorsqu'il n'y a pas tentative de fuite. Un chat aimerait-il le spectacle d'une souris en train d'être battue ou mise à la question ? C'est peu probable. Les souris prises au piège et blessées semblent ne susciter qu'un intérêt fugitif chez les chats. (Si quelqu'un suggérait de se livrer effectivement à ce genre d'expérience, cela nous instruirait encore un peu plus sur la cruauté humaine.) La souris blessée au point de ne pouvoir filer n'intéresse plus le chat. Peut-être va-t-il lui donner de petits coups de patte, histoire de voir si cela l'incite à se remettre à courir, mais, si tel n'est pas le cas, il s'ennuie. La souris a beau souffrir de manière évidente, être pantelante et perdre son sang, le chat bien nourri ne s'intéressera pas à elle si elle ne tente pas de s'échapper. La mort en soi n'a aucun intérêt pour lui.

D'où provient cette expression jubilatoire du chat ? Le chat aime chasser, capturer, triompher. Comme beaucoup de prédateurs. On peut dire que ceux-ci ont plaisir à tuer leur proie, mais ils ne s'intéressent pas à ce qu'elle éprouve. Ce sont les mouvements de la souris et non sa terreur qui fascinent le chat. Attraper leur proie fait partie de leurs tâches et ils aiment y parvenir.

Tuer au-delà des besoins alimentaires

Depuis que les êtres humains élèvent des animaux, bergers et fermiers sont excédés de voir des prédateurs tuer plus de bêtes qu'ils ne peuvent en manger. Le cas classique est celui de la belette qui s'introduit dans le poulailler et tue tous les poulets, ou celui du renard qui escalade une clôture et tue un troupeau d'oies entier avant de se sauver avec une seule. En milieu naturel, les orques vont attaquer un banc de poissons et s'en prendre aux uns, puis aux autres, laissant des corps déchirés flotter le ventre en l'air. Quand une rivière grouille de saumons, les ours s'emparent d'un poisson, puis d'un autre, mangeant à chaque fois un petit bout et allant parfois jusqu'à prendre et relâcher les poissons, sans même les tuer, dans une sorte de transe[36]. Il arrive que des hyènes, s'étant glissées à la faveur de la nuit au milieu d'un troupeau de gazelles, en tuent des dizaines, beaucoup plus que la bande ne peut en manger[37].

Les animaux qui tuent ainsi en excédent ont une réputation de cruauté et de méchanceté. Nous considérons qu'ils font un terrible gâchis et nous nous en servons à notre tour pour les abattre. Autrement dit, nous tuons sans raison alimentaire des animaux dont le nombre de proies tuées dépasse leurs besoins alimentaires[38].

Ces prédateurs sont souvent les mêmes qui font des réserves. Les renards et les belettes ont des caches de nourriture. On a vu des hyènes, captives ou en liberté, stocker de la viande dans des eaux peu profondes qui l'empêchent de pourrir aussi vite qu'à l'air libre[39]. Peut-être ces animaux tuent-ils au-delà de leurs besoins alimentaires parce qu'ils peuvent parfois placer le surplus dans une cache et continuent-ils à le faire quand ce stockage est impossible, comme le renard qui tue un troupeau d'oies et ne peut en emporter qu'une. Quand les hyènes tuent en excédent, d'autres membres de la bande, y compris les petits, mangent souvent une partie du surplus[40]. Les orques qui se précipitent sur plusieurs poissons à la fois réussissent à manger plus que si elles tuaient les poissons l'un après l'autre et les mangeaient au fur et à mesure, car le reste du banc se sauverait. Peut-être n'estiment-elles pas de façon précise le nombre de poissons que la bande va pouvoir consommer et en tuent-elles en trop grande quantité[41].

Mais ce sont là des arguments qui concernent simplement le rôle que joue dans la survie le fait de tuer en excédent. Du point de vue émotionnel, la question est de savoir si certaines espèces y *prennent du plaisir.* C'est probablement le cas, non parce qu'elles tuent au-delà de leurs besoins alimentaires, mais parce qu'elles utilisent leurs capacités au maximum ; elles font preuve de *funktionslust,* elles sont ravies des pouvoirs qu'elles ont. David Macdonald, scientifique et auteur de *Running with the Fox,* déclare : « J'ai observé des renards en train de tuer en excédent. Il ne fait aucun doute qu'ils ne manifestaient aucune agressivité et aucune frénésie, ni dans leur posture ni dans leur expression. Ils avaient plutôt l'air de se livrer à un jeu, ou peut-être tout simplement d'atteindre un but. »

Peut-on prétendre que les animaux n'éprouvent que des émotions gentilles ? Est-il vraisemblable qu'ils ne soient jamais cruels ? Sommes-nous la seule espèce a être capable de cruauté ?

La cible de la cruauté

Si rien ne permet de penser que les prédateurs torturent leur proie et se réjouissent de sa souffrance, n'en va-t-il pas autrement avec leurs congénères ? On a dit que la véritable cible de la cruauté d'un animal était son entourage le plus proche – sa famille ou les membres de son groupe. Les chats sont-ils cruels envers d'autres chats ? Les renards ont-ils plaisir à se montrer cruels avec d'autres renards ? Les hyènes avec d'autres hyènes ? Les preuves sont rares, en vérité, mais il est certain que cela leur arrive. Même dans leur tout jeune âge, les petits d'une même portée peuvent s'attaquer, voire s'entretuer. On peut sans risque avancer que celui qui tue va bénéficier d'un avantage évolutif, mais ses sentiments sont plus difficiles à deviner.

Ces animaux ressentent peut-être de la haine, mais la haine ne semble pas caractériser la relation entre le prédateur et la proie. D'un point de vue évolutionniste, les lapins n'auraient aucun avantage à haïr les chouettes, ce qui n'est d'ailleurs apparemment pas le cas. La peur correspond mieux à leur comportement et elle présente plus d'avantages pour eux. Il n'en reste pas moins que quelque chose qui ressemble à de la haine existe, mais les animaux la réservent à ceux qui se trouvent en compétition avec eux. Ceux-ci peuvent être des membres d'espèces différentes. Par moments, une profonde hostilité paraît exister entre les lions et les hyènes. Même quand ils ne se battent pas devant le cadavre d'une proie, ils s'observent mutuellement et attaquent l'animal isolé ou affaibli. George Schaller note qu'un lion qui poursuit une hyène, un guépard ou un léopard, n'arbore pas l'expression impassible du fauve en chasse. Il montre les dents et lance les mêmes appels hostiles que s'il s'agissait d'un autre lion[42].

La haine existe aussi entre congénères. Les uns et les autres ont des besoins identiques. Des loups sont capables non seulement d'évincer un autre loup de sa place dans la bande, mais aussi de l'attaquer méchamment, de le chasser et même de le tuer.

Congo, un chimpanzé élevé dès son plus jeune âge par des humains, fut très malheureux lorsqu'on le plaça dans un zoo. Pour lui tenir compagnie, on installa dans sa cage des femelles, mais il les prit en grippe et rejeta leurs gentilles attentions. Il se mit à solliciter les visiteurs pour qu'ils lui donnent leurs cigarettes allumées et à poursuivre les pauvres femelles dans l'intention de les brûler. Reportait-il injustement sur elles sa colère d'avoir été abandonné ? Ressentait-il du mépris à l'égard de congénères non socialisées ? Nul ne le sait, mais il éprouvait sans aucun doute des sentiments violents. Le moral de Congo continua à baisser. Il finit par cesser de tourmenter les femelles et mourut quelque temps après[43].

Certains animaux deviennent les boucs émissaires d'un groupe, surtout lorsque celui-ci vit dans un espace réduit. Leyhausen a placé des chats en grand nombre dans de petits enclos afin de voir quelles relations allaient se créer entre eux. Dans l'un de ces groupes, la « communauté des douze », deux chats sont devenus des parias, sans raison apparente. Dès qu'ils s'aventuraient en dehors du tuyau qui leur servait de repaire, près du plafond, les autres les attaquaient. Ils n'osaient même pas en descendre pour aller se nourrir, sauf lorsque Leyhausen montait la garde[44]. Il ne faudrait pas pour autant en conclure que ce genre de situation est inévitable. En effet, Leyhausen put constater que, dans d'autres « communautés », il n'y eut ni parias ni chats dominants. En milieu naturel, le paria peut toujours quitter le groupe pour s'intégrer à un autre ou pour vivre seul. Pourtant, ce qui conduit un animal sauvage à se séparer de son groupe ressemble parfois à de la cruauté. La question de la cruauté chez les animaux restera sans réponse si, plutôt que leur manière de se nourrir, nous n'examinons pas de près leur façon de traiter les membres de leur propre espèce.

La jalousie : une émotion « naturelle » ?

Il semble que la jalousie, ce sentiment qui, chez nous, s'exprime souvent par la colère, soit l'une des sources de l'agression chez les animaux sociaux. Considérée sous l'angle évolutionniste, la jalousie a une valeur. Entre petits nés des mêmes parents, elle va assurer à l'individu l'accès à la nourriture et aux soins parentaux. Entre le mâle et la femelle, elle va garantir que les deux parents se consacreront à leur progéniture.

Chez les humains, la jalousie est généralement mise à l'index. Le jaloux se voit souvent conseiller de changer d'attitude. Et, dans le domaine amoureux, on la considère parfois comme un produit de la culture, qui n'a rien de naturel. Notre propos n'est pas d'examiner si le jaloux est dans son tort ou s'il agit inconsidérément. En revanche, nous pouvons tenter de déterminer si la jalousie est ou non une production de notre culture, en posant la question de son existence chez l'animal. (Il est beaucoup plus difficile de déterminer s'il s'agit d'une production de la culture animale.)

La jalousie peut apparaître dès que des animaux se rassemblent, mais on considère généralement qu'elle concerne les petits entre eux, ainsi que les membres d'un couple. Il arrive que les petits se comportent avec une grande méchanceté mutuelle, allant jusqu'à s'entre-dévorer ; on ignore s'il entre de la jalousie dans cette attitude. Elle se manifeste aussi parmi les membres d'un même groupe. William Jordan raconte les conséquences de la naissance, dans un zoo, du premier bébé au sein d'un groupe de gorilles. Les liens entre les uns et les autres se sont resserrés, sauf en ce qui concerne Caesar, le frère de la mère. Caesar s'est montré hostile envers la petite femelle. Il lui a jeté des branches, lui a tapé sur la tête. Il a fini par escalader la clôture de l'enclos « dans ce qui ressemblait à un accès de jalousie », et il a fallu le placer dans une autre cage[45].

Dans une réserve de Suède, Bimbo, un jeune éléphant, était l'objet des attentions affectueuses de Tabu, une femelle plus âgée. Quand arriva un éléphanteau plus petit, Mkuba, Tabu cessa de s'intéresser à Bimbo. Bimbo réagit en donnant sournoisement des coups de défense à Mkuba dès qu'il en avait l'occasion et Mkuba, lui, réagit à ces attaques en appelant Tabu au secours d'une voix stridente[46]. Ce genre de comportement, qui rappelle terriblement la conduite des humains, est de ceux qui poussent les scientifiques à décider de donner des numéros et non plus des noms aux animaux qu'ils observent.

Bien que la notion de jalousie œdipienne soit destinée aux

humains, Herbert Terrace interprète les actes du chimpanzé Nim à la lumière de cette conception freudienne. Nim a été enlevé à sa mère à l'âge de cinq jours et placé au sein d'une famille humaine. Sa mère de substitution, Stephanie, remarqua que Nim manifestait à l'égard de son mari un mélange d'affection et d'hostilité. Un après-midi, Stephanie et son époux faisaient une sieste sur leur grand lit, avec entre eux Nim, alors âgé de six mois. Nim paraissait dormir mais, lorsque l'homme voulut entourer sa femme de son bras, Nim bondit et le mordit. Terrace ne peut résister à l'envie de décrire le comportement du chimpanzé comme « foncièrement œdipien », quoiqu'on puisse lui trouver d'autres explications[47].

Alex, le célèbre perroquet gris qui comprend le sens des mots qu'il prononce, n'est pas un oiseau prodige. Irene Pepperberg, qui l'a dressé, a fait de même avec un autre, aussi doué. Interrogée sur ce qui, à ses yeux, a permis qu'Alex apprenne infiniment plus que des milliers de perroquets avant lui, elle attribue ce succès à la méthode du modèle/rival. (On pourrait imaginer que certains de ces perroquets apprivoisés comprennent le sens des mots qu'ils prononcent, mais telle n'est pas sa conviction.) Cette méthode nécessite la présence de deux personnes, l'une qui dresse l'animal, l'autre qui joue le rôle du modèle, ou rival. Pour apprendre à Alex le mot « vert », par exemple, on montre au modèle (généralement un étudiant) un objet vert en lui demandant d'énoncer sa couleur. Si l'étudiant répond « vert », le dresseur le complimente et lui donne l'objet pour le récompenser. S'il se trompe, il n'a pas de récompense.

C'est ensuite au tour d'Alex, qui a tout observé, de faire de même. Pour lui, l'étudiant est peut-être un modèle, qui lui montre ce qu'on attend de lui et quelle est la récompense. A moins que ce ne soit un rival, quelqu'un dont Alex est jaloux. Peut-être Alex n'a-t-il aucune envie de l'objet vert, jusqu'à ce qu'il voie un autre l'obtenir. Peut-être n'apprécie-t-il pas de voir quelqu'un d'autre recevoir des félicitations[48]. Nous en sommes réduits à des spéculations, dans la mesure où Irene Pepperberg n'analyse pas le système modèle/rival en fonction des sentiments d'Alex, mais se concentre sur sa valeur de référence, son application dans un contexte donné et son interactivité[49].

De temps en temps, les perroquets, qui forment des couples stables, ont l'air d'être jaloux l'un de l'autre. Il arrive aussi qu'un perroquet apprivoisé se révèle soudain hostile à l'égard des humains lorsqu'il se retrouve en couple[50]. Mattie Sue Athan, spécialiste des perroquets, estime qu'un tiers des demandes de conseils qu'elle reçoit a pour origine un « triangle amoureux » : le perroquet élevé par un couple est tombé amoureux de l'un des deux et tente de se débarrasser de l'autre en lui manifestant son hostilité[51]. Les orques peuvent également se montrer sexuellement jalouses. Dans un océanarium de Californie, vivaient trois orques, un mâle, Nepo, et deux femelles, Yaka et Kianu. Quand Nepo atteignit sa maturité sexuelle, il montra une préférence pour Yaka. Kianu interrompit à plusieurs reprises leur accouplement en sautant hors de l'eau et en se laissant retomber sur eux. Elle finit par attaquer Yaka au cours d'un numéro[52].

En établissant une classification de l'accouplement chez les animaux, des scientifiques ont déterminé un certain nombre de systèmes dans lesquels, génétiquement parlant, il serait de l'intérêt d'un animal d'empêcher son partenaire de s'accoupler avec d'autres. Ces scientifiques parlent en termes de « partenaires qui monopolisent », qui « défendent », qui « gardent », mais pas en termes d'amour ou de jalousie. Pourtant, un comportement jaloux, au sens de la possessivité ou d'un renforcement de l'exclusivité dans le couple, a sans aucun doute des conséquences génétiques. Au sein de la célèbre colonie de chimpanzés du zoo d'Arnhem, les mâles de rang supérieur empêchent souvent les femelles de s'accoupler avec des mâles de rang inférieur en attaquant les unes et les autres. Pendant la journée, raconte Frans de Waal, les femelles repoussent l'invitation de mâles de rang inférieur. La nuit, les chimpanzés sont placés dans des cages différentes. Au cours de ce processus, une fois les mâles de rang supérieur enfermés dans leur cage, les femelles ont une chance de pouvoir s'accoupler avec des mâles de rang inférieur sans craindre d'être agressées et elles vont parfois jusqu'à se précipiter vers leur cage pour s'accoupler avec eux à travers les barreaux[53]. S'il n'y avait pas les cages, les femelles n'oseraient peut-être jamais s'accoupler avec les mâles de rang inférieur. En liberté, les chimpanzés quittent parfois leur groupe en couple, comme « consorts », ce qui serait une façon de mettre un terme à des agressions dues à la jalousie.

Agression et non-agression

Frans de Waal fait remarquer qu'il existe proportionnellement peu d'études sur l'évitement de l'agression, le rétablissement de la paix et sur la réconciliation, tant chez les animaux que chez les humains, alors qu'il s'agit d'éléments essentiels de la vie sociale. En 1975, il étudiait les chimpanzés au zoo d'Arnhem. Sous ses yeux, l'un d'eux en attaqua un autre. L'altercation s'envenima, d'autres membres du groupe s'en mêlèrent et ce fut bientôt un concert de cris stridents. Une pause intervint alors. Les deux chimpanzés à l'origine de la querelle s'étreignirent et s'embrassèrent, tandis que les autres poussaient de petits cris d'excitation[54]. De Waal vit dans cet épisode une scène de réconciliation. « A dater de ce jour, j'ai remarqué qu'il était courant que les agresseurs et les victimes se réconcilient avec émotion. Ce phénomène m'est apparu comme si évident que j'ai eu du mal à imaginer qu'il ait pu jusqu'alors passer inaperçu, à mes yeux comme à ceux des autres éthologistes[55]. »

Depuis, de Waal a étudié la réconciliation chez les singes rhésus, les bonobos et les singes sans queue. Non seulement ces primates s'efforcent de se réconcilier après des manifestations d'hostilité, mais ils poussent d'autres à le faire. Mama, la plus vieille femelle de la colonie d'Arnhem, mit ainsi fin à un conflit entre deux mâles dominants, Nikkie et Yeroen. Elle s'approcha de Nikkie et lui plaça un doigt dans la bouche, ce qui est un geste destiné à rassurer. En même temps, elle fit signe à Yeroen de la rejoindre et l'embrassa. Lorsqu'elle laissa les deux chimpanzés face à face, Yeroen étreignit Nikkie. Leur querelle était terminée.

De Waal ne cherche pas à démontrer que les primates ne sont pas agressifs, mais que la manière dont ils gèrent et détournent l'agression est tout aussi importante que leur antagonisme et mérite la même attention. Pour bien comprendre ce qu'est la réconciliation, il faut avoir des preuves des émotions ressenties par ceux qui font la paix. De même, nous ne comprendrons pas ce que sont l'agression, la cruauté, la dominance et l'attraction qu'elles exercent sur les animaux et sur nous tant que nous n'aurons pas saisi leurs aspects émotionnels.

8.

La compassion, le secours aux autres et le débat sur l'altruisme

Cela se passait au Kenya, pendant la saison des pluies. Une mère rhinocéros noir et son bébé venaient d'arriver dans une clairière où l'on avait déposé du sel pour les animaux. La mère, après en avoir léché un peu, se remit en marche, mais le petit resta pris dans la boue épaisse. Il appela sa mère, qui revint sur ses pas. Elle le renifla, l'examina, puis regagna l'abri des arbres. Il se remit à crier, la mère revint de nouveau, repartit et ainsi de suite. Bientôt le bébé rhinocéros fut épuisé. Apparemment, sa mère ne voyait pas où était le problème – son petit n'avait aucune blessure – ou bien elle ne savait pas comment le résoudre.

Là-dessus, un groupe d'éléphants arriva. La mère chargea leur chef et celui-ci l'évita. Il alla lécher du sel qui se trouvait à environ trois cents mètres du petit rhinocéros. Tranquillisée, la mère repartit à la recherche de nourriture dans la forêt. Un éléphant aux défenses impressionnantes s'approcha alors du petit et le parcourut avec sa trompe. Puis il s'agenouilla, glissa ses défenses sous le bébé et commença à le soulever. La mère sortit du couvert des arbres et le chargea. L'éléphant dut abandonner et repartir vers l'autre point de ravitaillement en sel. Durant plusieurs heures, à chaque fois que la mère regagnait la forêt, l'éléphant tentait d'arracher son petit à la boue et, à chaque fois, il devait abandonner car la femelle le chargeait pour protéger son enfant. Les éléphants finirent par s'en aller, laissant le jeune rhinocéros embourbé. Le lendemain matin, alors que les observateurs s'apprêtaient à intervenir, le petit parvint enfin à se dégager tout seul de la boue qui entre-temps avait séché[1].

L'éléphant qui a tenté de libérer le jeune rhinocéros l'a fait à ses risques et périls. Pourquoi a-t-il pris la peine de lui prêter assistance ? On imagine mal quel bénéfice génétique il pouvait retirer de la survie du rhinocéros. L'un et l'autre sont des pachydermes, mais il n'y a aucune raison de penser que les éléphants puissent confondre des rhinocéros avec leurs congénères. Peut-être cet éléphant-ci se rendit-il compte de la jeunesse du rhinocéros et de la situation dans laquelle il se trouvait et, dans un grand élan de générosité, décida-t-il de l'aider.

Les éléphants ne sont pas toujours gentils avec les rhinocéros, y compris avec les jeunes. On en a vu certains en entourer un et lui envoyer de la poussière dans les yeux. Dans le parc national d'Aberdare, toujours au Kenya, une nuit de 1979, la rencontre tourna au drame. Des éléphants qui parvenaient à un point d'eau en chassèrent un rhinocéros. Sur ce, arriva une mère rhinocéros avec son petit, qui se mit à jouer avec un éléphanteau. La mère de celui-ci attrapa le jeune rhinocéros avec sa trompe, le rejeta sous le couvert des arbres et fit mine de vouloir l'empaler avec ses défenses. En retour, la mère rhinocéros la chargea et elle put s'échapper avec son petit. A ce moment, le rhinocéros qui avait été délogé du point d'eau fit son retour. L'éléphante irascible le chargea, le projeta à une distance de trois mètres, s'agenouilla sur lui et lui planta une défense dans le corps, le blessant mortellement[2].

Ces deux incidents ne sont pas plus incompatibles que des comportements humains différents. Envers un enfant qu'ils ne connaissent pas, les gens se comportent parfois généreusement, parfois mal. Cependant, s'il ne s'est trouvé quasi personne pour soutenir que les animaux étaient incapables de se battre et de s'entre-tuer, on rencontre couramment l'opinion qu'ils sont incapables de manifester de l'altruisme et d'éprouver de la compassion et de la générosité. Or rien ne permet de confirmer cette hypothèse.

Souvent on voit des animaux défendre des jeunes, qu'ils aient ou non un lien de parenté avec eux. Chez les oryx blancs, ce n'est pas seulement la mère qui va défendre le jeune, mais n'importe quel membre du groupe[3]. Lorsqu'une gazelle de Thompson s'interpose entre son faon et une hyène, elle est imitée par les autres femelles. On a vu ainsi quatre gazelles détourner ensemble l'attention d'une hyène d'un faon[4].

Un jeune animal n'a pas toujours besoin d'appartenir à un groupe pour que des adultes sans lien de parenté avec lui viennent à sa rescousse. Ainsi, un chercheur qui tentait de marquer des petits rhinocéros apprit à son corps défendant que les hurlements de l'un d'eux faisaient venir à son aide non seulement sa mère, mais tout autre rhinocéros à portée de voix[5].

Quand, à Gombe, un chimpanzé adolescent qui chassait des cochons sauvages avec un groupe captura un cochonnet, la truie le chargea et le mordit jusqu'au sang. Le cochonnet s'enfuit, mais la mère garda ses dents plantées dans la chair de Freud (c'est son nom). Gigi, une femelle chimpanzé sans enfant, chargea à son tour la truie, qui fit alors volte-face. Bien qu'ayant une vilaine blessure, Freud parvint à se hisser dans un arbre tandis que Gigi échappait de peu aux dents de la truie[6].

Les zèbres défendent avec vigueur les membres de leur groupe, jeunes ou adultes, contre les attaques des prédateurs. Sous les yeux d'Hugo Van Lawick, des chiens sauvages poursuivirent une vingtaine de zèbres. Ils parvinrent à séparer du groupe une femelle accompagnée de son petit et d'un jeune d'un an et les entourèrent pendant que le reste du troupeau disparaissait de l'autre côté de la colline. Le petit poulain était leur cible, mais la mère et le jeune les tinrent à distance. Au bout d'un moment, les chiens sauvages se mirent à faire des bonds, dans le but de saisir la femelle par sa lèvre supérieure, prise qui réussit presque toujours à immobiliser un zèbre. Pour Van Lawick, les chiens n'allaient pas tarder à parvenir à leurs fins quand, à sa grande surprise, il sentit trembler le sol et, levant les yeux, vit une dizaine de zèbres qui fonçaient vers le lieu du drame. Le troupeau emporta dans son galop les trois zèbres encerclés et disparut en les gardant dans ses rangs. Les chiens sauvages les suivirent sur une courte distance, avant d'abandonner la poursuite[7].

Les jeunes animaux ne sont pas seuls à être défendus. Il arrive que des buffles d'Afrique en défendent un autre, même adulte. Une fois, un buffle adulte était aux prises avec un lion ; plusieurs autres vinrent à sa rescousse et chassèrent l'attaquant, ainsi que deux autres lions qui attendaient à proximité[8].

Ce genre de comportement ne fait pas vibrer tous les scientifiques. Au XIXe siècle, le naturaliste Henry Walter Bates, collectionneur d'oiseaux, tira sur un toucan près du fleuve Amazone. Quand il le ramassa, l'oiseau vivait encore et il se mit à pousser des cris.

> En un instant, cet obscur recoin grouilla d'oiseaux comme par magie, alors qu'à mon arrivée on n'en voyait pas un seul. Ils descendaient vers moi, sautant d'une branche à l'autre, certains se balançant sur des lianes noueuses et ligneuses, dans un vacarme de croassements et de battements d'ailes. On aurait cru des furies. Si j'avais eu à la main un long bâton, j'aurais pu en faire tomber plusieurs. J'achevai le blessé et me préparai à punir ces viragos de leur audace et par là même à obtenir d'autres spécimens mais, les hurlements de leur compagnon ayant cessé, ils remontèrent dans les arbres et, avant que j'aie pu recharger mon fusil, tous avaient disparu[9].

Ces oiseaux ne faisaient courir aucun danger à Bates, mais ils auraient peut-être pu sauver leur compagnon s'ils avaient été face à un prédateur plus petit et moins bien armé.

Voyons maintenant ce que disait en 1934, lors d'une conférence devant un auditoire de psychanalystes, le conservateur chargé de l'ornithologie à la Smithsonian Institution : « A ma connaissance, il n'existe chez aucun oiseau rien de ce qui pourrait ressembler à de la pitié ou à de la compassion envers les blessés [...] on a répertorié certains cas qui, en apparence, ressemblent à des exemples de sympathie ou de compassion à l'égard d'autres oiseaux. Ainsi, certains perroquets, qui sont très grégaires dans leurs habitudes alimentaires, font preuve de ce qui semble un fort attachement mutuel entre membres d'une volée. Si un chasseur a tué ou blessé l'un d'entre eux, au lieu de s'envoler, terrifiés, ils volettent autour de lui en vociférant (en “hurlant”, comme certains ont pu l'écrire) et peuvent à leur tour être victimes du tireur qui continue à faire feu. » Tout cela, nous dit ce conférencier, n'est « aucunement de la sympathie et de la compassion authentiques, au sens où nous l'entendons », mais un sentiment plus proche du « comportement névrotique de simulation chez les oiseaux dont les nids, les œufs ou les jeunes se trouvent en danger[10] ». Il s'agit là d'une approche plus psychanalytique que béhavioriste, et cependant, en affirmant que les oiseaux ne font pas montre de compassion mais de névrose, l'auteur parvient à la même négation des émotions animales.

Il existe une autre forme d'altruisme, au sens de s'occuper des autres sans penser à soi, chez les animaux qui en nourrissent un autre ou partagent leur nourriture avec lui, réduisant par là même de manière tangible leurs chances de survie. Ceux qui observent les lions l'ont remarqué : une vieille lionne qui ne peut plus avoir de petits ou n'a plus de dents survit des années durant grâce aux lions plus jeunes, qui partagent leur nourriture avec elle.

David Macdonald, biologiste et spécialiste des renards, a pu écrire qu'un des commandements du renard roux semble : « Tu ne partageras pas ta nourriture », mais il en a également vu apporter de la nourriture à d'autres, blessés. Une renarde,

Wide Eyes, fut un jour blessée par une moissonneuse. (Macdonald la conduisit chez un vétérinaire, qui jugea ses blessures mortelles.) Le lendemain, sa sœur, Big Ears, vint apporter de la nourriture à l'endroit où Wide Eyes avait été blessée, en émettant les petits cris qui sont destinés à inciter les renardeaux à manger (pourtant, Big Ears n'avait pas de progéniture). Elle la déposa sur les traces sanglantes qui demeuraient sur le sol, à l'endroit où, la veille, sa sœur gisait. Une autre fois, un renard eut une épine dans la patte et la blessure s'infecta. La renarde dominante de son groupe lui apporta à manger et il guérit[11].

La compassion à l'égard des malades et des blessés

Tatu, une mangouste naine dont nous décrirons un peu plus loin la séparation accidentelle d'avec sa famille, reçut un jour une grave blessure à une patte antérieure au cours d'un combat avec un autre groupe de mangoustes[12]. Il lui fut donc impossible de fondre sur ses proies pour s'en emparer avec ses deux pattes de devant. Elle ménagea cette patte blessée, dont les ongles poussèrent, ce qui la rendit encore plus inutilisable. Tatu se déplaçait donc lentement et elle perdit du poids. Les autres mangoustes passèrent plus de temps qu'auparavant avec elle. Elles la toilettèrent lorsqu'elle devint incapable de le faire elle-même. Jamais elles ne lui apportèrent de nourriture, mais, d'après Anne Rasa, qui les observait, elles effectuèrent leurs recherches alimentaires près d'elle de plus en plus souvent. Lorsqu'elles avaient capturé une proie, Tatu la réclamait et elles la lui abandonnaient souvent. En tant que jeune femelle, Tatu était « de rang supérieur ». Il n'est donc pas étonnant que les autres lui aient abandonné leur nourriture. Ce qui l'est plus, c'est qu'elles aient choisi de venir chasser près d'elle de façon à ce que cela se produise. Au début, Anne Rasa crut qu'il s'agissait d'une coïncidence, mais bientôt, note-t-elle, elle fut persuadée que c'était un choix délibéré. Tatu recevait ainsi la moitié de sa nourriture, ce qui ne l'empêcha pas toutefois de mourir, un peu plus tard. Lorsqu'elle mourut, dans une termitière, le groupe cessa de se déplacer. Il ne reprit sa route que lorsque son cadavre commença à se décomposer.

On trouve une autre manifestation de compassion, quoique dans des circonstances beaucoup moins graves, chez une femelle gorille, Koko, qui avait appris la langue des sourds-muets. Une personne qui travaillait avec Koko fut un jour victime d'une indigestion. Elle lui demanda ce qu'elle devait faire pour son « mal à l'estomac ». Koko, à laquelle on donnait du jus d'orange supplémentaire quand elle était malade, lui répondit par signes « estomac toi orange ». La femme éructa et Koko indiqua « estomac toi là boire orange », le « là » faisant référence au réfrigérateur contenant le jus. La femme but, déclara qu'elle se sentait mieux et proposa un peu de jus à Koko. Alors, et seulement à ce moment-là, Koko s'intéressa au jus d'orange. Dix jours plus tard, quand la même personne revint et donna un peu de jus à Koko, celle-ci le lui tendit. Il fallut l'assurer que la visiteuse n'était pas malade pour qu'elle accepte de le boire[13].

On a vu des éléphants apporter des jeunes branchages à un vieux mâle qui gisait sur le sol, trop malade pour partir lui-même à la recherche de nourriture[14].

Outre la nourriture, les animaux ont d'autres moyens d'aider les malades et les blessés. Souvent, si l'un des leurs est en difficulté, les dauphins et les baleines le soutiennent et le remontent à la surface. C'est exactement ce que la mère dauphin fait avec son nouveau-né et ce que font les « sages-femmes » dauphins avec les mères en train d'accoucher.

On sait aussi que certains animaux risquent leur vie pour en sauver d'autres, sans lien de parenté avec eux. Un jour, dans l'océan Pacifique, l'équipage d'un bateau tua d'un coup de fusil un globicéphale (une espèce de baleine) mâle adulte. Son cadavre dérivait vers le bateau lorsque deux autres globicéphales apparurent. Ils encadrèrent le corps, appuyèrent leur nez sur sa tête et plongèrent, l'entraînant avec eux. Ils parvinrent à aller suffisamment loin pour échapper aux regards[15]. Ce geste est particulièrement remarquable, dans la mesure où il ne correspond à aucun comportement stéréotypé chez les cétacés. On a vu également des baleines et des dauphins aider des compagnons blessés à échapper à leurs agresseurs humains et venir s'en prendre aux lignes reliées à des harpons ou à des filets dont d'autres étaient prisonniers.

En tirant sur des lions au moyen de fléchettes anesthésiantes, on risque de provoquer des réactions diverses, pas toujours altruistes. Le lion touché peut attaquer ses voisins s'il les soupçonne d'être à l'origine de la douleur, tout comme il peut être la cible d'autres lions quand l'anesthésie a fait son effet. Parfois, il lève les yeux vers les branches des arbres, comme s'il croyait que quelque chose lui était tombé dessus, parfois il charge le véhicule dans lequel se trouve le tireur. Il lui arrive aussi de s'enfuir avant de s'effondrer ou de grimper à un arbre. Souvent, il arrache la fléchette avec ses dents. Et, de temps en temps, c'est un autre lion qui s'en charge[16].

Cynthia Moss rapporte le cas d'une jeune éléphante gravement handicapée. Elle boitait, car une de ses pattes postérieures avait été fracturée quand elle était toute petite. Cette éléphante n'aurait certainement pas pu survivre si sa mère et d'autres membres de son groupe n'avaient veillé sur elle, en évitant les terrains difficiles et en l'attendant systématiquement. Les gorilles, eux aussi, se déplacent lentement, le cas échéant, pour permettre à leurs compagnons blessés de suivre le rythme. Il est difficile de croire que ce n'est pas une décision prise en connaissance de cause.

Ralph Dennard a passé presque vingt ans de sa vie à dresser des chiens destinés aux malentendants. Ces chiens se précipitent pour alerter leur maître lorsqu'ils entendent retentir la sonnette, une sirène d'alarme ou la sonnerie du téléphone, d'une minuterie ou du réveil. Pour Dennard, il ne fait pas de doute qu'ils ont des émotions comme la peur, l'amour, le chagrin, la curiosité, mais il lui paraît peu probable qu'ils éprouvent de la compassion[17].

Un couple avec un enfant se procura un de ces chiens pour aider le père de famille. Gilly, un colley, arriva chez eux quelques mois avant la naissance de leur second enfant, et ils étaient un peu inquiets à l'idée que la chienne puisse éprouver de l'hostilité et de la jalousie à l'égard du bébé. Or, au cours de la première nuit que le nouveau-né passa à la maison, Gilly tira la mère de famille d'un profond sommeil et se lança dans une série d'allées et venues pressantes entre le berceau de l'enfant et le lit. La jeune femme se leva et découvrit que le nourrisson était tout bleu. Il s'était étouffé avec du mucus et avait cessé de respirer. La mère parvint à lui nettoyer les voies respiratoires et à le ranimer. Plus tard, Gilly prit l'habitude de prévenir la mère à chaque fois que le bébé pleurait[18].

Une autre fois, un de ces chiens pour malentendants réveilla une femme après qu'un chat eut sauté sur la cuisinière et déclenché accidentellement une fuite de gaz. « Pourquoi le chien a-t-il réagi à cela ? » s'interroge Ralph Dennard, remarquant qu'aucun son, aucune sonnerie, en effet, ne l'y avait incité. L'odeur du gaz a pu toutefois le déranger et il a prévenu un humain pour qu'il règle le problème. Mais dans le cas du nouveau-né, qu'est-ce qui a bien pu alerter le chien ? Peut-être le bébé a-t-il fait un peu de bruit en s'étouffant. Le chien n'avait toutefois pas été dressé à réagir par rapport à l'enfant. Il semble évident qu'il a compris que l'enfant avait besoin d'aide et qu'il a fait en sorte de la susciter. Chez les humains, on appelle cela de la compassion.

Un autre chien dressé pour les malentendants, Chelsea, se montrait également très attentif envers les enfants. Voyageant en avion avec ses propriétaires, il tenta à plusieurs reprises de les inciter à aller au secours d'un bébé qui pleurait. Au bout d'un certain nombre de vols, ils finirent par réussir à le persuader de laisser les parents prendre en charge les pleurs de leur progéniture[19].

Un chimpanzé en captivité, Toto, constitue un exemple attachant de sympathie. Dans un récit daté de 1925, son propriétaire, Cherry Kearton, raconte comment, ayant attrapé la malaria, il est veillé nuit et jour par Toto. Toto apporte à son maître, quand celui-ci le lui demande, de la quinine et un verre. Il fait de même avec un livre. Dans ce cas, Toto montre du doigt chaque livre, l'un après l'autre (il n'y en a guère plus d'une dizaine), jusqu'à ce que Kearton fasse comprendre au chimpanzé lequel il veut. Koko, alors, le lui apporte. A plusieurs reprises au cours de sa convalescence, Kearton s'endort tout habillé sur son lit et Toto lui enlève ses bottes. « Sans doute, parmi mes lecteurs, certains vont-ils juger absurde l'idée qu'il existe de l'amitié entre un homme et un singe, écrit Kearton, et estimeront-ils que Toto ne peut en réalité éprouver les sentiments que je lui attribue, puisque “ce n'est qu'un animal”. Si, comme moi, ils avaient fait l'expérience de sa tendresse et constaté ses attentions à mon égard, ils ne parleraient pas ainsi[20]. »

Un animal malade, blessé ou malheureux, peut aussi être réconforté par d'autres, comme nous l'avons vu dans le cas de Tatu la mangouste. Des observateurs ont vu en milieu naturel un chimpanzé adulte, Little Bee, descendre d'un arbre avec des fruits et les remettre à sa mère, trop vieille pour y grimper[21]. Comme nous l'avons remarqué, Nim, le chimpanzé, qui avait appris à communiquer par le langage gestuel, se montrait très tendre à l'égard des gens qui pleuraient et se montrait aussi très réceptif à l'égard d'autres manifestations de chagrin[22]. De fait, sa mère de substitution déclara que, lorsque son père était en train de mourir d'un cancer à l'hôpital, Nim réagit à sa peine de manière beaucoup plus directe et plus réconfortante que n'importe qui d'autre dans la famille. Le trente-sixième mot qu'avait appris Nim était « désolé » et il s'en servait quand un de ses compagnons était bouleversé[23].

Il existe aussi une forme de compassion par omission. Au cours d'une sinistre expérience, parfaitement inexcusable, on dressa quinze singes rhésus à tirer sur deux chaînes qui, l'une comme l'autre, leur permettaient de recevoir de la nourriture. Quelque temps après, on introduisit un nouvel élément : la manipulation de l'une des deux chaînes déclenchait l'envoi d'une forte décharge électrique chez un autre singe placé dans un compartiment adjacent. Les deux tiers des singes préférèrent tirer sur la chaîne qui commandait l'obtention de la nourriture sans pour autant infliger de décharge. Deux autres singes, après avoir vu leur congénère recevoir le courant, refusèrent de tirer l'une et l'autre chaîne. Les singes se montrèrent d'autant moins enclins à envoyer la décharge à d'autres qu'ils connaissaient ces singes ou qu'ils avaient eux-mêmes reçu le courant[24].

Cette résistance contraste fortement avec les résultats de l'expérience que nous avons déjà décrite, dans laquelle des singes rhésus élevés en isolement étaient attachés sur des dispositifs cruciformes dans une cage avec d'autres singes rhésus élevés « normalement ». Les singes libres de leurs mouvements se livraient sur les animaux immobilisés à divers gestes de sadisme. En fait, ils touchaient et mordaient aussi leurs liens mais, aux yeux de l'expérimentateur, ce n'était pas dans le but de libérer le prisonnier, car cela leur arrivait moins souvent que lorsque le dispositif était vide. On pourrait répondre que les singes immobilisés ne savaient pas susciter la compassion chez les autres, ou que ces derniers ignoraient comment libérer les prisonniers. Quoi qu'il en soit, ce n'est pas parce que, dans une situation donnée, un groupe de singes manifeste une absence de compassion que l'on doit dénier la présence de compassion chez d'autres invidus, dans des circonstances différentes.

Le débat sur l'altruisme

Depuis des années, l'existence de l'altruisme chez l'animal est un sujet de controverse : une certaine école prétend qu'elle est impossible. Dans ce débat scientifique, ce que l'on considère comme de l'altruisme est différent de la définition que vous et moi lui donnons habituellement. Il s'agit d'un comportement qui bénéficie à l'autre, mais réduit les chances de survie de l'altruiste. D'après Richard Dawkins : « Par rapport au but recherché, nous pouvons définir l'altruisme comme un comportement autodestructeur qui se manifeste au bénéfice des autres[25]. » Comment la sélection naturelle – le processus par lequel seuls les mieux adaptés survivent et réussissent à transmettre leur patrimoine génétique – pourrait-elle jouer en faveur d'un animal qui a dilapidé son énergie ou risqué sa vie dans un acte d'altruisme ? Cette attitude, avance-t-on, ne bénéficie à l'animal – ou plutôt à ses gènes – que dans la mesure où il aide un de ses proches. De savants calculs ont été faits afin de déterminer le degré de parenté qui doit lier un animal à un autre pour que, sur le plan génétique, il soit utile de lui apporter de l'aide. Selon ces critères, l'altruisme qui s'exerce à l'égard d'un proche n'est donc pas considéré à proprement parler comme de l'altruisme.

Dès le début de son ouvrage *Le Gène égoïste*, Richard Dawkins précise qu'il désigne par le terme *altruisme* un comportement et non « la psychologie des motifs[26] ». On ne sépare pourtant pas aussi facilement comportement et motivation. C'est esquiver un aspect important de la question. La redéfinition de ce terme que nous utilisons couramment vient embrouiller le débat mené par la sociobiologie sur l'altruisme. Si la compassion envers les proches existe en tant qu'émotion et non pas exclusivement en tant que comportement adaptatif, alors la compassion envers ceux qui ne sont pas des proches est également possible.

On en trouve d'ailleurs un exemple – à l'égard d'une personne dont la souffrance était très relative – au sein d'un groupe de chimpanzés de Gombe suivi par le chercheur Geza Teleki. Un jour, Teleki, découvrant qu'il avait oublié d'apporter son déjeuner, tenta de faire tomber quelques fruits d'un arbre au moyen d'un bâton. Des chimpanzés se trouvaient dans les arbres voisins, où ils étaient en train de se nourrir. Au bout d'une dizaine de minutes, un jeune mâle, Sniff, voyant les efforts infructueux de Teleki, cueillit quelques fruits, descendit de sa branche et en fit don au chercheur. C'est de l'altruisme, quelle que soit la définition que l'on en donne, dans la mesure où il n'y avait aucun lien de parenté entre l'homme et le chimpanzé[27].

Quelques années plus tard, la mère de Sniff mourut. Le chimpanzé adopta alors sa petite sœur, âgée de quatorze mois. Il partageait avec elle sa nourriture, la faisait dormir dans son nid et l'emmenait partout avec lui. Elle ne survécut pourtant que trois semaines, car elle n'était pas sevrée et le lait maternel lui était essentiel[28]. Pour un sociobiologiste, le comportement de Sniff ne serait pas considéré comme de l'altruisme, dans la mesure où la petite femelle avait les mêmes gènes que lui. Cependant, on peut dire qu'au sens habituel du terme une même compassion, quoique de force différente, a motivé l'adoption de sa sœur et le don de fruits à un humain affamé.

Un certain nombre d'actes que le commun des mortels croit être de l'altruisme – prendre des risques pour protéger sa progéniture, par exemple – ne sont pas considérés comme tel par la science. Assurer sa reproduction, c'est assurer celle de ses gènes ; si un animal ne protège pas sa progéniture, il a moins de chances de transmettre ses gènes. De même, n'entre pas dans le cadre de l'altruisme l'aide apportée à des proches autres que les enfants. Il a été montré que certains animaux qui ne parviennent pas à se reproduire peuvent encore s'assurer de la transmission de leurs gènes en aidant leurs frères et sœurs, leurs nièces, neveux, parents et autres proches, dans la mesure où les uns et les autres ont des gènes communs. Leur aptitude individuelle à survivre n'en est peut-être pas améliorée, mais l'aptitude globale à survivre, fondée sur le nombre de leurs gènes qui vont survivre dans les générations suivantes, elle, est accrue. Plus un animal a de gènes communs avec d'autres, plus il a avantage, génétiquement parlant, à aider un proche. On s'est servi de cette forme de sélection pour expliquer l'existence de l'alloparentage, le processus par lequel un animal aide à élever des enfants qui ne sont pas les siens. Le loup qui demeure auprès de ses parents et les aide à élever la portée suivante est un alloparent. Peut-être aucun territoire n'est-il disponible pour que ce jeune loup ait sa propre famille et n'a-t-il d'autre possibilité de transmettre ses gènes qu'en aidant à élever ses frères et sœurs, porteurs à cinquante pour cent des mêmes gènes que lui. Peut-être aussi est-ce un loup attentionné qui aide sa famille.

Les calculs de Dawkins ont pour but de prédire si l'altruisme envers les proches va ou non se manifester. Par exemple, il décrit un animal hypothétique qui, découvrant des champignons, se demande s'il va lancer l'appel alimentaire qui attirera son frère, son cousin et un congénère auquel ne l'unit aucun lien de parenté et donc partager avec eux cet aliment. S'il pousse ce cri, il aura moins de champignons pour lui seul, mais il en fera bénéficier son frère et son cousin, qui partagent certains de ses gènes. L'équation par laquelle Dawkins détermine l'avantage qu'a l'animal à appeler ses proches entraîne un calcul minutieux du rapport coût/bénéfice. Rien d'étonnant, donc, à ce que Dawkins ne suggère aucunement qu'un animal se livre vraiment à ce genre de supputations. En revanche, il avance que « le pool génétique vient à être alimenté par des gènes qui agissent sur les individus de telle sorte qu'ils se comportent comme s'ils s'étaient livrés à semblables calculs[29] ».

Prenant un autre exemple, il examine le cas d'un éléphant de mer. Doit-il attaquer un autre mâle qui a accès à de nombreuses femelles ou doit-il attendre un moment plus favorable pour le faire[30] ? Après avoir imaginé le débat intérieur auquel se livrerait l'éléphant de mer, Dawkins déclare :

> Ce soliloque subjectif est simplement une façon de souligner que, dans l'idéal, la décision de se battre ou de ne pas se battre devrait être précédée par un calcul complexe, quoique inconscient, du rapport « coût/bénéfice ». Il faut garder à l'esprit que nous n'envisageons pas que l'individu élabore consciemment cette stratégie. Souvenons-nous que nous décrivons l'animal comme un robot, une machine à survivre dont un ordinateur pré-programmé contrôle les muscles. Si nous élaborons la stratégie comme un dispositif de simples instructions écrites en anglais, c'est uniquement par souci de facilité pour nous. Grâce à un mécanisme non spécifié, l'animal se comporte comme s'il suivait ces instructions.

On peut toutefois considérer que décrire l'animal comme « un robot, une machine à survivre » est une démarche perverse. Il s'agit sans aucune ambiguïté d'une créature vivante, avec des émotions, et ce « mécanisme non spécifié » comporte des émotions.

Chez les personnes comme chez les animaux, l'altruisme s'accompagne en général d'émotions et il faut les prendre en considération. Dans le cas du comportement altruiste, les émotions altruistes de la compassion, de l'empathie et de la générosité sont incluses dans ce « mécanisme ». Même si elles sont au service de « gènes égoïstes », elles peuvent aussi susciter un authentique altruisme, au sens habituel du terme.

Lorsque les théoriciens débattent de l'altruisme, ils partent souvent de la situation hypothétique de la personne qui en sauve d'autres de la noyade. Evoquant la manière dont un gène destiné à sauver des proches de la noyade pouvait se transmettre, le biologiste J.B.S. Haldane faisait remarquer qu'il avait par deux fois sauvé ainsi des personnes sans se demander un instant si son acte entraînait ou non un avantage génétique[31]. Quant à Richard Dawkins, il déclare : « De même que nous pouvons nous servir d'une règle à calcul sans penser que nous utilisons en fait des logarithmes, un animal peut être préprogrammé, de telle sorte qu'il se comporte *comme* s'il s'était livré à des calculs compliqués. »

Dans la réalité, des animaux sauvent-ils de la noyade des créatures qui ne leur sont pas apparentées ? D'anciennes légendes racontent que des dauphins auraient agi ainsi avec des humains, mais rien ne vient le confirmer, même si, dans certains cas, c'est plausible. On sait en effet que non seulement les dauphins et les baleines aident d'autres cétacés à surnager, mais qu'ils transportent de temps en temps des objets inanimés sur leur tête. Dans ce dernier cas, ils se comportent comme une mère dauphin avec son bébé. Quand un petit cétacé meurt, la mère est capable de maintenir le corps à la surface durant plusieurs jours. Des scientifiques ont vu des femelles bélugas porter ainsi sur leur tête des bûches ou des morceaux de bois, et ils sont persuadés qu'il s'agit de mères dont le petit est mort récemment[32]. Une femelle tursiop a ainsi porté un requin mort sur son nez pendant huit jours[33]. Ne peut-on envisager que l'espèce humaine présente autant d'attraits que des bûches ou des requins morts ?

La célèbre Washoe, premier chimpanzé à avoir appris la langue des signes, a vécu pendant un certain temps sur une « île aux chimpanzés » dans un institut de recherches. Alors qu'elle avait sept ou huit ans, une nouvelle arrivante, prise de panique, sauta par-dessus une clôture électrifiée et tomba dans le fossé empli d'eau. Au moment où le chercheur Roger Fouts se précipitait, dans l'intention de plonger pour la repêcher (à ses risques et périls, car les chimpanzés sont autrement plus forts que les humains), il vit Washoe courir, sauter par-dessus la clôture, atterrir sur une étroite bande de terre, s'avancer dans la vase et, se retenant d'une main à une touffe d'herbe, tendre l'autre main vers la femelle et la hisser sur la terre ferme. Fouts note que les deux animaux ne se connaissaient pas[34].

Interrogé pour savoir si le comportement de Washoe lui paraissait surprenant, Fouts réfléchit quelque temps avant de répondre : « Pas sur le moment, mais plus tard, quand on a vu apparaître cette théorie et que ces gens ont commencé à raconté que l'altruisme n'existait pas... Vous savez, explosa-t-il, j'étais sur le point de faire la même chose que Washoe. Or, moi non plus, je ne connaissais pas très bien ce chimpanzé et, pourtant, je m'étais rué vers l'eau et j'étais en train d'ôter mon portefeuille de ma poche de pantalon, prêt à plonger pour sortir cette malheureuse de là. Washoe m'a pris de vitesse. A mon avis, je réagissais aux mêmes stimuli qu'elle, c'est-à-dire à un individu qui avait besoin d'aide[35]. » On ignore malheureusement comment l'autre chimpanzé se comporta à l'égard de Washoe après son sauvetage. Fouts cite aussi le cas d'un chimpanzé adulte du zoo de Detroit tombé dans un fossé rempli d'eau. Ses gardiens avaient peur d'aller à son secours, compte tenu de la force redoutable des chimpanzés adultes, mais un visiteur du zoo sauta à l'eau et sauva l'animal.

Pour aider les autres, encore faut-il se rendre compte qu'ils ont besoin de secours. Cette reconnaissance est soit d'ordre instinctif, soit d'ordre cognitif, soit encore les deux à la fois. Une nuit, dans une baie de l'Arctique où se rassemblent les baleines bélugas, trois d'entre elles se retrouvèrent prises au piège quand la mer se retira. Un banc de galets, au-dessus duquel elles étaient passées à marée haute, leur barrait maintenant la route. Les trois baleines, deux jeunes et une adulte, « poussèrent des cris stridents, émirent des trilles et des grognements ». Les autres, qui allaient et venaient librement de l'autre côté du banc de galets, répondirent. Un biologiste s'aventura dans l'eau, ce qui en temps normal les aurait fait fuir, mais là, toutes à leur excitation, elles ne lui prêtèrent aucune attention[36].

Les bélugas étaient incapables d'aider leurs camarades prisonnières de la marée basse. En fin de compte, les scientifiques veillèrent à arroser constamment celles-ci et elles purent regagner le large quand la mer remonta. Cette histoire est très émouvante. Des baleines prises au piège, effrayées, appellent au secours et les autres, se sentant concernées, viennent tenter de les aider et peut-être montrer qu'elles se préoccupent du sort des prisonnières. Les baleines sont capables d'appeler les autres à l'aide et, dans certaines circonstances, d'être secourues. Dans le cas présent, on trouve apparemment de la peur et de l'empathie, même si celles qui n'étaient pas prises au piège se trouvaient dans l'incapacité d'aider les autres. Comme le font remarquer Kenneth Norris et Richard Connor, biologistes : « Si [...] les histoires de dauphins poussant des humains vers le rivage sont vraies, c'est à mettre sur le même plan que lorsque des humains poussent vers le large des dauphins pris au piège[37]. »

Les animaux sont également capables de « dispassion », une attitude inverse de la compassion que nous avons tendance à trouver consternante. Ils se livrent régulièrement à des actes qui nous choquent, comme de manger leurs enfants morts ou de permettre à leur progéniture de s'entre-dévorer. La lionne qui a perdu tous ses lionceaux, sauf un, va souvent abandonner celui qui reste. Le parent qui défend vigoureusement son petit contre un prédateur peut très bien, si celui-ci parvient à ses fins, s'éloigner avec une indifférence apparente – à moins que ce ne soit du désespoir.

La compassion et la dispassion coexistent, au même titre que la gentillesse et la cruauté, et, si un élément vient nous faire supposer la présence de l'un des deux sentiments chez un animal, son contraire n'en est pas exclu pour autant.

La compassion entre espèces différentes

Il en va de la compassion comme de toutes les émotions sociales : elle se manifestera plus facilement à l'égard d'un congénère. Certains animaux semblent toutefois établir des liens qui vont au-delà du : « C'est un membre de ma propre espèce. » Ils nouent des relations avec un « camarade félin », un « camarade oiseau », un « camarade cétacé ». En ce qui nous concerne, généralement, le plus beau cadeau qu'un animal puisse nous faire, c'est de nous considérer comme l'un des leurs. Les orques, également appelées épaulards, nous donnent un remarquable exemple de ce sentiment de camaraderie. Au contraire des grands requins blancs, on n'a jamais vu une orque en liberté attaquer et tuer un humain, quoique ces carnivores mangent tout ce qu'ils rencontrent en mer, des baleines géantes aux oiseaux en passant par les dauphins, les gros poissons, les phoques, et même, à l'occasion, les ours polaires. Elles pourraient facilement s'attaquer à nous et pourtant elles s'en sont toujours abstenues. Etant donné leur type de nourriture, le fait de ne pas manger d'êtres humains suggère qu'elles ressentent à leur égard un sentiment de camaraderie. Est-ce une forme larvée de compassion ? La conséquence de la reconnaissance d'une appartenance commune ? Si oui, notre espèce n'a pas rendu la pareille.

Malgré nos différences, les dauphins nous traitent souvent un peu comme leurs pairs. Même quand ils vivent en liberté, il leur arrive de venir jouer de leur propre chef avec les humains, comme le font depuis des années les dauphins de Monkey Mia Beach, une plage australienne. Il est de tradition de leur offrir du poisson, mais, la plupart du temps, ils le refusent ou bien, s'ils l'acceptent, ils ne le mangent pas. N'est-il d'ailleurs pas logique qu'un animal capable de prendre sans effort du poisson frais ne soit pas vraiment tenté par un spécimen mort depuis des heures ?

Que se passe-t-il dans la tête d'un dauphin lorsqu'il accepte un poisson mort et l'abandonne ? Deux reporters qui se trouvaient à Monkey Mia racontent comment un dauphin reçut un poisson de la main d'un touriste, puis le poussa dans sa direction. Confus, celui-ci l'accepta. Sous le regard du dauphin, il se sentit très gêné. Etait-il censé manger la chose, devait-il la restituer au dauphin ou agir autrement encore ? Comme il tergiversait, le dauphin s'approcha, lui reprit le poisson, plongea et disparut à sa vue, le laissant avec la fâcheuse impression d'avoir involontairement commis un impair[38].

Il existe une autre façon pour un animal de traiter un humain comme l'un des siens : demander son aide. On peut dire qu'en soi le fait qu'une espèce ait ce genre d'attitude permet de penser qu'elle est elle-même capable de compassion. Comment, en effet, un animal pourrait-il faire appel à notre compassion s'il ignorait de quoi il s'agit ? Pourquoi aurait-il une aptitude innée à solliciter ce que son espèce ne connaît pas ? Ayant porté secours à un blaireau blessé, Mike Tomkies fait ce commentaire : « Cela expliquait [...] peut-être pourquoi, après avoir perçu notre odeur et senti d'une manière ou d'une autre que nous étions amicaux, il s'était rapproché de nous. C'est curieux le nombre d'animaux malades, y compris, pendant l'hiver, des cerfs agonisants, qui étaient venus vers nous, comme s'ils savaient que nous allions les protéger[39]. »

Dans l'ouvrage *Lily Pond*, l'auteur, Hope Ryden, rapporte comment une vieille femelle castor, observée durant plusieurs années, épuisée et blessée à la patte, s'est rapprochée d'elle d'une manière tout à fait inattendue. Hope Ryden était assise sur les bords de l'étang, ses jumelles à la main, quand Lily se mit à nager dans sa direction et se hissa hors de l'eau. Elle entreprit d'escalader la rive, puis planta son regard dans le sien en émettant les appels calins caractéristiques des petits castors. Hope Ryden répondit à ces avances en apportant sur la rive des branches de bouleau (très appréciées par les castors), histoire d'agrémenter l'ordinaire de Lily et le don fut accepté. Ce n'était pas la première fois que Hope Ryden apportait des branchages au bord de l'étang, mais elle l'avait fait de manière très discrète, afin que les castors ne sachent pas qu'ils venaient d'elle[40].

Cynthia Moss, pour sa part, décrit le comportement d'une vieille éléphante sauvage qui, très malade, s'est avancée vers la vitre de sa Land Rover, puis est restée là, « soulevant de temps en temps les paupières pour me regarder. J'ignore ce qu'elle faisait, mais je sentais bien qu'elle essayait de me faire partager sa détresse, ce qui me touchait et me troublait beaucoup[41] ». Quant à Barry Lopez, auteur de *Of Wolves and Men*, il raconte l'histoire de ce chasseur qui, ayant pris au piège un loup noir de taille considérable, vit celui-ci allonger vers lui sa patte captive en gémissant lorsqu'il s'approcha[42].

Il arrive parfois que la demande de compassion ne rencontre aucun écho favorable. Un lapin arrivé aux dernières extrémités, par exemple lorsqu'il va se retrouver dans la gueule d'un coyote, pousse un cri de terreur étonnamment fort, que les autres lapins ignorent totalement. Ils ne se hâtent pas de venir voir ce qui se passe, pas plus qu'ils ne courent se mettre à l'abri[43]. On pense que le cri sert à attirer d'autres prédateurs sur les lieux – et il est indéniable que le cri de terreur d'un lapin les attire –, ce qui, quelquefois, permet au lapin de s'échapper dans la confusion qui s'ensuit.

Un certain aspect de l'empathie est considéré comme génétiquement acceptable : celui qui aboutit à une coopération, situation qui permet aux deux parties d'y gagner. Ainsi, qu'un lion comprenne qu'un autre lion chasse un groupe de gnous, se joigne à l'action ou prête main-forte, et partage les proies qui en résultent, est considéré comme de la coopération et non comme de l'altruisme[44]. En fait, il semble que, lorsque les lions chassent de concert, ils capturent des proies en beaucoup plus grand nombre que lorsqu'ils chassent seuls. Si le lion avait aidé un autre lion sans pour autant partager les proies et que cet autre lion n'ait été ni sa progéniture ni un parent proche, on aurait considéré cela comme de l'altruisme.

La compassion à l'égard des siens

L'étude de l'altruisme dans le cadre de la parenté bute sur la difficulté de dire qui est parent avec qui et les chercheurs, frustrés, ont beaucoup de mal à y voir clair. La plupart, quand ils voient un animal en aider un autre en milieu naturel, n'ont aucun moyen de savoir si tous deux ont un lien de parenté et lequel. Des études sur le long terme, telles celles que Jane Goodall a entreprises à Gombe, apportent quelques éléments, mais la plupart des études éthologiques ne bénéficient pas d'autant de recul. Et même à Gombe, quand les observateurs savent qui est la mère de tel chimpanzé, ils en sont réduits à des supputations quant à l'identité du père. De plus, une fois qu'ils connaissent les liens de parenté entre les animaux, les scientifiques ignorent souvent si l'animal lui-même sait que tel ou tel autre est son oncle ou sa sœur. Quelques rares études montrent que, dans des situations particulières, certains animaux semblent parfois montrer une préférence pour des parents[45]. De très jeunes macaques à queue de cochon ont préféré jouer avec certains autres, qu'ils n'avaient pourtant jamais vus auparavant mais qui étaient en fait leurs demi-frères et sœurs. Est-ce ou non lié à un comportement altruiste, à un évitement de l'inceste ou à toute autre fonction ? Nous l'ignorons.

On peut d'ailleurs être parfois induit en erreur dans cette recherche des liens de parenté. Chez les chèvres des neiges, on voit des jeunes marcher derrière des mères qui allaitent encore et sont accompagnées de leurs petits. En effet, nombreux sont les jeunes qui suivent leur mère durant une année ou deux. Les observateurs qui découvrent un groupe composé d'une nourrice, d'un petit chevreau, d'un chevreau d'un an et d'un autre de deux ans pensent souvent être en présence d'une famille biologique. Or on a découvert que les jeunes chèvres des neiges suivaient en fait souvent des mères avec des petits qui n'étaient pas leur mère biologique[46].

L'altruisme qui s'exerce à l'égard des membres de la famille est reconnu par les scientifiques, dans la mesure où il peut contribuer à la survie des gènes d'un animal. De même les humains considèrent-ils comme digne de respect l'altruisme réciproque, par lequel une créature va rendre service à une autre dans l'espoir de se voir rendre la pareille. Il a été montré que cette dernière forme d'altruisme existe chez l'animal comme chez l'être humain. Pourtant, les deux espèces aident souvent ceux qui ne pourront vraisemblablement pas les payer de retour. La société s'attend même à ce qu'il en aille ainsi dans la vie quotidienne et s'indigne quand tel n'est pas le cas.

Selon le modèle théorique de l'altruisme réciproque, chacun des deux animaux qui échangent des services en tire un avantage global. L'animal qui ne rend pas les faveurs accordées se fait repérer par les autres, qui cessent de l'aider. Des expérimentateurs ont enregistré les cris de singes appelés vervets – les cris dont ils se servent quand ils menacent un autre vervet et qu'ils sollicitent en même temps l'aide des autres. Plus tard, cachés dans les buissons, ils ont passé les cris de différents individus et noté comment les vervets réagissaient à ces sollicitations. Ils ont découvert qu'un vervet répondait plus volontiers aux appels d'un autre sans lien de parenté s'il s'était auparavant livré avec lui à un épouillage mutuel ou à tout autre comportement mettant en jeu une affinité. En revanche, il répondait aux appels de ses parents proches, qu'ils se soient ou non rendu service récemment[47]. Certains scientifiques ont avancé que, chez les animaux sociaux, la nécessité de se tenir au courant de ce qu'ils se devaient les uns aux autres avait contribué au développement de l'intelligence[48].

La gratitude

S'il est possible qu'un animal tienne à jour ce genre de compte – qui doit quoi et à qui – en dehors de toute émotion, il faut également envisager que des émotions entrent en jeu dans ce comportement – de l'amour, mais aussi de la gratitude et de la rancune. Par malchance, la gratitude est l'une des émotions les plus difficiles à cerner, tant et si bien que certains, cyniquement, prétendent qu'elle n'existe pas. Si A fait quelque chose pour B et qu'en conséquence B est très gentil envers A, on peut avancer que B éprouve à son égard de la gratitude. Quelques-uns, toutefois, décideront que B espère d'autres faveurs de A, ou que B commence tout juste à apprécier la compagnie de A, ou encore qu'il agit conformément à ce que la société attend de lui. Il en va de même si B est un chien. Néanmoins, la plupart d'entre nous croient à l'existence de la gratitude, parce que nous en avons éprouvé envers quelqu'un. Pourquoi les animaux ne seraient-ils donc pas capables de gratitude, eux aussi ?

Les êtres humains n'ont jamais fait preuve d'une grande objectivité à ce sujet. N'ayant pas la conscience tranquille, sans doute, ils placent la gratitude parmi les émotions qu'ils préféreraient voir les animaux éprouver... à leur égard. Joseph Wood Krutch cite un courrier adressé à une revue trimestrielle, *The Countryman,* dans lequel un lecteur fait état de la reconnaissance d'un papillon [49]. S'étant aperçu qu'un papillon avait sur l'œil un parasite, une mite, l'homme l'avait délicatement ôté et l'insecte, après avoir déroulé sa langue, lui avait léché la main. Pour l'auteur de la lettre, cette caresse était un geste de remerciement. D'autres lecteurs firent alors remarquer que les papillons lèchent souvent la peau des humains, vraisemblablement pour absorber le sel qu'elle comporte. Pour les papillons, donner un coup de langue n'est certainement pas un geste de reconnaissance, dans la mesure où, au contraire des chiens, ils ne se lèchent pas mutuellement. Il y a en vérité fort peu de chances pour qu'un insecte remercie ainsi un primate. Parfois, on rapporte aux ornithologues des histoires d'oiseaux qui, dans la nature, manifestent leur reconnaissance à certaines personnes en chantant pour elles. Cela non plus n'est guère probable. Rien en effet ne permet de penser que les oiseaux savent que nous prenons plaisir à leurs chants. L'idée n'en est pas moins séduisante.

Dans le désert du Néguev, Salim, un Bédouin tailleur de pierre, prit un jour au piège un caracal, félin du désert semblable au lynx, qui dévastait son poulailler. Il avait l'intention de le tuer, mais revint sur sa décision et le libéra au bout de trois jours. Le caracal s'enfuit. Le lendemain, il avait tué un autre poulet. Au cours des mois qui suivirent, le caracal s'approcha souvent de la maison de Salim dans la soirée. Allongé sur la branche d'un acacia, il regardait fixement Salim, qui lui rendait son regard, assis sur un rocher. Même après que le félin eut tué le tout dernier poulet, il continua à venir et à dévisager ainsi Salim[50]. Peut-être était-il curieux. Peut-être était-il hostile envers la personne qui l'avait pris au piège et tenu captif. Peut-être ne faisait-il que garder le contact entre eux. A moins qu'il n'éprouvât de la gratitude.

Les dresseurs de perroquets tentent parfois de modifier le comportement hostile d'un de ces oiseaux envers une personne en agissant en sorte qu'elle le tire d'une situation terrifiante. La spécialiste Mattie Sue Athan raconte comment elle vint ainsi au secours d'un perroquet gris d'Afrique – de façon d'ailleurs purement accidentelle. L'oiseau vivait dans une oisellerie. Il était extrêmement hostile et avait repoussé les avances de plusieurs dresseurs. Quand elle le libéra de sa cage, il fusa comme un boulet de canon jusqu'à la cage d'un furet. Le furet lui planta férocement ses dents dans la patte et ne lâcha plus sa prise. L'oiseau hurlait de terreur et de douleur. Mattie Sue Athan parvint à le libérer et, aussitôt, il se montra de la plus grande gentillesse avec elle, se comportant comme un perroquet apprivoisé[51]. Cette méthode du sauvetage est efficace et des dresseurs dénués de scrupules l'utilisent avec des perroquets de manière tout à fait cruelle. Quant à savoir si le perroquet, une fois tiré d'affaire, éprouve envers son sauveteur de la gratitude ou simplement de la confiance et de l'admiration, c'est une autre affaire. Il est aussi difficile de le dire que lorsqu'il s'agit d'un être humain.

En revanche, on a répertorié des cas de gratitude entre animaux. Dans la brousse du Kenya, Tatu, la mangouste naine que nous avons déjà rencontrée, fut un soir séparée de sa famille, alors qu'elle était toute jeune. Une antilope, effrayée, avait déboulé au milieu de leur groupe et les avait dispersées. Au crépuscule, les mangoustes se retirèrent dans une termitière, mais celle sur laquelle se retrouva Tatu était à une cinquantaine de mètres des siens et elle avait peur de franchir la distance qui la séparait d'eux. Elle lança les appels qui signifient « Où êtes-vous ? » tout en allant et venant sur son monticule. Sa famille lui répondit en retour par les cris qui indiquent « Je suis ici ». Tous eurent beau crier de plus en plus fort, Tatu n'osa pas bouger. A la nuit, la petite mangouste n'avait plus de voix. Elle restait pelotonnée sur son monticule. Finalement, ses parents et une autre mangouste (sans doute sa sœur) s'avancèrent vers elle en restant au maximum sous le couvert, tandis que le reste de la bande les observait tout en scrutant le ciel et le sol dans la crainte des prédateurs. Quand le trio atteignit Tatu, elle se précipita vers eux pour les lécher et les toiletter les uns après les autres (d'abord sa mère, puis son père et enfin la troisième mangouste). Cela fait, ils rejoignirent le groupe[52]. Tatu éprouvait-elle de la reconnaissance ou simplement de la joie en revoyant sa famille ? Quand elle commença à toiletter son père, celui-ci fit quelque chose d'inhabituel : il frotta contre elle les glandes de ses joues, un geste qu'ont généralement les mangoustes naines lorsqu'elles se préparent à se battre entre elles. On peut penser que l'attitude du père était révélatrice d'une certaine colère de la part de la famille et que Tatu voulait les calmer.

Pour Elizabeth Marshall Thomas, il arrive que les prédateurs expriment de la reconnaissance envers une proie, comme le groupe de lions qu'elle cite en exemple. Ces lions avaient tué un koudou. L'un d'eux lui prit la tête entre ses pattes et, tendrement, soigneusement, la lui lécha comme il l'aurait fait de la face d'un autre lion. Un lionceau le rejoignit et fit de même[53]. Une autre fois, c'est un puma que l'on vit en train de s'allonger auprès du mouflon qu'il venait de tuer et lui donner de petites tapes caressantes avec la patte. Il est vraisemblable que ni les koudous ni les mouflons n'apprécient guère cette forme de reconnaissance, mais elle n'en est pas moins réelle chez le félin.

La revanche

L'inverse de la gratitude, c'est la revanche, sans aucun doute. Si l'une existe chez l'animal, pourquoi pas l'autre ? Les perroquets sont connus pour leur caractère rancunier. Il est certain qu'un animal peut prendre en grippe un être humain et le traiter avec une agressivité inhabituelle. Si l'on veut rester copain avec un perroquet, mieux vaut ne pas être celui qui lui rogne les griffes ou lui lime le bec.

Ola, un jeune épaulard vivant dans un océanarium, était habitué à l'équipe de plongeurs qui travaillaient dans son bassin. Or l'un d'eux se mit sournoisement à l'exciter. La direction de l'océanarium en eut vent lorsque, plaçant son nez sur le dos de l'homme, Ola le poussa jusqu'au fond du bassin, puis l'y maintint. (Ce dernier, heureusement, portait son équipement de plongée et il échappa donc à la noyade.) Les dresseurs firent tous leurs efforts pour libérer le plongeur. Ils lancèrent des ordres à Ola, tentèrent de le surprendre en faisant beaucoup de bruit, lui offrirent du poisson. En vain. Au bout de cinq minutes, Ola libéra son prisonnier. En recherchant les causes de ce comportement, on découvrit les agaceries du plongeur[54].

La gratitude et l'esprit de vengeance – les émotions du type « Je te revaudrai ça » – peuvent se révéler des médiateurs de l'altruisme réciproque. D'après ce que l'on constate, les animaux auraient la capacité d'éprouver un sentiment de compassion et de générosité, et donc de manifester un comportement altruiste au sens habituel du terme, de telle sorte que, si ce sentiment a évolué dans le sens d'un avantage génétique, le comportement qu'il entraîne n'a pas toujours besoin d'aller dans le sens de cet avantage. Certains théoriciens ont, le cas échéant, admis la possibilité d'un comportement non avantageux qui suggérerait que d'autres forces sont en jeu. Ainsi Richard Dawkins, évoquant le phénomène des singes qui adoptent des bébés sans liens de parenté avec eux, remarque-t-il : « Dans la majorité des cas, nous devrons probablement considérer l'adoption, malgré son côté apparemment touchant, comme un cafouillage dans une règle congénitale. En effet, la femelle qui fait ainsi preuve de générosité nuit à ses propres gènes en s'occupant de l'orphelin. Elle perd un temps et une énergie qui seraient mieux employés à s'occuper de sa parenté et tout particulièrement de sa progéniture à venir. Il s'agit sans doute là d'une erreur trop peu fréquente pour que la sélection naturelle se soit "donné le mal" de changer la règle en rendant l'instinct maternel plus sélectif[55]. » Imaginons les réactions qu'une telle affirmation pourrait entraîner si elle était sortie de son contexte et que nul ne sache qu'elle s'applique à des animaux… Si une « généreuse femelle » animale commet une « erreur », cela ne suffit pas à prouver que la générosité – et l'altruisme – n'existent pas chez les animaux. Pourtant, l'éventualité de son existence est en général évacuée, ce qui permet à Dawkins d'affirmer, dans les dernières pages du *Gène égoïste* :

> Il est possible que l'homme ait encore une autre qualité unique, la capacité à manifester un altruisme authentique et désintéressé […] Nous pouvons même envisager les moyens de cultiver et de nourrir délibérément un altruisme pur et désintéressé – quelque chose qui n'a pas sa place dans la nature, quelque chose qui n'a jamais auparavant existé dans l'histoire de l'univers[56].

Un récent compte rendu scientifique sur le partage de la nourriture chez les vampires, une espèce de chauve-souris, faisait remarquer que l'on « n'a jamais rencontré de preuve de véritable altruisme chez les animaux non humains, sans doute parce qu'un système à sens unique comme celui-ci n'est pas stable, évolutivement parlant[57] ». Toutefois, les résultats de l'étude sont un peu différents. Les vampires partagent leur nourriture (le sang d'autres animaux, des chevaux, généralement) avec d'autres qui occupent le même territoire. C'est vital pour la survie des chauves-souris, qui, privées de nourriture, meurent très vite. On reconstitua une petite colonie de chauves-souris en captivité pour voir si elles partageaient leur nourriture avec leur famille, avec leurs amies (comme dans l'altruisme réciproque) et avec des étrangères. Quand la chasse avait été bonne, les chauves-souris partageaient effectivement avec leurs proches et avec certaines amies. « Cela n'arriva qu'une fois entre chauves-souris étrangères », précise le rapport. Ce qui ne montre pas que les vampires ne font jamais preuve d'un comportement altruiste, mais qu'elles peuvent en être capables, même si c'est en de très rares circonstances. Les chercheurs ont interprété cet échange entre chauves-souris étrangères comme une erreur.

Les actes d'altruisme, quand ils sont rapportés, sont plutôt traités comme des exceptions qui ne valent pas la peine qu'on s'y arrête. Apparemment, certains humains, et parmi eux un grand nombre de scientifiques, sont fortement attirés par l'idée que le monde est mû par l'intérêt personnel et que la gentillesse, le sacrifice de soi et la générosité sont au mieux naïfs et au pire suicidaires. Le fait de projeter cette conception sur les animaux pourrait bien être l'un des exemples majeurs d'anthropomorphisme scientifique qui ne dit pas son nom. Ce n'est pas parce que des gens se comportent de la sorte que les animaux en font autant. Cependant, quand on voit qu'on nous présente comme une erreur absolument fatale le fait de croire à la compassion chez les animaux – comme le font pourtant tous ceux qui les côtoient –, on dirait qu'il y va de l'hégémonie scientifique. Certains éprouvent un plaisir particulier à prouver que tout comportement est fondamentalement égoïste. Robert Frank, auteur de *Passions Within Reason*, observe : « Le chercheur ne redoute rien autant que l'humiliation d'avoir qualifié un acte d'altruiste et de voir un de ses collègues un peu plus sophistiqué démontrer quelque temps après qu'il servait les seuls intérêts de l'auteur de cet acte. Cette crainte explique sûrement en partie les flots d'encre qu'ont utilisés les scientifiques spécialistes du comportement pour tenter de trouver des motivations égoïstes à des actes qui avaient toutes les apparences de l'autosacrifice[58]. » En effet. Ce qu'en l'absence d'un terme plus approprié nous appellerons « la politique » en vigueur pèse sur l'étude du comportement, c'est peu de le dire.

En général, les scientifiques laissent l'être humain à l'écart de ces calculs mesquins. Ou alors ils n'abordent son cas qu'une fois le dossier de l'égoïsme universel apparemment bien ficelé – sur quoi les sociobiologistes annoncent tout à trac que le comportement humain est à quelque chose près soumis aux mêmes règles, ou bien qu'il fait exception à la règle.

Tous les scientifiques ne tombent pas dans ce panneau. Certains ont envisagé l'existence d'une capacité d'altruisme généralisée. S'interrogeant sur l'existence de l'altruisme réciproque chez les dauphins, Richard Connor et Kenneth Norris ont conclu par l'affirmative, tout en ajoutant que ce concept ne suffit pas à expliquer le comportement altruiste de ces animaux. Ils postulent l'existence de tendances altruistes généralisées chez le dauphin : « Les actes d'altruisme sont effectués délibérément et non pas nécessairement à l'intention d'animaux qui vont pouvoir ou vouloir rendre la pareille. Ils ne sont même pas nécessairement limités à l'espèce de l'individu altruiste[59]. » Dans la société des dauphins, remarquent les auteurs, chaque individu aurait conscience de la serviabilité des autres non seulement à son égard, mais à l'égard des autres dauphins en général. Ils rejoignent le biologiste Robert Trivers dans l'idée que de telles « situations multipartites » peuvent récompenser un comportement altruiste généralisé, dans la mesure où les individus pourront être considérés par les autres comme des tricheurs (ou des êtres généreux). « Dans ce cas, la sélection peut favoriser un individu, A, qui se comporte de manière altruiste à l'égard d'un autre individu, B, même lorsque A sait que B ne le récompensera pas totalement ou pas du tout à l'avenir. L'augmentation éventuelle des chances de survie globale chez A viendra du fait que les individus mis au courant de l'altruisme de A auront plus tendance à se comporter à son égard avec altruisme[60]. » Une fois que l'on a avancé la possibilité théorique de la générosité chez l'animal, on peut envisager que ce soit un phénomène réel chez certaines espèces.

Selon les évolutionnistes, un animal a plus de chances d'être l'objet de la compassion d'un parent que de celle d'un proche ; de celle d'un proche que de celle d'un animal non apparenté ; d'une relation que de celle d'un étranger ; d'un membre de la même espèce que de celle d'une autre espèce. La sympathie sera encore moindre venant d'une espèce qui ne couve pas ses œufs. Même si c'est vrai, la compassion peut être une puissante émotion capable de produire un altruisme comportemental, y compris au sens où l'entend la sociobiologie.

On peut aussi faire erreur en attribuant un comportement altruiste aux animaux. Cela a été le cas lorsqu'au Japon des centaines de dauphins furent massacrés par des pêcheurs de l'île d'Iki, las de devoir leur disputer le poisson – une affaire qui fit grand bruit. Chaque année, pendant cinq ans, les pêcheurs parvinrent à rassembler les dauphins pour les tuer, sans aucune difficulté. Aux yeux d'un grand nombre d'observateurs qui tentaient d'arrêter cette tuerie, c'était tout à fait étonnant. On estimait en effet que les dauphins étaient des êtres extrêmement intelligents – peut-être beaucoup plus que les humains. Pour expliquer leur attitude, certains avancèrent l'idée que s'ils se laissaient ainsi prendre au piège, c'était par altruisme, dans l'espoir que le monde entier, saisi d'horreur devant cette boucherie (dont les médias se faisaient abondamment l'écho), prendrait conscience qu'il fallait protéger les animaux en liberté. Ces dauphins étaient donc des martyrs d'une cause[61]. Au bout de cinq ans, des dauphins plongèrent sous les bateaux qui les entouraient et s'échappèrent. Peut-être en avaient-ils assez du martyre.

Combien y a-t-il d'animaux qui aident les autres ? Jusqu'où un animal ira-t-il pour aider un autre ? Quel niveau de risque prendra-t-il ? Combien y a-t-il de gens qui aident les autres et dans quelles circonstances ? En Israël, à Yad Vashem, lieu qui commémore l'Holocauste, une avenue des Justes rappelle la mémoire des non-juifs qui risquèrent leur vie pour sauver les juifs de l'extermination. Au fur et à mesure que l'on découvre de nouveaux actes de bravoure, on plante des arbres en honneur de leurs auteurs. A quoi ressemblerait un jardin de ce genre pour les animaux ? Peut-être les baleines chantent-elles la geste de celles qui, au temps jadis, n'écoutèrent que leur bon cœur et firent acte de sacrifice.

9.

Honte, rougeur et secrets cachés

Pour Darwin, les humains étaient seuls à rougir. Par la suite, on a dans l'ensemble considéré comme exclusivement humaines les émotions sociales liées à la conscience de soi : la honte, la timidité, la culpabilité, la gêne, l'embarras, bref les sentiments qui tournent autour de la façon dont la personne est perçue par les autres. On a pourtant des preuves de leur existence chez de nombreux animaux et la honte pourrait bien, à notre grande surprise, constituer une émotion fondamentale.

Les chimpanzés sauvages semblent-ils parfois honteux ou embarrassés ? Jane Goodall, interrogée sur ce sujet, a répondu en souriant : « Eh bien, oui, cela leur arrive. Evidemment, en milieu naturel, on ne voit pas ça tous les jours. L'exemple qui me vient à l'idée, c'est celui de Freud. Il a été franchement très embarrassé quand il était jeune – il devait avoir six ans. Il était en train de faire tout un cirque – on ne peut appeler ça autrement – devant Uncle Figan, le mâle alpha, qui essayait d'épouiller Fifi, le dernier-né. Freud se pavanait, secouait des branches ici et là, n'arrêtait pas de se donner bêtement en spectacle. Il a entrepris d'escalader un bananier plantain, un arbre dont le tronc n'est pas solide. Et le voilà qui se balance et qui se rebalance, suspendu tout en haut, quand soudain, dans un grand craquement, le tronc cède et Freud vient littéralement s'écraser au sol. J'étais tout près et j'ai pu voir son expression. La première chose qu'il a faite, quand il a émergé des herbes, c'est de jeter un coup d'œil rapide à Figan. Puis il s'est discrètement éloigné et s'est mis à manger. C'était visiblement une belle humiliation pour lui[1]. »

La honte est l'un des sentiments dont le souvenir reste le plus vivace[2]. Quand on se remémore des moments de bonheur, de peur ou de colère, on ne revit pas l'émotion qui les accompagnait. Lorsqu'on se souvient d'un incident qui a provoqué en nous de la honte ou de la gêne, en revanche, celle-ci peut nous submerger de nouveau et pour peu que nous ayons tendance à rougir, cette simple évocation peut même nous mettre le rouge aux joues. Pendant longtemps, les psychologues et les psychothérapeutes n'ont guère accordé d'attention à la honte. Ils commencent depuis peu à admettre son importance. Ce serait « l'émotion maîtresse » dont les sociétés se servent pour renforcer les normes[3]. La culpabilité fait référence à un événement particulier, tandis que la honte, plus globale, concernerait la personne tout entière. On éprouvera ainsi de la culpabilité à ne pas suivre son régime et de la honte à être gros. La culpabilité peut aussi être la conséquence d'un événement personnel, tandis que la honte, pour exister, a plutôt besoin que les autres sachent, observent ou soient censés juger.

Ceux qui affirment que les humains sont seuls à éprouver des émotions liées à la conscience de soi le font sans virulence particulière, dans la mesure où les contradicteurs sont rares. On dit les animaux intellectuellement incapables de conscience de soi – une affirmation dont le but, toutefois, est plutôt de montrer le faible niveau d'intelligence de l'animal qu'une absence d'émotion.

Il pourrait sembler logique de conclure que ce genre d'émotions ne peut exister si l'animal ne comprend pas intellectuellement comment les autres le perçoivent. Ce n'est pourtant pas le cas. Rien ne permet de supposer qu'un animal ne soit pas honteux tout en ignorant pourquoi. Comme l'a fait remarquer Darwin, la confusion mentale est un symptôme majeur de la honte. « Au moment où j'éprouve de l'embarras, écrit le psychiatre Donald Nathanson, je n'ai pas les idées claires. Je ne connais d'ailleurs personne qui les ait dans ce cas[4]. » L'émotion existe, que l'on en comprenne ou non les raisons. Un animal éprouvera de la honte ou de l'embarras sans être pour autant totalement conscient de la cause tandis qu'un autre, dans les mêmes circonstances, en comprendra parfaitement la raison.

Ces états comportent des aspects à la fois émotionnels et intellectuels. Emotionnellement parlant, on peut se sentir mal à l'aise en se sentant observé (ou en observant soi-même) – c'est une forme de gêne. Intellectuellement parlant, il s'agit d'avoir connaissance, de manière réfléchie, de son propre esprit, de sa propre existence, de ses propres actes – un véritable champ de mines philosophique.

On a étudié l'attitude des primates face au miroir et ces travaux ont été au centre du débat sur l'éventualité d'une conscience de soi chez l'animal. Un chimpanzé auquel on permet de se familiariser avec les miroirs semble pouvoir apprendre que l'image reflétée est la sienne. Si on l'anesthésie avant de lui déposer une tache de peinture sur la face et qu'au réveil on lui donne un miroir, il va porter les mains à la face, examiner ses doigts, puis tenter d'ôter la peinture[5]. Les orangs-outans, eux aussi, apprennent que l'image dans le miroir est la leur – à ce jour, seuls les grands singes s'en sont révélés capables. Aux yeux de certains observateurs, c'est la preuve qu'ils ont conscience d'eux-mêmes. D'autres ont cherché à prouver qu'il n'en est rien. John S. Kennedy se range du côté des critiques. Pour lui, il est plus parcimonieux d'affirmer que le chimpanzé se contente « de faire point par point une association entre les mouvements de l'image dans le miroir et ses propres mouvements[6] ». Cette explication tortueuse lui fait attribuer au chimpanzé des pouvoirs mentaux au moins aussi complexes que s'il reconnaissait que le chimpanzé sait qu'il s'agit de lui dans le miroir. Son seul attrait est de nier à un non-humain la possibilité d'avoir conscience de lui-même.

Les chimpanzés Sherman et Austin, qui participent à une expérience sur le langage des grands singes à Atlanta, sont enregistrés en permanence sur des écrans de surveillance vidéo dont ils ont appris à se servir de différentes manières. Après avoir vu leur propre image durant plusieurs mois sur ces écrans, chacun des deux a soudain semblé prendre conscience que cette image était la sienne. Ils se sont alors servis de l'écran pour se regarder grimacer, manger ou se rincer la bouche avec de l'eau. Tous deux ont appris à faire la différence entre une image d'eux-mêmes en direct et une image enregistrée en vérifiant si leurs gestes étaient reproduits sur l'écran. Un jour, Sherman, qui utilisait un miroir à main pour se maquiller avec des produits pour les enfants, se lassa de l'objet et fit signe qu'il voulait avoir la caméra braquée sur lui. Il se servit alors de l'image pour se maquiller et pour repérer, puis ôter, une tache de couleur sur ses dents. Quant à Austin, il fit des efforts méritoires pour utiliser la vidéo afin de regarder au fond de sa gorge tout en éclairant celle-ci avec une lampe-torche[7].

Chez le chimpanzé, un autre comportement implique qu'il ait conscience de lui-même : il cherche à sauver la face. Au zoo d'Arnhem, un chimpanzé, Yeroen, se blessa légèrement en se battant avec un autre, nommé Nikkie[8]. A la grande surprise des chercheurs, Yeroen boita avec ostentation au cours des jours qui suivirent et ce uniquement lorsque Nikkie pouvait le voir. Un chimpanzé qui souhaite faire la paix avec un autre ne l'approchera pas toujours directement. Il prétendra découvrir un objet fictif et, à l'occasion du rassemblement que son geste entraîne, en profitera pour reprendre contact avec son ex-adversaire. Pour Frans de Waal, cette stratégie a pour but de sauver les apparences[9].

Au sein de diverses espèces, les animaux se savent observés, ce qui permet d'imaginer qu'ils sont conscients d'eux-mêmes. Le babouin mâle qui bâille montre par la même occasion des canines impressionnantes. Le biologiste Craig Packer, qui a étudié des babouins en liberté, a découvert que les mâles dont les dents sont usées, ou cassées, bâillent moins souvent que les autres dont la dentition est en bon état – sauf s'il n'y a aucun autre mâle dans les parages, auquel cas ils bâillent tout aussi souvent[10]. On sait que certains chimpanzés évitent de regarder dans la direction d'une source de nourriture dont ils connaissent l'existence, mais ce n'est pas le cas de tous. A plusieurs reprises, on a vu des lions du parc de Serengeti rompre avec l'habitude, propre à l'espèce, de se mettre aussitôt à dévorer la proie qu'ils viennent de capturer dans les hautes herbes. Ils s'asseyaient et regardaient autour d'eux pendant cinq bonnes minutes, faisant comme si de rien n'était. Une fois que les lions se trouvant aux alentours étaient partis, ils entamaient leur repas[11]. La chèvre des neiges qui aperçoit un prédateur va souvent s'éloigner calmement, lentement, puis s'enfuir à toute vitesse dès qu'elle sera sortie de son champ de vision[12]. Ces animaux se comportent comme s'ils étaient conscients que les autres perçoivent leur attitude et voulaient modifier leur perception. A ce niveau de conscience de soi, la chèvre ne se regardera peut-être pas dans une glace en pensant : « C'est moi », mais elle aura quand même conscience d'elle-même. Dans ce domaine, point n'est besoin que ce soit tout ou rien.

Timidité, pudeur et gêne

La gêne et la timidité, considérées également comme des émotions liées à la conscience de soi, semblent en rapport avec le fait d'être vu – vu sous un mauvais jour ou vu quand on n'a pas envie de l'être. Koko, la femelle gorille qui utilise la langue des sourds-muets, a fait preuve d'une forme de gêne tout à fait touchante. En plusieurs occasions, alors qu'elle jouait avec ses poupées, elle s'est interrompue dès qu'elle a découvert qu'on l'observait. Une fois, elle venait d'adresser le signe « baiser » à l'un de ses nombreux jouets, un alligator en tissu. Une autre fois, ayant dit par signes « baiser » à sa poupée-gorille bleue et « vilaine, vilaine » à sa poupée-gorille rose, elle avait heurté les deux poupées l'une contre l'autre et les avait fait se battre. Elle avait ensuite signifié « gentil gorille gentil gentil » avant de s'arrêter, gênée, dès qu'elle s'était sue observée[13].

Les animaux ne portent pas de vêtements pour dissimuler les parties de leur corps que, dans de nombreuses cultures, les humains jugent essentiel de ne pas montrer. Ils ne se cachent pas non plus pour effectuer la plupart des actes auxquels nous préférons généralement nous livrer en privé. Il ne faut pas nécessairement en déduire qu'ils choisissent de ne rien dissimuler ou garder secret, comme le montre l'exemple suivant.

Alex, le perroquet gris d'Afrique qui est verbalement très évolué, subit peut-être l'empreinte des êtres humains. D'après Irene Pepperberg, il tente de courtiser certains de ses étudiants. Quand il fait sa cour, il régurgite de la nourriture et entame une petite danse rituelle. « S'il est en train de courtiser un étudiant et que j'entre dans la pièce, il s'arrête immédiatement », dit Irene Pepperberg. Peut-être Alex est-il gêné. A moins qu'il ne désire simplement un peu d'intimité. Mais dans quel but ? Peut-être souhaite-t-il éviter d'affronter un rival, le cas échéant. Serait-il timide ? La timidité est une émotion qui semble se fondre avec la crainte, la crainte d'être vu, et dans ce cas la honte pourrait aussi être liée à la peur.

La crainte de se montrer sous un mauvais jour – de paraître faible, stupide, sale, impuissant, ou de ne pas être à la hauteur – et la sensation désagréable éprouvée quand tel est le cas constituent l'essence de la honte. Au premier abord, la honte semble indépendante de la peur. Ainsi, dans un océanarium (où l'on ne punissait jamais les animaux), Karen Pryor dressait une femelle marsouin, Wela, à sauter hors de l'eau et à prendre un poisson de la main d'une personne. Un jour, distraite parce qu'on photographiait la scène, elle oublia de lâcher le poisson comme à l'habitude et Wela, en saisissant sa récompense, la mordit sans le faire exprès. « Affreusement gênée », semble-t-il, elle plongea au fond du bassin et resta dans un coin, d'où elle refusa de sortir jusqu'à ce que Karen Pryor la rejoigne, et parvienne à la calmer à force de cajoleries[14].

Le comportement de Wela est comparable à celui du chien qui menace par ses aboiements une personne entrée dans la maison, pour s'apercevoir soudain qu'il s'agit de son maître. L'animal hérissé et furieux se transforme alors d'un seul coup en un chiot qui remue frénétiquement la queue, gémit et se tortille. Certains pensent que ce renversement d'attitude comique n'a rien à voir avec une éventuelle gêne du chien : celui-ci chercherait en fait à apaiser un animal dominant – son maître – en manifestant sa soumission. Vrai ou faux, cela ne correspond guère au comportement de Wela, qui ressemble plutôt à de la gêne, une forme de honte. On a vu Washoe, la femelle chimpanzé, faire une erreur semblable et se montrer menaçante envers un vieil ami (qui avait grandi de quelques centimètres depuis leur dernière rencontre) jusqu'au moment où elle l'a reconnu. Elle a alors réagi par ce que, chez un être humain, on appellerait de la gêne[15]. Il s'agit peut-être d'une soumission rituelle, mais dans ce cas le terme devrait s'appliquer aux excuses gênées que nous faisons parfois.

Les dresseurs de chiens d'aveugles racontent que les vieux chiens qui n'arrivent plus à contrôler leur vessie ou leurs sphincters semblent honteux ou gênés. Une chienne de seize ans, victime de ce genre d'infirmité, refusa désormais de rentrer à l'intérieur des locaux comme elle en avait toujours eu l'habitude.

Dans un texte traitant du comportement animal, les auteurs contournent la question de l'existence des émotions chez l'animal en affirmant : « Nous pouvons certainement admettre que ce chien qui s'est mal comporté agit comme s'il éprouvait de la gêne. Rien ne nous permet toutefois d'affirmer qu'il a éprouvé de la gêne, même si nous reconnaissons comme probable l'existence d'émotions chez l'animal[16]. »

Rougir

Chez les humains, la honte se manifeste de façon visible par un afflux de sang au visage. Charles Darwin, qui a étudié le phénomène dans ses moindres détails, semble avoir été entouré d'êtres qui rougissaient à la moindre provocation. Des signes autres que la rougeur accompagnent la honte, remarquait-il, comme le fait de détourner les yeux, de tourner la tête ou de se retourner complètement. Son explication de la valeur du phénomène, qu'il a eu du mal à fournir, est assez lamarckienne[17]. Pour lui, les humains se préoccupent de leur apparence personnelle et de l'opinion d'autrui. Lorsqu'ils sentent qu'ils font l'objet de l'attention des autres et tout particulièrement de leurs critiques, cela « va exciter et activer cette partie du sensorium qui réceptionne les nerfs sensoriels du visage et agir, par le biais du système vaso-moteur, sur les capillaires faciaux. A force de se reproduire au cours d'innombrables générations [...] le processus va être devenu si habituel [...] que le moindre soupçon [...] de dépréciation va suffire à dilater les capillaires, sans que nous pensions le moins du monde consciemment à notre visage[18] ».

Après avoir interrogé sur la question les missionnaires britanniques envoyés dans le monde entier, Darwin en vint à la conclusion que toutes les races rougissaient et que ce n'était pas un comportement acquis, dans la mesure où les aveugles de naissance rougissaient comme les autres. (Ces informations allaient à l'encontre des idées des partisans de l'esclavagisme. Ceux-ci prétendaient en effet que les Noirs ne rougissaient pas parce qu'ils étaient incapables d'avoir honte et ils en déduisaient qu'ils n'étaient pas totalement des êtres humains[19].)

Pour lui, la rougeur était, « de toutes les expressions, la plus particulière et la plus humaine. Certains petits singes prennent une coloration rouge sous l'empire de la passion, mais il nous faudrait un nombre impressionnant de preuves pour nous convaincre qu'un animal peut rougir de honte[20] ».

Darwin aurait été intéressé de savoir qu'outre les petits singes d'autres animaux ont une peau qui rougit. Au zoo de Francfort, on a vu les oreilles d'un diable de Tasmanie (un petit marsupial carnivore) virer au rouge lors d'une phase d'excitation[21]. Certains oiseaux rougissent, comme on peut le voir sur les parties de leur corps dépourvues de plumes. Comme la dinde, certains méliphages ont des caroncules dépourvues de plumes qui rougissent « lorsque l'oiseau est excité[22] ». De même, la peau nue sur les joues de certains aras rougit lorsqu'ils sont excités ou furieux. Mattie Sue Athan, spécialiste des perroquets, a pu constater le phénomène chez des aras tombés accidentellement de leur perchoir[23]. Cela ressemble bien à de la gêne. D'un autre côté, l'ara peut aussi rougir parce qu'il est furieux d'être tombé. Peut-être un jour aurons-nous la confirmation que les humains sont les seuls animaux à rougir de honte. Après tout, nous sommes dépourvus de fourrure, de plumes et autres protections, et la peau nue permet largement au phénomène de s'exercer.

Mais il se pourrait que la rougeur n'ait pas, ou du moins pas exclusivement, une fonction visuelle. Le phénomène n'a pas besoin d'être visible. De nombreuses personnes sentent des picotements sur la peau – et éprouvent de la honte – sans pour autant rougir ostensiblement. Si les gens devenaient cramoisis, pâles ou verts aussi souvent que dans les romans, notre société serait un véritable arc-en-ciel. Peut-être de nombreuses espèces animales rougissent-elles sans que cela se voie. Personne n'est allé constater si, sous le pelage du raton laveur, il y a des picotements quand il est mortifié ou une rougeur quand il est fier. Nous ignorons si, chez les aras, les parties du corps recouvertes de plumes rougissent comme les parties dénudées et si d'autres perroquets rougissent sous leurs plumes. Et en tout état de cause, on ne saurait conclure que, si les animaux ne rougissent pas, ils n'éprouvent pas pour autant de la honte.

Les avantages de la honte

S'il se révèle que la honte est largement répandue dans le règne animal, les évolutionnistes se feront fort d'annoncer qu'elle doit être porteuse de quelque avantage. On a toutefois un peu de mal à distinguer ce qui, dans une auto-accusation universelle, est adaptatif.

Les émotions liées à la conscience de soi semblent apparaître précocement dans notre vie. Dans une série d'expériences, on a confié à des petits enfants des jouets prévus pour ne pas résister à la manipulation, puis on les a filmés en train de jouer. Lorsqu'un jouet se cassait, certains enfants pleuraient; d'autres cherchaient un autre jouet; d'autres encore paraissaient honteux ou coupables. Certains détournaient le regard et leur corps « s'effondrait » en une attitude considérée comme une réaction de honte caractéristique. Un des enfants, qui semblait tendu et avait détourné les yeux, essaya néanmoins ensuite de réparer le jouet, ce que l'on considéra comme une réaction de culpabilité [24]. Pour Helen Block Lewis, une des premières à avoir élaboré une théorie de la honte et de la culpabilité, l'une et l'autre sont des régulateurs des interactions sociales, qui combattent le narcissisme et punissent la transgression des règles du groupe. En rougissant, la personne indique aux autres membres du groupe qu'elle reconnaît avoir commis cette transgression et, par là même, admet les règles collectives [25].

Le psychiatre Donald Nathanson ne considère pas la honte comme une émotion sociale. Il cite une expérience lors de laquelle des bébés âgés de trois à quatre mois pouvaient déclencher des flashes colorés en tournant la tête[26]. Les bébés adoraient apparemment se livrer à cette activité et ils poussaient des cris de plaisir quand les lumières s'allumaient. Quand les expérimentateurs changèrent le dispositif de façon que les efforts des bébés soient infructueux, ceux-ci laissèrent retomber leur tête, tandis que leur respiration s'accélérait et que le sang affluait à la surface de leur peau, puis ils détournèrent le visage. Nathanson, et avec lui d'autres théoriciens, interprète cette attitude comme une réaction primitive de honte tout à fait indépendante de la présence ou de l'absence d'autres personnes. Pour eux, la honte n'est donc pas nécessairement une émotion sociale. (On ne voit pas très clairement pourquoi la déception et la frustration ne sont pas considérées comme des explications possibles.) Dans l'analyse que fait Nathanson, la honte est « un système biologique par lequel l'organisme contrôle ses sorties affectives, de façon à ne pas continuer à être intéressé ou satisfait lorsque cela peut lui nuire ou à ne pas rester en résonance affective avec un organisme qui ne parvient pas à correspondre aux schémas stockés en mémoire[27] ». Pour lui, ce système a connu une évolution relativement récente.

Quant aux avantages d'une auto-accusation universelle, Nathanson déclare : « Si vous deviez élaborer un système capable d'apprendre par expérience et de s'auto-éduquer, il serait bon d'y intégrer la capacité d'amplifier l'échec. La honte accroît notre mémoire de l'échec et nous protège du danger qui nous menace lorsque, par nécessité, nous sommes sur le point de nous lancer dans une entreprise qui dépasse nos possibilités[28]. »

Par ailleurs, la honte pourrait éviter aux animaux d'attirer l'attention des prédateurs. Les humains ont honte non seulement de leurs défauts réels ou supposés, mais aussi, souvent, de ce qui les différencie des autres, à leur avantage comme à leur désavantage. Les gens n'aiment pas être dévisagés, même de manière admirative, et sont souvent mal à l'aise lorsqu'ils recoivent un compliment. Etre remarqué embarrasse parfois énormément, voire provoque un sentiment de menace.

Les prédateurs repèrent leur proie parmi les autres. Certains la choisissent selon leur condition physique. Ils sélectionnent les animaux malades, les blessés, les jeunes. Ils étudient les troupeaux, pourchassent certains individus et, dans l'ensemble, s'efforcent de n'en capturer qu'un petit nombre. L'examen de la moelle épinière de gnous tués par des lions a révélé qu'un important pourcentage était en mauvaise santé[29]. Les hyènes, quand elles chassent, coupent à travers un troupeau ou zigzaguent au milieu des animaux, puis s'arrêtent pour les regarder courir. Elles les examinent un par un, cherchant à détecter une éventuelle faiblesse. Un expérimentateur, qui anesthésiait des gnous afin de pouvoir les mesurer et leur attacher une plaque d'identification, se rendit compte que, s'il n'y prenait pas garde, ces animaux seraient tués par des hyènes dès qu'il les relâcherait. Ils semblaient normaux aux yeux d'un humain, mais les hyènes, elles, faisaient la différence et voyaient qu'ils ne couraient pas tout à fait aussi vite que d'habitude. Il dut les éloigner en les poursuivant avec son véhicule jusqu'à ce que les gnous aient le temps de se remettre[30].

Les prédateurs remarquent également d'autres différences. Une fois, un chercheur marqua certains gnous en leur peignant les cornes en blanc. En l'espace de quelques mois, presque tous avaient été tués par les hyènes. Hans Kruuk s'est aperçu que, dans certaines circonstances, des hyènes repéraient et poursuivaient des animaux qui semblaient en bonne condition, mais se comportaient de façon étrange[31]. La nuit, éblouis par la lumière des phares, les gnous couraient bizarrement et étaient aussitôt poursuivis par des hyènes. Dès qu'ils étaient en dehors du faisceau lumineux, ils retrouvaient leur allure normale et parvenaient à s'échapper.

Kruuk observa aussi un troupeau de plusieurs centaines de gnous au sein duquel un individu adoptait une attitude de défense du territoire et tenait les autres à distance. Dans un autre contexte, ce comportement n'aurait eu aucune conséquence, mais il attira des hyènes qui poursuivirent sur-le-champ le gnou. Celui-ci leur échappa facilement, ce qui vient conforter l'idée que les hyènes avaient repéré un animal qui manifestait une différence et non de la faiblesse.

En se groupant en bancs, comme les poissons, ou en volée, comme les oiseaux, les animaux adoptent un comportement capable de faire échec aux prédateurs de la manière la plus simple qui soit, en évitant qu'ils ne concentrent leur attention sur un individu. Dans un banc de poissons argentés, on a teint certains individus en bleu. Non seulement ceux-ci furent alors l'objet d'attaques plus fréquentes de la part des prédateurs, mais ce fut aussi le cas des poissons argentés qui se trouvaient près d'eux. Face à un banc de poissons identiques, les prédateurs se montraient incapables de sélectionner un individu en particulier, alors qu'ils pouvaient se saisir d'un poisson bleu ou de son voisin[32].

Apparemment, les proies sont souvent conscientes d'être repérées par le prédateur. Paul Leyhausen rapporte qu'au Zaïre il vit un jour près d'une rivière deux kobs – de grosses antilopes – qui semblaient mal à l'aise. Au même moment, il aperçut deux lions qui s'approchaient d'eux en se dissimulant derrière les buissons. Bientôt le kob situé le plus près des lions parut se calmer. Il se mit à brouter, tandis que l'autre allait et venait, visiblement en proie à une grande inquiétude. Les mouvements des lions, raconte Leyhausen, révélèrent vite qu'ils guettaient le kob le plus éloigné d'eux et non le plus proche, ce que les deux kobs avaient su bien avant l'observateur[33].

De même, les proies semblent savoir quand les prédateurs sont en chasse et quand ils se consacrent à toute autre chose et elles déterminent leur position par rapport à eux en fonction de cet élément. Le désir de dissimuler leurs faiblesses et leur différence – un comportement qui résulte de la peur ou du déplaisir ressenti à être observé – peut inciter les animaux à agir de manière à éviter la prédation, par exemple en prétendant être plus forts qu'ils ne sont, en minimisant leur différence ou en se cachant des prédateurs.

Les prédateurs ne sont pas les seuls à exploiter les signes de vulnérabilité ou de faiblesse des autres animaux. Certains animaux se montreront tout aussi réceptifs à ces signaux et s'en serviront contre leurs congénères. Quand des lions du Serengeti reçurent des fléchettes anesthésiées, certains de leurs congénères sautèrent sur l'occasion pour les attaquer (avant d'être chassés par les chercheurs). La honte pousse donc les animaux à dissimuler leurs faiblesses aux autres membres de leur bande ou de leur troupeau. Un caribou boiteux ou visiblement fatigué est le premier du troupeau à être attaqué par les loups, mais un loup dont les signes de faiblesse sont évidents risque en ce qui le concerne de perdre son statut dans la bande. Les conséquences peuvent être sérieuses pour lui sur le plan de la reproduction.

Pour survivre, donc, l'animal ne doit pas seulement être en forme, il doit avoir l'air en forme. Le sentiment de honte, pénible à éprouver, pousserait à dissimuler une infirmité.

Il arrive fréquemment que les animaux cachent leur maladie et leurs blessures. Au grand désespoir des éleveurs et des vétérinaires, de nombreux animaux en captivité agissent ainsi, jusqu'au moment où il est trop tard pour les soigner. Les oiseaux, en particulier, sont adeptes de cette pratique. Ils souffrent en secret et dissimulent tous les symptômes jusqu'au moment où ils tombent littéralement de leur perchoir.

Les cerfs communs d'Ecosse quittent le troupeau en cas de blessure ou de maladie. A une époque, on a pensé qu'ils agissaient ainsi pour le bien du groupe, mais il est probable qu'un cerf solitaire est moins facilement repérable pour un prédateur qu'un troupeau – et lorsqu'un troupeau est repéré, l'animal malade ou blessé sera vraisemblablement le premier à être attaqué parmi les autres. Guéri, il retourne au sein du troupeau. Dans la mesure où les prédateurs focalisent sur la différence et pas seulement sur la faiblesse d'un animal, celui-ci se sent vulnérable ou honteux de ce qui attire le regard des autres[34].

Que la honte conduise à rougir semble étonnant. Pour un animal, à première vue, le fait de rougir de façon visible ou de montrer physiquement sa gêne semble aller à l'encontre de l'effet recherché, qui est de montrer que tout va bien ou du moins de ne pas se faire remarquer. En fait, on conçoit qu'en sentant le sang affleurer à sa peau l'animal soit incité à aller se cacher et, par là même, à dissimuler la faiblesse originelle dont il a honte. Comme la plupart des animaux ne rougissent pas de façon visible, si toutefois ils rougissent, les humains (du moins certains d'entre eux) peuvent donc se prétendre les seuls à arborer cette rougeur, même s'ils ne sont pas les seuls à ressentir de la honte.

Tous ceux qui possèdent un chien ou un chat savent combien ils ont horreur qu'on se moque d'eux. Des gardiens ont rapporté que certains éléphants, placés dans ce genre de situation, réagissent en remplissant leur trompe d'eau et en aspergeant les rieurs[35]. Il est curieux que des animaux, qui ignorent le rire, sachent le reconnaître et y soient sensibles. A moins que ce ne soit une expression équivalente à un sentiment qui leur est propre. Dans ce cas, ils se révèlent meilleurs traducteurs que nous.

La culpabilité

Se sentir coupable, c'est éprouver du remords après avoir commis un acte donné. Chez l'animal, ce sentiment se révèle plus difficile à cerner que la honte. Généralement, si la culpabilité nous travaille, c'est parce que nous savons, de par notre contexte culturel, que nous avons eu tort d'agir comme nous l'avons fait. On confond facilement la culpabilité avec la crainte d'être découvert et la désapprobation ou la punition qui s'ensuivront. Comme nous l'avons vu, le chimpanzé Nim Chimpsky a appris le signe « désolé » et il s'en servait quand il avait « fait des bêtises[36] ». De même Alex, le perroquet, a dit : « Je suis désolé » quand il a mordu la personne qui le dressait. La liste des « bêtises » de Nim – casser un jouet ou s'agiter – ne correspond sans doute pas à ce qu'un chimpanzé estimerait instinctivement être mal. Comme nos enfants, il savait qu'il s'était mal conduit parce qu'on le lui disait. Parfois il faisait le signe « désolé » avant que ses professeurs ne se soient aperçus de la bêtise. Tentait-il de prévenir leur colère ? Etait-ce autre chose ? C'est difficile à dire. Comme avec les humains, souvent.

Un jour, le chimpanzé Loulis, fils adoptif de Washoe, avait entrepris d'agacer Roger Fouts, et « se montrait franchement assommant ». Il finit par égratigner le chercheur avec un ongle en le poussant du doigt un peu plus fort qu'à l'habitude. « J'en ai fait toute une affaire, pour qu'il sache qu'il m'avait fait mal. Par la suite, à chaque fois que je lui montrais l'égratignure pour le culpabiliser, histoire d'exploiter l'événement, il fermait les yeux et détournait la tête. Je n'ai jamais pu lui montrer cette vieille égratignure ni essayer de lui en parler sans qu'il détourne le regard. » Parmi les multiples interprétations que l'on peut donner de cette attitude étrangement familière, la culpabilité est celle qui nous vient le plus facilement à l'esprit.

Pour la plupart des gens, le chien est l'animal qui illustre le mieux la culpabilité. Desmond Morris montre de manière convaincante que celui-ci éprouve de temps en temps du remords. Le chien qui a commis une bêtise et, sans que nous ayons la moindre idée de ce qui s'est passé, nous accueille dans une attitude de soumission inhabituelle, ne peut avoir tiré le moindre indice de notre comportement. Pour Morris, « il comprend qu'il a fait quelque chose “de mal”[37] ».

Il y a peu de temps que la honte, humaine s'entend, est considérée comme un sujet d'études respectable. Au début de sa carrière, Donald Nathanson avait organisé un symposium sur le sujet. Quand il s'est terminé, un ami l'a pris à part. Après l'avoir félicité pour le succès de la réunion, il lui a conseillé de ne plus effectuer de travaux sur le sujet, sous peine d'y laisser sa réputation. « A ce moment, j'ai découvert combien l'idée même de la honte était embarrassante pour bien des gens », commente Nathanson[38]. Ce genre d'émotions doit rester caché. Les animaux seraient-ils parvenus à les dissimuler à notre vue ?

Si les animaux sociaux se sentent honteux et coupables, les autres risquent d'en tirer avantage. Quand un jeune chimpanzé fait l'imbécile, comme Freud lors de l'incident rapporté par Jane Goodall, on pourrait imaginer que d'autres chimpanzés le raillent en attirant l'attention de leurs compagnons sur lui et en outrant leurs réactions. Or, nous n'avons aucune preuve qu'ils se moquent ainsi les uns des autres. Si tel est bien le cas, ils diffèrent en cela des animaux humains que nous sommes.

10.
La beauté, les ours et les couchers de soleil

Par une fin d'après-midi, Geza Teleki, qui observait les chimpanzés dans la réserve de Gombe, s'accorda une pause et décida d'aller au sommet d'une falaise regarder le soleil se coucher sur le lac Tanganyika. Il était perdu dans sa contemplation lorsqu'il vit deux chimpanzés adultes grimper séparément dans sa direction. Aucun des deux n'était conscient de la présence de l'autre. Une fois arrivés en haut, les animaux se découvrirent et s'accueillirent mutuellement par de grandes accolades et des poignées de main, puis s'assirent côte à côte. Ni l'un ni l'autre ne virent Teleki. En silence, Teleki et les chimpanzés contemplèrent le coucher de soleil et la tombée de la nuit[1].

On ne considère généralement pas le sens de la beauté comme une émotion. Pourtant rien ne dit que ce soit une expérience d'ordre purement intellectuel. Il se peut qu'elle soit en partie cognitive et en partie émotionnelle. La beauté ne rend-elle pas les gens heureux, ou tristes parfois ? Quoi qu'il en soit, les humains ont toujours prétendu être la seule espèce à pouvoir l'apprécier[2].

Or les chimpanzés qui ont contemplé le coucher de soleil avec Geza Teleki n'étaient pas un cas unique. Pendant une bonne quinzaine de minutes, sous les yeux du primatologue Adriaan Kortlandt, un chimpanzé en liberté a regardé un coucher de soleil particulièrement spectaculaire, jusqu'à ce que la nuit tombe[3]. Parmi les personnes qui ont observé les ours en milieu naturel, certaines les décrivent assis sur leur derrière au coucher du soleil, le regard fixé sur l'astre, apparemment plongés dans une profonde méditation. Selon toute vraisemblance, les ours prennent plaisir à cette expérience esthétique. Pourtant, par sa naïveté, une telle explication déclenche l'hilarité des scientifiques. Comment les ours pourraient-ils faire preuve d'appréciation esthétique – c'est-à-dire se placer dans un état contemplatif ? N'y a-t-il pas des esthètes pour estimer certains êtres humains incapables de parvenir à un tel état, ou à un état d'un pareil raffinement ? Au XIXe siècle, de nombreux scientifiques affirmaient que les races « inférieures » ne pouvaient éprouver les mêmes émotions esthétiques qu'eux – membres de races « supérieures ». Attention, néanmoins, à ne pas pousser trop loin la démonstration inverse et à prétendre, en entendant un ours exhaler son souffle, qu'il pousse un soupir mélancolique devant la fugacité de l'existence et la beauté d'un monde qu'il lui faudra un jour quitter – un vrai Rainer Maria Rilke des forêts. On peut penser qu'un ours est sensible à la beauté. Il est impossible de savoir si la beauté lui fait prendre un instant conscience qu'il est mortel.

Pourquoi toutes les créatures seraient-elles sensibles à la beauté ? Aux yeux de certains, c'est dans le jeu exploratoire qu'il faut chercher la source de la créativité artistique humaine. Peut-être, en appréciant la beauté, sommes-nous récompensés de faire notre chemin dans un monde auquel tous nos sens sont accordés. Il est précieux d'avoir les moyens de jouir de la beauté de nos enfants, des êtres qui nous sont chers. Plus généralement, notre évolution a pu nous conduire au stade où nous trouvons le monde beau, où nous prenons plaisir à le contempler, à l'écouter, à le respirer, à le toucher, à le goûter, à y évoluer. Peut-être cette sensibilité à la beauté ne sert-elle à rien d'autre qu'à nous satisfaire, peut-être est-ce une valeur en soi.

Pour qu'un animal découvre la beauté d'un ensemble de sensations, de sons ou d'images, il doit être capable de les détecter physiquement, de les ressentir et de les percevoir. Nous connaissons mal les sens des animaux, mais nous savons qu'il existe entre eux des différences considérables sur ce plan.

On dit souvent que les animaux, du moins certains d'entre eux, ne distinguent pas les couleurs. Cette affirmation, qui, bizarrement, va à l'encontre de toute intuition, a été considérée depuis des décennies comme un fait scientifique et on la trouve même dans certains manuels. De nombreux articles, pourtant, parus dans la presse scientifique et populaire, font état d'une vision des couleurs par l'animal – y compris le chien. Il n'empêche qu'on qualifie encore souvent cette idée de « mythe[4] ».

Il est certain que les humains ont une excellente perception des couleurs. Les spécialistes en optique nous classent, avec de nombreux autres primates, parmi les trichromates – c'est-à-dire que nous élaborons la gamme des couleurs que nous voyons à partir de trois couleurs fondamentales. Un être humain et un grand singe discernent vraisemblablement les mêmes couleurs lorsqu'ils contemplent un coucher de soleil. De nombreux mammifères, et parmi eux les chiens et les chats, sont des dichromates : ils n'utilisent que deux couleurs fondamentales. Ils ont une vision colorée, mais moins variée que la nôtre. Il est possible que quelques animaux nocturnes, tels les rats, ne perçoivent pas les couleurs. Certains oiseaux utilisent cinq ou six couleurs fondamentales. Peut-être ont-ils une meilleure vision des couleurs que nous. Depuis des décennies, nous savons que les insectes voient les rayons ultraviolets; on a découvert récemment que c'était aussi le cas de certains oiseaux, poissons et mammifères[5]. Une espèce d'oiseau au moins, le zostérops ou oiseau à lunettes d'Australie, posséderait la capacité de « voir » les champs magnétiques, c'est-à-dire de les détecter avec l'œil[6].

Si les animaux étaient dépourvus de vision colorée, quelle serait l'utilité des couleurs vives sur la face et le derrière du babouin, ou sur la queue du paon ? Parmi ceux qui admettent la capacité du paon à reconnaître les couleurs d'un plumage, il y en a pourtant quelques-uns pour estimer peu vraisemblable qu'il les *apprécie.* Ainsi pouvait-on lire dans un ouvrage d'histoire naturelle destiné au grand public :

> Qu'est-ce qui, dans la queue du paon, met la femelle dans un état favorable à l'accouplement ? Son chatoiement ? Sa forme harmonieuse ? Les taches semblables à des yeux ? Non, à vrai dire, ce qui nous séduit n'a sans doute aucun effet sur la femelle. En revanche, la taille de l'éventail pourrait bien être ce qu'elle juge irrésistible, car elle est tout à fait éloquente : si, malgré le caractère encombrant d'un pareil appendice, son propriétaire a pu parvenir à l'âge adulte, c'est qu'il doit être à la fois fort et astucieux. De même, la femelle appréciera son plumage coloré non pas pour sa beauté, mais parce que son lustre dénote une absence de parasites. La femelle capable de repérer ces caractéristiques supérieures est récompensée en transmettant ses gènes à une progéniture qui, comme son « handicapé » de père, aura les meilleures chances de survivre et de se reproduire[7].

Dans quelle mesure peut-on prendre au sérieux ce genre d'affirmation ? D'un côté, la paonne serait *incapable* d'être attirée par la beauté et de l'autre elle serait *capable* de penser : « Des plumes bien lustrées égalent faible risque de parasites – je vais donc m'accoupler avec celui-ci, comme ça mes poussins bénéficieront de ses gènes. » C'est une position indéfendable. Si l'on exprimait explicitement l'idée qu'une paonne est capable d'en venir intellectuellement à des conclusions, on rencontrerait une opposition immédiate. Pourtant, certaines affirmations devenues routinières dans le domaine du comportement animal vont dans le même sens que l'idée d'une paonne insensible à la beauté.

Si l'on écarte l'idée d'une paonne calculatrice qui ferait son marché de gènes, que donne l'approche évolutionniste ? La paonne admire la queue du paon parce qu'elle la trouve belle – et, chez les humains, cela ne nécessite ni une grande intelligence ni une éducation esthétique particulière –, c'est la cause proximale. Elle va s'accoupler avec lui, ce qui aura pour résultat final de sélectionner le mâle porteur des gènes les meilleurs. En ce qui nous concerne, il nous arrive de considérer les autres sous l'angle de leur potentiel génétique, mais nous avons du mal à imaginer qu'une personne brûlant de désir ou de passion ait cela en tête.

Pour en revenir à la question des sens des animaux, on admet généralement que certains d'entre eux possèdent une ouïe très fine. Pour les poissons, il fallut pourtant attendre que Karl von Frisch, plus connu pour ses découvertes sur le langage des abeilles, publie un article intitulé : « Le poisson-chat nain qui arrive quand on le siffle[8]. » Par la suite, on découvrit que d'innombrables espèces avaient une ouïe de beaucoup supérieure à la nôtre. Les éléphants communiquent au moyen de sons trop graves pour que nous les percevions. A l'inverse, les musaraignes, comme les chauves-souris, pratiquent l'écholocation au moyen de sons trop aigus pour être audibles par les oreilles humaines. Quant aux oiseaux, ils font environ dix fois mieux que nous la différence entre les sons : durant l'intervalle où nous distinguons une seule note, eux en distinguent dix[9]. Lorsqu'on passe au ralenti des enregistrements de chants d'oiseaux, on s'aperçoit que ceux-ci utilisent cette capacité et que, souvent, leurs chants comportent des séquences de notes qui nous échappent par leur rapidité. Le chant d'un étourneau qui, pour nous, s'apparentera à des grincements de gonds rouillés, paraîtra tout à fait différent à l'oiseau. Quand nous écoutons des chants d'oiseaux ou tentons de les imiter, nous risquons de passer à côté de leur extrême complexité.

Les oiseaux de compagnie semblent souvent apprécier

notre type de musique et ils ont leurs préférences. Gerald Durrell a évoqué un pigeon apprivoisé qui écoutait tranquillement la plupart des airs, blotti contre le gramophone. Quand on lui passait des marches, il allait et venait en marquant la cadence et en roucoulant avec force. Les valses lui tiraient de tendres roucoulades, tandis qu'il se déhanchait et dodelinait de la tête[10]. Les perroquets gris, quant à eux, battent souvent des ailes, ravis, en entendant leurs chansons favorites[11]. Compte tenu de la différence d'acuité auditive entre les oiseaux et nous, on peut se demander si notre musique ne leur paraît généralement pas d'une lenteur sépulcrale, ou s'ils n'entendent pas des sons que les musiciens ignorent tirer de leurs instruments.

D'innombrables espèces animales émettent des cris longs et compliqués que nous avons plaisir à entendre. Ne serait-il pas étrange que les baleines jubartes n'apprécient pas leurs propres chants et que les loups n'aiment pas le son de leurs hurlements ? Il faudrait pour cela que, malgré tout le mal que se donnent les baleines pour composer, émettre et modifier leur chant, celui-ci ne serve qu'à communiquer, un point c'est tout. Il ne leur inspirerait rien et chacune écouterait celui des autres dans le seul but d'obtenir des informations. Dans cette optique, les baleines seraient des créatures bien plus cérébrales que nous : tout dans l'esprit, rien dans le cœur. Quand les canidés hurlent, ce n'est pas au hasard. Ceux qui ont un jour hurlé avec un chien le savent : les chiens adaptent leur hurlement à d'autres sons qu'ils perçoivent. Hope Ryden a pu observer un couple de coyotes qui ne hurlaient jamais sur la même note. Quand le mâle montait dans les aigus et se retrouvait à l'unisson avec la femelle, celle-ci baissait instantanément le ton ; quand la femelle descendait dans les graves et se retrouvait sur la même note basse que le mâle, celui-ci remontait dans les aigus[12]. On pense que ces duos ont pour mission de transmettre l'information que les coyotes sont bien deux à hurler, indiquant par là même la présence d'un couple et de son territoire. Cela paraît vraisemblable, mais pourquoi les coyotes ne trouveraient-ils pas aussi que leurs hurlements sont plus mélodieux ainsi ? Rien ne nous empêche d'envisager que l'appréciation esthétique du chant soit le mécanisme à l'origine de ce comportement avantageux.

De même, les cris des gibbons, s'ils semblent avoir une fonction territoriale, peuvent très bien être également la manifestation d'une sensibilité esthétique. Les gibbons chantent ensemble tous les jours. Chez la plupart des espèces, le cri du mâle est différent de celui de la femelle. Dans leurs duos, qui peuvent être spontanés ou faire écho au chant d'autres gibbons, les couples se répondent. Chez la majorité des espèces, le mâle effectue un long solo et la femelle émet de « grands cris » vibrants. Parfois les jeunes se joignent à eux[13].

En 1983, Jim Nollman, qui se consacre à faire de la musique avec les animaux en liberté, se rendit à Panama pour se livrer à cette occupation avec des singes hurleurs. Ceux-ci, qui vivent en famille, crient énormément. Un zoologue (dont les études sur les singes hurleurs portaient sur plus d'une décennie) lui avait pourtant prédit que sa musique n'intéresserait guère ces singes. Au mieux, il ne tirerait d'eux que quelques cris revendiquant leur territoire. Quand il eut découvert un arbre abritant des singes hurleurs, Nollman s'assit au-dessous et se mit à jouer de la flûte. Au début, toute la famille réagit par des cris bruyants. Puis l'un des singes se mit à hurler entre les notes de la flûte, comme en une sorte de réponse musicale. Au bout d'une heure, l'obscurité mit fin à cet échange. Les jours suivants, la famille ne joignit pas ses cris au son de la flûte, mais descendit vers les branches basses de l'arbre et observa intensément le musicien, malgré la réputation de timidité de ces singes[14]. On ignore ce qu'ont pensé les singes hurleurs de la musique de Nollman, mais il semble clair qu'ils l'ont trouvée prenante, tout en ayant conscience qu'elle n'était pas produite par l'un des leurs. Peut-être leur plaisait-elle. Et même si elle leur déplaisait, c'est aussi, en quelque sorte, une opinion d'ordre esthétique.

Michael, un gorille qui a appris la langue des signes, adore la musique et raffole du ténor Luciano Pavarotti au point de refuser d'aller se promener pour pouvoir l'entendre à la télévision. Il aime frapper sur des tuyaux et pianoter sur des ressorts. Malheureusement, Michael a une telle force qu'il casserait sans doute tous les instruments de musique qu'on pourrait lui confier[15].

On ignore pratiquement tout du rôle éventuel que joue le plaisir du goût quand un animal se nourrit. A plusieurs reprises, on a pu voir Siri, une éléphante d'Asie pensionnaire d'un petit zoo, écraser avec délicatesse une pomme ou une orange, puis la frotter sur son fourrage. Pour son gardien, Siri essayait ainsi de donner du goût à son ordinaire[16]. En milieu naturel, un éléphant consomme une grande variété de plantes, dont on peut supposer qu'elles ont des goûts différents. En captivité, le régime est beaucoup plus monotone. Comme nous, la plupart des animaux semblent aimer le sucré et peu apprécier l'amer. Dans certaines circonstances, cette discrimination a une valeur adaptative. C'est à partir de distinctions aussi simples que l'esthétique peut se développer.

Comparés à de nombreux animaux, les humains ont une approche réduite du domaine sensuel de l'odorat. En effet, si nous possédons ce sens très ancien, nous n'en faisons consciemment qu'un usage modéré. Les chasseurs apprennent à compenser cette faiblesse, face à l'odorat beaucoup plus développé de nombreuses proies. Ils les approchent contre le vent ou mêlent leur propre odeur à d'autres. Une pareille acuité du sens olfactif chez un aussi grand nombre d'animaux incite à penser qu'ils réagissent de manière esthétique à des stimuli que nous ne détectons pas. Un observateur rapporte que, fréquemment, les coatis d'Arizona hument l'air avec application, assis sur leur derrière ou penchés en arrière.

Sans doute rassemblent-ils ainsi des informations. Il raconte comment une vieille femelle quittait de temps à autre le groupe en train de se reposer sur la saillie d'une falaise et allait s'asseoir au bord pendant environ cinq minutes. Là, elle reniflait profondément, lentement, calmement. Les observateurs en vinrent à penser qu'elle ne se bornait pas à identifier le monde qui l'entourait, mais l'appréciait. Ils ne purent s'empêcher de la comparer à quelqu'un qui assiste à un concert ou visite une galerie de peinture[17].

On entend dire souvent que les oiseaux n'ont aucun odorat. C'est faux. Leur cerveau possède des bulbes olfactifs qui leur permettent de sentir, mais avec plus ou moins d'acuité selon l'espèce. Les perroquets et les fauvettes semblent avoir un odorat peu développé. Il est au contraire excellent chez les albatros et les kiwis et, de manière prévisible, chez certains vautours qui repèrent les charognes grâce à lui[18]. Sur le plan esthétique, ils peuvent y trouver de l'attrait ou simplement de l'intérêt.

De nombreux serpents ont des organes détecteurs de chaleur. On découvre par ailleurs qu'un nombre croissant d'animaux marins sont dotés de sens permettant la navigation électromagnétique. Certains sens, telle la capacité de détecter les champs magnétiques, sont venus tout récemment à la connaissance des scientifiques, et il en reste peut-être d'autres à découvrir. Sans doute la préférence et la perception du beau et du laid s'exercent-elles aussi dans ces domaines. Certains animaux risquent de se révéler capables d'admirer ou même de créer de la beauté subsonique, infrarouge ou électromagnétique.

En rassemblant des informations sur les préférences visuelles de jeunes singes rhésus mâles en captivité, un chercheur découvrit qu'ils aimaient les ondes lumineuses courtes. Ils préféraient l'orange au rouge, le jaune à l'orange, le vert au rouge et le bleu à tout. Ils préféraient aussi les dessins représentant des animaux autres que des singes, et ceux représentant des singes plutôt que des humains. Ils aimaient mieux contempler des fleurs qu'un tableau de Mondrian (*Composition*, 1920), et ce qui les intéressait le moins, c'était les dessins de bananes. Ils préféraient voir un dessin animé continu plutôt qu'un dessin animé en boucle, mais préféraient encore celui-ci à des images fixes. Ils aimaient mieux que l'image du film soit au point, et moins elle était nette, moins cela les intéressait de regarder[19]. On a placé ces préférences dans les catégories « intérêt » et « plaisir ». Parmi elles, le goût pour les couleurs est la plus susceptible d'être purement d'ordre esthétique. On n'a en effet aucune raison de penser qu'un simple mur bleu soit plus intéressant qu'un simple mur jaune. D'ailleurs, les singes rhésus ne sont pas les seuls à avoir une préférence pour le bleu. Le béhavioriste allemand Bernhard Rensch lui aussi a étudié les préférences en matière de couleurs et de motifs chez les primates et d'autres animaux. Les singes, grands et petits, préféraient généralement les motifs réguliers aux motifs irréguliers et les motifs symétriques aux asymétriques. Leurs goûts étaient toutefois soumis à variation : certains, testés après un laps de temps, firent des choix différents. Rensch testa aussi des corbeaux et des choucas, qui choisirent de même les motifs réguliers. Les poissons, en revanche, semblaient plus attirés par les dessins irréguliers[20].

C'est souvent sur la parade ou sur le chant que les animaux choisissent leur partenaire. On peut parfois quantifier simplement leurs critères : ils sélectionnent l'animal qui est le plus gros, le plus dodu ou le plus bruyant. Chez les oiseaux appelés veuves, les femelles choisissent les mâles dotés d'une longue queue : quand un ornithologue colla quelques plumes supplémentaires sur la queue de certains mâles, ceux-ci eurent plus de succès[21]. Les animaux portent visiblement leur choix sur ceux dont la forme est symétrique, préférence qu'ils partagent d'ailleurs avec certains humains. Cependant, de temps en temps, des choix esthétiques plus subtils semblent entrer en ligne de compte.

Les oiseaux à berceau et les oiseaux de paradis de Nouvelle-Guinée, d'une grande beauté, font partie des sujets d'étude favoris des ornithologues. Chez les oiseaux à berceau, les différentes espèces ne forment pas de couples. La femelle se rend sur les sites de parade, ou berceaux, de différents mâles. Le mâle se livre alors à sa parade nuptiale, qui parvient ou non à inciter la femelle à s'accoupler avec lui. Certains parmi les mâles – ce sont en général les oiseaux pourvus du plumage le moins voyant – édifient des berceaux complexes semblables à des allées, des tunnels, des cours, des arbres de mai ou des tipis. Ils embellissent ces derniers au moyen d'objets colorés, tels des fleurs, des fruits, des débris d'insectes ou des objets de fabrication humaine. Ils vont parfois jusqu'à en peindre certaines parties, au moyen d'un « pinceau » d'écorce, avec du charbon et des baies écrasées[22].

Dans le choix de ces objets – qu'ils dérobent souvent chez le voisin – les différentes populations d'oiseaux à berceau ne manifestent pas les mêmes préférences en matière de couleurs. L'oiseau à berceau satiné – une espèce aux yeux bleus – préfère par exemple le bleu[23]. Il semble bien que, chez tous ces oiseaux, quand le mâle décore son berceau et quand (et si) la femelle s'accouple avec le mâle dont le berceau lui plaît le plus, ce soit une affaire de goût. Si des biologistes se mêlent à l'affaire et enlèvent des ornements à certains berceaux, ceux-ci seront moins attrayants pour les femelles et leur propriétaire pourra donc se reproduire moins souvent. Pour diverses raisons peut-être liées aux capacités adaptatives, les oiseaux à berceau qui préfèrent le bleu ont un avantage dans la compétition pour la reproduction. Les évolutionnistes diront que leurs goûts artistiques ont comme cause ultime de permettre au mâle de faire la preuve de ses capacités adaptatives en montrant qu'il consacre du temps à réunir des décorations et à les protéger des voleurs, et à la femelle de le prendre en compte. La cause proximale, toutefois, ne devrait pas avoir grand-chose à voir avec tout cela. Il est peu vraisemblable que la femelle puisse évaluer le nombre d'heures que l'oiseau a passées à édifier son berceau, puis en déduire si ses gènes sont bons. Le mâle ne décide pas d'utiliser des objets bleus pour décorer son berceau parce que leur rareté démontrera aux femelles que ses bons gènes lui permettent d'aller les chercher loin. Il est plutôt permis de penser – et c'est une théorie plus conforme au principe de parcimonie – que les oiseaux à berceau, mâles et femelles, aiment le bleu.

La nature n'a pas doté les oiseaux à berceau à stries d'une beauté particulière. En revanche, ils construisent de superbes berceaux, semblables à des tipis, que le naturaliste Bruce Beehler a particulièrement étudiés. Le mât central est entouré à la base d'une paroi de mousse régulière, ornée d'objets de couleur. La paroi comporte différentes sections, dont chacune a son style de décoration. L'effet est « tout à fait artistique et superbe ». « Certains biologistes, remarque Beehler, pensent qu'avec cette construction remarquable, les oiseaux à berceau font la preuve de leur sens esthétique. D'autres préfèrent croire que ce produit dérivé du comportement reproductif est le résultat de la compétition sexuelle que se livrent les mâles pour s'accoupler avec les femelles – le processus que Darwin a appelé "sélection sexuelle"[24]. » Ces deux explications ne sont pas opposées, mais compatibles. Le commentaire de Beehler, toutefois, soulève un point qu'il ne faudrait pas minimiser, quand il dit que certains biologistes « préfèrent » croire à la compétition. En effet, il faut tenir compte qu'il y a des choses que les gens *aiment* à croire ou pensent devoir croire à propos des animaux.

Les biologistes se sont également penchés sur le cas des oiseaux de paradis, célèbres pour le magnifique plumage des mâles. Sur le site de parade, où de nombreux mâles se rassemblent, il arrive que les femelles s'accouplent toutes avec un seul d'entre eux. Cherchant à comprendre pourquoi, Beehler écrit :

> Pour certains chercheurs, c'est là le résultat d'une discrimination poussée de la part des femelles, celles-ci choisissant le mâle « le plus séduisant » ou « le plus sexy ». Pour ma part, j'ai tendance à penser qu'il faut en attribuer en partie la cause au contrôle despotique exercé par l'oiseau dominant sur la hiérarchie d'accouplement à l'intérieur du lek [le lieu fréquenté par les oiseaux à l'époque de la reproduction]. Le mâle alpha parvient à dominer les mâles subordonnés sur le lek en usant en permanence d'une intimidation psychologique et en les agressant physiquement de temps à autre. Les femelles perçoivent cette hiérarchie, tout comme, dans une situation sociale donnée, les humains perçoivent la dominance et la subordination. Tout naturellement, les femelles ont tendance à s'accoupler avec le mâle alpha, dans la mesure où son matériel génétique sera vraisemblablement le plus apte à leur permettre d'avoir une progéniture porteuse de ses qualités – ces mêmes qualités qui pourront aider ses rejetons mâles à dominer le lek de la génération suivante[25].

Cette analyse, qui met l'accent sur l'agression et sa récompense, n'explique pas que le mâle, lors de la parade, fasse vibrer les grandes plumes dorées de sa queue, des plumes dont la beauté a séduit les êtres humains au point qu'ils ont mis en danger certaines espèces. Dans la mesure où les femelles sont capables de percevoir un élément aussi complexe que la hiérarchie et d'en faire un critère de choix du partenaire, pourquoi ne seraient-elles pas attirées par cet ornement d'or et n'en apprécieraient-elles pas l'éclat ?

Chez certaines tribus de Nouvelle-Guinée, les différents styles de tenues rituelles, et notamment les coiffures des hommes, incluent pratiquement toujours des plumes d'oiseaux de paradis de différentes espèces[26]. Les oiseaux à berceau utilisent souvent dans un but décoratif des objets de notre fabrication, comme des enveloppes de bonbons, des cartouches vides, des clefs métalliques. Quand nous dérobons des plumes, c'est dans un but artistique. Quand les oiseaux dérobent des objets colorés, c'est dans un but de compétition. Après tout, c'est peut-être vrai. Ce qui est à la fois gênant et irrationnel, c'est de choisir d'expliquer le comportement humain en termes spirituels – en parlant du sens de la beauté – et le comportement animal en termes mécaniques – en parlant de démonstration des capacités adaptatives. Une fois encore, il s'agit de faire de l'être humain un être unique et supérieur.

La création artistique

La création artistique fait partie des activités censément propres aux humains et la question a rarement été étudiée chez l'animal, malgré le grand intérêt qu'elle présente. En captivité, divers grands singes, et tout particulièrement les chimpanzés, ont peint ou dessiné ; les petits singes capucins également. Alpha, une femelle chimpanzé appartenant au laboratoire des Yerkes, adorait dessiner. Quand elle avait des visiteurs, elle leur réclamait du papier et un crayon, de préférence à de la nourriture. Puis elle se retirait dans un coin et se mettait à dessiner. Une fois, faute de papier, elle essaya de dessiner sur une feuille morte. Le jour où on lui a fourni du papier avec des motifs géométriques, on a découvert que ceux-ci influençaient son dessin. Elle remplissait certaines formes, terminait les formes incomplètes, comme un cercle inachevé, et ajoutait des traits pour en « équilibrer » d'autres. Pour l'anecdote, ajoutons qu'il fallait lui ôter rapidement ses dessins, dans la mesure où, après avoir utilisé les deux côtés d'une feuille, elle mettait celle-ci dans sa bouche[27].

A la suite de cette expérience, Desmond Morris n'eut aucune difficulté à persuader un autre chimpanzé, Congo, de peindre et de dessiner. Si l'on interrompait Congo au milieu d'un tableau, il hurlait de rage jusqu'à ce qu'on l'autorise à l'achever. Lui aussi modifiait son dessin selon les motifs que comportait la feuille de papier. Son thème préféré était un tracé de lignes en éventail, qu'il était capable de réaliser de plusieurs manières et non selon une technique stéréotypée[28]. Des gorilles, comme Koko et Michael, ont aussi abondamment dessiné. On ne connaît pas de cas de grands singes qui aient fait des dessins indiscutablement figuratifs. Moja, une femelle chimpanzé, a réalisé un dessin d'une simplicité inhabituelle, avec des courbes placées parallèlement et horizontalement, et déclaré dans la langue des signes qu'il s'agissait d'un oiseau. Quand on lui a demandé de dessiner une baie, elle a fait un dessin compact dans un angle de la feuille. On ne peut affirmer qu'il s'agisse, dans un cas comme dans l'autre, d'un dessin figuratif, mais le contraire n'est pas évident non plus.

Fig. 1. Alpha, une femelle chimpanzé de dix-huit ans qui vivait dans une cage du laboratoire des Yerkes, réclama régulièrement, des années durant, des crayons et du papier pour dessiner. Une fois, à défaut de papier, elle dessina sur une feuille morte. Si un autre chimpanzé se trouvait dans la cage pendant qu'elle dessinait, elle le repoussait à l'écart d'un coup d'épaule ou allait s'installer dans un coin. Elle a réalisé ce dessin avec des crayons bleu et rouge sur du papier blanc format 21×27, en l'espace de trois minutes. Elle n'a jamais reçu de récompense pour ses dessins et elle ignorait la nourriture si elle pensait pouvoir obtenir du papier et des crayons. (D'après le *Journal of Comparative and Physiological Psychology*, une publication de l'American Psychological Association.)

Fig. 2. Le jeune chimpanzé Congo est l'auteur de cette aquarelle sur papier. Desmond Morris, qui a encouragé Congo à dessiner et à peindre, note que les motifs en éventail de ce genre faisaient partie de ses thèmes favoris. Il a effectué le tracé en ramenant le pinceau vers lui.

Fig. 3. Congo réalisa ce motif en éventail au cours de la même séance que le tableau ci-dessus, mais, fait remarquable, il *éloignait* le pinceau de lui. De temps en temps, il s'arrêtait pour examiner les traits. Le fait que Congo ait pu produire des schémas similaires par des méthodes différentes montre qu'il ne se bornait pas à reproduire des mouvements stéréotypés.

Au cours d'une expérience ultérieure, on demanda à Moja et à Washoe de dessiner des objets tels qu'un ballon de basket, une botte, une banane, une pomme, une tasse et une brosse, soit à partir des objets réels, soit à partir de diapositives couleurs. On leur redemanda plus tard de dessiner les mêmes objets, pour voir si elles allaient les reproduire de la même façon. Ce ne fut pas le cas pour la botte, mais les dessins de la tasse et ceux de la brosse montrèrent des similitudes. Parmi ces dessins, aucun ne ressemblait à ce que nous considérions comme la reproduction d'une tasse ou d'une brosse. A chaque fois, le dessin de la tasse consistait en un éventail de traits placé au centre de la feuille ; la brosse était représentée par des traits verticaux recoupant des traits horizontaux. Les dessins de fleurs incluaient des motifs radiaux et il y avait toujours dans les dessins d'oiseaux « un tracé en pointe », dont on ignore s'il indiquait un bec, le mouvement du vol ou toute autre chose. « Moja nous a déconcertés avec son dessin du ballon de basket, dit Roger Fouts. C'était juste un gribouillis sur la page. » Mais lorsque Moja se mit à dessiner le ballon de la même manière à des intervalles de six semaines, en traçant des zigzags verticaux sur la partie inférieure de la feuille, les chercheurs se rendirent compte qu'elle représentait peut-être ainsi non pas le ballon, mais son mouvement[29]. Les enfants font parfois ce genre de dessins kinesthétiques.

Les animaux sont avant tout des individus et certains chimpanzés en captivité refusent donc absolument de peindre ou de dessiner. Il est possible que, pour ceux qui se livrent à cette activité, l'ennui de la captivité soit un facteur de motivation. Pourtant, ils semblent apprécier l'acte en lui-même. En 1980, un nouveau gardien, David Gucwa, fut amené à s'occuper de Siri – la jeune éléphante d'Asie qui frottait des fruits sur son fourrage. Gucwa remarqua que Siri entaillait le sol de son enclos au moyen d'un caillou, puis « travaillait au doigt » les éraflures avec sa trompe. Il mit alors à sa disposition un bloc de papier et un crayon, qu'il tenait sur ses genoux. L'éléphante réalisa quantité de dessins. On peut classer ceux-ci dans la catégorie « abstraits » ou « gribouillis », mais tous sont confinés aux limites du papier et, aux yeux de nombreux observateurs, ils ne manquent ni de lyrisme, ni d'énergie, ni de beauté. On n'a jamais donné à Siri de récompense pour ses dessins, bien qu'elle ait peut-être considéré comme telle les attentions de David Gucwa[30].

Avec un journaliste, James Ehmann, Gucwa entreprit d'envoyer des photocopies des dessins de Siri à des scientifiques,

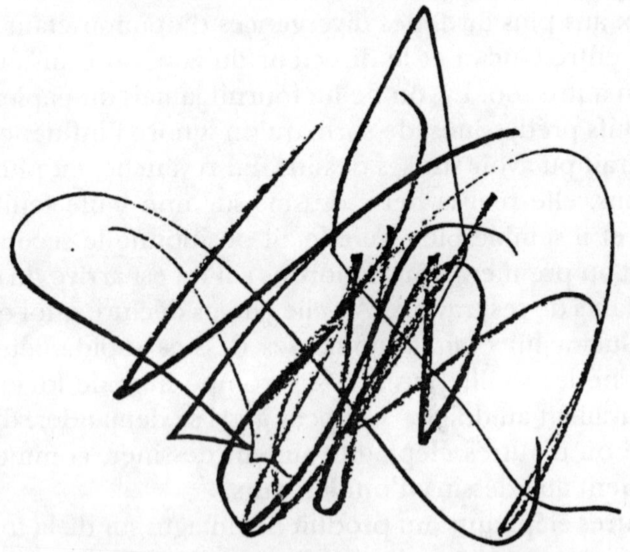

Fig. 4. Dessin réalisé au crayon par Siri, une éléphante d'Asie, sur du papier format 22×28. Siri dessinait sur un bloc que son gardien, David Gucwa, tenait sur ses genoux. Gucwa a intitulé le dessin « Je me souviens des cygnes », puis l'a envoyé, avec d'autres, aux peintres Elaine et Willem de Kooning, qui admirèrent leur finesse et leur originalité avant de savoir l'identité de l'auteur. Quand il l'apprit, Willem de Kooning s'exclama : « C'est un éléphant qui a un fichu talent ! »

dont la plupart refusèrent de les commenter, et à des peintres, dont beaucoup se montrèrent enthousiastes. Parmi eux, Elaine et Willem de Kooning. Ils furent frappés par leur « finesse, leur sûreté de trait et leur originalité ». Précisons qu'ils avaient regardé les dessins avant de lire la lettre d'accompagnement. En apprenant l'identité de l'auteur, Willem de Kooning remarqua : « C'est un éléphant qui a un fichu talent ! » On montra des photocopies des dessins à d'autres gardiens, qui n'y virent rien de bien nouveau : *leurs* éléphants passaient leur temps à gribouiller sur le sol avec des pierres ou des bâtons. Dans ce cas, on peut se demander pourquoi rien n'avait paru sur le sujet auparavant.

Deux ans plus tard, des divergences d'opinion étant intervenues entre Gucwa et le directeur du zoo, on transféra Siri dans un autre zoo. Là, on ne lui fournit jamais du papier avec des motifs prédessinés, de sorte qu'on ignore l'influence que cela aurait pu avoir sur ses dessins. En revanche, en plusieurs occasions, elle réalisa deux dessins sur une seule feuille de papier et il semble bien qu'elle ait positionné le second par rapport au premier. Nous ignorons s'il lui est arrivé de détester certains de ses travaux. A-t-elle jamais déchiré quoi que ce soit ? Gucwa lui ôtait toujours ses dessins rapidement afin qu'elle ne les souille pas avec sa trompe humide lorsqu'elle les « travaillait au doigt ». On peut aussi se demander, dans la mesure où d'autres éléphants aiment dessiner, comment ils réagiraient aux dessins d'un des leurs.

D'autres éléphants ont produit des images sur de la toile ou du papier, mais aucun de manière aussi spontanée que Siri. On a appris à peindre à une éléphante du zoo de San Diego, Carol, dans le but d'en faire une attraction. Son dresseur lui donne des ordres. Il lui indique quand elle doit prendre le pinceau, lui fournit ses couleurs, fait tourner la toile de sorte que le pinceau aille dans différentes directions et la récompense en lui donnant des pommes. Ces réalisations, avec leur caractère laborieux, ne viennent pas pour autant apporter de

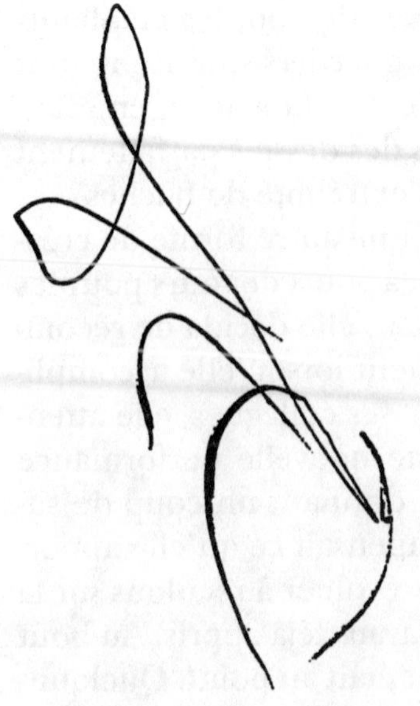

Fig. 5. Ce dessin au crayon sur du papier format 22×28, que Gucwa a intitulé « Iris », fait également partie de ceux dont les de Kooning firent l'éloge. Avant d'avoir l'occasion de se servir de crayons et de papier, Siri dessinait sur la terre qui recouvrait le sol de son enclos et réalisait des motifs en entaillant le béton au moyen de cailloux et de bâtons. Elle ne recevait aucune récompense pour ses dessins.

démenti à l'apparente authenticité de la pulsion artistique de Carol[31].

Plus récemment, on a encouragé une éléphante d'Asie, pensionnaire du zoo de Phoenix, dans l'Arizona, à faire de la peinture. Choisie parce qu'elle était la gribouilleuse la plus active – mais non la seule – parmi les éléphants, Ruby adore se livrer à cette activité. Il lui suffit même d'entendre le mot « peinture » pour être excitée. Ses couleurs préférées sont, de loin, le rouge et le bleu. Douglas Chadwick raconte qu'il lui arrive toutefois de choisir d'autres couleurs, par exemple quand elle a l'occasion de voir un objet inhabituel dans son environnement. Si un camion orange est garé non loin, elle va prendre de la peinture orange. « Un jour, un visiteur du zoo eut un malaise pendant qu'il regardait peindre Ruby. On appela les secours. Les infirmiers portaient des tenues bleues. Ce n'est peut-être qu'une coïncidence, mais, après leur départ, Ruby peignit une tache de couleur bleue cernée de rouge[32]. » Ruby gribouille aussi sur la terre qui recouvre le sol de son enclos. Pour un des employés du zoo, les éléphants d'Afrique qui partagent les mêmes quartiers que Ruby sont jaloux de l'attention dont elle est l'objet. Eux aussi, en effet, ont commencé à tracer sur les murs des dessins parfaitement visibles, en se servant pour cela de l'extrémité de bûches.

On a constaté chez des dauphins une autre forme de créativité. Lorsque Karen Pryor se trouva à court de tours pour les numéros des dauphins qu'elle dressait, elle décida de récompenser Malia, une femelle, uniquement lorsqu'elle accomplirait quelque chose de nouveau. Avec ses collègues, elle attendit donc que Malia accomplisse une nouvelle performance pour lui lancer un poisson, tout en donnant un coup de sifflet. Malia comprit vite qu'on récompensait ce qu'elle apportait de nouveau – battre de la queue, évoluer à reculons sur la queue – dans le cadre de ce qu'elle avait déjà appris. Au bout de quelques semaines, toutefois, tout était au point. Quelques jours s'écoulèrent, très frustrants pour Malia. Puis, soudain, elle se lança dans un déploiement spectaculaire d'activités entièrement nouvelles et, pour certaines, tout à fait complexes. Elle se mit à nager sur le dos, la queue en l'air, à faire la toupie, à bondir hors de l'eau la tête en bas, à tracer des traits sur le fond du bassin avec sa nageoire dorsale. Elle avait compris que ses dresseurs recherchaient, non pas certaines performances, mais la nouveauté. Parfois, juste avant le début des séances d'entraînement, elle était si excitée que les dresseurs ne pouvaient s'empêcher de penser que Malia « passait toute la nuit dans son bassin à réfléchir à des tours et démarrait sa journée avec l'air de dire : "Regardez-moi un peu celui que je vous ai mijoté !" »

Décidés à établir un compte rendu scientifique de ce comportement, les dresseurs entamèrent le même processus avec un autre dauphin, Hou, et le filmèrent. Hou était moins optimiste, moins excitable que Malia. Il mit du temps à la rattraper. Et soudain, à la seizième séance d'entraînement, il se livra à une débauche d'activités nouvelles et continua à faire de nouveaux tours séance après séance. D'après Karen Pryor, cette expérience changea durablement Hou. Cet « animal docile et inactif devint un animal actif et attentif, plein d'initiative ». Hou montra également plus souvent des signes de colère. Il avait apparemment acquis un tempérament artistique. Les deux dauphins commencèrent à faire preuve de comportements nouveaux en dehors des séances d'entraînement. Ils allèrent jusqu'à ouvrir les grilles séparant les réservoirs, à sauter par-dessus, à jaillir de l'eau et à atterrir sur le béton, où ils parvenaient à taper sur les chevilles des dresseurs en se tortillant. Certains y virent une manifestation de la grande intelligence des dauphins. Pas Karen Pryor. Elle renouvela l'expérience avec des pigeons. A l'issue de celle-ci, les oiseaux se mettaient spontanément sur le dos, se couchaient sur une aile ou volaient sur place à quelques centimètres au-dessus du sol. Une telle créativité surprend chez une espèce considérée comme peu perméable sur le plan intellectuel, mais elle est peut-être tout simplement la démonstration que ces oiseaux sont plus malins que nous ne le croyons, pour peu qu'on leur donne l'opportunité de manifester cette créativité[33].

La culture et le concept de beauté

Chez les êtres humains, les émotions, sans être le fruit de la culture, se situent dans un contexte culturel. La culture influence de manière significative notre sens de la beauté. Tel type de musique apprécié par un groupe de personnes écorchera les oreilles des membres d'une autre culture ou sous-culture. La culture n'intervient pas à cent pour cent dans notre perception de la beauté, mais on ne sait pas très bien quelle est la part du reste. C'est pourquoi poser la question de la perception et de la création de la beauté par les animaux conduit à s'interroger sur le rôle éventuel de la culture dans leur perception artistique.

Dans la culture et sa transmission, la part du cognitif est considérable. Ce n'est pas le propos de cet ouvrage d'étudier cet aspect des choses, mais il faut toutefois signaler qu'il existe de nombreux exemples de culture animale. On a constaté l'existence de différentes traditions au sein des bandes de singes du Japon. Certaines troupes mangent des coquillages, d'autres non ; certaines consomment les graines d'un fruit, le muku, et d'autres les rejettent ; certaines enfin gardent les petits des autres, d'autres pas. L'histoire d'Imo est l'exemple de transmission culturelle le plus célèbre. « Singe de génie », Imo inventa plusieurs techniques pour se nourrir, comme de jeter dans l'eau des poignées de graines mélangées à du sable, de façon que le sable coule au fond et que les graines flottant à la surface puissent être récupérées. Petit à petit, un nombre croissant de singes appartenant à la bande d'Imo copia ses méthodes et tous finirent par les mettre en pratique[34].

Elizabeth Marshall Thomas rapporte que dans le désert du Kalahari, en Afrique du Sud, certaines troupes de lions avaient une tradition de coexistence avec les humains, qui a fini par se perdre. Lorsqu'elle est arrivée dans la région, dans les années 50, les lions traitaient les humains – en majorité des bushmen Juwa et Gikwe – avec un respect mêlé de ressentiment. Ils leur permettaient, quoique d'assez mauvaise grâce, de les éloigner de leur proie et ne les attaquaient pas. Dans les années 60, les bushmen furent chassés de la région. Quand Elizabeth Marshall Thomas y retourna, au cours des années 80, elle s'aperçut que les lions avaient modifié leur comportement. Ne vivant plus à proximité d'une population humaine, ils avaient perdu leur tradition culturelle et semblaient malheureusement prêts à considérer cette population comme un ensemble de proies potentielles. Quant aux léopards, écrit-elle, ils utilisaient différentes méthodes pour chasser les proies humaines, selon la région[35]. Au Kenya, on a constaté qu'au cours de ce que l'on peut considérer comme une mutation culturelle, un groupe de babouins olivâtres est passé d'une consommation occasionnelle de viande limitée aux mâles adultes à une recherche et à une consommation régulières de proies chez les mâles, les femelles et les jeunes[36]. Les chimpanzés du zoo d'Arnhem, quant à eux, fournissent un curieux exemple de transmission culturelle en captivité. Un mâle dominant se blessa à la main en se battant et dut s'appuyer sur le poignet pour marcher. Ce que voyant, les jeunes chimpanzés se mirent également à clopiner sur les poignets[37].

A l'université de Washington, les adultes du groupe de chimpanzés communiquant par la langue des signes ont été élevés par Allen et Beatrix Gardner. C'est au sein de ce groupe que Loulis a grandi, sans avoir toutefois jamais rencontré les Gardner. Un jour, ceux-ci vinrent rendre visite aux chimpanzés, que personne n'avait prévenus de l'événement. Aucun n'avait vu les Gardner depuis moins d'un an – onze ans pour Washoe. Quand le couple entra dans la pièce, les chimpanzés restèrent assis, le regard fixé sur eux, ce qui constitue un comportement tout à fait inhabituel. Ils ne firent preuve à leur égard ni de l'attitude amicale réservée aux familiers – qu'ils touchent, étreignent ou auxquels ils adressent des signes – ni des démonstrations réservées aux étrangers. Ils restèrent à les dévisager, comme frappés de stupeur. Tous, sauf Loulis qui, devant ces inconnus, se dressa, les poils hérissés, se balança, frappa du poing sur les murs. Aussitôt Washoe et Dar, qui se tenaient de part et d'autre de Loulis, s'emparèrent de lui. Dar lui plaqua une main sur la bouche, tandis que Washoe, lui prenant le bras, le forçait à s'asseoir, ce qu'il fit avec une expression de stupeur. On ne lui avait jamais infligé ce genre de traitement auparavant. Au bout d'un moment, Washoe s'avança vers les Gardner en prononçant leurs noms par signes. Elle entraîna ensuite Beatrix Gardner dans une autre pièce et entama un jeu qu'elles partageaient quand Washoe était petite. Lors de cet épisode, une information culturelle a été transmise à Loulis. Et nul doute que le chimpanzé ait reçu le message, même si les autres n'avaient pas les moyens de lui faire savoir, dans la langue des signes : « Ces gens-là sont des personnes que nous traitons avec respect et affection[38]. »

Dans la mesure où la culture, elle aussi, est censée être l'un des facteurs propres à l'être humain, ce genre d'exemple de transmission culturelle d'un comportement est considéré comme « de simples bizarreries non dépourvues d'intérêt[39] ». Or on pourrait bien s'apercevoir que, chez les animaux, la transmission culturelle est beaucoup plus répandue qu'on ne le croit[40]. Il n'est pas question d'affirmer que toutes les espèces animales baignent dans une culture dont la complexité approche celle des nôtres. Mais il n'est pas du tout prouvé que les animaux sont dépourvus du sens de la beauté parce que l'esthétique est affaire de culture. Les preuves du contraire ne manquent pas, en revanche.

Un humain et un animal auront une conception différente de la beauté, comme deux personnes entre elles. Mais refuser à l'animal le sens de la beauté, c'est faire preuve d'étroitesse d'esprit. Parlant des chants d'oiseaux, Joseph Wood Krutch écrivait ceci :

> Supposons qu'à l'Opéra vous veniez d'entendre une prima donna justement célèbre chanter « Voi che sapete »... Vous êtes persuadé qu'[elle] aime vraiment la musique et ressent une émotion liée à ce qu'exprime cette aria de Mozart... Mais voilà qu'un scientifique d'une autre espèce – un économiste – vient vous dire : « Voilà, j'ai examiné l'évidence. Pour moi... la chanteuse chante pour tant de milliers de dollars par semaine. En fait, elle ne chantera en public que si elle est payée une grosse somme. Vous, vous pouvez chanter sous la douche parce que vous aimez ça et que vous êtes heureux. Mais, les chanteurs professionnels, eux, ne chantent que pour l'argent. » Le sophisme – qu'on retrouve dans un nombre affli-

geant d'interprétations psychologiques, sociologiques et économiques du comportement humain – réside bien sûr dans le « ne… que »… Rien, ni dans notre expérience ni dans notre savoir, ne nous autorise à penser que le cardinal qui, sur sa branche, fait valoir ses droits sur un territoire, n'est pas en même temps ravi de manifester sa force et son art… Celui qui, entendant chanter un oiseau, déclare : « Pour moi, il n'y a aucune joie dans ce chant », n'a rien prouvé sur les oiseaux. Mais il a beaucoup révélé sur lui-même [41].

Au Kenya, les chercheurs qui étudient les éléphants campent dans la brousse et parfois, la nuit, les gens chantent. Les éléphants s'approchent pour les écouter, peut-être par curiosité, peut-être aussi parce qu'ils aiment la musique [42]. Notre propre curiosité devrait nous inciter à nous demander si les éléphants sont sensibles à la beauté de la musique, comme nous sommes sensibles à la beauté de ces énormes bêtes qui, dans l'obscurité, écoutent nos chansons.

11.
Le religieux, la justice, l'indicible

Si les animaux ont à l'évidence une vie émotionnelle, nous ne devons pas pour autant les considérer comme identiques à nous sur le plan des émotions. Ce serait commettre une véritable erreur anthropomorphique et faire une projection sur eux. Nous sommes les uns et les autres des êtres vivants, mais nous ne sommes pas pareils – ni supérieurs, ni inférieurs, différents, tout simplement[1].

Jusqu'à maintenant, on a surtout voulu prouver que certaines émotions étaient propres à l'humanité et à elle seule. Si nous voulons montrer au contraire que certains animaux ont certaines émotions, nous devons nous reposer la question dans des cas particuliers. Si les hippopotames sont capables d'éprouver de la compassion, cela ne veut pas dire nécessairement que tel hippopotame éprouve de la compassion à tel moment. De même, si les bisons sont capables d'aimer, cela ne signifie pas nécessairement qu'ils éprouvent de la honte. Il est donc possible que les humains ressentent des émotions qu'aucun autre animal ne partage. Reconnaissons que de nombreuses espèces sont seules à posséder certains attributs : les pélicans ont un bec singulier, les éléphants possèdent des défenses, les ornithorynques des ergots venimeux. Les êtres humains, eux, sont sans doute fondés à revendiquer le sens du religieux.

Ame et religion

Pour la plupart des religions occidentales, les êtres humains ont une âme immortelle. Les animaux, non. Les amis des animaux refusent cette idée. Les animaux ont des vertus, disent-ils ; il faut donc qu'ils aient des âmes et, sans chiens, le paradis n'aurait aucun charme. En fait, la question de l'âme est beaucoup plus délicate que celle des émotions, et la science ne nous est d'aucun secours. La théologie fait la différence entre la vie émotionnelle de l'être humain et celle des autres animaux. Les animaux ne semblent pas avoir besoin de croire en des pouvoirs supérieurs. On ne les a jamais vus se livrer à des pratiques religieuses. Les humains, si.

Pour certaines tribus traditionnelles de Madagascar, lorsque les propithèques restent étendus sur de hautes branches, les yeux clos, face au soleil levant, ils adorent l'astre. Ces singes seraient l'incarnation de leurs ancêtres adorateurs du soleil. Alison Jolly, primatologue, déclarait pour sa part : « Il est difficile de contempler un propithèque qui prend le soleil sans faire de l'anthropomorphisme mais, à nos yeux d'Occidentaux, cela ressemblerait plus à notre indolent culte dominical sur les plages qu'à de la ferveur religieuse[2]. » Nous n'avons aucune raison de penser que les propithèques font eux-mêmes du propithécomorphisme et attribuent au soleil des qualités animales (encore qu'il nous est impossible de prouver le contraire) qui suscitent l'adoration. Leur goût pour la chaleur suffit sans doute à expliquer leur comportement, mais l'explication des tribus malgaches a le mérite de la poésie.

La religion, comme l'art, n'est pas une question purement cérébrale. Il y a des composantes émotionnelles dans le respect du divin, dans la foi, la vertu, l'humilité, l'adoration, dans la recherche du salut. D'après certains théoriciens, la crainte de Dieu serait une forme de honte[3]. Les émotions religieuses seraient-elles tout simplement absentes de la vie animale ? Ou bien y seraient-elles présentes sous une autre forme ? Elizabeth Marshall Thomas établit une comparaison entre le comportement de la personne qui s'agenouille humblement pour prier et celui du chien qui se renverse sur le dos devant quelqu'un pour faire la preuve de sa soumission. Elle remarque que le chien de son mari se place dans cette position chaque matin au réveil, comme pour accomplir une dévotion, avant de conclure toutefois qu'une telle comparaison ne se justifie pas. Les chiens, en effet, ne considèrent sans doute pas les humains comme des dieux, quoique « de même que nous avons plus besoin de Dieu que l'inverse, les chiens ont plus besoin de nous que nous d'eux, et ils le savent bien[4] ». C'est là un genre d'étude qui, pour peu que nous l'approfondissions, pourrait fournir un intéressant parallèle avec nos rites religieux.

La moralité et un certain sens de la justice

Le sens de la justice serait le propre des humains. Il ne va pas sans émotion : la colère et l'indignation devant l'injustice, le désir de revanche, la compassion. Et chez les animaux ? Quand on raconte que les corbeaux organisent des procès pour juger les leurs, c'est pure fantaisie, bien sûr, mais chez les chimpanzés, par exemple, on a constaté des manifestations de ce que l'on pourrait considérer comme un certain sens de la justice. Prenons Nim Chimpsky. On a appris à ce chimpanzé quel comportement méritait une récompense et lequel lui vaudrait d'être censuré. Nim a admis ces critères artificiels. Quand il cassait un jouet, il était puni. Il n'en était pas surpris et il l'acceptait. Mais si l'un de ses professeurs le punissait pour un acte que les autres l'autorisaient à accomplir ou, à l'inverse, omettait de le récompenser, Nim se mettait à bouder[5]. Peut-être Nim était-il seulement bouleversé parce que les choses ne se passaient pas comme il s'y attendait, qu'on violait les règles qu'il avait acceptées. Mais c'est aussi un des domaines où notre justice s'exerce.

Quant aux chimpanzés appartenant à la colonie d'Arnhem, ils semblent réagir aux traitements injustes infligés aux autres. Une fois, Puist, une femelle, « kidnappa » un petit âgé d'un an. Elle l'arracha à sa mère et l'emporta au sommet d'un arbre, où il se mit à hurler de frayeur. Lorsque la mère eut récupéré son enfant, elle attaqua Puist, pourtant plus forte et plus dominante. Yeroen, un chimpanzé mâle, se précipita alors vers elles. Il interrompit le combat en repoussant brutalement Puist. Ce comportement était inhabituel chez lui, car il était allié avec Puist, dont il avait toujours pris la défense. Frans de Waal en tire la conclusion que Yeroen était d'accord avec la mère et estimait qu'elle avait eu raison de se plaindre[6].

La même Puist se trouva mêlée à un autre incident, au cours duquel, cette fois, elle sembla éprouver un sentiment d'injustice à son égard. Luit, un autre chimpanzé, se disputait avec un mâle imposant et elle prenait visiblement sa défense. Mais lorsque le gros mâle se livra à des démonstrations menaçantes à son égard et qu'elle tendit la main vers Luit pour lui demander son aide, celui-ci ne bougea pas. Puist se jeta alors sur lui en poussant des cris. Elle alla jusqu'à le frapper, apparemment parce qu'il n'avait pas respecté la tradition qui veut que l'on soutienne celui qui vous soutient[7]. Nous avons une notion de l'équité qui inclut ce genre de solidarité.

Elizabeth Marshall Thomas rapporte pour sa part un incident révélateur. Sa chienne husky, Maria, se mit un jour à tourner autour d'une cage pleine de perruches et de souris en faisant mine de vouloir s'emparer de ses occupantes, car elle avait découvert que cela les rendait folles de terreur. Bingo, le carlin, fit alors irruption dans la pièce. Il se jeta sur Maria, pourtant beaucoup plus grosse que lui, en aboyant bruyamment jusqu'à ce qu'elle sorte. L'attitude du carlin surprit beaucoup Elizabeth Marshall Thomas, car, habituellement, Bingo ne s'opposait jamais à Maria et béait devant elle. Qu'est-ce qui avait pu motiver Bingo ? Eprouvait-il de la compassion à l'égard des souris et des perruches ? Avait-il une sorte de sens de la propriété vis-à-vis d'elles ? Désapprouvait-il l'attitude turbulente de Maria ? Il est difficile de le dire. Toujours est-il qu'il avait indéniablement envie de mettre un terme à son agression et de l'obliger à mieux se comporter envers les autres animaux[8].

Pour les observateurs, les nuances des cris des petits coatis sauvages d'Arizona manifesteraient l'existence d'un système d'habilitation. Ils ont constaté que, lorsqu'un petit coati lambinait derrière la troupe et recevait une taloche de la part d'un animal plus âgé, il s'aplatissait dans une attitude de soumission en émettant le cri signifiant « ne me bats pas » et en indiquant apparemment par là qu'il obtempérait. Or, à plusieurs reprises, quand un animal subadulte donna une taloche à un petit dans le but de lui prendre de la nourriture – un comportement peu fréquent – ce dernier poussa un cri différent. Une femelle adulte vint alors chasser le subadulte, sans doute pour faire respecter une tradition de respect des petits[9]. Il peut s'agir tout simplement, de la part des petits, de l'expression de différents sentiments dans différentes situations de menace ; en tout cas, cela révèle l'existence d'une différence. Dans nos systèmes de justice aussi, la hiérarchie est là pour faire respecter ce qui doit l'être et jouer un rôle de tampon.

Le besoin de raconter

L'humanité a une autre caractéristique : le désir de raconter. Nous aimons rapporter des événements, colporter des potins, nous livrer à des analyses. Nous parlons à nos animaux, à nous-mêmes. Est-ce le langage qui crée ce besoin de raconter, ou l'éprouverions-nous même si notre langage n'existait pas ?

Les animaux auxquels on a enseigné la langue des signes ne manifesteraient guère le désir de raconter. Pour Herbert Terrace, la plupart des propos de Nim Chimpsky, comme d'ailleurs ceux des autres singes ayant appris ce langage, n'étaient que l'imitation ou la restitution fragmentaire de ce que ses professeurs venaient d'exprimer par signes. Il prétendait aussi que, dans leur grande majorité, ces signes servent à réclamer de la nourriture, des jouets et des gestes affectueux[10]. Compte tenu de la rareté des communications verbales spontanées, on pourrait penser en effet que ces chimpanzés ne ressentent guère un besoin de raconter. Pourtant, en de rares occasions, Nim a désigné spontanément par signes des objets qu'il voyait. Souvent, il a fait de même avec des objets qu'il reconnaissait en feuilletant des livres et des magazines. Seraient-ce les rudiments d'un besoin de raconter qui ne demande qu'à s'exprimer et à être encouragé ?

En fait, quand Nim a appris la langue des signes, on a structuré ses leçons de façon à lui permettre d'obtenir de la nourriture et autres récompenses, comme c'était presque toujours le cas dans ces expériences. Il n'est donc pas étonnant qu'il ait souvent réclamé ce genre de chose. Il faut aussi remarquer que les premiers professeurs de Nim maîtrisaient moyennement la langue des signes. La plupart d'entre eux étaient tout juste capables d'improviser quelques phrases sur un sujet donné. Ils n'auraient jamais pu raconter à Nim une histoire, ni lui dire ce qu'ils avaient fait de leur journée ou lui rapporter des potins intéressants. Nim a commencé à apprendre ce langage à l'âge de cinq mois, mais il a dû attendre l'âge de trois ans et demi avant d'avoir un professeur qui le pratiquât couramment, et encore celui-ci resta-t-il peu de temps. C'est fréquent : les singes qui ont appris la langue des signes ont eu en général des professeurs dont les connaissances en ce domaine étaient assez rudimentaires[11]. Imaginez un enfant élevé par des gens baragouinant un pidgin hésitant et appris de fraîche date, sans aucun camarade de classe, aucun compagnon de jeu à qui parler. Sur le plan linguistique, il sera inférieur aux enfants dont les parents parlaient avec facilité, que ce soit entre eux, avec les autres ou avec ces enfants eux-mêmes. L'enfant qui n'a jamais entendu raconter d'histoires risque de ne jamais savoir en raconter lui-même, mais cela ne prouvera pas que les humains en sont incapables.

Terrace remarque que, lorsque Nim rencontrait des personnes qui parlaient couramment la langue des signes, il était pétrifié. Au cours de leur conversation, il pouvait rester face à eux, fasciné, jusqu'à quinze minutes, ce qui est très long pour un jeune chimpanzé. En revanche, le langage parlé ne retenait son attention que quelques secondes. Quand Nim a eu enfin un professeur maîtrisant la langue des signes – son cinquante-quatrième, semble-t-il –, à trois ans et demi, il avait déjà franchi le seuil de l'adolescence. Pour Terrace, Nim aurait progressé beaucoup plus vite s'il avait été plus tôt en contact avec des personnes connaissant bien ce langage[12]. Washoe, premier chimpanzé auquel on ait appris ce langage, a adopté un fils, Loulis, qui l'a appris à son tour, non pas avec des humains mais avec elle et les autres chimpanzés de sa colonie. Pourtant, Washoe elle-même n'avait pas eu de professeurs adéquats. Il est possible qu'à ce jour on n'ait pas correctement permis aux grands singes d'acquérir la maîtrise de ce langage. Si tel est le cas, on n'a pas encore non plus totalement testé chez eux un éventuel désir de raconter.

D'autres chimpanzés ont montré qu'ils pouvaient, dans une certaine mesure, utiliser cette langue des signes sur un mode narratif rudimentaire. Ils communiquent les uns avec les autres en l'absence de témoin humain (ce qu'ont révélé des bandes vidéo sur lesquelles ils étaient filmés à distance). Ils « se parlent » tout seuls comme les humains. On a filmé Washoe perchée sur un arbre, se dissimulant aux yeux de ses compagnons humains et s'adressant à elle-même le signe

« tranquille ». Ils se décrivent leur propre activité, par exemple en faisant le signe « moi en haut » avant d'escalader un mur. On en a vu qui utilisaient un discours imaginatif quand ils jouaient tout seuls. Moja, qui connaît parfaitement le mot « porte-monnaie », a un jour enfilé son pied dans un porte-monnaie et s'est promenée en faisant le signe : « C'est une chaussure[13]. » Ainsi s'élaborent des rudiments de métaphore.

Les abeilles utilisent une forme de communication entièrement narrative. Elles font savoir aux autres membres de la ruche où se trouvent les fleurs les plus intéressantes et quelle est la route à suivre. La découverte la plus révolutionnaire de Karl von Frisch portait sur leur système de communication symbolique : en arrivant à la ruche, l'abeille qui a découvert des fleurs exécute une danse pour transmettre aux autres des informations sur la distance à laquelle elles se trouvent et dans quelle direction. Comme le remarque Donald Griffin : « Dans le contexte des conceptions scientifiques qui prédominaient il y a une quarantaine d'années, il était choquant, incroyable, de s'entendre dire qu'un simple insecte pouvait communiquer aux autres des informations sur la distance, la direction et l'intérêt d'un élément éloigné[14]. » C'est pourtant exactement ce qu'il faisait.

Les chimpanzés Sherman et Austin ont appris à communiquer en actionnant des symboles lumineux sur un tableau. Sue Savage-Rumbaugh note qu'ils sont capables d'utiliser ces symboles pour commenter spontanément ce qu'ils vont faire et ce qui se passe autour d'eux. Pourtant, ajoute-t-elle, ils le font rarement. « D'après leur comportement, ils ont du mal à comprendre que les autres n'ont pas accès aux mêmes informations qu'eux-mêmes, écrit-elle. Dans les différents paradigmes utilisés pour encourager la communication entre eux, ils ont dû jouer un certain nombre de fois le rôle de celui qui parle et de celui qui écoute avant que le comportement de celui qui parle ne suggère qu'il se savait en possession d'informations dont celui qui écoute était dépourvu[15]. » Si Sherman et Austin ont pu apprendre ces données dans des circonstances particulières, il n'est pas impossible qu'ils généralisent un jour leurs observations. On leur a bien appris, non sans mal, à partager entre eux la nourriture d'une manière parfaitement antinaturelle et ils ont fini par y prendre un grand plaisir. Peut-être pourraient-ils de la même manière apprendre à raconter.

Il est possible que, dans le domaine du langage, les grands singes ne développent jamais leurs capacités, qu'ils aient atteint leurs limites. Peut-être le besoin de se confier, de rapporter, de se vanter et de créer des mythes est-il définitivement une caractéristique humaine mais, à ce jour, nous n'avons pas assez d'éléments pour l'affirmer. Si, au lieu de mettre en place en laboratoire des systèmes destinés à apprendre aux grands singes à communiquer avec nous dans notre langage ou une variante, nous allions tranquillement dans la forêt écouter ce qui s'y transmet, nous en saurions plus. Nous sommes encore loin d'avoir décrypté les vocalisations que produisent un grand nombre d'animaux. Certaines espèces de baleines émettent en permanence une grande variété de couinements, de gémissements, de trilles, de pépiements, de grognements, de jappements et de sifflements, de même que les « clics » et les « pings » de l'écholocation. Peut-être cela veut-il simplement dire : « Je suis là. Où êtes-vous ? » Mais peut-être faut-il y voir autre chose. Commentant la découverte faite par Roger Payne, un spécialiste des baleines, selon laquelle les jubartes peuvent répéter d'une année sur l'autre la totalité de leur chant, « avec des nuances subtiles, mais clairement discernables », Jim Nollman propose une autre perspective : « C'était là un exemple évident d'une tradition orale. Elle implique que les jubartes possèdent ne serait-ce que les rudiments d'une culture acquise. » Et si elles racontaient l'histoire de l'espèce[16] ?

Partir en quête des émotions uniquement propres aux animaux, c'est aller contre l'idée courante que les humains sont, dans leur perfection, le point final de l'évolution et les heureux bénéficiaires des dons de la nature. Pourtant, comment ne pas admettre l'existence chez certains animaux de nombreux éléments absents chez nous ? Pour certains, nous ne les regrettons pas : c'est le cas de la queue, de la fourrure, des cornes. L'absence de quelques autres, comme un odorat développé, nous laisse indifférents. Et puis il y a ceux que nous envions : les ailes, bien sûr.

Des émotions propres à l'animal

On s'est aperçu récemment que certains animaux possédaient des sens dont les humains sont dépourvus. D'autres restent peut-être encore à découvrir. Pourquoi, alors, ne pas imaginer qu'ils aient des sentiments qui leur soient propres ? Comment le savoir ? Pour arriver ne serait-ce qu'à l'esquisse d'une réponse, une bonne dose d'humilité scientifique et de créativité philosophique sera nécessaire.

George Schaller rapporte un incident qui donne à réfléchir. Une lionne avait laissé ses trois lionceaux sous un tronc d'arbre abattu et deux lions appartenant à une autre troupe profitèrent de son absence pour les tuer. L'un en dévora un à moitié. L'autre emporta le deuxième, en le tenant comme il l'aurait fait de n'importe quelle pièce de nourriture et non comme un lionceau. De temps en temps, il s'arrêtait pour le lécher et il finit par le déposer entre ses pattes. Dix heures plus tard, il ne l'avait toujours pas mangé. Quand la mère revint et découvrit ce qui s'était passé, elle renifla le dernier lionceau mort, le lécha, puis s'assit et le mangea, exception faite de la tête et des pattes antérieures[17].

Cette mère lionne s'est comportée comme une lionne et non comme une personne. Mais si l'on veut comprendre comment agissent les lions, il faut prendre en compte ses sentiments. Peut-être, en ingérant sa progéniture morte, en l'intégrant de nouveau à son corps, s'est-elle sentie plus proche d'elle. Peut-être détestait-elle le gaspillage. Peut-être remettait-elle tout en ordre derrière les lionceaux, par amour maternel. A moins que ce ne soit un rite funéraire chez les lions. Ou quelque chose que les lions sont seuls à éprouver.

Chez les éléphants, on assiste à un comportement appelé « chahut de l'accouplement ». Quand une éléphante en chaleur va s'accoupler, elle pousse un grand cri, sur un registre trop bas pour que l'oreille humaine le perçoive. A cet appel, ses proches se précipitent sur les lieux, en barrissant bruyamment, apparemment agités, ou excités, et c'est un chahut de tous les diables. D'autres mâles peuvent aussi être attirés. Les groupes qui n'ont aucun lien avec elle ignorent son appel ou quittent les lieux. Joyce Poole, qui a été témoin de ces scènes, remarque : « Biologiquement parlant, on pourrait dire que le chahut de l'accouplement a pour fonction d'attirer encore d'autres mâles [...] vers la femelle, ce qui augmente les chances qu'un mâle plus dominant vienne chasser l'autre et soit en fin de compte le géniteur. Pour moi, le chahut de l'accouplement est plus que cela, mais je ne saurais dire si c'est en rapport avec les territoires sociaux, avec une certaine forme de soutien envers la femelle en chaleur ou s'il s'agit de toute autre chose[18]. » Quelles sont les émotions ressenties par les proches de la femelle, ceux qui créent le chahut ? Nous n'en avons pas vraiment idée. Peut-être éprouvent-ils un mélange d'émotions, connues et inconnues.

Après trente ans passés à étudier les chimpanzés, Roger Fouts doute qu'ils aient des émotions dont les humains ne font pas preuve. Il est certain que si nous devions découvrir des émotions nouvelles et inconnues, ce serait plutôt du côté des animaux moins semblables à nous que les anthropoïdes. Par un après-midi de printemps, en Chine, George Schaller observait un panda géant en liberté, une femelle appelée Zhen-Zhen, en train de manger. Elle vit qu'il la regardait et néanmoins, une fois son repas terminé, elle s'adossa à des bambous en émettant des « bêlements sonores » et s'endormit. Son indifférence apparente surprit Schaller :

> Quand je rencontre un gorille ou un tigre, je sais quel type de relation s'instaure entre nous grâce aux émotions qu'ils expriment. Leur corps manifeste de la curiosité, une attitude amicale, le déplaisir, l'appréhension, la colère, la peur. En revanche, Zhen et moi sommes proches, mais une immensité nous sépare. Ses sentiments demeurent impénétrables, son comportement inscrutable. La clarté de l'intelligence apporte généralement beaucoup à l'expérience émotionnelle mais, avec Zhen, je risque de repartir les mains vides après avoir découvert un trésor[19].

Ce n'est pas que les pandas soient totalement impossibles à connaître. Schaller est persuadé que nous pourrions y arriver, à condition d'avoir la patience d'apprendre. « Pour saisir ce qu'elle est, il faudrait que je me transforme en panda. Il faudrait que je n'aie plus conscience de moi-même et que je me concentre sur ses actes et son esprit durant des années, jusqu'à ce que je voie les choses autrement. » Il craint néanmoins que l'espèce des pandas ne disparaisse avant que les humains ne soient parvenus à les comprendre.

Des émotions inconscientes

En admettant que les animaux aient des émotions, affirment certains, ils ne les ressentent pas de la même manière que les humains, dans la mesure où ils ne peuvent en avoir conscience et les formuler consciemment. Peut-être l'éléphant est-il triste, ajoutent-ils, mais s'il ne peut affirmer, ne serait-ce qu'à lui-même : « Je suis triste », il ne le sera pas comme quelqu'un qui est capable de décrire, de prévoir la tristesse. Admettons. Dans ce cas, ce qui fait que nous sommes si attachés à nos sentiments, si dépendants d'eux, c'est le langage. Peut-on raisonnablement affirmer, à notre niveau de connaissances, qu'une émotion est moins intensément ressentie si elle ne peut s'exprimer par le langage, et qui plus est par un langage que nous puissions reconnaître ?

Nous sommes persuadés qu'en nous-mêmes des émotions restées inconscientes et informulées nous causent une souffrance. Cela ne veut pas dire qu'elles ne riment à rien ou que nous ne les éprouvons pas vraiment. On pourrait tout aussi bien avancer que le langage tient les émotions à distance, que le fait même de dire « Je suis triste » rend le sentiment un peu moins déchirant, un peu moins personnel. Herbert Terrace relate ce qui pourrait bien en être un exemple chez un animal :

> Nim faisait parfois un usage inattendu des signes. Deux au moins (*mordre* et *furieux*) semblaient jouer le rôle de substituts à l'expression physique de ces gestes et de ces émotions. Nim avait appris les signes *mordre* et *furieux* dans un livre où l'on pouvait voir Zero Mostel arborer une expression furieuse en mordant la main de quelqu'un. En septembre 1976, Amy, jugeant le moment venu, entreprit de passer le relais à Laura. Pour une raison inconnue, Nim ne voulut pas qu'Amy l'abandonne. Il entreprit de chasser Laura. Laura s'entêta et essaya de le prendre dans ses bras. Nim, alors, parut sur le point de mordre. Ses lèvres se retroussèrent, découvrant ses dents, et il s'approcha d'elle avec le poil hérissé. Toutefois, au lieu de mordre, il fit à plusieurs reprises le signe *mordre* juste sous son nez, avec une expression farouche. Puis il se détendit et sembla abandonner l'idée d'attaquer Laura. Quelques minutes plus tard, il ne manifestait plus aucun signe d'agressivité envers elle. A d'autres reprises, on a vu Nim utiliser les deux signes, *mordre* et *furieux*, en guise d'avertissement[20].

Dans la mesure où le langage introduit une distance avec les sentiments, il ne serait pas impossible que certains animaux vivent *beaucoup plus* complètement que nous dans le monde des émotions, un monde dont nous nous sentons parfois détachés.

L'intensité émotionnelle

Selon la nature de l'émotion qui est en jeu, certains animaux ressentent plus ou moins intensément celle-ci. Sans aucun doute, les animaux éprouvent de la pitié à l'égard des autres, parfois même au-delà de la barrière des espèces, mais il semble peu vraisemblable (quoique pas impossible) qu'ils en fassent l'expérience avec la même précision ou la même intensité que nous. Il est douteux, par exemple, que les dauphins se sentent concernés par les massacres entre êtres humains comme nous nous sentons concernés par le massacre perpétré par nos congénères sur des dauphins. En fait, c'est peut-être dû, tout simplement, à ce qu'ils n'ont pas le même accès à l'information que nous. A moins qu'ils n'aient un principe de non-ingérence dans les affaires humaines. Ou qu'ils prennent une certaine distance. Ou encore qu'ils soient vraiment indifférents.

D'un autre côté, certaines émotions semblent bien d'une intensité plus forte chez les animaux. La joie est de celles-là. Si nous aimons tant observer et écouter les oiseaux, c'est que leur chant est une grande source de plaisir, avec ses accents de bonheur. Comme l'écrit Julian Huxley, décrivant la manière dont les hérons unissent leurs longs cous lors de la parade nuptiale : « De ce geste, je dirai simplement qu'il semblait les porter à un tel sommet d'émotion que j'aurais aimé être un héron pour en faire à mon tour l'expérience[21]. »

Cette intensité des émotions chez l'animal a toujours suscité notre envie. « Nul ne peut nier, écrit pour sa part Joseph

Wood Krutch, que le chien, littéralement fou de joie à la perspective d'une promenade avec son maître, éprouve un bonheur inimaginable pour nous. D'un autre côté, son abattement ne semble pas moins immense. Peut-être notre mode de pensée atténue-t-il l'une et l'autre émotion, tout en nous évitant d'en être par trop les victimes. Un homme sera-t-il jamais aussi abattu qu'un chien perdu ? Il n'est pas impossible que des animaux éprouvent beaucoup plus fortement que nous la joie comme l'affliction[22]. »

Si l'on veut réfléchir à ce genre de questions, il faut impérativement traiter les animaux comme des membres de leur propre espèce et non comme des machines ou des gens. Commençons par reconnaître qu'ils ont une vie émotionnelle et admettons qu'elle est différente de la nôtre. Reconnaissons que si l'être humain est sans égal sur le plan cognitif et culturel, sur le plan émotionnel il est loin d'être seul au monde. Pourquoi tentons-nous de comprendre le monde des émotions animales, qui se situe sur un plan intangible, quelque part entre les univers mesurables du niveau d'oxytocine dans le sang d'un chat et du ronronnement de ce même chat ? Pourquoi ne pouvons-nous nous empêcher de penser que le chat est heureux ? La réponse est que nous vivons dans un monde d'émotions, qu'elles sont notre préoccupation majeure. On ne peut comprendre la vie humaine sans les émotions. Considérer la question de l'émotion chez l'animal comme définitivement inaccessible et impondérable est seulement une preuve d'impuissance intellectuelle.

Par-delà la barrière des espèces

Au mois de janvier 1989, des randonneurs découvrirent dans une forêt du Michigan une ourse noire avec ses deux oursons. Tous trois sortaient de l'hibernation et ils étaient pelotonnés sous un arbre. Les randonneurs commencèrent à prendre des photos, mais comme l'ourse manquait par trop de vivacité pour satisfaire à leurs ambitions artistiques, ils se mirent à crier et à la titiller avec des bâtons. Elle s'enfuit, laissant derrière elle les oursons, âgés de douze semaines.

Les gardes forestiers partirent en quête de la mère, puis décidèrent qu'elle ne reviendrait pas. Le biologiste Lynn Rogers accepta d'essayer de trouver une mère de substitution aux oursons. Il chaussa ses raquettes et, accompagné d'un photographe, il emporta Gerry, la petite femelle, dans la forêt. Bientôt, ils repérèrent Terri, une ourse avec deux oursons, sauvage mais habituée à la présence humaine. Rogers lui montra Gerry, qui geignait. « Je l'ai poussée vers elle et elle l'a acceptée immédiatement », se souvient-il. La petite Gerry échappa à cette ourse inconnue et retourna vers les humains. Elle entreprit d'escalader la jambe du photographe comme un tronc d'arbre. Il resta là, pétrifié, tandis que Terri s'avançait vers eux, prenait Gerry dans sa gueule et la remportait vers sa tanière.

L'adoption du frère de Gerry par une autre ourse fut aussi un succès. Terri était une bonne mère et Gerry se mit à parcourir les forêts de la région. Elle apprit à rechercher de la nourriture – en donnant un coup de patte dans les fourmilières, en parcourant soixante kilomètres pour trouver des noisetiers, en mangeant des plantes aquatiques – et à dormir sous un pin. Une fois adulte, elle bénéficia d'une partie du territoire de Terri et eut à son tour des oursons.

A un moment où Rogers était en bisbille avec les agences gouvernementales, on accusa Gerry d'attaquer des humains et on la captura avec un des oursons. Dans sa cage, elle gémissait constamment. « Elle passait son temps à pleurer, raconte Rogers. Et puis, dès que nous avons pris les autres oursons et que nous les avons mis avec elle, elle a retrouvé sa forme. » Les autorités envisageaient de placer Gerry dans un établissement où elle serait utilisée à des fins de reproduction et où l'on vendrait ses oursons. Pour des raisons de sécurité, on lui rogneraient les griffes. Atterré, Rogers s'arrangea pour la faire transférer vers un petit zoo, où elle vit maintenant et dispose de plusieurs hectares. Ses oursons, une fois grands, ont été lâchés dans une forêt de Caroline du Nord.

« Même avec des oursons, cette ourse était extrêmement confiante, regrette Rogers. Je la prenais dans mes bras [...] et elle restait là, complètement détendue[23]. » Terri, elle, s'aventura dans une forêt non protégée et fut tuée par un chasseur. Dans cette histoire, la tragédie n'est pas due à l'attitude des ours. Elle est totalement la conséquence d'erreurs propres aux humains. Il n'y a rien d'inaccessible dans la vie émotionnelle de ces ours. Nier la terreur de l'ourson abandonné, l'accueil affectueux de la mère adoptive, le désespoir de Gerry devant la disparition de deux de ses oursons, c'est nier l'évidence.

Notre curiosité vis-à-vis des sentiments des animaux, que le milieu scientifique essaie si souvent de tuer dans l'œuf chez les étudiants, n'est pas forcément unilatérale. L'animal n'en est pas dépourvu vis-à-vis des humains. Observant des lions avec son équipe, Elizabeth Marshall Thomas s'aperçut que ceux-ci leur rendaient la pareille. Pendant la journée, les scientifiques les regardaient dormir. Des traces révélèrent que, la nuit, quatre lions venaient jusqu'à la barrière du camp et contemplaient les scientifiques dans leur sommeil. Ceux-ci examinèrent les excréments des lions. Les lions vinrent inspecter le contenu de leurs latrines, en y ajoutant parfois leur quote-part[24]. Quant aux chimpanzés en liberté, une fois qu'ils ont dominé leur crainte des êtres humains, ils manifestent une grande curiosité vis-à-vis de leur comportement – mais à ce jour aucun ne semble être allé jusqu'à en faire son métier.

En fin de compte, lorsque nous nous interrogeons pour savoir si nous devons attribuer une émotion à un animal, la question à poser n'est pas : « Pouvons-nous faire la preuve qu'une créature autre qu'un humain éprouve telle ou telle émotion ? » mais : « A-t-on une raison de penser que telle espèce animale ne ressent *pas* telle émotion ? » Si nous répondons par la négative, demandons-nous alors si cet animal en particulier éprouve cette émotion-là dans cette circonstance précise. Si, devant un éléphant qui se tient auprès d'un congénère agonisant, nous nous disons que, faute d'instrument de mesure du chagrin, nous ne pourrons jamais parler de tristesse chez l'éléphant, nous n'avons pas la bonne réaction. Au contraire, nous devons examiner le comportement de l'éléphant – ses cris, son langage corporel, ses actes – et nous demander s'il semble faire la preuve qu'il est malheureux. L'histoire personnelle de l'animal entre en ligne de compte – connaissait-il ou non le mourant ? Tous deux étaient-ils liés ? Etaient-ils membres de la même famille ? Pour autant que nous sachions, les animaux ne racontent pas d'histoires, mais cela ne devrait pas les empêcher de les vivre avec la même intensité que les êtres humains.

L'humilité scientifique voudrait que l'on ne parvienne jamais à comprendre totalement les autres animaux. Pourtant, nous nous rapprocherions de ce but si nous ne commencions pas par prétendre indûment avoir des connaissances sur des caractéristiques qu'ils ne possèdent pas. Pour apprendre à connaître les animaux, il faut les prendre pour ce qu'ils sont, avec les sentiments qui leur sont propres.

Conclusion

Partager le monde avec ces animaux qui ont une vie émotionnelle

Le fait de découvrir que les animaux ont une vie émotionnelle a de nombreuses implications. Cela change-t-il les rapports que nous avons avec eux ? Avons-nous des obligations à leur égard ? Est-il défendable de tester sur eux des produits destinés aux humains ? L'expérimentation sur les animaux est-elle morale ? Peut-on admettre de les garder prisonniers pour notre instruction ? De les tuer pour nous couvrir, nous nourrir, nous parer ? Devons-nous cesser de manger les animaux qui mènent une vie sociale complexe, sont capables d'avoir des liens très forts et aiment leurs petits ?

Nous nous comportons souvent comme si ce qui nous ressemble méritait plus le respect que ce qui est différent de nous. Cette attitude illustre, sinon explique, le racisme – du moins en partie. Si les hommes traitent les femmes plus mal que les autres hommes, c'est aussi parce qu'ils les considèrent comme différentes. Ces prétendues différences servent d'alibi au pouvoir dominant pour imposer sa volonté.

A la base, il y a cette idée que l'être humain a le droit de faire du mal aux créatures qui ne souffrent pas comme lui. Il entretient l'illusion qu'il existe avec eux des différences, de peur qu'en les niant, il ne doive leur accorder du respect et peut-être même l'égalité. C'est surtout le cas quand la souffrance, la douleur, le chagrin, la tristesse sont en cause. Nous ne voulons pas les infliger aux autres parce que nous savons ce que c'est. Personne ne défend la souffrance pour la souffrance. Mais l'expérimentation sur l'animal ? Ses défenseurs plaident son utilité, mettant dans la balance d'un côté le bénéfice que l'on peut en tirer et de l'autre le moindre mal que cela représente. Entendons surtout par là l'importance majeure de ceux qui y gagnent (par exemple, les scientifiques employés par les grandes firmes cosmétiques ou pharmaceutiques pour faire des expériences sur des lapins) et la moindre importance de ceux qu'ils sacrifient à leurs intérêts.

L'expérimentateur va presque inévitablement nier que les animaux souffrent de la même manière que les êtres humains. Sinon, il admettrait implicitement sa cruauté. On n'impose pas aux humains de souffrir expérimentalement sans leur consentement, pas plus qu'on ne défend cette souffrance au nom de l'éthique, sous prétexte qu'elle bénéficierait aux autres – du moins plus maintenant. Les animaux souffrent. Pouvons-nous, devons-nous mesurer leur souffrance, la comparer à la nôtre ? Si elle est semblable à la nôtre, comment continuer à l'admettre ? Comme l'écrivait Jean-Jacques Rousseau en 1755 dans son *Discours sur l'origine et les fondements de l'inégalité* : « Il semble [...] que si je suis obligé de ne faire aucun mal à mon semblable, c'est moins parce qu'il est un être raisonnable que parce qu'il est un être sensible[1]. » En outre, pourquoi jugerions-nous injustifiable de faire souffrir seulement dans la mesure où la souffrance infligée serait semblable à la nôtre ? Nous sommes censés souffrir plus parce que nous gardons le souvenir de la douleur en mémoire et que nous l'anticipons – selon l'expression de Rousseau nous sommes « raisonnables ». Rien ne nous permet toutefois de penser que les animaux en sont incapables.

Mais, en admettant qu'ils ne puissent ni se remémorer ni anticiper la douleur, il n'y a aucune raison de croire qu'ils souffrent moins que les humains – ils sont « sensibles ». Nous avons au contraire quelque raison de supposer que certains peuvent souffrir plus. Pour Brigid Brophy, philosophe britannique, par exemple, « la souffrance, chez le mouton, peut occuper l'intégralité de sa capacité d'expérience, tandis que c'est rarement le cas chez nous, dont l'intellect et l'imagination peuvent créer des ruptures dans l'immédiateté de nos sensations[2] ». Quoi qu'il en soit, ne suffit-il pas qu'ils souffrent ? Evoquant le lien entre la souffrance et l'amour désintéressé chez l'animal, Darwin écrivait : « On a vu un chien à l'agonie caresser son maître et tout le monde a entendu parler de celui qui, dans les affres de la vivisection, léchait la main de l'opérateur. A moins que l'opération n'ait été pleinement justifiée par une augmentation de nos connaissances, ou qu'il n'ait eu un cœur de pierre, cet homme-là a dû éprouver du remords jusqu'à la fin de ses jours[3]. » Parlant des animaux, Darwin s'appuyait sur des constatations. Parlant des humains, il faisait plutôt preuve d'optimisme.

On dit souvent que, si les abattoirs avaient des parois de verre, les gens seraient végétariens. Si le public savait ce qui se passe dans les laboratoires d'expérimentation sur les animaux, ceux-ci n'existeraient plus. Le parallèle, toutefois, n'est pas exact. Pour les abattoirs, le public ne veut pas les voir. Chacun sait ce qui s'y passe. Simplement, personne ne veut en entendre parler. Pour les expériences sur l'animal, la plupart des gens *ignorent* le traitement que subissent les animaux. Dans les abattoirs, les visites sont autorisées. Les laboratoires où l'on pratique les expériences sur les animaux cultivent le secret et les visiteurs ne peuvent y pénétrer. Ceux qui conduisent les expériences savent sans doute que si ce qu'ils font venait à être su, les autres scientifiques eux-mêmes les arrêteraient. A moins qu'ils n'aient honte. Le Dr Robert White, directeur du laboratoire de neurologie et de recherches sur le cerveau au Metropolitan General Hospital de Cleveland, est une figure de premier plan parmi les chercheurs spécialisés dans la transplantation du cerveau. Dans un article intitulé « Plaidoyer pour la vivisection », qui a connu un grand retentissement, il décrit son propre travail : « En 1964, pour la première fois dans toute l'histoire de la médecine, nous sommes parvenus à isoler intégralement de son corps un cerveau de primate sous-humain et à le maintenir en état de fonctionnement en le connectant au système vasculaire d'un autre singe ou à un circuit mécanique de perfusion équipé d'unités techniques destinées à remplacer les fonctions du cœur, des poumons et des reins, tout en faisant simultanément circuler le sang à partir et en direction du cerveau. Notre joie était immense, dans la mesure où cela faisait un siècle que des scientifiques essayaient en vain de mettre chirurgicalement au point un tel modèle. Dans les années 30, le Dr Alexis Carrel, prix Nobel, avait été en mesure, avec la collaboration du colonel Charles Lindbergh, de maintenir la viabilité de presque tous les organes du corps en état d'isolation[4] [...] Il faut mentionner, accessoirement, que le Dr Carrel avait eu des problèmes avec les opposants à la vivisection de son époque[5]. »

Des chercheurs pratiquant l'expérimentation sur les animaux ont fait passer un jour dans un journal une annonce pour recueillir des fonds. « Envoyez une souris à la fac », disait-elle, avec ce qui était censé être de l'humour, mais occultait en réalité l'utilisation qui est faite des souris à l'université. Les expérimentateurs n'osaient pas dire : « Faites pousser une tumeur sur une souris », ni « Envoyez un chat ou un chien à la fac », dans la mesure où les gens n'aiment pas que l'on transforme leurs compagnons favoris en sujets d'expérience. On ne considère généralement pas les rats et les souris comme des animaux familiers, mais comme des fléaux. Ils ont peu de défenseurs. Pourtant la souffrance ressentie par un rat ou par une souris est tout aussi réelle que celle éprouvée par un animal de compagnie. Ils souffrent dans les laboratoires, comme ne l'ignorent pas tous ceux qui les ont entendus gémir, geindre, crier ou même hurler. Les scientifiques dissimulent cette évidence en affirmant qu'ils ne font que vocaliser. Descartes n'est pas mort.

Peut-être ces sons ne sont-ils pas parvenus aux oreilles des scientifiques parce qu'ils ne sont pas immédiatement reconnaissables comme une forme de communication. Dans la détermination des différences entre les animaux et les humains, il est clair que ceux-ci donnent une importance primordiale à la parole. D'après de nombreux philosophes, c'est notre glorieuse capacité à communiquer par le langage parlé qui fait de nous des êtres uniques. Le choc a donc été considérable quand on a appris qu'un simple perroquet gris d'Afrique non seulement « répétait comme un perroquet » le langage humain, mais parlait, communiquait – les mots qu'il utilisait avaient un sens. Quand Irene Pepperberg, psychologue spécialiste des animaux, laissa son perroquet Alex chez un vétérinaire pour qu'on l'opère des poumons, l'oiseau lui lança : « Viens ici. Je t'aime. Je suis désolé. Je veux rentrer[6]. » Pour lui, il avait fait quelque chose de mal et on l'abandonnait pour le punir. Imaginons ce qui se passerait si, au moment d'être assassiné, un animal s'adressait à nous. Si, dans un abattoir, un cochon criait : « S'il vous plaît, ne me tuez pas ! » Si le chasseur, plongeant son regard dans celui d'un cerf, l'entendait soudain prononcer ces mots : « Je veux vivre. Ne tire pas, je t'en prie, mes enfants ont besoin de moi. » Le chasseur appuierait-il sur la détente ? Et si un chat, dans un laboratoire, s'écriait : « Arrêtez de me torturer, je vous en prie ! », le scientifique pourrait-il continuer ? Au cours de l'Holocauste, le fait qu'ils aient l'usage de la parole n'a pas empêché les prisonniers des camps de concentration d'être assassinés ; on avait décidé que les êtres humains qui s'y trouvaient étaient de la vermine, des rats.

Personne ne prétend que le cochon a envie de mourir. S'il le pouvait, il échapperait à la tuerie. Il *éprouve* exactement comme un humain le désir de vivre et la douleur de se voir tuer ; la seule différence, c'est qu'il ne peut l'exprimer par des mots. Les cris des cochons que l'on abat sont épouvantables, semblables, dit-on, à des hurlements humains. Les cochons communiquent ainsi leur terrible peur. Récemment, un jeune bœuf qu'on menait à l'abattoir s'est échappé quand il en a été suffisamment proche pour entendre les cris angoissés des animaux. Il a fui par les rues de la ville comme un prisonnier condamné à mort. Sa course soudaine vers la liberté a permis à tous un moment de répit, y compris au conducteur de cette caravane de la mort[7]. Avait-on raison d'envoyer au massacre un animal qui avait une telle envie de vivre ? Peut-être celui-ci, du moins, aurait-il pu être sauvé[8]. Mais les autres ? Eprouvent-ils la même chose ? Si la résistance est digne de respect, l'absence de résistance donne-t-elle le droit de tuer ? Nous savons *parfaitement* ce que veut la vache : la vache veut vivre. La vache n'a aucune envie de se sacrifier. L'idée qu'une vache puisse de son propre chef se proposer comme nourriture ne tient pas debout.

Lorsqu'un être humain refuse d'en faire souffrir un autre, c'est parce qu'il présume que cet autre *éprouve* quelque chose. Pas parce que l'autre pense, raisonne, ni même parce qu'il parle. Parce qu'il ressent de la douleur, de l'humiliation, du chagrin et d'autres émotions, dont, pour certaines, nous n'avons même pas encore conscience. Nous ne voulons pas faire souffrir. Si, comme j'en suis persuadé, les animaux souffrent, ont de la peine et éprouvent toutes les autres émotions, nous devons en tenir compte dans notre attitude à leur égard. Il est certain qu'un ours ne risque pas de composer la *Neuvième Symphonie* de Beethoven, mais notre voisin de palier non plus, et ce n'est pas pour cela que nous nous sentons autorisés à faire des expériences sur lui, à le chasser ou à le manger.

Aujourd'hui, les philosophes semblent plus enclins que les biologistes à admettre l'idée des émotions chez l'animal[9]. Ils se battent aussi pour défendre ses droits. Mary Midgley et Brigid Brophy en Angleterre, Peter Singer en Australie ou Tom Regan et Bernard Rollin aux Etats-Unis ont pris fermement position. Pour eux, les animaux sont capables d'émotions complexes. En 1789, Jeremy Bentham, le philosophe britannique fondateur de l'utilitarisme moral, liait la question des droits et de la sensibilité dans un texte qui a fait date :

Un jour *viendra*, sans doute, où le reste de la création animale pourra enfin bénéficier de ces droits que seule la main de la tyrannie tient éloignés d'eux. Les Français, pour leur part, ont déjà découvert qu'on ne saurait abandonner impunément aux caprices d'un tourmenteur un être humain pour la seule raison qu'il a la peau noire. De même un jour en viendra-t-on à reconnaître que le nombre de membres inférieurs, la pilosité ou la terminaison de l'*os sacrum* ne sont pas non plus des raisons valables pour abandonner une créature sensible à ce même destin. Qu'est-ce qui, encore, peut constituer une limite infranchissable ? Est-ce la faculté de raisonnement ou, peut-être, la faculté de discours ? Mais un cheval ou un chien adulte sont indéniablement des animaux plus rationnels et d'un commerce plus agréable qu'un nourrisson d'un jour, d'une semaine ou d'un mois. Et même, s'il n'en allait point ainsi, à quoi cela servirait-il ? La question n'est pas : Peuvent-ils *raisonner* ? ni : Peuvent-ils *parler* ? mais : Peuvent-ils *souffrir*[10] ?

Dans son ouvrage *La Libération animale*, fondé explicitement sur l'utilitarisme de Bentham, Peter Singer affirme que les animaux capables de souffrir méritent qu'on leur épargne cette souffrance, notamment celle des expériences scientifiques et des méthodes d'élevage douloureuses. Pour lui, la capacité d'avoir des expériences conscientes va de pair, pour tous les animaux, avec une prise en considération de leurs intérêts. Cette démarche, si elle fournit une base de réflexion morale, n'accorde toutefois pas pour autant des droits aux animaux.

Tom Regan, lui, va plus loin. Dans *The Case for Animal Rights* : il s'engage explicitement en faveur de la protection des droits de tout animal « capable d'être le sujet d'une existence ». Chaque animal de laboratoire a sa propre histoire, sa propre existence. Il a éprouvé des émotions fortes. Il a aimé, haï, il s'est dévoué à d'autres animaux de son espèce. C'est un sujet et, en conséquence, c'est lui faire outrage que de le traiter comme un objet. Au nom de quoi avons-nous le droit d'arracher cette créature à ses compagnons et à tout ce qui donne un sens à sa vie pour la placer dans un environnement stérile, hostile, aseptisé, où elle sera torturée, mutilée et enfin détruite ? Au nom du service de notre propre espèce ? Ou bien n'en avons-nous pas le droit, mais seulement le pouvoir ?

Les enseignements que l'on tire de ces expériences ne nous servent parfois à rien. Récemment, une revue psychiatrique allemande rapportait qu'un chercheur avait donné de la chlorpromazine, un neuroleptique, à une araignée. Il en était résulté que l'araignée avait soit tissé une toile de dimensions plus réduites et d'une moindre complexité, soit pas tissé de toile du tout[11]. L'article se voulait une preuve de la valeur de l'expérimentation animale dans le domaine de la psychologie. Le chercheur en déduisait qu'on pouvait donner aux schizophrènes des médicaments antipsychotiques pour les empêcher, comme on dit, d'avoir des toiles d'araignées au plafond, c'est-à-dire de tisser leurs fantasmes dans leur tête. Mais pourquoi des araignées, ou des êtres humains, en l'occurrence, ne tisseraient-ils pas de toiles si telle était leur tendance ? Qui nous a donné le droit d'intervenir ainsi, d'interférer et de finir par détruire le délicat produit de la partie la plus intime d'une créature ? On peut légitimement se demander si, au bout du compte, de telles pratiques sont à l'honneur de l'humanité. Le Dr Catherine Roberts, microbiologiste, condamne les « odieuses expériences » de Harry Harlow sur les singes rhésus (que nous avons vues au chapitre 5) en faisant remarquer, au nom de l'humanité, « qu'elles sont dégradantes pour ceux qui les ont conçues et perpétrées[12] ». Elle fait aussi ce commentaire sur les transplantations du cerveau effectuées par le Dr White : « Les détails de ces expériences sont si horribles que l'on a sans doute atteint ici les limites de la dépravation scientifique[13]. »

Il n'est certes pas facile d'imaginer l'univers sensuel d'une autre espèce, mais ce n'est pas impossible. Quand nous voyons notre chien renifler intensément, nous supposons qu'il perçoit quelque chose qui nous dépasse. Cette capacité à prendre en compte des informations auxquelles nous n'avons pas accès est impressionnante et nous respectons les changements d'humeur qui en sont la conséquence. En présence des autres espèces, l'être humain réagit le plus souvent par un respect mêlé de crainte. Le vol de l'aigle, les évolutions du phoque dans les vagues suscitent notre émerveillement et nous rendent humbles.

Il est évident que les animaux ont des amitiés durables, évident qu'ils ont peur d'être chassés et démembrés, évident qu'ils souhaitent être en paix dans leur tanière, craignent pour leur compagnon ou leur compagne, aiment leurs petits et veillent sur eux. Comme le dit Tom Regan, ils sont les sujets d'une existence, au même titre que nous. Les animaux ont beau ne pas écrire leur autobiographie, nous pouvons rédiger leur biographie en les comprenant. Ce sont des individus, les membres d'un groupe. Ils ont une histoire qui les inscrit dans un univers concret et met en jeu un grand nombre d'états émotionnels complexes. Tout au long de leur vie, ils *éprouvent* des sentiments, des émotions, exactement comme nous.

Jane Goodall fait remarquer que « sur le plan génétique, les chimpanzés ne diffèrent de l'*homo sapiens* que dans une proportion de un pour cent, et que, s'il leur manque la parole, ils se comportent comme des humains, ils souffrent, ils partagent nos émotions et ont des facultés intellectuelles développées[14] ». Elle plaide pour que nous cessions de les placer en esclavage, de les mettre en prison, de les incarcérer et de les torturer.

« Si j'ai appris quelque chose au cours de la période que j'ai passée parmi les éléphants », écrit le scientifique Douglas Chadwick,

> c'est bien à quel point eux et nous sommes proches. La chaleur qui règne dans leur famille me tient chaud au cœur. Je suis heureux de voir combien ils prennent plaisir aux choses et je m'émerveille constamment devant leurs capacités

d'apprentissage et de compréhension. Si l'on ne découvre pas ces qualités en contemplant des éléphants, c'est bien parce qu'on ne le veut pas[15].

Nous savons depuis longtemps que les animaux ont le potentiel de communiquer émotionnellement avec nous. L'un des contes indiens les plus anciens et les plus populaires a pour thème les liens qui unissent un brahmane et une mangouste. Le voici, tel qu'on le trouve dans le recueil du Cachemire *L'Océan des contes,* vers 1070 :

> Un brahmane du nom de Devasharman vivait dans un village. Il était marié à une femme également de haut rang, qui s'appelait Yajnadatta. Son épouse tomba enceinte et, quand son temps fut venu, elle donna naissance à un fils. Ce fut pour le brahmane, un homme pauvre, comme s'il avait reçu un diamant d'une immense valeur. Après avoir mis l'enfant au monde, son épouse alla se baigner dans la rivière et Devasharman resta à la maison pour s'occuper du nouveau-né. Une servante attachée aux appartements des femmes du palais vint alors le chercher. Le brahmane vivait en effet des dons qu'on lui faisait lorsqu'il célébrait une cérémonie religieuse. Il laissa donc l'enfant à la garde d'une mangouste qu'il avait toujours eue dans sa maison. A peine était-il parti qu'un serpent se glissait vers l'enfant. La mangouste, en le voyant, le tua, par amour pour son maître.
>
> De loin, la mangouste vit Devasharman qui revenait et, tout heureuse, elle se précipita à sa rencontre, encore souillée par le sang du serpent. Quand Devasharman aperçut le sang, il pensa : « Elle a tué mon petit garçon » et, dans sa méprise, il tua la mangouste avec une pierre. En arrivant chez lui, il découvrit le cadavre du serpent et son fils, sain et sauf. Une grande peine l'envahit. Lorsque sa femme, à son retour, apprit ce qui s'était passé, elle lui fit d'amers reproches en disant : « Pourquoi n'as-tu pas réfléchi avant de tuer cette mangouste qui avait été ton amie[16] ? »

De tout temps, des contes populaires ont circulé dont les personnages étaient des animaux serviables. Jan Harold Brunvand, auteur de *The Choking Doberman*, écrit : « La légende galloise "Llewellyn et Gellert" en est une représentation traditionnelle. Un chien de chasse fidèle, Gellert, est découvert dans le hall de la demeure du prince Llewellyn, pantelant et ensanglanté. On croit qu'il a tué le bébé qu'il était censé garder et dont on aperçoit le berceau renversé par la porte ouverte. Le chien est mis à mort, mais on retrouve l'enfant sain et sauf. A l'intérieur de la demeure, gît le cadavre de l'intrus que Gellert a tué en défendant le bébé – un énorme loup. » Brunvand ajoute : « Bien qu'au pays de Galles, beaucoup considèrent l'histoire de Llewellyn et de Gellert comme une vieille légende locale, ou même comme faisant partie de l'histoire nationale, c'est, selon la formule de l'historien gallois Prys Morgan, "de la contrebande, bien entendu, ou, plus exactement, une habile adaptation d'un conte populaire connu dans le monde entier"[17]. »

Les événements relatés ont-ils vraiment eu lieu ? Il nous est impossible de le savoir, mais cette histoire n'est pas totalement invraisemblable[18]. Aux Indes, les mangoustes jouent souvent le rôle d'animaux domestiques. Par ailleurs, elles chassent les serpents, y compris les cobras et autres espèces extrêmement venimeuses. Quoi qu'il en soit, ces récits, qu'ils soient ou non fondés sur des faits, exercent une grande fascination sur l'imaginaire de nombreuses cultures : on en retrouve des versions en Mongolie, en Arabie, en Syrie, en Allemagne et autres pays, y compris dans une ballade anglaise de William R. Spencer. Ils reflètent notre sentiment de la loyauté et de la transparence de l'animal, face à l'arrogance et à la culpabilité humaines, une certaine conscience du côté précaire de notre jugement. Peut-on nous faire confiance pour respecter les liens qu'un chien ou une mangouste aura établis avec nous ? D'après la « légende », si c'est de cela qu'il s'agit, les animaux y réussissent mieux que les humains.

Un récit atteste, sinon de l'existence d'un lien de gratitude, d'amitié, et de compassion entre une personne et un animal, du moins de l'espoir qu'un tel lien existe. Il s'agit de l'épisode d'Androclès et du lion, dans l'Antiquité. Il en existe une version en latin chez l'érudit Aulu-Gelle, auteur des *Nuits attiques*, au IIe siècle. Sa présentation rend un son authentique : « Récit par Apion, homme érudit aussi nommé Plistonices, de la scène dont il fut témoin à Rome et qui vit un homme et un lion se retrouver comme de vieilles relations [...] Cet incident, qu'il décrit dans le cinquième volume de ses *Merveilles d'Egypte*, ne lui est pas venu aux oreilles, pas plus qu'il n'en a eu connaissance par ses lectures, mais, déclare-t-il, il l'a vu de ses propres yeux dans la cité de Rome. » Aulu-Gelle cite ensuite Apion :

> Dans le Grand Cirque, on offrait au peuple le spectacle d'un combat avec des bêtes sauvages. J'en fus le témoin oculaire, me trouvant par hasard à Rome. Il y avait là de nombreuses bêtes sauvages remarquables par leur grande taille, leur apparence inhabituelle ou leur férocité peu commune. Mais, par-dessus tout, ce sont les lions qui, par leur énormité, suscitaient l'émerveillement. L'un d'eux, en particulier, surpassait tous les autres [...] On introduisit [...] l'esclave d'un ex-consul; l'esclave avait nom Androclès. Quand ce lion l'aperçut de loin, il s'arrêta net, comme pris de stupeur, puis s'approcha de l'homme avec calme et lenteur, comme s'il le reconnaissait. Alors, agitant la queue en un mouvement paisible et caressant, ainsi que font les chiens envers leur maître, il vint près de l'homme, maintenant à moitié mort de peur et lui lécha gentiment les mains et les pieds [...] On peut alors voir l'homme et le lion échanger des signes de bienvenue, comme s'ils s'étaient reconnus...[19]

L'empereur Caligula voulut savoir pourquoi le lion avait épargné l'esclave. Androclès raconta alors comment, ayant fui son maître, il s'était caché dans une caverne, au fin fond du désert. Un lion était venu là, avec une patte ensanglantée. Il grognait et gémissait de douleur. Androclès aurait déclaré que le lion s'était approché de lui « avec douceur. Levant la patte, il était évident qu'il me la montrait et me la tendait comme pour demander de l'aide ». Androclès ôta une énorme écharde de la patte blessée et la soigna. « Soulagé par les soins que je lui avais donnés, le lion, plaçant sa patte dans ma main, s'allongea et s'endormit. » Durant trois ans, ils vécurent ensemble dans la caverne. Le lion chassait pour tous les deux. Puis Androclès fut repris et condamné à mourir dans l'arène. En entendant son histoire, Caligula, après avoir fait voter le peuple, libéra le lion et l'homme. Ils déambulèrent ensemble dans les rues « et tous ceux qui les rencontraient s'exclamaient : "Voici le lion qui fut l'ami d'un homme, voici l'homme qui fut le médecin d'un lion"[20] ».

Ce récit est-il pure fiction, est-il la manifestation de ce très ancien désir qui brûle dans le cœur des humains : aimer un autre animal et en être aimé, comme l'on désire aimer une autre personne et être aimé d'elle ? Il n'est en fait pas très éloigné de l'histoire de la lionne Elsa qu'a racontée Joy Adamson. Après l'avoir élevée puis relâchée dans la nature, Joy Adamson vit Elsa, des années après, revenir lui rendre visite avec son compagnon et ses enfants[21].

Peut-être, à l'heure actuelle, ne pouvons-nous espérer parvenir à la réciprocité atteinte par Androclès et le lion, un véritable rêve d'égalité. Mais que ce rêve puisse ou non se réaliser un jour, nous devons quelque chose aux animaux. Chaque être vivant devrait avoir le droit inaliénable de ne pas subir notre exploitation et nos mauvais traitements. Les animaux ne sont pas là pour que nous ouvrions, déchirions, disséquions leur chair, pour que nous fassions d'eux des créatures sans défense et soumises à des expériences atrocement douloureuses. John Lilly, l'un des premiers à avoir travaillé de manière scientifique avec des dauphins, déclarait récemment qu'il avait cessé de le faire parce qu'« il ne voulait pas tenir un camp de concentration pour des êtres d'un haut niveau de développement[22] ». Les animaux sont, au même titre que nous, des espèces en danger sur une planète en danger. C'est nous qui les mettons, qui mettons la planète en danger. Ces êtres innocents souffrent dans un enfer que nous créons. N'allons pas plus loin, c'est le moins que nous puissions faire. Laissons-les en paix.

Quand nous aurons cessé de les coloniser et de nous les approprier, nous pourrons tendre la main vers ces animaux qui sont nos cousins dans l'évolution. Alors, peut-être, le vieil espoir de voir s'établir une proximité, un rapport émotionnel plus profond par-delà la barrière des espèces, d'avoir accès à un monde de sentiments dont nous n'avons même pas encore idée, peut-être ce vieil espoir sera-t-il concrétisé.

Jeffrey Moussaieff Masson.

Notes

Prologue : Sonder le cœur de l'autre

1. Charles Darwin, *The Expression of the Emotions in Man and Animals* (1872 ; réimp. Chicago et Londres : University of Chicago Press, 1965). Traduction française : *L'Expression des émotions chez l'homme et les animaux*, Bruxelles, éditions Complexe, 1981.

2. Charles Darwin, *The Descent of Man and Selection in Relation to Sex* (1871 ; réimp. Princeton : Princeton University Press, 1981), pp. 62-76. Traduction française : *La Descendance de l'homme et la sélection sexuelle*, Bruxelles, éditions Complexe, 1981. Voir aussi la discussion des émotions animales *in* J. Howard Moore, *The Universal Kinship* (1906 ; et Centaur Press, Sussex, Angleterre, 1992).

3. Donald Griffin, *The Question of Animal Awareness : Evolutionary Continuity of Mental Experience* (New York : Rockefeller University Press, 1976). Griffin découvrit le sonar chez la chauve-souris. Dans la bibliographie sont cités les articles et ouvrages de cet auteur qui ont eu une influence sur les idées exprimées dans cet ouvrage.

4. Paola Cavalieri et Peter Singer (éd. établie par), *The Great Ape Project : Equality Beyond Humanity* (Londres : Fourth Estate, 1993), p. 12.

5. George Adamson, *My Pride and Joy* (New York : Simon & Schuster, 1987), p. 19. Traduction française : *Joy et nos lions*, Paris, Éditions Stock, 1987.

6. Ainsi, dans chaque numéro, le *Journal of Comparative Psychology* annonce-t-il qu'il publie « des recherches sur le comportement et les capacités cognitives des différentes espèces (humains inclus) dans leur relation à l'évolution, l'écologie, l'adaptation et le développement. Les manuscrits qui traitent majoritairement de questions en rapport avec

la cause proximale sans que leur recherche ne s'appuie sur un choix d'espèces spécifiques n'entrent pas dans le cadre de la revue ».

7. Dans un article du *Spiegel* qui a suscité de nombreuses réactions (47, 1980, pp. 251-262), intitulé « Tiere sind Gefühlsmenschen » (« Les animaux sont des êtres qui éprouvent des sentiments »), Konrad Lorenz parle de « crimes contre les animaux ». Pour lui, toute personne qui, se trouvant au contact intime d'un mammifère supérieur, comme un chien ou un singe, *ne pense pas* que cet animal éprouve des sentiments similaires aux siens, n'est pas saine d'esprit. (« Ein Mensch, Der Ein höheres Saügetier, etwa einen Hund oder einen Affen, wirklich genau kennt und *nicht* davon überzeugt wird, dass dieses Wesen ähnliches erlebt wie er selbst, ist psychisch abnorm... »)

8. E. Sue Savage-Rumbaugh, *Ape Language : From Conditioned Response to Symbol* (New York : Columbia University Press, 1986), p. 25.

1. La cause des émotions

1. G.G. Rushby, « The Elephant in Tanganyika », *in* Ward, Rowland, *The Elephant in East Central Africa : a Monograph* (Londres et Nairobi : Rowland Ward Ltd., 1953). Cité par Richard Carrington : *Elephants : A Short Account of their Natural History, Evolution and Influence on Mankind* (Londres, Chatto & Windus, 1958), p. 83.

2. Savage-Rumbaugh, *Ape Language, From Conditioned Response to Symbol*, p. 266.

3. Jane Goodall, interviewée par Susan McCarthy, le 7 mai 1994.

4. Mary Midgley, « The Mixed Community », *in* Eugene C. Hargrove (éd. établie par), *The Animal Rights/Environmental Ethics Debate* (Albany : State University of New York Press, 1992), p. 214.

5. Gunther Gebel-Williams, avec Toni Reinhold, *Untamed : the Autobiography of the Circus's Greatest Animal Trainer* (New York : William Morrow & Co, 1991), p. 28.

6. Communiqué à l'auteur, 23 août 1994.

7. Préface de Schaller à Shirley Strum, *Almost Human : A Journey into the World of Baboons* (New York : Ramdom House, 1987), p. XII. Traduction française : *Voyage chez les babouins*, Paris, Éditions du Seuil, 1995.

8. George et Lori Frame, *Swift & Enduring : Cheetahs and Wild Dogs of the Serengeti* (New York : E.P. Dutton, 1981), p. 156.

9. Anne Rasa, *Mongoose Watch : A Family Observed* (Garden City, New

York : Anchor Press/Doubleday & Co., 1986). Traduction française : *La Famille idéale*, Paris, Éditions Odile Jacob, 1990.

10. Thelma Rowell, *The Social Behaviour of Monkeys* (Hardmondsworth, Middlesex, Angleterre : Penguin, 1972), p. 79.

11. Hope Ryden, *God's Dog* (New York : Coward, McCann & Geoghegan, 1975), pp. 87, 92-101.

12. J. Maynard Smith et M.G. Ridpath, « Wife Sharing in the Tasmanian Native Hen, *Tribonyx mortierii* : A Case of Kin Selection ? », *The American Naturalist* 106 (juillet-août 1972), pp. 447-452.

13. Robert Cochrane, « Working Elephants at Rangoon », cité dans *The Animal Story Book*, vol. IX, The Young Folks Library (Boston : Hall & Locke & Co., 1901).

14. Cité par Paul Schullery, *The Bear Hunter's Century* (New York : Dodd, Mead & Co., 1988), p. 142.

15. David McFarland (éd. établie par), *The Oxford Companion to Animal Behavior* (Oxford et New York : Oxford University Press, 1987), p. 151. Traduction française : *Dictionnaire du comportement animal*, Paris, R. Laffont, 1990.

16. Cité par Sydney E. Pulver dans un excellent article sur le sujet : « Can Affects Be Unconscious ? », *International Journal of Psycho-Analysis*, 52, 1971, p. 350.

17. Robert Jean Campbell, *Psychiatric Dictionary*, 5e édition (Oxford et New York : Oxford University Press, 1981), p. 24.

18. Carroll Izard et S. Buechler, « Aspects of Consciousness and Personality in Terms of Differential Emotions Theory », *in Emotion : Theory, Research and Experience, vol. I : Theories of Emotion*, Robert Plutchik et Henry Kellerman (éd. établie par), (New York : Academic Press, 1980), pp. 165-187.

19. Joseph de Rivera, *A Structural Theory of the Emotions* (New York : International Universities Press, 1977), pp. 156-164.

20. June Callwood : *What They Are and How They Affect Us, from the Basic Hates and Fears of Childhood to More Sophisticated Feelings That Later Govern Our Adult Lives : How We Can Deal with the Way We Feel* (Garden City, New York : Doubleday & Co., 1986), p. 33.

21. Robert Thomson, « The Concept of Fear », *in Fear in Animals and Man*, W. Sluckin (éd. établie par), 1-23 (New York et Londres : Van Nostrand Reinhold Co., 1979), pp. 20-21.

22. Michael Lewis, *Shame : The Exposed Self* (New York : The Free Press/Macmillan, 1992), pp. 13-14.

23. Anna Wierzbicka, « Human Emotions Universal or Culture-Specific ? », *American Anthropologist*, 88 (1986), pp. 584-594.

24. Lévy-Bruhl, *Les Fonctions mentales dans les sociétés inférieures* (Paris : Félix Alcan, 1910). Dans cet ouvrage, publié dans la « Bibliothèque de Philosophie contemporaine », sous la direction d'Emile Durkheim, Lévy-Bruhl oppose la mentalité primitive à celle de « l'individu blanc, adulte et civilisé » (p. 2). Une preuve (p. 31) : les Indiens Cherokee croient que les poissons vivent dans une société civile comme les hommes et ont des villages et des routes sous l'eau. Ces mêmes « primitifs » croient à des rites expiatoires avant de tuer les animaux (p. 32). De plus, ils ne peuvent généraliser et chaque espèce de singe et de palmier a son propre nom (p. 192). On a beaucoup lu et cité ce texte durant de nombreuses années.

25. Gordon M. Burghardt, « Animal Awareness : Current Perceptions and Historical Perspective », *American Psychologist* 40 (août 1985), pp. 905-919.

26. Frans de Waal, *Peacemaking Among Primates* (Cambridge, Mass. et Londres : Harvard University Press, 1989), p. 25. Traduction française : *De la Réconciliation chez les Primates*, Paris, Librairie Flammarion, 1992.

27. Pour en savoir plus sur les problèmes concernant la relation entre les taux de testostérone et l'agressivité, par exemple, voir Alfie Kohn, *The Brighter Side of Human Nature : Altruism and Empathy in Everyday Life* (New York : Basic Books, 1990), pp. 27-28.

28. Voir Gordon G. Gallup, Jr. et Susan D. Suarez, « Overcoming Our Resistance to Animal Research : Man in Comparative Perspective », *in Comparing Behavior : Studying Man Studying Animals*, D.W. Rajecki (éd. établie par), (Hillsdale, NJ : Lawrence Erlbaum Associates, 1983), p. 10. Ces auteurs déclarent : « Les principes biologiques de base qui régissent les activités métaboliques, endocrinologiques, neurologiques et biochimiques chez l'homme sont fondamentalement les mêmes au sein de nombreux autres organismes. Le comportement, en conséquence, est devenu la dernière place forte du paradigme platonicien [...] Si nous acceptons cette proposition qu'en dernière analyse le comportement n'est rien d'autre que l'expression de processus physiologiques, il semble indéfendable et incohérent, sur le plan logique, d'admettre les similarités biologiques mais de refuser de croire aux similarités psychologiques entre nous-mêmes et d'autres espèces. »

29. Descartes est cité par Tom Regan et Peter Singer *in Animal Rights and Human Obligations* (New Jersey : Prentice Hall, 1979), pp. 61-64. Le passage original appartient au *Discours de la méthode*, 5 (éd. établie par A. Bridoux, *Œuvres et lettres de Descartes*, pp. 165-166, Gallimard, 1953).

30. Cité par Tom Regan, *in The Case for Animal Rights* (Berkeley, CA : University of California Press, 1983), p. 5.

31. François-Marie Arouet de Voltaire, *Dictionnaire philosophique*, éd. établie par Julien Benda et Raymond Naves (Paris : Garnier Frères, 1961), pp. 50-51.

32. François-Marie Arouet de Voltaire, « Les Bêtes », article 6, *in Le Philosophe ignorant*, Les Œuvres complètes de Voltaire, vol. Mélanges, éd. établie par Jacques Van den Heuvel (Paris, Gallimard), p. 863.

33. Voltaire cité par Hester Hastings, *in Man and Beast in French Thought of the Eighteenth Century*, vol. 27 (Baltimore : The Johns Hopkins Press, 1936), p. 183. Voir également Thomas H. Huxley, « On the hypothesis that animals are automata, and its history », *in Method and Results : Essays* (1893, réimpression : Londres, Macmillan, 1901), pp. 199-250. Il écrit : « Compte tenu de la lutte pour la vie qui a lieu dans le monde animal et de la quantité de douleur dont elle s'accompagne, je serais heureux si les probabilités étaient en faveur de l'hypothèse de Descartes ; d'un autre côté, étant donné les terribles conséquences qu'une erreur de notre part aurait sur les animaux domestiques, mieux vaut se tromper à bon escient, si jamais nous nous trompons, et agir avec eux comme avec des frères plus faibles, tenus comme nous à payer le tribut à l'existence et à prendre leur part de souffrance nécessaire au bien de tous. Comme le dit joliment Hartley : "Pour eux, il semble que nous tenions la place de Dieu." » (*Ibid.*, p. 237.) Pour l'historique complet du débat autour de Descartes, voir Leonora Cohen Rosenfield : *From Beast-Machine to Man-Machine : Animal Soul in French Letters from Descartes to La Mettrie* (1940 ; nouvelle édition : New York : Octagon Books, 1968) ; l'introduction *in* François Dagognet, « L'animal selon Condillac », *in Traité des animaux* (Paris, Librairie Philosophique Vrin, 1987) ; et George Boas, « The Happy Beast », *in French Thought of the Seventeenth Century : Contributions to the History of Primitivism* (Baltimore : The John Hopkins Press, 1933).

34. Irene Pepperberg interviewée par Susan McCarthy, 22 février 1993.

35. Elizabeth Marshall Thomas, « Reflections : The Old Way », *The New Yorker* (15 octobre 1990), p. 91.

36. De Waal, *Peacemaking Among Primates*, p. 220.

37. David Macdonald, *Running with the Fox* (Londres et Sydney : Unwin Hyman, 1987), p. 164.

38. Konrad Lorenz, *The Year of the Greylag Goose* (New York et Londres : Harcourt Brace Jovanovich, 1978), p. 56 ; traduction française : *L'Année de l'oie cendrée*, Paris, Editions Stock, 1991.

39. Cf. Mary Midgley, *Beast and Man : The Roots of Human Nature* (Ithaca, N.Y. : Cornell University Press, 1978), p. 345.

2. Des bêtes dépourvues de sentiment

1. *Œuvres choisies de Buffon, vol. 2*: « L'Histoire naturelle des animaux » (Paris : Librairie Firmin Didot Frères, 1861), pp. 484-488, 493-496, 509, 525.

2. N. K. Humphrey, « The Social Function of Intellect », *in Growing Points in Ethology*, P. P. G. Bateson et R. A. Hinde (éd. établie par), pp. 303-317 (Cambridge, Angleterre : Cambridge University Press, 1976).

3. Donald Symons, *The Evolution of Human Sexuality* (New York : Oxford University Press, 1979), pp. 78-79. Traduction française : *Du sexe à la séduction*, Paris, Editions Sand, 1995.

4. D. Goldfoot *et al.*, « Behavioral and Physiological Evidence of Sexual Climax in the Female Stump-tailed Macaque », *Science* 208 (1980), pp. 1477-1479. Cité *in* de Waal, *Peacemaking Among Primates*, pp. 151-153.

5. De Waal, *Peacemaking Among Primates*, pp. 151-153, 198-206.

6. Ce superbe exemple d'ignorance est également cité par Mary Midgley dans son article « The Mixed Community », *in* Hargrove (éd. établie par), *The Animal Rights/Environmental Ethics Debate*, p. 223. L'article d'origine, très long et très savant, se trouve dans le vol. I de l'*Encyclopaedia of Religion and Ethics*, James Hastings (éd. établie par), (Edimbourg, T. & T. Clark, 1908), pp. 483-535. Son rédacteur, Northcote W. Thomas, commence en fait (p. 483) par parler du « gouffre immense qui existe entre l'homme [...] et l'éléphant et le singe anthropoïde ».

7. Matt Cartmill, *A View to a Death in the Morning : Hunting and Nature Through History* (Cambridge, MA : Harvard University Press, 1993), p. 222.

8. Stephen Jay Gould, *The Mismeasure of Man* (New York : W.W. Norton and Co., 1981).Traduction française : *La Mal-mesure de l'homme* (Paris : Ramsay, 1983).

9. Volker Arzt and Immanuel Birmelin, *Haben Tieren ein Bewusstsein ?: Wenn Affen lügen, wenn Katzen denken und Elefanten traurig sind* (Munich : C. Bertelsmann, 1993), p. 154.

10. « En 1988, sous la direction du Professeur John Verheijen, de l'Université d'Utrecht, aux Pays-Bas, une équipe de chercheurs en est également venue à la conclusion que les poissons souffraient. Les poissons éprouvent de la douleur et ressentent de la peur. » R. Barbara Orleans, *In the Name of Science : Issues in Responsible Animal Experimentation* (New York : Oxford University Press, 1992), p. 148.

11. Voici ce que disait récemment E. S. Turner à propos de son ouvrage *All Heaven in a Rage,* paru en 1964, l'un des premiers à contester notre attitude à l'égard des animaux : « Dans l'introduction originale, j'ai déclaré que l'attitude que nous adoptons envers les animaux est désespérément incohérente, au sens pervers du terme… Dans sa critique du livre pour l'*Observer,* Philip Toynbee a relancé le débat. Il a fait remarquer qu'en apprenant que les Russes avaient envoyé une chienne dans l'espace, les chasseurs de renards anglais étaient entrés dans une colère noire. Pour lui, ce genre d'incohérences, pour stupéfiantes qu'elles soient, n'en suivent pas moins une ligne directrice. "Nous abominons les actes de cruauté que nous ne sommes pas tentés d'accomplir et ce d'autant plus que leurs auteurs n'appartiennent pas à notre propre groupe." Il aurait pu ajouter "ou qu'ils sont l'œuvre de membres d'une autre nation". » E. S. Turner, *All Heaven in a Rage* (Sussex, Angleterre : Centaur Press, 1992), pp. 323-324.

12. Cette pratique incroyable se trouve confirmée de source médicale. Voir K. J. S. Anand et P. J. McGrath (éd. établie par), *Pain in Neonates* (Amsterdam : Elsevier, 1993) ; Neil Schechter, Charles B. Berde, et Myron Yaster (éd. établie par), *Pain in Infants, Children, and Adolescents* (Baltimore : Williams and Wilkings, 1993) ; « Medicine and the Media » (éditorial), *British Medical Journal* 295 (septembre 12, 1987), pp. 659-660 ; Ian S. Gauntlett, T. H. H. G. Koh, et William A. Silverman, « Analgesia and Anaesthesia in Newborn Babies and Infants » (Lettres), *Lancet,* 9 mai 1987 ; Nancy Hall, « The Painful Truth », *Parenting,* juin/juillet 1992).

13. R. N. Emde et K. L. Koenig, « Neonatal Smiling and Rapid Eyemovement States », *Journal of the American Academy of Child Psychiatry* 8 (1969), pp. 57-67. Cité *in* Carroll Izard, *Human Emotions* (New York et Londres : Plenum Press, 1977).

14. Article de Frank B. Jevons. vol. 1, p. 574. Edition établie par James Hastings.

15. Voir l'article de R. J. Zwi Werblowsky, *in* l'*Encyclopaedia of Religion* (éd. établie par Mircea Eliade), vol. 1, p. 361 (New York : Macmillan, 1987). Les vieux dictionnaires allemands (*Meyers grosses Konversations-Lexikon* de 1903) parlent d'anthropopathie, c'est-à-dire le fait d'attribuer des émotions spécifiquement humaines à des objets et à des animaux (!) incapables de les éprouver. Dans l'*Emile,* J.-J. Rousseau déclare : «*Nous sommes pour la plupart de vrais anthropomorphites.* » Selon la onzième édition de l'*Encyclopaedia Britannica,* c'est peut-être là l'origine du terme.

16. McFarland (éd. établie par), *Oxford Companion to Animal Behavior*, p. 17.

17. John S. Kennedy, *The New Anthropomorphism* (Cambridge, Angleterre : Cambridge University Press, 1992), pp. 3-5.

18. *Ibid.*, p. 167.

19. John Andrew Fisher, « Disambiguating Anthropomorphism : An Interdisciplinary Review », *in Perspectives in Ethology* 9 (1991), p. 49.

20. « Il y avait de réelles différences entre les hommes et les femmes sur le plan des connaissances et de l'attitude envers les animaux. Il était donc nécessaire de chercher à mieux comprendre et à mieux apprécier l'attitude des femmes envers la faune et l'intérêt qu'elles lui manifestaient. Particulièrement notables étaient les variations dans les sentiments fondamentaux et les préoccupations éthiques à l'égard de l'animal. Au bout du compte, il s'est révélé que les femmes font preuve à l'égard des animaux de beaucoup plus de préoccupations humanistes. » Stephen R. Kellert et Joyce K. Berry, Phase III : *Knowledge, Affectation and Basic Attitudes Toward Animals in American Society* (U.S. Fish and Wildlife Service, 1980), p. 59. La phase trois donne les résultats d'une étude financée par le U.S. Fish and Wildlife Service concernant l'attitude, les connaissances et les comportements des Américains envers la faune et les habitats naturels.

21. Frans de Waal, *Chimpanzee Politics : Power and Sex Among Apes* (New York : Harper & Row, 1982), pp. 41-42. Traduction française : *La Politique du chimpanzé*, Monaco, Editions du Rocher, 1992.

22. Joy Adamson, introd. de J. Huxley, *Living Free* (U.K. : Collins & Harvill Press, 1961), p. XI. Traduction française : *Elsa, la lionne*, Paris, Hachette, 1962.

23. Irene Pepperberg, interviewée par Susan McCarthy, 22 février 1993.

24. On retrouve ce thème chez Theodore Xenophon Barber, *The Human Nature of Birds : A Scientific Discovery with Startling Implications* (New York : St. Martin's Press, 1993).

25. Sy Montgomery, *Walking with the Great Apes* (Boston : Houghton Mifflin, 1991), p. 143.

26. Cynthia Moss, *Elephant Memories : Thirteen Years in the Life of an Elephant Family* (New York : William Morrow and Co., 1988), p. 37. Traduction française : *La Longue Marche des éléphants :13 années avec les grands troupeaux du Kenya*, Paris, Editions Laffont, 1989.

27. M. Bekoff et D. Jamieson, « Ethics and the Study of Carnivores », *in Carnivore Behavior, Ecology, and Evolutions*, 2e éd. (Ithaca, NY : Cornell University Press, 1995).

28. Thomas, « Reflections : The Old Way », p. 99.

29. Peter Tyack, « Whistle Repertoires of Two Bottle-nosed Dolphins, *Tursiops truncatus* : Mimicry of Signature Whistles ? », *Behavioral Ecology and Sociobiology* 18 (1989), pp. 251-257.

30. Eberhard Gwinner et Johannes Kneutgen, « Uber die biologische Bedeutung der "zweckdienlichen" Anwendung erlernter Laute bei Vögeln », *Zeitschrift für Tierpsychologie* 19 (1962), pp. 692-696.

31. Mike Tomkies, *Last Wild Years* (Londres : Jonathan Cape, 1992), p. 172.

32. Mary Midgley, « The Concept of Beastliness : Philosophy, Ethics and Animal Behavior », *Philosophy* 48 (1973), pp. 111-135.

33. Kennedy, *New Anthropomorphisrn*, p. 87.

34. « Si l'évolution de la conscience s'est faite en tant qu'adaptation biologique à la pratique de la psychologie introspective, alors l'absence ou la présence de conscience chez les animaux de différentes espèces sera fonction du besoin qu'ils auront ou n'auront pas de comprendre le comportement d'autres animaux dans un groupe social. Les loups, les chimpanzés, les éléphants qui, tous, ont affaire à des interactions sociales complexes, sont probablement tous conscients. Les grenouilles, les escargots, les morues ne le sont probablement pas… Pour un animal, l'avantage de la conscience se trouve dans l'usage purement personnel qu'il fait de l'expérience consciente pour développer une idéologie qui l'aide à modeler le comportement d'un autre animal. Que l'autre animal éprouve réellement ou non les sentiments dont il est crédité ne fait strictement aucune différence ; ce qui compte, c'est que son comportement puisse être compréhensible en partant du principe que de tels sentiments motivent ses actes. » N. K. Humphrey : « Nature's Psychologists », *in Consciousness and the Physical World*, B. D. Josephson et V. S. Ramachandran (éd. établie par), 57-80 (Oxford, Angleterre : Pergamon Press, 1980), pp. 68-69.

35. *In* B. D. Josephson et V. S. Ramachandran (éd. établie par), *Consciousness and the Physical World* (Oxford, Angleterre : Pergamon Press, 1980), pp. 57-80.

36. Midgley, *Beast and Man : The Roots of Human Nature*, pp. 41, 344

57. Voir aussi Mary Midgley, *Animals and Why They Matter* (Athens, GA : University of Georgia Press, 1983). La citation de Spinoza en français est empruntée à l'édition établie et traduite du latin par Roland Caillois (*Œuvres complètes*, La Pléiade, Paris, 1954, p. 521. *N.d.T.*).

37. J.Ortega y Gasset, cité par Matt Cartmill, *A View to a Death in the Morning*, p. 240.

38. On a tenté d'éviter ce type d'erreurs en affirmant que les animaux sont du genre neutre, ce qui a eu comme résultat de les assimiler à des objets et non à des créatures. Rédigeant un article sur les dauphins pour une revue scientifique, Karen Pryor s'est vu demander d'utiliser le pronom neutre *it* pour une femelle marsouin, Hou, de préférence à *she* (elle), au motif que *she* devait être réservé aux humaines. Non que le fait d'être appelées *she* garantisse aux femmes d'être traitées comme des êtres humains... Hou était sans ambiguité possible une femelle et refuser de discuter de faits observables n'est guère une attitude scientifique. Ce n'est pas en répétant le même schéma fautif avec les animaux et avec les femmes que nous trouverons une solution au tabou de l'anthropomorphisme. Voir Karen Pryor, *Lads Before the Wind : Adventures in Porpoise Training* (New York : Harper & Row, 1975), p. 240 ; Karen Pryor, Richard Haag et Joseph O'Reilly, « The Creative Porpoise : Training for Novel Behavior », *Journal of the Experimental Analysis of Behavior* 12 (1969), pp. 653-661.

39. Mike Tomkies, *On Wing and Wild Water* (Londres : Jonathan Cape, 1987), pp. 136-137.

40. J. E. R. Staddon, « Animal Psychology : The "Tyranny of Anthropocentrism" », *in Whither Ethology ? Perspectives in Ethology*, P. P. G. Bateson et Peter H. Klopfer (éd. établie par), (New York : Plenum Press, 1989), p. 123.

41. Robert W. Mitchell et Nicholas S. Thompson (éd. établie par), *Deception : Perspectives on Human and Nonhuman Deceit* (Albany : State University of New York Press, 1986).

42. Jane Goodall, *In the Shadow of Man* (Londres : Collins, 1971), p. 202.

43. Diana E. H. Russell, *The Politics of Rape : The Victim's Perspective* (New York : Stein & Day, 1977) ; Diana E. H. Russell, *Rape in Marriage* (New York : Macmillan, 1982) ; et Diana E. H. Russell et Nancy Howell, « The Prevalence of Rape in the United States Revisited », *Signs : Journal of Women in Culture and Society* 8 (été 1983), pp. 668-695.

44. Diana E. H. Russell, « The Incidence and Prevalence of Intrafamilial and Extrafamilial Sexual Abuse of Female Children », *Child Abuse and Neglect : The International Journal* 7 (1983), pp. 133-146 ; et Diana E. H. Russell, *The Secret Trauma : Incestuous Abuse of Women and Girls* (New York : Basic Books, 1986).

45. Elizabeth Marshall Thomas, *The Hidden Life of Dogs* (Boston et New York : Houghton Mifflin Co., 1993). Traduction française : *La Vie secrète des chiens*, Paris, Editions Laffont, 1995.

3. Peur, espoir et terreurs nocturnes

1. Douglas H. Chadwick, *The Fate of the Elephant* (San Francisco : Sierra Club Books, 1992), pp. 129, 327.

2. Adele Conover, « He's Just One of the Bears », *National Wildlife* 30, (juin-juillet 1992), pp. 30-36.

3. Lynn Rogers, interviewé par Susan McCarthy, 15 juillet 1993.

4. Andrew Mayes, « The Physiology of Fear and Anxiety », *in Fear in Animals and Man*, W. Sluckin (éd. établie par), 24-55 (New York et Londres : Van Nostrand Reinhold Co., 1979), pp. 32-33.

5. McFarland (éd. établie par), *Oxford Companion to Animal Behavior*, p. 180.

6. Melvin Konner, *The Tangled Wing : Biological Constraints on the Human Spirit* (New York : Holt, Rinehart and Winston, 1982), p. 215.

7. Marcia Barinaga, « How Scary Things Get That Way », *Science* 258 (6 novembre 1992), pp. 887-888.

8. Thomson, « The Concept of Fear », p. 3.

9. F. Fraser Darling, *A Herd of Red Deer : A Study in Animal Behavior* (Londres : Oxford University Press, 1937), pp. 70-71.

10. Pryor, *Lads Before the Wind*, p. 178.

11. *Gorilla : Journal of the Gorilla Foundation* 15, #2 (juin 1992), p. 5.

12. Konner, *Tangled Wing*, p. 235.

13. Douglas H. Chadwick, *A Beast the Color of Winter : The Mountain Goat Observed* (San Francisco : Sierra Club Books, 1983), pp. 57-58.

14. Wolfgang de Grahl, *The Grey Parrot*, trad. amér. William Charlton (Neptune City, NY: T.F.H. Publications, 1987), pp. 44-45.

15. Chadwick, *Beast the Color of Winter*, p. 89.

16. P. A. Russell, « Fear-Evoking Stimuli », *in Fear in Animals and Man*, W. Sluckin (éd. établie par), 86-124 (New York et Londres : Van Nostrand Reinhold Co., 1979), pp. 97-98.

17. Thomas Bledsoe, *Brown Bear Summer : My Life Among Alaska's Grizzlies* (New York : Dutton, 1987), p. 129.

18. Pryor, *Lads Before the Wind*, p. 178.

19. Jack Adams, *Wild Elephants in Captivity* (Dominguez Hills, CA : Center for the Study of Elephants, 1981), p. 146.

20. De Grahl, *Grey Parrot*, pp. 210-212.

21. Arjan Singh, *Tiger ! Tiger !* (Londres : Jonathan Cape, 1984), pp. 75, 90.

22. Keith Laidler, *The Talking Ape* (New York : Stein and Day, 1980).

Laidler, bouleversé par la terreur qu'éprouvait Cody de sa propre espèce, fit en sorte qu'il rencontre un autre orang-outan puis, plus tard, qu'il partage sa cage. Les deux singes s'entendirent bien. Ils se promenaient main dans la main.

23. Jim Crumley, *Waters of the Wild Swan* (Londres : Jonathan Cape, 1992), pp. 85-86.

24. Thomas, *Hidden Life of Dogs,* p. 71.

25. Chadwick, *Beast the Color of Winter,* p. 115.

26. Moss, *Elephant Memories,* pp. 315-316.

27. Bledsoe, *Brown Bear Summer,* pp. 171-176.

28. Lynn Rogers, interviewé par Susan McCarthy, 15 juillet 1993.

29. Paul Leyhausen, *Cat Behavior : The Predatory and Social Behavior of Domestic and Wild Cats,* trad. angl. Barbara A. Tonkin (New York et Londres : Garland STPM Press, 1979), pp. 28-87.

30. Chadwick, *Beast the Color of Winter,* p. 19.

31. Marcy Cottrell Houle, *Wings for My Flight : The Peregrine Falcons of Chimney Rock* (Reading, MA : Addison-Wesley Publishing Co., 1991), p. 105.

32. Harvey A. Hornstein, *Cruelty and Kindness : A New Look at Oppression and Altruism* (Englewood Cliffs, NJ : Prentice-Hall, 1976), p. 81. Les expériences citées sont celles du Professeur Donald O. Hebb.

33. Herbert S. Terrace, *Nim : A Chimpanzee Who Learned Sign Language* (New York : Washington Square Press, 1979), p. 44. Traduction française : *Nim, un chimpanzé qui a appris le langage gestuel,* Liège, Editions Mardaga, 1986. La mère chimpanzé avait raison de s'inquiéter : on lui donna des tranquillisants et on lui ôta son petit. On l'appela Nim Chimpsky, et on lui apprit 125 mots de l'American Sign Language. On le ramena à l'institut des années après.

34. Hans Kruuk, *The Spotted Hyena : A Study of Predation and Social Behavior* (Chicago : University of Chicago Press, 1972), p. 161.

35. Chadwick, *Beast the Color of Winter,* p. 26.

36. George B. Schaller, *The Serengeti Lion : A Study of Predator-Prey Relations* (Chicago : University of Chicago Press, 1972), p. 266.

37. Kruuk, *Spotted Hyena,* p. 161.

38. « Cheetahs in the Land of Lions », un épisode de *Nature : with George Page,* 1992.

39. Darwin est cité par Peter J. Bowler, *The Fontana History of the Environmental Sciences* (Londres : HarperCollins, 1992), pp. 480-481. Les phrases précédant la citation sont les suivantes : « Darwin fut conduit à mettre l'accent sur ces récits qui décrivent le comportement des ani-

maux comme "presque humain". Il ne fit pour sa part aucune expérience et s'appuya sur des informations anecdotiques fournies par des chasseurs, gardiens de zoo et autres. » On trouve l'histoire du petit singe « héroïque » dans *Descent of Man* de Darwin, pp. 89, 95 (Norwalk, CT : Heritage Press Edition, 1972).

40. Moss, *Elephant Memories*, p. 162.

41. Francine Patterson et Eugene Linden, *The Education of Koko* (New York : Holt, Rinehart et Winston, 1981), pp. 135-136.

42. R. Allen Gardner et Beatrix T. Gardner, « A Cross-Fostering Laboratory », *in Teaching Sign Language to Chimpanzees*, R. Allen Gardner, Beatrix T. Gardner, et Thomas E. Van Cantfort (éd. établie par), 1-28 (Albany : State University of New York Press, 1989), p. 8.

43. Beatrix T. Gardner, Allen Gardner, et Susan G. Nichols, « The Shapes and Uses of Signs in a Cross-Fostering Laboratory », *in Teaching Sign Language to Chimpanzees*, p. 65.

44. Sherwin Carlquist, *Island Life : A Natural History of the Islands of the World* (Garden City, NY: Natural History Press, 1965), pp. 337-341.

45. « A Letter from the Field », Luis Baptista, *Pacific Discovery* 16 (4) : pp. 44-47.

46. Roger S. Fouts, Deborah H. Fouts, et Thomas E. Van Cantfort, « The Infant Loulis Learns Signs from Cross-Fostered Chimpanzees », *in Teaching Sign Language to Chimpanzees*, pp. 280-292. Et communication personnelle.

47. Ludwig Wittgenstein, *Philosophical Investigations*, 3e éd., trad. angl. G. E. M. Anscombe (New York : Macmillan Co., 1968), p. 174.

4. L'amour et l'amitié

1. J. H. Williams, *Elephant Bill* (Garden City, NY: Doubleday & Co., 1950), pp. 82-84.

2. Par exemple, Carroll E. Izard (*Human Emotions*, New York et Londres : Plenum Press, 1977) n'inclut pas l'amour dans sa liste des huit émotions fondamentales.

3. Catherine Roberts, *The Scientific Conscience : Reflections on the Modern Biologist and Humanism* (New York : George Braziller, 1967).

4. Janine Benyus, *Beastly Behaviors : A Zoo Lover's Companion : What Makes Whales Whistle, Cranes Dance, Pandas Turn Somersaults, and Crocodiles Roar : A Watcher's Guide to How Animals Act and Why* (Reading, MA : Addison-Wesley Publishing Co., 1992), p. 52.

5. Thomas, *Hidden Life of Dogs.*

6. Patricia Holt, « Puppy Love Isn't Just For People : Author Says Dogs, Like Humans, Can Bond », *San Francisco Chronicle,* 9 décembre 1993.

7. Je dois cette description au Professeur Richard I. Vane-Wright. Elle est issue, à l'origine, de « Female Butterfly Guarding Eggs », de Miriam Rothschild, *Antenna,* Londres, vol. 3 (1979), p. 94.

8. J. Traherne Moggridge, *Harvesting Ants and Trap-door Spiders : Notes and Observations on Their Habits and Dwellings* (Londres : L. Reeve & Co., 1873), pp. 113-114.

9. Bertold P. Wiesner et Norah M. Sheard, *Maternal Behavior in the Rat* (Edimbourg et Londres : Oliver & Boyd, 1933), pp. 121-122.

10. Tony Gaston et Garry Donaldson, « Banding Thick-billed Murre Chicks », *Pacific Seabirds* 21 (1994), pp. 4-6.

11. Bill Clark, *High Hills and Wild Goats* (Boston : Little, Brown and Co., 1990), p. 34.

12. Bettyann Kevles, *Females of the Species : Sex and Survival in the Animal Kingdom* (Cambridge, MA : Harvard University Press, 1986), p. 154.

13. Frame et Frame, *Swift & Enduring : Cheetahs and Wild Dogs of the Serengeti,* p. 157.

14. Anne Innis Dagg et J. Bristol Foster, *The Giraffe : Its Biology, Behavior, and Ecology* (New York : Van Nostrand Reinhold Co., 1976), pp. 38-39.

15. Cité par Faith McNulty, *The Whooping Crane : The Bird That Defies Extinction* (New York : E. P. Dutton & Co., 1966), p. 37.

16. Stanley P. Young, *The Wolves of North America : Their History, Life Habits, Economic Status, and Control* (II : « Classification of Wolves » par Edward A. Goldman) (Washington, DC : American Wildlife Institute, 1944), pp. 109-10, qui cite un article de Peter Freuchen paru en 1935.

17. Devra G. Kleiman et James R. Malcolm, « The Evolution of Male Parental Investment in Mammals », *in Parental Care in Mammals,* David J. Gubernick et Peter H. Klopfer (éd. établie par) (New York : Plenum Press, 1981).

18. Gerald Durrell, *Menagerie Manor* (New York : Avon, 1964), pp. 127-129.

19. Macdonald, *Running with the Fox,* pp. 140-142.

20. Cynthia Moss, *Portraits in the Wild : Behavior Studies of East African Mammals* (Boston : Houghton Mifflin Co., 1975), pp. 104-105.

21. Strum, *Almost Human,* p. 40.

22. Rowell, *Social Behaviour of Monkeys,* p. 76.

23. Montgomery, *Walking with the Great Apes,* p. 43.

24. Hans Kummer, *Social Organization of Hamadryas Baboons ; A Field Study* (Chicago et Londres : University of Chicago Press, 1968), p. 63. Traduction française : *Vies de singes : mœurs et structures sociales des babouins hamadryas,* Paris, Editions Odile Jacob, 1993. Cette étude porte sur les soins et le comportement « maternels » chez les babouins mâles.

25. Wiesner et Sheard, *Maternal Behavior,* p. 148.

26. Robert Cochrane, « Some Parrots I Have Known », *in The Animal Story Book,* The Young Folks Library, vol. IX (Boston : Hall & Locke Co., 1901), pp. 208-209.

27. Kruuk, *Spotted Hyena,* p. 171.

28. Moss, *Elephant Memories,* p. 267.

29. Schaller, *Serengeti Lion,* p. 332.

30. Françoise Patenaude, « Care of the Young in a Family of Wild Beavers, *Castor canadensis* », *Acta Zool. Fennica* 174 (1983), pp. 121-122.

31. Rowell, *Social Behaviour of Monkeys,* p. 110.

32. Moss, *Portraits in the Wild,* pp. 16-17.

33. Hans Kruuk, *The Social Badger ; Ecology and Behaviour of a Group-living Carnivore (Meles meles)* (Oxford, Angleterre : Oxford University Press, 1989), p. 146.

34. John J. Teal Jr., « Domesticating the Wild and Woolly Musk Ox », *National Geographic* (juin 1970) ; voir aussi Anne Fadiman, « Musk Ox Ruminations », *Life* (mai 1985).

35. Singh, *Tiger ! Tiger !,* p. 207.

36. Michael P. Ghiglieri, *East of the Mountains of the Moon : Chimpanzee Society in the African Rain Forest* (New York : Free Press/Macmillan, 1988), p. 119.

37. Frame et Frame, *Swift and Enduring,* pp. 85-88.

38. Alison Jolly, *Lemur Behavior : A Madagascar Field Study* (Chicago : University of Chicago Press, 1966), pp. 123, 126-128.

39. Leyhausen, *Cat Behavior,* pp. 242-243.

40. Hope Ryden, *Lily Pond : Four Years with a Family of Beavers* (New York : William Morrow & Co., 1989).

41. E. S. Savage, Jane Temerlin et W. B. Lemmon, « The Appearance of Mothering Behavior Toward a Kitten by a Human-Reared Chimpanzee », intervention au 5e congrès de Primatologie, à Nagoya (Japon), en 1974.

42. Chadwick, *The Fate of the Elephant,* pp. 270-271.

43. Professeur Willliam Jankowiak, interviewé par Susan McCarthy, 15 décembre 1992. Voir aussi Daniel Goleman, « Anthropology Goes

Looking for Love in All the Old Places », *New York Times*, 24 novembre 1992.

44. Professeur Charles Lindholm, interviewé par Susan McCarthy, 12 janvier 1993.

45. Jane Goodall, *In the Shadow of Man*, édition revue et corrigée (Boston : Houghton Mifflin Company, 1988), p. 194.

46. John P. Hoover, *Hawaii's Fishes : A Guide for Snorkelers, Divers and Aquarists* (Honolulu : Mutual Publishing, 1993), pp. 26-27.

47. A. J. Magoun & P. Valkenburg, « Breeding Behavior of Free-ranging Wolverines *(Gulo)* », *Acta Zool. Fennical* 174 (1983), pp. 175-177.

48. Edna St. Vincent Millay, « Passer Mortuus Est », *in Collected Lyrics* (New York : Washington Square Press, 1959), p. 56.

49. Pryor, *Lads Before the Wind*, p. 171.

50. Mattie Sue Athan, *Guide to a Well-Behaved Parrot* (Hauppauge, NY : Barron's Educational Series, 1993), p. 138.

51. David Cantor, « Items of Property », pp. 280-290, *in The Great Ape Project.* En août 1994, un porte-parole du zoo Metropark de Cleveland déclarait qu'on avait envoyé Timmy au Bronx Zoo, où il avait engendré quatre petits gorilles. Katie, elle, avait été envoyée au zoo de Fort Worth, afin qu'elle joue le rôle d'une tante auprès d'autres petits gorilles.

52. Pour une vue d'ensemble, voir Natalie Angier, « Mating for Life ? It's Not for the Birds or the Bees », *New York Times*, 21 août 1990.

53. James T. Winslow, Nick Hastings, C. Sue Carter, Carroll R. Harbaugh, et Thomas R. Insel, « A Role for Central Vasopressin in Pair Bonding in Monogamous Prairie Voles », *Nature* 365 (7 octobre 1993), pp. 545-548.

54. Moss, *Elephant Memories*, pp. 100-101.

55. Moss, *Portraits in the Wild*, p. 49.

56. Ryden, *God's Dog*, pp. 60-62.

57. George Archibald, « Gee Whiz ! ICF Hatches a Whooper », *The ICF Bugle* (juillet 1982). Dans un courrier adressé à Jeffrey Masson le 25 juillet 1994, George Archibald ajoutait ces très intéressants détails : « Quand elle a pondu son œuf, en 1982, on l'a remplacé par un faux et j'ai passé la nuit dans ma cabane, près de son nid. J'avais pour mission de protéger Tex des prédateurs et nous espérions qu'en lui permettant d'incuber le premier œuf nous l'inciterions à en pondre un deuxième. Vers minuit, les Baraboo Hills furent noyées sous une pluie battante accompagnée de vents violents. Tex, sur son nid, fut trempée. A intervalles réguliers, toutes les quelques minutes, elle émettait un Appel Contact à basse fréquence (une sorte de ronronnement sourd) auquel

je répondais. Si je l'appelais, elle répondait immédiatement par un Appel Contact. Quand la radio annonça un avis de tornade, je quittai la cabane et, tandis que l'orage se déchaînait, je pris Tex sous mon bras et la ramenai à son appentis. Tout en traversant le champ, je lui parlais. Elle m'adressa des Appels Contact jusqu'à ce que nous soyons arrivés. Au cours de ces moments, j'ai ressenti un lien émotionnel très fort avec Tex. »

58. Gavin Maxwell, *Raven, Seek Thy Brother* (Londres : Penguin Books, 1968), pp. 59-61.

5. Chagrin, tristesse et ossements d'éléphants

1. Houle, *Wings for My Flight*, pp. 75-87.

2. Cité dans *Grzimek's Animal Life Encyclopaedia*, vol. 12, H. C. Bernhard Grzimek (éd. établie par), (New York : Van Nostrand Reinhold Co., 1975).

3. Thomas, *Hidden Life of Dogs.*

4. Henderson, *Circus Doctor*, p. 78.

5. Pryor, *Lads Before the Wind*, pp. 276-277.

6. Antony Alpers, *Dolphins : The Myth and the Mammal* (Boston : Houghton Mifflin Co., 1960), pp. 104-105.

7. Thomas, « Reflections : The Old Way », p. 91.

8. Moss, *Elephant Memories*, pp. 269-271.

9. Moss, *Portraits in the Wild*, p. 34.

10. Moss, *Elephant Memories*, pp. 272-273.

11. Geza Teleki, « Group Response to the Accidental Death of a Chimpanzee in Gombe National Park, Tanzania », *Folia Primatol.* 20 (1973), pp. 81-94.

12. De Waal, *Chimpanzee Politics*, pp. 67-70.

13. Lars Wilsson, *My Beaver Colony*, trad. amér. Joan Bulman (Garden City, NY : Doubleday & Co., 1968), pp. 61-62.

14. Moss, *Elephant Memories*, p. 112.

15. Leyhausen, *Cat Behavior*, pp. 287-288.

16. Goodall, *Through a Window : My Thirty Years with the Chimpanzees of Gombe* (Boston : Houghton Mifflin Co., 1990), p. 230. Traduction française : *Ma vie avec les chimpanzés*, Paris, Ecole des Loisirs, 1990.

17. Cité par Robert M. Yerkes et Ada W. Yerkes, dans *The Great Apes : A Study of Anthropoid Life* (New Haven, CT : Yale University Press, 1929), p. 472.

18. Pryor, *Lads Before the Wind*, pp. 82-83.

19. Robert Reinhold, « At Sea World, Stress Tests Whale and Man », *New York Times*, 4 avril 1988, p. A9.

20. Pryor, *Lads Before the Wind*, p. 132.

21. McFarland (éd. établie par), *Oxford Companion to Animal Behavior*, p. 599.

22. Harlow a déclaré que « son dispositif avait été conçu intuitivement dans le but de reproduire à l'intention des singes, sujets de l'expérience, un semblable puits [de désespoir], tant sur le plan physique que sur le plan psychique ». Voir la critique acerbe de James Rachels dans « Do Animals Have a Right to Liberty ? », *in Animal Rights and Human Obligations*, Tom Regan et Peter Singer (éd. établie par), (Englewood Cliffs, NJ : Prentice-Hall, 1976), p. 211. Voir aussi la critique de Peter Singer dans le chapitre 2 de *Animal Liberation*.

23. « Do Animals Have a Right to Liberty ? », *in Animal Rights*, Regan et Singer (éd. établie par), p. 211. Voir aussi la subtile critique des travaux de Harlow dans le chapitre 2 de l'important ouvrage de Peter Singer, *Animal Liberation* (New York Review, 1975) ; l'article originel de Harlow a été rédigé avec Stephen J. Suomi : « Depressive Behavior in Young Monkeys Subjected to Vertical Chamber Confinement », *Journal of Comparative and Physiological Psychology* 80 (1972), pp. 11-18. Harlow a publié ses articles dans des revues prestigieuses. Voir par exemple son « Love in Infant Monkeys », *Scientific American* 200 (1959), pp. 68-74 ; et « The Nature of Love », *American Psychologist* 13 (1958), pp. 673-685. On lira utilement une critique globale dans *Psychology Experiments on Animals : A Critique of Animal Models of Human Psychopathology*. Ce texte, rédigé par Brandon Kuker-Reines pour la New England Anti-Vivisection Society, en 1982, remarque par un commentaire en marge que « la tentative manifeste de révéler "l'homme véritable" par le biais des expériences sur les singes est plus symptomatique d'une crise d'identité que du progrès scientifique » (p. 68).

24. Martin E. P. Seligman, *Helplessness : On Depression, Development, and Death* (San Francisco, CA : W. H. Freeman & Co., 1975), pp. 23-25. On appliqua à chaque chien, pendant qu'il était immobilisé, soixante-quatre décharges électriques de six milliampères, d'une durée de cinq secondes.

25. Lenore Walker a parfaitement déterminé le rôle que joue l'impuissance acquise dans la vie des femmes battues. Voir son *Terrifying Love : Why Battered Women Kill and How Society Responds* (New York : Harper & Row, 1989).

26. J. B. Sidowski, « Psychopathological Consequences of Induced

Social Helplessness During Infancy », *in Experimental Psychopathology : Recent Research and Theory,* H. D. Kimmel (éd. établie par), (New York : Academic Press, 1971), pp. 231-248.

27. Russell J. Rutter et Douglas H. Pimlott, *The World of the Wolf* (Philadelphie et New York : J. B. Lippincott Co., 1968), p. 138 ; Lois Crisler, *Captive Wild* (New York : Harper & Row, 1968), p. 210.

28. Ian Redmond, « The Death of Digit », *International Primate Protection League Newsletter,* 15 décembre 1988, p. 7.

29. Yerkes et Yerkes, *Great Apes,* p. 161.

30. William Frey II, *Crying : The Mystery of Tears,* en collaboration avec Muriel Langseth (Minneapolis : Winston Press, 1985). On appelle aussi les larmes d'émotion larmes psychogéniques. On ne saurait dire si les larmes de douleur entrent ou non dans ces catégories.

31. S.B. Ortner, « Shera purity », *American Anthropologist* 75 (1973), pp. 49-63. Cité par Paul Rozin et April Fallon, « A Perspective on Disgust », *Psychological Review* 94 (1987), pp. 23-41.

32. Terrace, *Nim,* p. 56.

33. De Grahl, *Grey Parrot,* p. 189.

34. Victor B. Scheffer, *Seals, Sea Lions and Walruses : A Review of the Pinnipedia* (Stanford, CA : Stanford University Press, 1958), p. 22. Voir aussi Frey, *Crying.*

35. *Macacus maurus,* le macaque des Célèbes, est maintenant appelé *Cynomacaca maurus.* Dans un ouvrage allemand qui connut un grand retentissement à l'époque, *Blicke ins Leben,* (3 vol., Leipzig, Allemagne : Leopold Woss, 1842), de Karl Friedrich Burdach, l'auteur cite en exemple (vol. 2, p. 130) des femelles phoques qui « versaient des pleurs abondants quand on les maltraitait », des girafes pleurant quand on les séparait de leurs compagnons, des otaries à fourrure versant des larmes parce que leurs petits leur étaient volés *(geraubt)* et un éléphant de mer qui pleurait quand on le traitait avec rudesse.

36. Frey, *Crying,* p. 141.

37. Volker Arzt et Immanuel Birmelin, *Haben Tieren ein Bewusstsein ? : Wenn Affen lügen, wenn Katzen denken und Elefanten traurig sind* (Munich : C. Bertelsmann, 1993), p. 154.

38. R. Gordon Cummings, *Five Years of a Hunter's Life in the Far Interior of South Africa* (1850), cité par Richard Carrington dans *Elephants : A Short Account of their Natural History, Evolution and Influence on Mankind* (Londres : Chatto & Windus, 1958), pp.154-155.

39. George Lewis à Byron Fish, *Elephant Tramp* (Boston : Little Brown and Co., 1955), pp. 52, 188-189.

40. Victor Hugo, *Carnet intime 1870-1871*, publié et présenté par Henri Guillemin (Paris : Gallimard, 7e éd., 1953), p. 88.
41. Chadwick, *Fate of the Elephant*, p. 327.
42. *Ibid.*, p. 384.
43. Suggestion de William Frey.
44. L.S. Lavrov, « Evolutionary Development of the Genus *Castor* and Taxonomy of the Contemporary Beavers of Eurasia », *Acta Zool. Fennica* 174 (1983), pp. 87-90.
45. Dian Fossey, *Gorillas in the Mist* (Boston : Houghton Mifflin Co., 1983), p. 110. Traduction française : *13 ans chez les gorilles*, Paris, Presses Pocket, 1990.
46. *Œuvres complètes de Montaigne* (La Pléiade, Paris, 1962), p. 400.

6. Une aptitude à la joie

1. Kenneth S. Norris, *Dolphin Days : The Life and Times of the Spinner Dolphin* (New York : W. W. Norton & Co., 1991), pp. 129-130.
2. Izard, *Human Emotions*, pp. 239-245.
3. Schaller, *Serengeti Lion*, pp. 104, 304.
4. Rapporté par Montgomery, dans *Walking with the Great Apes*, p. 146.
5. Thomas, *Hidden Life of Dogs*, p. 40.
6. Lynn Rogers, interviewé par Susan McCarthy, 15 juillet 1993.
7. Darwin à Susan Darwin, 1838, *The Correspondence of Charles Darwin*, vol. 2, 1837-1843 (Cambridge, Angleterre : Cambridge University Press, 1986). Un choix de lettres a été publié en France par Reinwald en 1888.
8. Norris, *Dolphin Days*, pp. 42-43.
9. Ryden, *Lily Pond*, p. 104.
10. Terrace, *Nim*, p. 412.
11. Patterson et Linden, *The Education of Koko*, p. 185.
12. Carolyn A. Ristau et Donald Robbins, « Language in the Great Apes : A Critical Review », *Advances in the Study of Behavior*, vol. 12, 141-255 (1982), p. 229.
13. Roger Fouts, interviewé par Susan McCarthy, 10 décembre 1993.
14. Chadwick, *Beast the Color of Winter*, pp. 150-151.
15. Jane Goodall et David A. Hamburg, « Chimpanzee Behavior as a Model for the Behavior of Early Man », *in* Silvano Arieti (éd. établie par), *American Handbook of Psychiatry*, 2e éd. (New York : Basic Books,

1975), pp. 20-27. Cité ici à partir de *In Search of Human Nature : The Decline and Revival of Darwinism in American Social Thought*, par Carl N. Degler (New York : Oxford University Press, 1991), p. 336.

16. Terrace, *Nim*, pp. 140-142.

17. Alpers, *Dolphins*, p. 102.

18. Moss, *Elephant Memories*, pp. 12-25.

19. Wilsson, *My Beaver Colony*, pp. 92-93.

20. Richard Monastersky, « Boom in "Cute" Baby Dinosaur Discoveries », *Science News* 134 (22 octobre 1988), p. 261.

21. Arzt et Birmelin, *Haben Tieren ein Bewusstsein ?*, p. 173.

22. Wilsson, p. 131.

23. Ryden, *Lily Pond*, pp. 185-187.

24. Par ailleurs, Elizabeth Marshall Thomas estime que « pour un grand félin en captivité, la vie la meilleure est celle d'animal de cirque. A mes yeux, un tigre peut être considéré comme heureux lorsque, dans un cirque, il partage sa cage avec un autre tigre dont le caractère est compatible avec le sien et fait partie d'un groupe de dix ou vingt animaux dressés et suivis par leurs propriétaires, non seulement dans leur numéro, mais dans leur vie ». *The Tribe of Tiger : Cats and Their Culture* (New York : Simon & Schuster, 1994), p. 194.

25. Gebel-Williams et Reinhold, *Untamed*, p. 310.

26. Karen Pryor et Kenneth S. Norris (éd. établie par), *Dolphin Societies : Discoveries and Puzzles* (Berkeley : University of California Press, 1991), p. 346.

27. Heywood Hale Broun, « Ever Indomitable, Secretariat Thunders Across the Ages », *New York Times*, 30 mai 1993, p. 23.

28. Ralph Dennard, interviewé par Jeffrey Moussaieff Masson et Susan McCarthy, 24 septembre 1993.

29. Roger Fouts, interviewé par Susan McCarthy, 10 décembre 1993.

30. De Waal, *Chimpanzee Politics*, p. 26.

31. George B. Schaller, *The Last Panda* (Chicago et Londres : University of Chicago Press, 1993), p. 66.

32. J. Lee Kavanau, « Behavior of Captive White-footed Mice », *Science* 155 (31 mars 1967), pp. 1623-1639.

33. P. B. Dews, « Some Observations on an Operant in the Octopus », *Journal of the Experimental Analysis of Behavior* 2 (1959), pp. 57-63. Reproduit *in* Thomas E. McGill (éd. établie par), *Readings in Animal Behavior* (New York : Holt, Rinehart et Winston, 1965).

34. F. Fraser Darling, *A Herd of Red Deer : A Study in Animal Behavior* (Londres : Oxford University Press, 1937), p. 35.

35. « Orangutan Escapes Exhibit, Mingles with Zoo Visitors », *San Francisco Chronicle*, 19 juin 1993 (Associated Press).

36. Voir M. Bekoff et J. A. Byers : « A Critical Reanalysis of the Ontogeny and Phylogeny of Mammalian Social and Locomotor Play : An Ethological Hornet's Nest », *in* K. Immelmann *et al.*, *Behavioral Development : The Bielefeld Interdisciplinary Project* (Cambridge, Angleterre : Cambridge University Press, 1981), pp. 296-337.

37. Robert Fagen, *Animal Play Behavior* (New York, Oxford : Oxford University Press, 1981), pp. 3-4.

38. *Ibid.*, pp. 17-18. Fagen note qu'à chaque fois qu'il faisait une conférence sur le jeu chez l'animal, « à la fin, à mon grand embarras, on me posait surtout des "questions grand public" ».

39. Fagen, p. 494.

40. Robert A. Hinde, *Animal Behavior* (New York : McGraw-Hill, 1966).

41. Marc Bekoff, « Kin Recognition and Kin Discrimination » (lettre), *Trends in Ecology and Evolution* 7 (3), mars 1992, p. 100.

42. Moss, *Elephant Memories*, pp. 85, 142-143, 171.

43. Kruuk, *Spotted Hyena*, pp. 249-250.

44. Lewis, *Elephant Tramp*, pp. 128-129.

45. Terrace, *Nim*, pp. 228-229.

46. Gary Paulsen, *Winterdance : The Fine Madness of Running the Iditarod* (New York : Harcourt, Brace & Co., 1994), p. 193.

47. Chadwick, *Beast the Color of Winter*, p. 70.

48. Singh, *Tiger ! Tiger !*, pp. 72-73.

49. De Waal, *Peacemaking*, p. 195.

50. Jeffrey Boswall, « Russia Is for the Birds », *Discover* (mars 1987), p. 78.

51. Craven Hill, « Play-Time at the Zoo », *Zoo-Life* 1, pp. 24-26.

52. James D. Lazell Jr., et Numi C. Spitzer, « Apparent Play Behavior in an American Alligator », *Copeia* (1977), p. 188.

53. Patterson et Linden, *Education of Koko*, légende d'illustration.

54. Roger Fouts, interviewé par Susan McCarthy, 10 décembre 1993.

55. Alpers, *Dolphins*, pp. 90-93.

56. Norris, *Dolphin Days*, pp. 259-260.

57. Fred Bruemmer, « White Whales on Holiday », *Natural History* (janvier1986), pp. 40-49.

58. Schaller, *Serengeti Lion*, pp. 163-164.

59. Alpers, *Dolphins*, p. 90.

60. Houle, *Wings for My Flight*, p. 23.

61. Crumley, *Waters of the Wild Swan*, pp. 53-54.
62. Macdonald, *Running with the Fox*, pp. 78-79.
63. Jolly, *Lemur Behavior*, p. 59.
64. Carrington, *Elephants*, pp. 216-217.
65. Pryor, *Lads Before the Wind*, pp. 66-67.
66. Geoffrey Morey, *The Lincoln Kangaroos* (Philadelphia : Chilton Books, 1963), pp. 53-60.
67. Rasa, *Mongoose Watch*, pp. 44-45, 142-144.
68. Hope Sawyer Buyukmihci, *The Hour of the Beaver* (Chicago : Rand McNally & Co., 1971), pp. 97-98.
69. Ghiglieri, *East of the Mountains of the Moon*, p. 26.
70. Chadwick, *Fate of the Elephant*, pp. 423-424.
71. Bert Hölldobler et Edward O. Wilson, *The Ants* (Cambridge, MA : Belknap Press/Harvard University Press, 1990), p. 370.
72. Henry Walter Bates, *The Naturalist on the River Amazons : A Record of Adventures, Habits of Animals, Sketches of Brazilian and Indian Life, and Aspects of Nature under the Equator, During Eleven Years of Travel* (New York : Humboldt Publishing Co., 1863), pp. 259-260.

7. Fureur, dominance et cruauté

1. Dagg et Foster, *The Giraffe*, p. 3.
2. Konrad Lorenz, un des fondateurs de l'éthologie, est l'auteur d'un livre réputé sur l'agression (*L'Agression*, Paris, Flammarion/Champs, 1977). Dans son *weiter leben : Eine Jugend* (Gottingen, Allemagne : Wallstein, 1992, p. 186), Ruth Klüger, débattant la question du comportement d'apprentissage programmé/flexible, fait cette réflexion acide : « D'un autre côté, il est impossible de prévoir le comportement de ce spécialiste du comportement : c'était un nazi et il devint à l'époque un grand professeur, puis il redevint un contemporain sensé, aux idées politiques acceptables. Naturellement, le mal demeura toujours pour lui "le prétendu mal" et il préféra ne pas prendre en compte la tentation du mal, qui fait partie de la liberté de l'homme. Il la confondit obstinément avec l'agression animale préprogrammée qu'il avait étudiée à fond. »
3. Voir, par exemple, *God's Dog*, p. 223, où Hope Ryden regrette : « ...mes animaux se sont si bien entendus que je n'ai pu déterminer leur rang respectif ».
4. L'unanimité ne se fait pas sur l'apport de l'agression animale à la

connaissance de l'agression humaine. Richard Lewontin écrit qu'« en fait il n'y a pas le moindre début de preuve que la base anatomique, physiologique et génétique de ce qu'on appelle l'agression chez le rat ait quoi que ce soit de commun avec l'invasion de la Pologne par les Allemands en 1939. » (*Biology as Ideology : The Doctrine of DNA.* New York : HarperCollins, 1991, p. 96.) En revanche, pour l'historien Richard Trexler, spécialiste de la Renaissance, « sans les études sur le comportement animal, je comprendrais beaucoup moins bien l'agression en Italie au XIVe siècle ». (Communiqué à l'auteur.)

5. Hans Magnus Enzensberger, *Aussichten auf den Burgerkrieg.* Francfort-sur-le-Main, 1993.

6. Jane Goodall, *The Chimpanzees of Gombe; Patterns of Behavior* (Cambridge, M.A et Londres : Harvard University Press, 1986), p. 502.

7. Rasa, *Mongoose Watch,* pp. 230-231.

8. Kruuk, *Spotted Hyena,* pp. 254-256.

9. Mattie Sue Athan, *Guide to a Well-Behaved Parrot,* p. 138.

10. Irwin S. Bernstein, « Dominance : the Baby and the Bathwater », *Behavioral and Brain Sciences* 4 (1981), pp. 419-429. (Suivi du commentaire d'un pair.)

11. Pour Thelma Rowell, il vaudrait mieux parler, à propos des rapports de rang, de rapports de subordinance plutôt que de rapports de dominance, dans la mesure où la décision de ne pas se battre naît de l'effacement d'un animal donné. A ses yeux, le rang dans la dominance ne correspond pas aux caractéristiques sociales d'un babouin, mais représente « ce qui reste » une fois son degré de subordination pris en compte. (Rowell, *Social Behaviour of Monkeys,* pp. 162-163.) Chez les makis cattas, une espèce où les femelles dominent les mâles, ceux-ci semblent avoir entre eux un ordre de dominance précis alors qu'il est moins apparent chez les femelles. La chercheuse Alison Jolly remarquait : « Les femelles [...] étaient beaucoup moins "conscientes de leur statut". Elles pouvaient sans raison se pourchasser les unes les autres ou pourchasser les mâles et donner une taloche à tout animal qui s'approchait de trop près. Cependant, elles crachaient moins souvent, sans compter qu'elles n'adoptaient pas une posture particulièrement craintive ni particulièrement assurée, pas plus qu'elles ne gardaient un œil sur des membres dominants de la troupe et n'évitaient leur approche. Il semblait que ce soit là la source de la dominance globale des femelles sur les mâles : la femelle insouciante donnait une taloche à n'importe quel animal, tandis que le mâle était subordonné à chaque animal qu'il ne pouvait rudoyer. » *Lemur Behavior : A Madagascar Field Study,* Alison Jolly

(Chicago : University of Chicago Press, 1966), pp. 104-107. Voir aussi Alison F. Richard, « Malagasy Prosimians : Female Dominance », *in Primate Societies*, Barbara B. Smuts *et al.* (Chicago et Londres : University of Chicago Press, 1986), pp. 25-33.

12. Christian Bachmann et Hans Kummer, « Male Assessment of Female Choice in Hamadryas Baboons », *Behavioral Ecology and Sociobiology* 6 (1980), pp. 315-321. Cet article se situe dans la lignée de ceux qui désignent les babouins hamadryas mâles comme les « propriétaires » des femelles.

13. Strum, *Almost Human*, pp. 118-120.

14. Leyhausen, *Cat Behavior*, pp. 256-257.

15. Les makis ne sont en aucune manière la seule espèce chez laquelle on constate une dominance des femelles. L'opossum nain de montagne *(Burramys parvus)*, espèce récemment redécouverte, est un marsupial de la taille d'une souris. On ne le connaissait auparavant que par des fossiles. Ces animaux vivent en altitude dans les Alpes australiennes et doivent résister à des hivers extrêmement rigoureux. On trouverait chez eux une forme inhabituelle de dominance des femelles. Celles-ci, tout au long de l'année, vivent dans un habitat riche en nourriture et hibernent avec leurs filles dans des nids. Les mâles, qui s'accouplent avec de nombreuses femelles et ne s'occupent aucunement des jeunes, s'installent dans cet habitat en été. L'hiver, apparemment, les femelles les mettent dehors et ils vont vers un habitat moins favorable, où ils hibernent seuls ou avec d'autres mâles. De la sorte, les mâles sont moins nombreux à survivre à l'hiver et, si des petits mâles et des petites femelles naissent en nombre égal, il y a moins de mâles adultes que de femelles. (*The Mountain Pygmy-possum of the Australian Alps*, Ian Mansergh et Linda Broome. Kensington, NSW, Australie : New South Wales University Press, 1994.)

16. Le président Théodore Roosevelt, « impérialiste enthousiaste et homme fermement convaincu de la supériorité de la race anglo-saxonne, était aussi un Grand Chasseur blanc de renom. Il a consacré une grande partie de son existence à tuer de gros animaux de par le monde et à faire dans des livres le récit de ses aventures ». Les Canadiens John Muir (fondateur du Sierra Club) et William J. Long, défenseurs de l'environnement de la première heure, entamèrent avec le président un débat dont la presse populaire se fit largement l'écho. Lorsque Roosevelt affirma qu'ils manquaient de virilité et ne connaissaient rien à « l'âme sauvage », Long répondit par une contre-attaque désormais fameuse : « Qui est-il pour écrire : "Je ne crois pas un instant que cer-

tains de ces gens qui écrivent sur la nature connaissent quoi que ce soit à l'âme sauvage ?" A ce propos, et après avoir lu soigneusement deux de ses gros ouvrages, je peux affirmer qu'à chaque fois que M. Roosevelt s'approche d'une âme sauvage, il tire invariablement dessus à coups de fusil. »

Cette citation et la précédente sur Roosevelt sont extraites de *A View to a Death in the Morning*, de Matt Cartmill, pp. 153-154.

17. Clark, *High Hills and Wild Goats*, pp. 67-68.

18. Bil Gilbert, *Chulo* (New York : Alfred A. Knopf, 1973), pp. 230-231.

19. S.T. Emlen et P. H. Wrege, « Forced Copulations and Intraspecific Parasitism : Two Costs of Social Living in the White-fronted Bee-eater », *Ethology* 71 (1986), pp. 2-29.

20. Robert O. Bailey, Norman R. Seymour, et Gary R. Stewart, « Rape Behavior in Blue-winged Teal », *Auk* 95 (1978), pp. 188-90. Voir aussi David P. Barash, « Sociobiology of Rape in Mallards *(Anas platyrhynchos)* : Responses of the Mated Male », *Science* 197 (19 août 1977), pp. 788-789.

21. Pryor, *Lads Before the Wind*, pp. 78-79.

22. Natalie Angier, « Dolphin Courtship : Brutal, Cunning and Complex », *New York Times*, 18 février 1992.

23. Kruuk, *Spotted Hyena*, p. 232.

24. John Alcock, *Animal Behavior : An Evolutionary Approach*, 4e éd. (Sunderland, MA : Sinauer Associates, 1989), pp. 372-373.

25. Dagg et Foster, *Giraffe*, pp.36-37.

26. Pryor, *Lads Before the Wind*, p.123.

27. *Ibid.*, p. 214.

28. Cité par Thomas M. French, *The Integration of Behavior, Volume 1 : Basic Postulates* (Chicago : University of Chicago Press, 1952), pp. 156-157.

29. « What Everyone Who Enjoys Wildlife Should Know », brochure de l'Abundant Wildlife Society of North America, Gillette, Wyoming. Voir aussi *Abundant Wildlife*, numéro spécial sur les loups, 1992.

30. Michael W. Fox, *The Whistling Hunters : Field Studies of the Asiatic Wild Dog (Cuon Alpinus)* (Albany : State University of New York Press, 1984), p. 63.

31. Moss, *Portraits in the Wild*, p. 296.

32. Leyhausen, *Cat Behavior*, pp. 128-130.

33. *Ibid.*, pp. 136-137.

34. Thomas, « Reflections : The Old Way », p. 93.

35. Leyhausen, *Cat Behavior*, p. 137.

36. Bledsoe, *Brown Bear Summer*, p. 67.

37. Kruuk, *Spotted Hyena*, p. 89.

38. Voir, par exemple, Troy R. Mader, « Wolves and Hunting », *Abundant Wildlife*, numéro spécial sur les loups (1992), p. 3. On utilise les récits montrant des loups tuant en excédent des cerfs dans le Minnesota, des jeunes caribous au Canada, des moutons Dall en Alaska, pour plaider en faveur de la limitation des loups. Voir aussi la légende de la photo, p. 1.

39. Kruuk, *Spotted Hyena*, p. 119. Et Stephen E. Glickman, comm. pers., 5 novembre 1992.

40. *Ibid.*, pp. 165, 204.

41. Gerard Gormley, *Orcas of the Gulf; a Natural History* (San Francisco : Sierra Club Books, 1990), p. 85.

42. Schaller, *Serengeti Lion*, p. 383. Il ajoute que les lions ont tendance à traiter les humains comme des prédateurs comme eux et non comme des proies.

43. Desmond Morris, *Animal Days* (New York : Perigord Press/ William Morrow & Co., 1980), pp. 222-223.

44. Leyhausen, *Cat Behavior*, pp. 23-35.

45. William Jordan, *Divorce Among the Gulls : An Uncommon Look at Human Nature* (San Francisco : North Point Press, 1991), p. 30.

46. Sigvard Berggren, *Berggren's Beasts*, traduit du suédois (New York : Paul S. Eriksson, 1970), p. 76.

47. Terrace, *Nim*, pp. 51-52.

48. C'est là un exemple d'apprentissage par l'observation, dont on dit souvent que les animaux sont incapables. Or l'apprentissage par l'observation a été prouvé de façon expérimentale chez des animaux aussi différents que le chat et la pieuvre.

49. Irene Pepperberg, interviewée par Susan McCarthy, 22 février 1993.

50. De Grahl, *Grey Parrot*, p. 46.

51. Athan, *Guide to a Well-Behaved Parrot*, p. 11.

52. Don C. Reed, *Notes from an Underwater Zoo* (New York : Dial Press, 1981), pp. 248-51. On sépara Kianu des autres orques. Elle fut visiblement déprimée et on finit par la vendre à un océanarium japonais. Nepo mourut en 1980. Yaka vit toujours dans le même océanarium.

53. De Waal, *Chimpanzee Politics*, p. 168.

54. *Ibid.*, p. 116. Voir aussi de Waal, *Peacemaking Among Primates.*

55. De Waal, *Peacemaking Among Primates*, p. 5.

8. La compassion, le secours aux autres et le débat sur l'altruisme

1. Ralph Helfer, *The Beauty of the Beasts : Tales of Hollywood's Animal Stars* (Los Angeles : Jeremy P. Tarcher, 1990), pp. 109-110. Voir aussi l'interview du 11 novembre 1993 par Susan McCarthy.

2. Esmond et Chrysse Bradley Martin, *Run Rhino Run* (Londres : Chatto and Windus, 1982), p. 28.

3. Clark, *High Hills and Wild Goats*, p. 198.

4. Kruuk, *Spotted Hyena*, p. 193.

5. Moss, *Portraits in the Wild*, p. 72.

6. Jane Goodall, *With Love* (Ridgefield, CT : Jane Goodall Institute, 1994).

7. Moss, *Portraits in the Wild*, pp. 111-112.

8. Cité *in* Schaller, *Serengeti Lion*, p. 262.

9. Bates, *Naturalist on the River Amazon*, pp. 251-252.

10. Herbert Friedmann, « The Instinctive Emotional Life of Birds », *Psychoanalytic Review* 21 (1934), p. 255. L'auteur donna cette conférence à la Washington Society for Nervous and Mental Diseases. Pour lui, non seulement les oiseaux étaient trop peu évolués pour éprouver de la compassion, mais les humains, eux, l'étaient au point que lorsqu'ils chassaient ces perroquets, « la satisfaction ressentie à faire preuve de cruauté peut être fondamentalement similaire au plaisir procuré par d'autres formes d'effort et de réussite ». (p. 257).

11. Macdonald, *Running with the Fox*, p. 220.

12. Rasa, *Mongoose Watch*, pp. 257-258.

13. *Gorilla : Journal of the Gorilla Foundation* 15 (juin 1992), n° 2, p. 8.

14. Chadwick, *Fate of the Elephant*, p. 94.

15. Richard C. Connor et Kenneth S. Norris, « Are Dolphins Reciprocal Altruists ? », *The American Naturalist* 119, n° 3 (mars 1982), p. 363.

16. Schaller, *Serengeti Lion*, pp. 25-26.

17. Ralph Dennard, interviewé le 24 septembre 1993 par Jeffrey Moussaieff Masson et Susan McCarthy.

18. Cindy Ott-Bales, interviewée le 30 septembre 1993 par Susan McCarthy. Cet épisode d'étouffement n'a eu aucune suite pour le bébé. Gilly, le colley, est dressé pour signaler au mari de Mme Ott-Bales les coups de sonnette et autres sonneries.

19. Paul Ogden, *Chelsea : The Story of a Signal Dog* (Boston : Little, Brown and Co., 1992), p. 145.

20. Kearton, 1925, cité *in* Yerkes et Yerkes, *The Great Apes*, p. 298.

21. Goodall, *With Love.*
22. Terrace, *Nim*, pp. 56-57.
23. *Ibid.*, p. 406.
24. Jules H. Masserman, Stanley Wechkin et William Terris, « "Altruistic" Behavior in Rhesus Monkeys », *American Journal of Psychiatry* 121 (1964), pp. 584-585.
25. Richard Dawkins, *The Selfish Gene* (New York et Cambridge, Angleterre : Cambridge University Press, 1976), p. 14. Traduction française : *Le Gène égoïste*, Paris, Mengès, 1978.
26. *Ibid.*, p. 4.
27. Montgomery, *Walking with the Great Apes*, pp. 265-266.
28. Goodall, *Through a Window*, pp. 107-108.
29. Dawkins, *The Selfish Gene*, pp. 105-106.
30. *Ibid.*, p. 74.
31. Haldane cité *in* Dawkins, *The Selfish Gene*, p. 103.
32. Fred Bruemmer, « White Whales on Holiday », *Natural History* (janvier 1986) p. 48.
33. Connor et Norris, « Are Dolphins Reciprocal Altruists ? », p. 368.
34. Rapporté *in* Eugene Linden, *Silent Partners : The Legacy of the Ape Language Experiments* (New York : Times Books, 1986), pp. 42-43. Et aussi interview de Roger Fouts par Susan McCarthy, le 10 décembre 1993.
35. « Ripples of Controversy After a Chimp Drowns », *New York Times*, 16 octobre 1990. (Le titre de l'article du *Times* – « La noyade d'un chimpanzé fait des vagues » – fait allusion à un autre animal.)
36. Bruemmer, « White Whales on Holiday », pp. 40-49.
37. Connor et Norris, *ibid.*, pp. 358-374.
38. Michael Hutchins et Kathy Sullivan, « Dolphin Delight », *Animal Kingdom*, (juillet/août 1989), pp. 47-53.
39. Mike Tomkies, *Out of the Wild* (Londres : Jonathan Cape, 1985), p. 197.
40. Ryden, *Lily Pond*, p. 217.
41. Moss, *Elephant Memories*, p. 84.
42. Barry Holstun Lopez, *Of Wolves and Men* (New York : Charles Scribner's Sons, 1978), p. 198.
43. Göran Högstedt, « Adaptation unto Death : Function of Fear Screams », *American Naturalist* 121 (1983), pp. 562-570.
44. Schaller, *Serengeti Lion*, p. 254.
45. Hannah M. H. Wu, Warren G. Holmes, Steven R. Medina et Gene P. Sackett, « Kin Preference in Infant *Macaca nemestrina* », *Nature* 285 (1980), pp. 225-227.

46. Chadwick, *Beast the Color of Winter*, p. 15.

47. Robert M. Seyfarth et Dorothy L. Cheney, « Grooming, Alliances, and Reciprocal Altruism in Vervet Monkeys », *Nature* 308, n° 5 (avril 1984), pp. 541-542.

48. Eugene S. Morton et Jake Page, *Animal Talk : Science and tbe Voices of Nature* (New York : Random House, 1992), pp. 138-139.

49. Joseph Wood Krutch, *The Best of Two Worlds* (New York : William Sloane Associates, 1950), p. 77.

50. Clark, *High Hills and Wild Goats*, p. 136.

51. Athan, *Guide to a Well-Behaved Parrot*, pp. 111-112. Et aussi interview du 23 août 1993 par Susan McCarthy.

52. Rasa, *Mongoose Watch*, pp. 83-84.

53. Thomas, *The Tribe of Tiger*, p. 25.

54. Pryor, *Lads Before the Wind*, pp. 218-219.

55. Dawkins, *Selfish Gene*, p. 109.

56. *Ibid.*, p. 215.

57. Gerald S. Wilkinson, « Food Sharing in Vampire Bats », *Scientific American* 262 (1990), pp. 76-82. Et interview de Gerald Wilkinson par Susan McCarthy, le 4 mars 1994.

58. Cité *in* Kohn, *The Brighter Side of Human Nature*, p. 188.

59. Connor et Norris, « Are Dolphins Reciprocal Altruists ? » pp. 358-374.

60. Robert L. Trivers, « The Evolution of Reciprocal Altruism », *Quarterly Review of Biology* 46 (1971), pp. 35-57.

61. Jim Nollman, *Animal Dreaming : The Art and Science of Interspecies Communication* (Toronto et New York : Bantam Books, 1987), p. 59.

9. Honte, rougeur et secrets cachés

1. Jane Goodall, interviewée par Susan McCarthy, le 7 mai 1994.

2. Cette remarque a été faite par John McCarthy.

3. Robert Karen, « Shame », *Atlantic Monthly* 269 (février 1992), pp. 40-70.

4. Donald Nathanson, *Shame and Pride : Affect, Sex, and the Birth of the Self* (New York : W. W. Norton & Co., 1992), p. 142.

5. Gordon Gallup, « Self-recognition in Primates : A Comparative Approach to the Bidirectional Properties of Consciousness », *American Psychologist* 32 (1977), pp. 329-338. Gallup a testé la peinture sur lui-même avant de l'appliquer sur les chimpanzés.

6. Kennedy, *New Anthropomorphism*, pp. 107-108.
7. Savage-Rumbaugh, *Ape Language*, pp. 308-314.
8. De Waal, *Chimpanzee Politics*, pp. 47-48.
9. De Waal, *Peacemaking Among Primates*, pp. 238-239.
10. Craig Packer, « Male Dominance and Reproductive Activity in *Papio Anubis* », *Animal Behavior* 27 (1979), pp. 37-45.
11. Schaller, *Serengeti Lion*, p. 268.
12. Chadwick, *Beast the Color of Winter*, pp. 87-88.
13. Patterson et Linden, *Education of Koko*, pp. 136-137.
14. Pryor, *Lads Before the Wind*, p. 128.
15. Roger Fouts, interview par Susan McCarthy, 10 décembre 1993.
16. Erika K. Honoré et Peter H. Klopfer, *A Concise Survey of Animal Behavior* (San Diego, CA : Academic Press/Harcourt Brace Jovanovich, 1990), p. 85.
17. Le naturaliste pré-darwinien Jean-Baptiste de Lamarck (1741-1829) élabora la théorie selon laquelle les animaux pouvaient hériter de caractères acquis, dans ce cas précis l'habitude de rougir.
18. Darwin, *Expression of the Emotions*, p. 309.
19. Nathanson, *Shame and Pride : Affect, Sex, and the Birth of the Self*, p. 462.
20. Darwin, *Expression of the Emotions*, p. 344.
21. Grzimek, *Animal Life Encyclopaedia*, vol. 10, p. 82.
22. Bruce M. Beehler, *A Naturalist in New Guinea* (Austin, TX : University of Texas Press, 1991), p. 57.
23. Athan, *Guide to a Well-Behaved Parrot*, p. 13. Et l'interview par Susan McCarthy du 23 août 1993.
24. Cité *in* Lewis, *Shame*, pp. 5-26.
25. Helen Block Lewis citée *in* Nathanson, *Shame and Pride*, p. 218.
26. *Ibid.*, pp. 169-170.
27. *Ibid.*, p. 140.
28. *Ibid.*, pp. 210-211.
29. Schaller, *Serengeti Lion*, p. 231.
30. Kruuk, *Spotted Hyena*, pp. 99-100, 150.
31. *Ibid.*, pp. 153-155.
32. Cité *in* Norris, *Dolphin Days*, p. 188.
33. Leyhausen, *Cat Behavior*, pp. 144-145.
34. Darling, *Herd of Red Deer*, p. 81.
35. David Gucwa et James Ehmann, *To Whom It May Concern : An Investigation of the Art of Elephants* (New York : W. W. Norton & Co., 1985), p. 200.

36. Terrace, *Nim*, pp. 222-226.
37. Desmond Morris, *Dogwatching* (Londres : Jonathan Cape, 1986), p. 29. Traduction française : *Le Chien Révélé*, Paris, Editions Calmann-Lévy, 1987.
38. Nathanson, *Shame and Pride*, p. 15.

10. La beauté, les ours et les couchers de soleil

1. Geza Teleki, « They Are Us », pp. 296-302, *in The Great Ape Project.*
2. C. Izard, toutefois, considère que la créativité fait partie d'un complexe émotionnel Intérêt-Excitation, au même titre que l'espoir. Izard, *Human Emotions*, p. 42.
3. Adriaan Kortlandt, « Chimpanzees in the Wild », *Scientific American* 206 (mai 1962), pp. 128-138.
4. Paul Dickson et Joseph C. Gould, *Myth-Informed : Legends, Credos, and Wrongheaded « Facts » We All Believe* (Perigee/Putnam, 1993), p. 21. Les auteurs écrivent que « les taureaux, comme bien d'autres animaux, y compris les chiens, ne distinguent que des nuances d'ombre et de lumière ». Voir aussi John Horgan, « See Spot See Blue : Curb that Dogma ! Canines Are Not Color-blind », *Scientific American* 262 (janvier 1990), p. 20. Horgan fait remarquer que cette affirmation gagne du terrain dans les manuels.
5. Gerald Jacobs, interviewé par Susan McCarthy le 30 septembre 1993.
6. Wolfgang Wiltschko, Ursula Munro, Hugh Ford et Roswitha Wiltschko, « Red Light Disrupts Magnetic Orientation of Migratory Birds », *Nature* 364 (5 août 1993), p. 525.
7. Benyus, *Beastly Behaviors*, p. 206.
8. K. von Frisch : « Ein Zwergwels, der kommt, wenn man ihm pfeift », *Biologisches Zentralblatt* 43 (1923), pp. 439-446. Dans cet article, von Frisch ne décidait pas si le poisson « entendait » ou « percevait » le sifflement. Mais dans un article ultérieur (*Nature*, 141, 1er janvier 1938, pp. 8-11), il prouva que les poissons entendaient. Pendant longtemps, signalait-il, les gens avaient cru que les poissons n'entendaient pas. Pourtant les vairons émettent de petits bruits : « Il est intéressant de noter qu'on ait pu aussi longtemps négliger la production de sons. A l'avenir, on fera sans doute beaucoup de découvertes sur le langage des poissons. »
9. Joel Carl Welty et Luis Baptista, *The Life of Birds* (New York :

Saunders College Publishing, 1988), pp. 82, 215. Etudiant les fonctions du chant, les auteurs font remarquer qu'« il ne faudrait pas arbitrairement évacuer l'idée que certains oiseaux puissent chanter parce qu'ils se sentent bien ou tout simplement par pur plaisir ! ».

10. Gerald Durrell, *My Family and Other Animals* (New York : Viking Press, 1957), pp. 38-39. Traduction française : *Féerie dans l'île. Ma famille et autres sentiments,* Paris, Stock, 1970.

11. De Grahl, *Grey Parrot,* p. 168.

12. Ryden, *God's Dog,* p. 70.

13. Donna Robbins Leighton, « Gibbons : Territoriality and Monogamy », *Primate Societies,* Barbara B. Smuts, Dorothy L. Cheney, Robert M. Seyfarth, Richard W. Wrangham, et Thomas T. Struhsaker, éds. (Chicago et Londres : University of Chicago Press, 1986), pp. 135-145.

14. Nollman, *Animal Dreaming,* pp. 94-97.

15. Wendy Gordon (Gorilla Foundation, Woodside, CA), interviewée par Susan McCarthy, 29 avril 1994.

16. Gucwa et Ehmann, *To Whom It May Concern,* p. 190.

17. Gilbert, *Chulo,* p. 202.

18. Welty et Baptista, *Life of Birds,* pp. 78-79.

19. N. K. Humphrey, « "Interest" and "Pleasure" : Two Determinants of a Monkey's Visual Preferences », *Perception* 1 (1972), pp. 395-416.

20. Bernhard Rensch cité *in* Desmond Morris, *The Biology of Art : A Study of the Picture-Making Behavior of the Great Apes and Its Relationship to Human Art* (New York : Alfred A. Knopf, 1962), pp. 32-34.

21. Malte Anderson, « Female Choice Selects for Extreme Tail Length in a Widowbird », *Nature* 299 (28 octobre 1982), pp. 818-820.

22. Les deux appartiennent à la famille des Paradiséidés.

23. Welty et Baptista, *Life of Birds,* pp. 278-280.

24. Beehler, *Naturalist in New Guinea,* p. 45.

25. *Ibid.*, p. 147.

26. N'oublions pas non plus que l'oiseau peut, par son plumage, transmettre un message à l'adresse d'animaux différents de ses partenaires ou de ses rivaux potentiels. Beehler et ses collègues ont récemment découvert que le pitohui capucin, lui aussi originaire de Nouvelle-Guinée, a dans ses plumes noires et orange vif une puissante neurotoxine, dont on suppose qu'elle le protège des prédateurs. Dans ce cas, le plumage a, du moins en partie, un rôle d'avertissement. Voir John P. Dumbacher, Bruce M. Beehler, Thomas F. Spande, H. Martin Garaffo, et John W. Daly, « Homobatrachotoxin in the Genus *Pitohui* : Chemical Defense in Birds ? », *Science* 258 (30 octobre 1992), pp. 799-

801. Il y a longtemps que les indigènes de Nouvelle Guinée savent que les pitohuis ont une peau « amère ».

27. Paul H. Schiller, « Figural Preferences in the Drawings of a Chimpanzee », *Journal of Comparative and Physiological Psychology* 44 (1951), pp. 101-111.

28. Desmond Morris, *Animal Days* (Londres : Jonathan Cape, 1979), pp. 197-98. Voir aussi Morris, *The Biology of Art : A Study of the Picture-Making Behavior of the Great Apes and Its Relationship to Human Art.*

29. Kathleen Beach, Roger S. Fouts et Deborah H. Fouts, « Representational Art in Chimpanzees », *Friends of Washoe* 3 (été 1984), pp. 2-4 ; interview de Roger Fouts ; voir aussi A. Gardner et B. Gardner, « Comparative Psychology and Language Acquisition », *Annals of the New York Academy of Sciences* 309 (1978), pp. 37-76. Cité *in* Gucwa et Ehmann.

30. Gucwa et Ehmann, *To Whom It May Concern,* pp. 119-120.

31. *Ibid.*, pp. 93-97.

32. Chadwick, *The Fate of the Elephant,* pp. 12-15.

33. Pryor, *Lads Before the Wind,* pp. 234-253 ; Karen Pryor, Richard Haag et Joseph O'Reilly, « The Creative Porpoise : Training for Novel Behavior », *Journal of the Experimental Analysis of Behavior* 12 (1969), pp. 653-661. Pour l'article de la revue, tous les pronoms *she* (elle) faisant référence à Hou furent changés en *it* (neutre). Il est intéressant de noter comment, dans ce récit, des informations anecdotiques furent transformées en données acceptables. Malgré la présence d'observateurs scrupuleux, la créativité de Malia avait un statut anecdotique, ce qui n'était pas le cas de la créativité manifestée de façon presque identique par Hou, sans doute surtout *parce qu'on s'y attendait.* Il était hors de propos de filmer Hou, car la littérature scientifique ne prend généralement pas en compte les données sur le comportement animal recueillies de cette manière.

34. Toshisada Nishida, « Local Traditions and Cultural Transmission », *Primate Societies,* Barbara B. Smuts, Dorothy L. Cheney, Robert M. Seyfarth, Richard W. Wrangham et Thomas T. Struhsaker (éd. établie par), (Chicago et Londres : University of Chicago Press, 1986), pp. 462-74 ; Marvin Harris, *Our Kind* (New York : Harper & Row, 1989), p. 63.

35. Thomas, « Reflections : The Old Way ».

36. Strum, *Almost Human,* pp. 128-133. Cette tradition de chasse intensive pour se procurer de la viande disparut par la suite.

37. De Waal, *Chimpanzee Politics,* p. 135.

38. Roger S. Fouts et Deborah H. Fouts, « Chimpanzees' Use of Sign

Language », 28-41 *in* Cavalieri et Singer (éd. établie par), *The Great Ape Project*, pp. 37-38.

39. Dawkins, *Selfish Gene*, pp. 203-204.

40. Richard Dawkins a créé le terme *même* pour désigner l'élément ou l'ensemble d'éléments d'information qui se transmettent d'un individu à l'autre par le comportement, y compris les phrases musicales, les techniques, les modes et les expressions. Il est actuellement de bon ton, chez les scientifiques, d'attribuer des causes génétiques à un grand nombre de comportements chez l'homme et chez l'animal. En attendant que nous soyons mieux à même de distinguer entre un *même* et un gène, ce genre de conclusions se révèlent souvent injustifiées.

41. Krutch, *Best of Two Worlds*, pp. 92-94.

42. Chadwick, *The Fate of the Elephant*, p. 63.

11. Le religieux, la justice, l'indicible

1. Darwin a précisé pour lui-même : « Ne jamais utiliser les termes *supérieur* et *inférieur.* » *More Letters of Charles Darwin*, présenté par F. Darwin et A. C. Seward (Londres : Murray, 1903), vol. 1, p. 114n.

2. Jolly, *Lemur Behavior*, p. 36.

3. Nathanson, *Shame and Pride*, p. 474.

4. Thomas, *Hidden Life of Dogs*, XVII-XVIII.

5. Terrace, *Nim*, p. 171.

6. De Waal, *Chimpanzee Politics*, pp. 171-172.

7. *Ibid.*, p. 207.

8. Thomas, *Hidden Life of Dogs*, pp. 49-51.

9. Gilbert, *Chulo*, p. 105-106.

10. Terrace, *Nim*, pp. 185-186.

11. Les chimpanzés participant aux programmes ultérieurs d'apprentissage de la langue des signes des Gardner et les gorilles de Patterson ont eu en fait certains professeurs dont c'était le langage propre. Les chercheurs qui dirigeaient les équipes ne connaissaient toutefois qu'imparfaitement ce langage.

12. Terrace, *Nim*, Appendice B, « Recruiting Nim's Teachers », pp. 392-395.

13. Roger Fouts, interviewé par Susan McCarthy, 10 décembre 1993.

14. Donald R. Griffin, « The Cognitive Dimensions of Animal Communication », *Fortschritte Der Zoologie*, 31 (1985), pp. 471-482.

15. Savage-Rumbaugh, *Ape Language*, p. 337.

16. Jim Nollman, *Animal Dreaming : The Art and Science of Interspecies Communication*, p. 105. Cf. l'article de *The Encyclopaedia of Mammals* qui fait autorité : « Par sa nature continue et sa séquence organisée, il est clair que le chant contient potentiellement un grand nombre d'informations, mais on ignore sa fonction précise. Actuellement, on a plutôt la preuve que la fonction première du chant est d'ordre sexuel. » David Macdonald éd. (New York : Facts on File Publications, 1984), p. 229.

17. Schaller, *Serengeti Lion*, p. 50.

18. Joyce Poole citée *in* Chadwick, *Fate of the Elephant*, pp. 75-76.

19. George B. Schaller, *The Last Panda* (Chicago et Londres : University of Chicago Press, 1972), pp. 79-80.

20. Terrace, *Nim*, pp. 222-226.

21. Cité *in* Krutch, *Best of Two Worlds.*

22. Joseph Wood Krutch, *The Great Chain of Life* (Boston : Houghton Mifflin, 1956), p. 106.

23. Lynn Rogers, interviewé par Susan McCarthy, 15 juillet 1993 et 11 mai 1994.

24. Thomas, « Reflections : The Old Way », p. 100.

Conclusion : partager le monde avec ces animaux qui ont une vie émotionnelle

1. Rousseau, préface au *Discours sur l'origine et les fondements de l'inégalité parmi les hommes, in* Lester G. Crocker éd., *The Social Contract and Discourse on the Origin and Foundation of Inequality Among Mankind* (New York : Washington Square Press, 1967), p. 172. Œuvres complètes de J.J. Rousseau, t. III, Paris, La Pléiade, 1964, p. 126.

2. Brigid Brophy, « In Pursuit of a Fantasy », *Animals, Men and Morals*, pp. 125-145, S. et R. Godlovitch, (éd. établie par), (New York : Taplinger Publishing Co., 1972), p. 129.

3. Citation extraite de *La Descendance de l'homme*, de Darwin. Cité ici par Marian Scholtmeijer, *Animal Victims in Modern Fiction : From Sanctity to Sacrifice* (Toronto : University of Toronto Press, 1993).

4. Publié pour la première fois dans l'*American Scholar*, vol. 40, n° 3 (été 1971) sous le titre « Antivivisection : The Reluctant Hydra », reproduit sous le titre « A Defense of Vivisection », *in Animal Rights and Human Obligations*, Tom Regan et Peter Singer (éd. établie par), (New Jersey : Prentice-Hall, 1976), pp. 163-169.

5. Cela ne fait aucun doute. Carrel eut même des problèmes plus graves. A la fin de son ouvrage *L'Homme cet inconnu,* ce prix Nobel écrivait : « Il y a encore le problème non résolu de la foule immense des déficients et des criminels. Ceux-ci chargent d'un poids énorme la population restée saine. Le coût des prisons et des asiles d'aliénés, de la protection du public contre les bandits et les fous est comme nous le savons devenu gigantesque [...] Pourquoi la société ne disposerait-elle pas des criminels et des aliénés d'une façon plus économique ? [...] Peut-être faudrait-il supprimer les prisons. Le conditionnement des criminels les moins dangereux par le fouet ou par quelque autre moyen plus scientifique, suivi d'un court séjour à l'hôpital, suffirait probablement à assurer l'ordre. Quant aux autres, ceux qui ont tué, qui ont volé à main armée, qui ont enlevé des enfants, qui ont dépouillé des pauvres, qui ont gravement trompé la confiance du public, un établissement euthanasique muni de gaz appropriés permettrait d'en disposer de façon humaine et économique. Le même traitement ne serait-il pas applicable aux fous qui ont commis des actes criminels ? » Lors de son procès à Nuremberg, le médecin d'Hitler, Karl Brandt, se servit de cet ouvrage pour sa défense.

6. S. Begley et J. Cooper Ramo, « Not Just a Pretty Face », *Newsweek* (1er novembre 1993), p. 67.

7. « Steer Flees Slaughter and Is Last Seen Going Thataway », *New York Times,* 24 mai 1990.

8. On a entendu une femme dire à son compagnon en sortant de la salle où l'on jouait la pièce tirée du *Journal* d'Anne Frank : « Celle-là, au moins, on n'aurait pas dû la tuer. »

9. La nouvelle école d'éthologie cognitive, sous l'égide de Donald R. Griffin, fait exception. La plupart des biologistes et béhavioristes spécialistes des animaux, tels Gordon Burghardt, Dorothy Cheney, Robert Seyfarth, Carolyn Ristau, Marc Bekoff, Dale Jamieson, Alison Jolly, entre autres, reconnaissent volontiers aux animaux une vie émotionnelle, même si tous ne s'accordent pas sur son niveau de complexité et d'élaboration.

10. On trouvera dans l'utile anthologie de P. Singer et T. Regan, *Animal Rights and Human Obligations* (Englewood Cliffs, NJ : Prentice-Hall, 1976), ce passage extrait de l'*Introduction aux principes de la morale et de la législation* de Jeremy Bentham (chapitre 18,1), de même que des passages de « A Utilitarian View », et des extraits de « A Defence of Bentham » de John Stuart Mill.

11. P. N. Witt, « Die Wirkung einer einmaligen Gabe von Largactil

auf den Netzbau Der Spinne Zilla-x-notata », *in Monatschrift fuer Psychiatrie und Neurologie,* 129 (1955), n°s 1-3, pp. 123-128.

12. Roberts, *The Scientific Conscience : Reflections on the Modern Biologist and Humanism,* pp. 106-107.

13. Cité par le Dr White lui-même p. 166 de l'article cité plus haut dans ce chapitre.

14. Jane Goodall, *in The Great Ape Project,* Cavalieri and Singer (éd. établie par), pp. 15-16.

15. Chadwick, *The Fate of the Elephant.* Cité par E. M. Thomas dans « The Battle for the Elephants », *New York Review of Books* (24 mars 1994), p. 5.

16. Somadeva, *Kathasaritsagara,* Durgaprasad Parab (éd. établie par), (Bombay, Indes : Nirnaya Sagara Press, 1903), ch. 64, 4-12. Voir aussi *The Ocean of Story,* traduction anglaise par C. H. Tawney des douze volumes de *L'Océan des contes,* édition établie par N. M. Penzer (Londres : Chas. J. Sawyer), vol. 5, 1926, pp. 138 sqq. P. 34 de l'Introduction, Penzer note que « l'Inde est le pays des contes. Les Perses y apprirent cet art et le transmirent aux Arabes. Du Moyen-Orient, les contes voyagèrent jusqu'à Constantinople et Venise, et ils apparaissent sous la plume de Boccace, Chaucer et La Fontaine ». Cette histoire est très ancienne, sans doute antérieure à l'ère chrétienne. On la trouve dans le Pancatantra sanscrit. Dans la version du Pancatantra, il existe quelques détails supplémentaires sur la mangouste : « Il quitta la maison en y laissant une mangouste qu'il avait élevée exactement comme un fils et gardée chez lui, dans la pièce où l'on entretenait le feu sacré, en la nourrissant de maïs et autres grains. » (Franklin Edgerton : *The Pancatantra Reconstructed,* vol. 2 : Introduction et Traduction. New Haven : American Oriental Society, 1924. p. 403.)

17. Jan Harold Brunvand, *The Mexican Pet* (New York : W. W. Norton, 1986), p. 44.

18. Voir M. B. Emeneau, « A Classical Indian Folk-Tale as a Reported Modern Event : The Brahman and the Mongoose », *Proceedings of the American Philosophical Society,* vol. 83, n° 3, septembre 1940, pp. 503-513. L'ouvrage contient le récit d'un événement contemporain qui est le pendant de l'histoire traditionnelle et dont Emeneau conclut qu'il se fonde bien sur « des faits réels ». Le 17 août 1994, j'ai parlé avec le professeur Emeneau (qui est maintenant très âgé). Il m'a dit que son adjoint, l'anthropologue David Mandelbaum, avait interviewé la femme à laquelle appartenait la mangouste. Entre 1935 et 1938, Emeneau étudiait les tribus Kotas des Nilgiris, collines du sud de l'Inde. En vérité,

m'a-t-il expliqué, dans la mesure où les conteurs incorporent énormément de matériel narratif issu des plaines (les Kotas vivent sur un plateau à plus de deux mille mètres), y compris des motifs littéraires, il est impossible de savoir avec certitude si l'événement a vraiment eu lieu ou non. Il a changé d'avis plusieurs fois sur la question et ne sait trop quelle hypothèse adopter. La femme, elle, prétend avoir été un témoin visuel – la protagoniste de l'histoire, en fait (dans la version contemporaine, elle tue la mangouste). Quoi qu'il en soit, légende ou fait réel, cette histoire éveille aujourd'hui un écho chez le lecteur.

19. Aulu-Gelle, *Nuits attiques.* Paris : Les Belles Lettres, 1989. *The Attic Nights of Aulus Gellius,* traduction anglaise John C. Rolfe. 3 vol. (Cambridge, MA : Harvard University Press, 1984, vol. 1, pp. 421-427). Seuls des fragments des *Merveilles d'Egypte* demeurent. On trouve au XVIe siècle un récit très similaire dans les *Essais* de Montaigne. Pour en savoir plus sur Apion, voir la *Realencyclopädie der classischen Altertumswissenschaft* de Pauly, vol. 1, pt. 2 (1894), Article sur Apion 3, notam. p. 2805. Le fait même qu'il ait prétendu avoir été un témoin oculaire de l'événement est jugé comme un obstacle à sa crédibilité.

20. Ce sujet a fait couler beaucoup d'encre. Voir August Marx, *Griechische Märchen von dankbaren Tieren und verwandtes* (Stuttgart : Verlag von W. Kohlhammer, 1889). P. 58, il fait remarquer que le célèbre Brehma (Tierl. I, pp. 369 et 378) ne précise pas s'il juge ou non l'histoire d'Androclès possible. Saint Jérôme, lui aussi, ôta une épine de la patte d'un lion (se référer à la p. 61 pour les sources). Voir également l'excellent ouvrage d'Otto Keller : *Thiere des classischen Alterthums in culturgeschichtlicher Beziehung* (Innsbruck : Verlag der Wagner'schen Universitätsbuchhandlung, 1887). L'auteur se montre particulièrement compétent sur les dauphins.

21. Voir Adrian House, *The Great Safari : The Lives of George and Joy Adamson, Famous for Born Free* (New York : William Morrow & Co., 1993). Dans son livre original, *Born Free : A Lioness of Two Worlds (Elsa, la lionne)*, Joy Adamson note : « Beaucoup de lions deviennent des mangeurs d'hommes parce qu'ils souffrent de quelque infirmité : ils ont reçu une flèche, ou ils ont été pris dans un piège, ou ils ont de mauvaises dents, ou encore ils ont des piquants de porc-épic plantés dans les pattes. »

22. « An Interview with John Lilly », *New Frontier*, septembre 1987, p. 10.

Bibliographie

Adams, Jack. *Wild Elephants in Captivity.* Dominguez Hills, CA : Center for the Study of Elephants, 1981.

Alcock, John. *Animal Behavior : An Evolutionary Approach*, 4e éd. Sunderland, MA : Sinauer Associates, 1989.

Alpers, Antony. *Dolphins : The Myth and the Mammal.* Boston : Houghton Mifflin Co., 1960.

Anand, K J. S. et McGrath, P. J. (éd. établie par). *Pain in Neonates.* Amsterdam : Elsevier, 1993.

Anderson, Malte. « Female Choice Selects for Extreme Tail Length in a Widowbird. » *Nature* 299 (1982) : 818-20.

Angier, Natalie. « Dolphin Courtship : Brutal, Cunning and Complex. » *New York Times*, 18 février 1992.

Archibald, George. « Gee Whiz ! ICF Hatches a Whooper. » *The ICF Bugle* (juillet 1982) : 1.

Arzt, Volker et Birmelin, Immanuel. *Haben Tieren ein Bewusstsein ?: Wenn Affenlügen, wenn Katzen denken und Elefanten traurig sind.* Munich : C. Bertelsmann, 1993.

Athan, Mattie Sue. *Guide to a Well-Behaved Parrot.* Hauppauge, NY: Barron's Educational Series, 1993.

Bachmann, Christian, et Kummer, Hans. « Male Assessment of Female Choice in Hamadryas Baboons. » *Behavioral Ecology and Sociobiology* 6 (1980) : 315-21.

Bailey, Robert O., Seymour, Norman R., et Stewart, Gary R. « Rape Behavior in Blue-winged Teal. » *Auk* 95 (1978) : 188-90.

Baptista, Luis. « A Letter from the Field. » *Pacific Discovery* 16 (4) : 44-47.

Barash, David P. « Sociobiology of Rape in Mallards *(Anas platyrhyn-*

cos) : Responses of the Mated Male. » *Science* 197 (19 août 1977) : 788-89.

Barber, Theodore Xenophon. *The Human Nature of Birds : A Scientific Discovery with Startling Implications.* New York : St. Martin's Press, 1993.

Barinaga, Marcia. « How Scary Things Get That Way. » *Science* 258 (6 novembre 1992) : 887-88.

Beach, Kathleen, Fouts, Roger S. et Fouts, Deborah H. « Representational Art in Chimpanzees. » *Friends of Washoe* 3 (été 1984) : 2-4.

Beehler, Bruce M. *A Naturalist in New Guinea.* Austin, TX : University of Texas Press, 1991.

Begley, Sharon et Ramo, Joshua Cooper. « Not Just a Pretty Face. » *Newsweek* (1er novembre 1993) : 67.

Benyus, Janine M. *Beastly Behaviors : A Zoo Lover's Companion : What Makes Whales Whistle, Cranes Dance, Pandas Turn Somersaults, and Crocodiles Roar : a Watcher's Guide to How Animals Act and Why.* Reading, MA : Addison-Wesley Publishing Co., 1992.

Berggren, Sigvard. *Berggren's Beasts.* Trad. Ian Rodger. New York : Paul S. Eriksson, 1970.

Bernstein, Irwin S. « Dominance : The Baby and the Bathwater. » *Behavioral and Brain Sciences* 4 (1981) : 419-29.

Bledsoe, Thomas. *Brown Bear Summer : My Life Among Alaska's Grizzlies.* New York : Dutton, 1987.

Boas, George. « The Happy Beast. » *French Thought of the Seventeenth Century : Contributions to the History of Primitivism.* Baltimore : The Johns Hopkins Press, 1933.

Boswall, Jeffery. « Russia Is for the Birds. » *Discover* (mars 1987) : 78-83.

Broun, Heywood Hale. « Ever Indomitable, Secretariat Thunders Across the Ages. » *New York Times,* 30 mai 1993.

Bruemmer, Fred. « White Whales on Holiday. » *Natural History* (janvier 1986) : 41-49.

Bullard, Edward. « The Emergence of Plate Tectonics : A Personal View. » *Annual Review of Earth and Planetary Science* 3 (1975) : 1-30.

Burghardt, Gordon M. « Animal Awareness : Current Perceptions and Historical Perspective. » *American Psychologist* 40 (août 1985) : 905-19.

Buyukmihci, Hope Sawyer. *The Hour of the Beaver.* Chicago : Rand McNally & Co., 1971.

Callwood, June. Emotions : *What They Are and How They Affect Us, from the Basic Hates and Fears of Childhood to More Sophisticated Feelings That Later Govern Our Adult Lives : How We Can Deal with the Way We Feel.* Garden City, NY: Doubleday & Co., 1986.

Campbell, Robert Jean. *Psychiatric Dictionary*, 5e éd. New York et Oxford : Oxford University Press, 1981.

Candland, Douglas Keith. *Feral Children & Clever Animals : Reflections on Human Nature.* Oxford, Angleterre : Oxford University Press, 1993.

Carlquist, Sherwin. *Island Life : A Natural History of the Islands of the World.* Garden City, NY : Natural History Press, 1965.

Carrington, Richard. *Elephants : A Short Account of Their Natural History, Evolution and Influence on Mankind.* Londres : Chatto and Windus, 1958.

Carson, Gerald. *Men, Beasts, and Gods : A History of Cruelty and Kindness to Animals.* New York : Charles Scribner's Sons, 1972.

Cartmill, Matt. *A View to a Death in the Morning : Hunting and Nature Through History.* Cambridge, MA : Harvard University Press, 1993.

Cavalieri, Paola, et Singer, Peter (éd. établie par). *The Great Ape Project : Equality Beyond Humanity.* Londres : Fourth Estate, 1993.

Chadwick, Douglas H. *A Beast the Color of Winter : The Mountain Goat Observed.* San Francisco : Sierra Club Books, 1983. *The Fate of the Elephant.* San Francisco : Sierra Club Books, 1992.

Chalmers, N. R. « Dominance as Part of a Relationship. » *Behavioral and Brain Sciences* 4 (1981) : 437-38.

Clark, Bill. *High Hills and Wild Goats.* Boston : Little, Brown and Co., 1990.

Cochrane, Robert. « Working Elephants at Rangoon », « Some Parrots I Have Known. » *In The Animal Story Book*, vol. IX de The Young Folks Library. Boston : Hall & Locke Co., 1901.

Colmenares, F., et Rivero, H. « Male-Male Tolerance, Mate Sharing and Social Bonds Among Adult Male Brown Bears Living under Group Conditions in Captivity. » *Acta Zoologica Fennica* 174 (1983) : 149-51.

Connor, Richard C., et Norris, Kenneth S. « Are Dolphins Reciprocal Altruists ? » *The American Naturalist* 119, #3 (mars 1982) : 358-74.

Conover, Adele. « He's Just One of the Bears. » *National Wildlife* (juin-juillet 1992) : 30-36.

Crisler, Lois. *Captive Wild.* New York : Harper & Row, 1968.

Crumley, Jim. *Waters of the Wild Swan.* Londres : Jonathan Cape, 1992.

Dagg, Anne Innis, et Foster, J. Bristol. *The Giraffe : Its Biology, Behavior, and Ecology.* New York : Van Nostrand Reinhold Co., 1976.

Dagognet, François. *Traité des animaux.* Paris : Librairie Philosophique J. Vrin, 1987.

Darling, F. Fraser. *A Herd of Red Deer : A Study in Animal Behavior.* Londres : Oxford University Press, 1937.

Darwin, Charles. *The Descent of Man ; and Selection in Relation to Sex.*

1871; reprint, avec une préface d'Ashley Montagu, Norwalk, CT: Heritage Press, 1972. Traduction française : *La Descendance de l'homme et la sélection sexuelle.* Bruxelles : éditions Complexe, 1981. *The Expression of the Emotions in Man and Animals.* 1872; reprint, Chicago et Londres: University of Chicago Press, 1965. Traduction française : *L'Expression des émotions chez l'homme et les animaux.* Bruxelles : éditions Complexe, 1981. *The Correspondence of Charles Darwin.* Volume 2; 1837-1843. Cambridge, Angleterre : Cambridge University Press, 1986.

Dawkins, Richard. *The Selfish Gene.* New York: Oxford University Press, 1976. Traduction française: *Le Gène égoïste.* Paris: Editions Mengès, 1978.

De Rivera, Joseph. *A Structural Theory of the Emotions.* New York: International Universities Press, 1977.

Dews, Peter B. « Some Observations on an Operant in the Octopus. » *Journal of the Experimental Analysis of Behavior* 2 (1959) : 57-63. 1959. *Readings in Animal Behavior,* Thomas E. McGill, éd. New York: Holt, Rinehart and Winston, 1965.

Dickson, Paul, et Gould, Joseph C. *Myth-Informed : Legends, Credos, and Wrongheaded « Facts » We All Believe.* Perigee/Putnam, 1993.

Dumbacher, John P., Beehler, Bruce M., Spande, Thomas F., Garaffo, H. Martin, et Daly, John W. « Homobatrachotoxin in the Genus *Pitohui*: Chemical Defense in Birds? » *Science* 258 (30 octobre 1992) : 799-801.

Durrell, Gerald. *Menagerie Manor.* New York : Avon, 1964. Traduction française : *Un zoo dans ma maison,* Paris, Stock, 1971. *My Family and Other Animals.* New York : Viking Press, 1957. Traduction française : *Féerie dans l'île. Ma famille et autres animaux,* Paris, Editions Stock, 1970.

Emde, R. N., et Koenig, K. L. « Neonatal Smiling and Rapid Eye-movement States. » *Journal of the American Academy of Child Psychiatry* 8 (1969) : 57-67.

Emeneau, Murray B. « A Classical Indian Folk-Tale as a Reported Modern Event: The Brahman and the Mongoose. » *Proceedings of the American Philosophical Society* 83, n° 3 (septembre 1940), 503-13.

Emlen, S. T., et Wrege, P. H. « Forced Copulations and Intraspecific Parasitism : Two Costs of Social Living in the White-fronted Bee-eater. » *Ethology* 71 (1986) : 2-29.

Fadiman, Anne. « Musk Ox Ruminations. » *Life* (mai 1986) : 95-110.

Fagen, Robert. *Animal Play Behavior.* New York et Oxford: Oxford University Press, 1981.

Fisher, John Andrew. « Disambiguating Anthropomorphism: An Interdisciplinary Review. » *In Perspectives in Ethology* 9 (1991).

Fossey, Dian. *Gorillas in the Mist.* Boston : Houghton Mifflin Co., 1983. Traduction française : *13 ans chez les gorilles,* Paris, Presses Pocket, 1990.

Fouts, Roger S., Fouts, Deborah H., et Van Cantfort, Thomas E. « The Infant Loulis Learns Signs from Cross-Fostered Chimpanzees. » *In Teaching Sign Language to Chimpanzees,* R. Allen Gardner, Beatrix T. Gardner, et Thomas E. Van Cantfort (éd. établie par). Albany : State University of New York Press, 1989.

Fowles, John, avec la collab. de Horvat, Frank. *The Tree.* Boston : Little, Brown & Co., 1979.

Fox, Michael W. *The Whistling Hunters : Field Studies of the Asiatic Wild Dog (Cuon alpinus).* Albany : State University of New York Press, 1984.

Frank, Robert. *Passions Within Reason : The Strategic Role of the Emotions.* New York : Norton, 1988.

French, Thomas, M. *The Integration of Behavior, Volume 1 : Basic Postulates.* Chicago : University of Chicago Press, 1952.

Frey, William H., II, avec la collab. de Langseth, Muriel. *Crying : The Mystery of Tears.* Minneapolis : Harper & Row/Winston Press, 1985.

Gallup, Gordon. « Self-recognition in Primates : A Comparative Approach to the Bidirectional Properties of Consciousness. » *American Psychologist* 32 (1977) : 329-38.

Gallup, Gordon G., et Suarez, Susan D. « Overcoming Our Resistance to Animal Research : Man in Comparative Perspective. » *In Comparing Behavior : Studying Man Studying Animals,* D. W. Rajecki (éd. établie par). Hillsdale NJ : Lawrence Erlbaum Associates, 1983.

Gardner, R. Allen, et Gardner, Beatrix T. « Comparative Psychology and Language Acquisition. » *Annals of the New York Academy of Sciences* 309 (1978) : 37-76. « A Cross-Fostering Laboratory. » *In Teaching Sign Language to Chimpanzees.* Voir Fouts, 1989.

Gardner, Beatrix T., Gardner, R. Allen, et Nichols, Susan G. « The Shapes and Uses of Signs in a Cross-Fostering Laboratory. » *In Teaching Sign Language to Chimpanzees.* Voir Fouts, 1989.

Gauntlett, Ian S., Koh, T. H. H. G., et Silverman, William A. « Analgesia and Anaesthesia in Newborn Babies and Infants. » (Letters) *Lancet,* 9 mai 1987.

Gebel-Williams, Gunther, avec la collab. de Reinhold, Toni. *Untamed : The Autobiography of the Circus's Greatest Animal Trainer.* New York : William Morrow & Co., 1991.

Gilbert, Bil. *Chulo.* New York : Alfred A. Knopf, 1973.

Godlovitch, Stanley, et Godlovitch, Rosalind (éd. établie par). *Animals, Men and Morals.* New York : Taplinger Publishing Co., 1972.

Goodall, Jane. *The Chimpanzees of Gombe; Patterns of Behavior.* Cambridge, MA et Londres : Harvard University Press, 1986. *In the Shadow of Man,* édition revue et corrigée. Boston : Houghton Mifflin Co., 1988. Edition française : *Les chimpanzés et moi,* Paris, Stock, 1971. *Through a Window : My Thirty Years with the Chimpanzees of Gombe.* Boston : Houghton Mifflin Co., 1990.Traduction française : *Ma vie avec les chimpanzés,* Paris : Ecole des Loisirs, 1990. *With Love.* Ridgefield, CT : Jane Goodall Institute, 1994.

Gormley, Gerard. *Orcas of the Gulf; a Natural History.* San Francisco : Sierra Club Books, 1990.

Gould, Stephen Jay. *The Mismeasure of Man.* New York : W. W. Norton & Co., 1981. Edition française : *La Mal-mesure de l'homme.* Paris : Ramsay, 1983.

Grahl, Wolfgang de. *The Grey Parrot.* Trad. anglaise William Charlton. Neptune City, NY: T.F.H. Publications, 1987.

Griffin, Donald. *The Question of Animal Awareness : Evolutionary Continuity of Mental Experience.* New York : Rockefeller University Press, 1976. (2e éd., 1981.) « Prospects for a Cognitive Ethology. » *Behavioral and Brain Sciences* 1 (1978) : 527-38. *Animal Thinking.* Cambridge, MA : Harvard University Press, 1984. Traduction française : *La Pensée animale.* Paris : Editions Denoël, 1988. « Animal Consciousness. » *Neuroscience & Biobehavioral Reviews* 9 (1985) : 615-22. « The Cognitive Dimensions of Animal Communication. » *Fortschritte der Zoologie* 31 (1985) : 471-82. *Animal Minds.* Chicago et Londres : University of Chicago Press, 1992.

Griffin, Donald (éd. établie par). *Animal Mind-Human Mind : Report of the Dahlem Workshop on Animal Mind-Human Mind, Berlin, 1981, Mars 22-27.* Berlin, NY: Springer-Verlag, 1982.

Grzimek, Bernhard (éd. établie par). *Grzimek's Animal Life Encyclopaedia.* New York : Van Nostrand Reinhold Co., 1972.

Gucwa, David, et Ehmann, James. *To Whom It May Concern : An Investigation of the Art of Elephants.* New York : W. W. Norton & Co., 1985.

Gwinner, Eberhard, et Kneutgen, Johannes. « Uber die biologische Bedeutung der "zweckdienlichen" Anwendung erlernter Laute bei Vögeln. » *Zeitschrift Tierpsychologie* 19 (1962) : 692-96.

Hall, Nancy. « The Painful Truth. » *Parenting* (juin-juillet 1992) : 71-75.

Hargrove, Eugene C. (éd. établie par). *The Animal Rights/Environmental Ethics Debate.* Albany : State University of New York Press, 1992.

Harlow, Harry. « The Nature of Love. » *American Psychologist* 13 (1958) : 673-85. « Love in Infant Monkeys. » *Scientific American* 200, #6 (1959) : 68-74.

Harlow, Harry, et Suomi, Stephen J. « Depressive Behavior in Young Monkeys Subjected to Vertical Chamber Confinement. » *Journal of Comparative and Physiological Psychology* 80 (1972) 11-18.

Harre, R., et Reynolds, V. (éd. établie par). *The Meaning of Primate Signals.* Cambridge, Angleterre : Cambridge University Press, 1984.

Harris, Marvin. *Our Kind.* New York : Harper & Row, 1989.

Hastings, Hester. *Man and Beast in French Thought of the Eighteenth Century,* vol. 27. Baltimore : The Johns Hopkins Press, 1936.

Hearne, Vicki. *Adam's Task : Calling Animals by Name.* New York : Alfred A. Knopf, 1986. *Animal Happiness.* New York : HarperCollins, 1994.

Helfer, Ralph. *The Beauty of the Beasts : Tales of Hollywood's Animal Stars.* Los Angeles : Jeremy P. Tarcher, 1990.

Henderson, J. Y., avec la collab. de Taplinger, Richard. *Circus Doctor.* Boston : Little, Brown & Co., 1951.

Hill, Craven. « Playtime at the Zoo. » *Zoo-Life* 1 : 24-26.

Hinde, Robert A. *Animal Behavior.* New York : McGraw-Hill, 1966. Traduction française : *Le Comportement animal.* Paris : P.U.F.,1975.

Hinsie, Leland E., et Campbell, Robert J. *Psychiatric Dictionary,* 4e éd. New York : Oxford University Press, 1970.

Högstedt, Göran. « Adaptation unto Death : Function of Fear Screams. » *The American Naturalist* 121 (1983) : 562-70.

Holt, Patricia. « Puppy Love Isn't Just for People : Author Says Dogs, Like Humans, Can Bond. » *San Francisco Chronicle,* 9 décembre 1993.

Honoré, Erika K., et Klopfer, Peter H. *A Concise Survey of Animal Behavior.* San Diego, CA : Academic Press/Harcourt Brace Jovanovich, 1990.

Horgan, John. « See Spot See Blue : Curb That Dogma ! Canines Are Not Colorblind. » *Scientific American* 262 (janvier 1990) : 20.

Hornocker, Maurice G. « Winter Territoriality in Mountain Lions. » *Journal of Wildlife Management* 33 (juillet 1969) : 457-64.

Hornstein, Harvey A. *Cruelty and Kindness : A New Look at Oppression and Altruism.* Englewood Cliffs, NJ : Prentice-Hall, 1976.

Houle, Marcy Cottrell. *Wings for My Flight : The Peregrine Falcons of Chimney Rock.* Reading, MA : Addison-Wesley Publishing Co., 1991.

Humphrey, N. K « "Interest" and "Pleasure" : Two Determinants of a Monkey's Visual Preferences. » *Perception* 1 (1972) : 395-416. « The Social Function of Intellect. » *In Growing Points in Ethology,* P. P. G. Bateson et R. A. Hinde (éd. établie par). Cambridge, Angleterre : Cambridge University Press, 1976 : 303-17. « Nature's Psychologists. » *In Consciousness and the Physical World,* B. D. Josephson et V. S. Ramachandran (éd. établie par). Oxford, Angleterre : Pergamon Press, 1980 : 57-80.

Hutchins, Michael, et Sullivan, Kathy. « Dolphin Delight. » *Animal Kingdom* (juillet/août 1989).

Huxley, Thomas H. *Method and Results : Essays.* 1893 ; réimpression, Londres : Macmillan, 1901.

Izard, Carroll E. *Human Emotions.* New York et Londres : Plenum Press, 1977.

Izard, Carroll E., et Buechler, S. « Aspects of Consciousness and Personality in Terms of Differential Emotions Theory. » *In Emotion : Theory, Research, and Experience, Vol. 1 : Theories of Emotion,* Robert Plutchik et Henry Kellerman (éd. établie par). New York : Academic Press, 1980 : 165-87.

Johnson, Dirk. « Now the Marlboro Man Loses His Spurs. » *New York Times* (11 octobre 1993) : Al, A8.

Jolly, Alison. *Lemur Behavior : A Madagascar Field Study.* Chicago : University of Chicago Press, 1966.

Jordan, William. *Divorce Among the Gulls : An Uncommon Look at Human Nature.* San Francisco : North Point Press, 1991.

Josephson, B. D., et Ramachandran, V. S. (éd. établie par). *Consciousness and the Physical World.* Oxford, Angleterre : Pergamon Press, 1980.

Karen, Robert. « Shame. » *Atlantic Monthly* 269 (février 1992) : 40-70.

Kavanau, J. Lee. « Behavior of Captive White-footed Mice. » *Science* 155 (31 mars 1967) : 1623-39.

Kellert, Stephen R., et Berry, Joyce K. *Phase III : Knowledge, Affection and Basic Attitudes Toward Animals in American Society.* U.S. Fish and Wildlife Service, 1980.

Kennedy, John S. *The New Anthropomorphism.* Cambridge, Angleterre : Cambridge University Press, 1992.

Kevles, Bettyann. *Females of the Species : Sex and Survival in the Animal Kingdom.* Cambridge, MA : Harvard University Press, 1986.

Kitcher, Philip. *Vaulting Ambition : Sociobiology and the Quest for Human Nature.* Cambridge, MA : MIT Press, 1985.

Kleiman, Devra G., et Malcolm, James R. « The Evolution of Male Parental Investment in Mammals. » *In Parental Care in Mammals,* David J. Gubernick et Peter H. Klopfer. New York : Plenum Press, 1981.

Kohn, Alfie. *The Brighter Side of Human Nature : Altruism and Empathy in Everyday Life.* New York : Basic Books, 1990.

Konner, Melvin. *The Tangled Wing : Biological Constraints on the Human Spirit.* New York : Holt, Rinehart et Winston, 1982.

Kortlandt, Adriaan. « Chimpanzees in the Wild. » *Scientific American* 206 (mai 1962) : 128-38.

Krutch, Joseph Wood. *The Best of Two Worlds.* New York : William Sloane Associates, 1950. *The Great Chain of Life.* Boston : Houghton Mifflin, 1956.

Kruuk, Hans. *The Spotted Hyena : A Study of Predation and Social Behavior.* Chicago : University of Chicago Press, 1972.

Kummer, Hans. *Social Organization of Hamadryas Baboons ; A Field Study.* Chicago et Londres : University of Chicago Press, 1968. Traduction française : *Vies de singes : mœurs et structures sociales des babouins hamadryas.* Paris : Editions Odile Jacob, 1993.

Laidler, Keith. *The Talking Ape.* New York : Stein & Day, 1980.

Lavrov, L. S. « Evolutionary Development of the Genus *Castor* and Taxonomy of the Contemporary Beavers of Eurasia. » *Acta Zoologica Fennica* 174 (1983) : 87-90.

Lawrence, Elizabeth Atwood. *Rodeo : An Anthropologist Looks at the Wild and the Tame.* Knoxville, Texas : University of Texas Press, 1982.

Lazell, James D. Jr., et Spitzer, Numi C. « Apparent Play Behavior in an American Alligator. » *Copeia* (1977) : 188.

Leighton, Donna Robbins. « Gibbons : Territoriality and Monogamy. » *In Primate Societies,* Barbara B. Smuts, Dorothy L. Cheney, Robert M. Seyfarth, Richard W. Wrangham, et Thomas T. Struhsaker (éd. établie par). Chicago et Londres : University of Chicago Press, 1986.

Lewis, George, avec la collab. de Fish, Byron. *Elephant Tramp.* Boston : Little, Brown et Co., 1955.

Lewis, Michael. *Shame : The Exposed Self* : New York : The Free Press/Macmillan, 1992.

Leyhausen, Paul. *Cat Behavior : The Predatory and Social Behavior of Domestic and Wild Cats.* Trad. Barbara A. Tonkin. New York et Londres : Garland STPM Press, 1979.

Linden, Eugene. *Silent Partners : The Legacy of the Ape Language Experiments.* New York : Times Books, 1986.

Lopez, Barry Holstun. *Of Wolves and Men.* New York : Charles Scribner's Sons, 1987.

Lorenz, Konrad. *The Year of the Greylag Goose.* New York et Londres : Harcourt Brace Jovanovich, 1978. Edition française : *L'Année de l'oie cendrée.* Paris : Editions Stock, 1991.

Lutts, Ralph H. *The Nature Fakers ; Wildlife, Science and Sentiment.* Golden, CO : Fulcrum, 1990.

Macdonald, David. *Running with the Fox.* Londres et Sydney : Unwin Hyman, 1987.

Mader, Troy R. « Wolves and Hunting. » *Abundant Wildlife*, numéro spécial sur les loups (1992) : 3.

Magel, Charles R. *Bibliography of Animal Rights and Related Matters.* University Press of America, 1981.

Magoun, A. J., et Valkenburg, P. « Breeding Behavior of Free-ranging Wolverines *(Gulo).* » *Acta Zoologica Fennica* 174 (1983) : 149-51.

Mahaffy, J. P. *Descartes.* Edimbourg : Blackwood, 1901.

Mansergh, Ian et Broome, Linda. *The Mountain Pygmy-possum of the Australian Alps.* Kensington, NSW, Australia : New South Wales University Press, 1994.

Martin, Esmond, et Martin, Chrysse Bradley. *Run Rhino Run.* Londres : Chatto and Windus, 1982.

Masserman, Jules H., Wechkin, Stanley, et Terris, William. « "Altruistic" Behavior in Rhesus Monkeys. » *American Journal of Psychiatry* 121 (1964) : 584-85.

Mayes, Andrew. « The Physiology of Fear and Anxiety. » *In Fear in Animals and Man*, W. Sluckin (éd. établie par), 24-55. New York et Londres : Van Nostrand Reinhold Co., 1979.

McFarland, David (éd. établie par). *The Oxford Companion to Animal Behavior.* Oxford et New York : Oxford University Press, 1987. Traduction française : *Dictionnaire du comportement animal*, Paris, R. Laffont, 1990.

McNulty, Faith. *The Whooping Crane : The Bird That Defies Extinction.* New York : E. P. Dutton & Co., 1966.

« Medicine and the Media. » Editorial. *British Medical Journal* 295 (12 septembre 1987) : 659-60.

Midgley, Mary. « The Concept of Beastliness : Philosophy, Ethics and Animal Behavior. » *Philosophy* 48 (1973) : 111-35. *Beast and Man : The Roots of Human Nature.* Ithaca, NY: Cornell University Press, 1978. *Animals and Why They Matter.* Athens, GA : University of Georgia Press, 1983. « The Mixed Community. » *In The Animal Rights/Environmental Ethics Debate*, Eugene C. Hargrove (éd. établie par). Albany : State University of New York, 1992.

Millay, Edna St. Vincent. *Collected Lyrics.* New York : Washington Square Press, 1959.

Mitchell, Robert W., et Thompson, Nicholas S. *Deception : Perspectives on Human and Nonhuman Deceit.* Albany : State University of New York Press, 1986.

Moggridge, J. Traherne. *Harvesting Ants and Trap-Door Spiders : Notes and Observations on Their Habits and Dwellings.* Londres : L. Reeve & Co., 1873.

Monastersky, Richard. « Boom in "Cute" Baby Dinosaur Discoveries. » *Science News* 134 (22 octobre 1988) : 261.

Montaigne, Michel de. *Œuvres complètes.* Paris, La Pléiade, 1965.

Montgomery, Sy. *Walking With the Great Apes.* Boston : Houghton Mifflin, 1991.

Moore, J. Howard. *The Universal Kinship.* 1906 ; réimpression, Sussex, Angleterre : Centaur Press, 1992.

Morey, Geoffrey. *The Lincoln Kangaroos.* Philadelphia : Chilton Books, 1963.

Morris, Desmond. *The Biology of Art : A Study of the Picture-Making Behavior of the Great Apes and Its Relationship to Human Art.* New York : Alfred A. Knopf, 1962. *Animal Days.* Londres : Jonathan Cape, 1979 ; New York : Perigord Press/ William Morrow and Co., 1980. Traduction française : *La Fête zoologique.* Paris : Calmann-Lévy, 1980.

Morton, Eugene S., et Page, Jake. *Animal Talk : Science and the Voices of Nature.* New York : Random House, 1992.

Moss, Cynthia. *Portraits in the Wild : Behavior Studies of East African Mammals.* Boston : Houghton Mifflin Company, 1975. *Elephant Memories : Thirteen Years in the Life of an Elephant Family.* New York : William Morrow and Co., 1988. Traduction française : *La Longue Marche des éléphants : 13 années avec les grands troupeaux du Kenya.* Paris : Robert Laffont, 1989.

Nathanson, Donald. *Shame and Pride : Affect, Sex, and the Birth of the Self.* New York : W. Norton & Company, 1992.

Nishida, Toshisada. « Local Traditions and Cultural Transmission. » *In Primate Societies.* Voir Leighton, 1986.

Nollman, Jim. *Animal Dreaming : The Art and Science of Interspecies Communication.* Toronto et New York : Bantam Books, 1987.

Norris, Kenneth S. *Dolphin Days : The Life and Times of the Spinner Dolphin.* New York et Londres : W. W. Norton & Co., 1991.

Ogden, Paul. *Chelsea : The Story of a Signal Dog.* Boston : Little, Brown and Co., 1992.

Orleans, R. Barbara. *In the Name of Science : Issues in Responsible Animal Experimentation.* New York : Oxford University Press, 1992.

Packer, Craig. « Male Dominance and Reproductive Activity in *Papio anubis.* » *Animal Behavior* 27 (1979) : 37-45.

Patenaude, Françoise. « Care of the Young in a Family of Wild Beavers, *Castor canadensis.* » *Acta Zoologica Fennica* 174 (1983) : 121-22.

Patterson, Francine, et Linden, Eugene. *The Education of Koko.* New York : Holt, Rinehart & Winston, 1981.

Patterson, Francine. *Gorilla : Journal of the Gorilla Foundation* 15, #2 (juin 1992).

Paulsen, Gary. *Winterdance : The Fine Madness of Running the Iditarod.* New York : Harcourt Brace & Co., 1994.

Plotnicov, Leonard. « Love, Lust, and Found in Nigeria. » Article présenté le 2 décembre 1992, lors de l'assemblée annuelle de l'American Anthropological Association à San Francisco.

Premack, D., et Woodruff, G. « Does the Chimpanzee Have a Theory of Mind ? » *Behavior and Brain Science* 1 (1978) : 515-26.

Pryor, Karen. *Lads Before the Wind : Adventures in Porpoise Training.* New York : Harper & Row, 1975.

Pryor, Karen, et Norris, Kenneth S. *Dolphin Societies : Discoveries and Puzzles.* Berkeley, CA : University of California Press, 1991.

Pryor, Karen, Haag, Richard, et O'Reilly, Joseph. « The Creative Porpoise : Training for Novel Behavior. » *Journal of the Experimental Analysis of Behavior,* 12 (1969) : 653-61.

Rachels, J. *Created from Animals : The Moral Implications of Darwinism.* Oxford : Oxford University Press, 1990.

Rajecki, D. W. (éd. établie par). *Comparing Behavior : Studying Man Studying Animals.* Hillsdale, NJ : Lawrence Erlbaum Associates, 1983.

Rasa, Anne. *Mongoose Watch : A Family Observed.* Garden City, NY: Anchor Press/ Doubleday & Co., 1986. Traduction française : *La Famille idéale.* Paris : éditions Odile Jacob, 1990.

Reed, Don C. *Notes from an Underwater Zoo.* New York : Dial Press, 1981.

Regan, Tom. *The Case for Animal Rights.* Berkeley, CA : University of California Press, 1983.

Regan, Tom, et Singer, Peter (éd. établie par). *Animal Rights and Human Obligations.* Englewood Cliffs, NJ : Prentice-Hall, 1976.

Reinhold, Robert. « At Sea World, Stress Tests Whale and Man. » *New York Times,* 4 avril 1988 : A9.

Ristau, Carolyn A. (éd. établie par). *Cognitive Ethology : The Minds of Other Animals* (*Essays in Honor of Donald R. Griffin*). New Jersey : Lawrence Erlbaum Associates, 1991.

Roberts, Catherine. *The Scientific Conscience : Reflections on the Modern Biologist and Humanism.* New York : George Braziller, 1967.

Romanes, George J. *Animal Intelligence.* Londres : Kegan Paul, Trench, Trubner and Co., 1882. *Mental Evolution in Animals.* Londres : Kegan Paul, Trench, Trubner and Co., 1883.

Rosenfield, Leonora Cohen. *From Beast-Machine to Man-Machine :*

Animal Soul in French Letters from Descartes to La Mettrie. 1940 ; nouvelle édition, New York : Octagon Books, 1968.

Rowell, Thelma. *The Social Behaviour of Monkeys.* Harmondsworth, Middlesex, Angleterre : Penguin Books, 1972.

Rowley, Ian, et Chapman, Graeme. « Cross-fostering, Imprinting and Learning in Two Sympatric Species of Cockatoo. » *Behaviour* 96 (1986) : 1-16.

Rozin, Paul, et Fallon, Avril. « A Perspective on Disgust. » *Psychological Review* 94 (1987) : 23-41.

Rupke, Nicolaas A. (éd. établie par). *Vivisection in Historical Perspective.* Londres : Croom Helm, 1987.

Russell, Diana E. H. *The Politics of Rape : The Victim's Perspective.* New York : Stein & Day, 1977. *Rape in Marriage.* New York : Macmillan, 1982. « The Incidence and Prevalence of Intrafamilial and Extrafamilial Sexual Abuse of Female Children. » *Child Abuse and Neglect : The International Journal* 7 (1983) : 133-6. *The Secret Trauma : Incestuous Abuse of Women and Girls.* New York : Basic Books, 1986.

Russell, Diana E. H., et Howell, Nancy. « The Prevalence of Rape in the United States Revisited. » *Signs : Journal of Women in Culture and Society* 8 (été 1983) : 668-95.

Russell, P. A. « Fear-Evoking Stimuli. » *In Fear in Animals and Man.* Voir Mayes, 1979.

Rutter, Russell J. et Pimlott, Douglas H. *The World of The Wolf.* Philadelphie et New York : B. Lippincott Co., 1968.

Ryden, Hope. *God's Dog.* New York : Coward, McCann & Geoghegan, 1975. *Lily Pond : Four Years with a Family of Beavers.* New York : William Morrow & Co., 1989.

Sadoff, Robert L. « The Nature of Crying and Weeping. » *In The World of Emotion : Clinical Studies of Affects and Their Expression,* Charles W. Socarides éd. New York : International Universities Press, 1977.

Savage, E. S., Temerlin, Jane, et Lemmon, W. B. « The Appearance of Mothering Behavior Toward a Kitten by a Human-Reared Chimpanzee. » Conférence faite lors du 5e congrès de Primatologie à Nagoya, (Japon), en 1974.

Savage-Rumbaugh, E. Sue. *Ape Language : From Conditioned Response to Symbol.* New York : Columbia University Press, 1986.

Schaller, George B. *The Serengeti Lion : A Study of Predator-Prey Relations.* Chicago et Londres : University of Chicago Press, 1972. *The Last Panda.* Chicago et Londres : University of Chicago Press, 1993.

Schechter, Neil, Berde, Charles B., et Yaster, Myron (éd. établie par).

Pain in Infants, Children, and Adolescents. Baltimore : Williams et Wilkins, 1993.

Scheffer,Victor B. *Seals, Sea Lions, and Walruses : A Review of the Pinnipedia.* Stanford, CA : Stanford University Press, 1958.

Schiller, Paul H. « Figural Preferences in the Drawings of a Chimpanzee. » *Journal of Comparative and Physiological Psychology* 44 (1951) : 101-11.

Schullery, Paul. *The Bear Hunter's Century.* New York : Dodd, Mead & Co., 1988.

Seligman, Martin E. P. *Helplessness : On Depression, Development, and Death.* San Francisco : W. H. Freeman & Co., 1975.

Seyfarth, Robert M., et Cheney, Dorothy L. « Grooming, Alliances, and Reciprocal Altruism in Vervet Monkeys. » *Nature* 308, #5 (avril 1984) : 541-42.

Sidowski, J. B. « Psychopathological Consequences of Induced Social Helplessness During Infancy. » *In Experimental Psychopathology : Recent Research and Theory,* H. D. Kimmel (éd. établie par). New York : Academic Press, 1971.

Singer, Peter. *Animal Liberation.* New York Review, 1975. Traduction française : *La Libération animale.* Paris : Grasset 1993.

Singh, Arjan. *Tiger ! Tiger !* Londres : Jonathan Cape, 1984.

Small, Meredith F. (éd. établie par). *Female Primates : Studies by Women Primatologists.* New York : Alan R. Liss, 1984.

Smith, J. Maynard, et Ridpath, M. G. « Wife Sharing in the Tasmanian Native Hen, *Tribonyx mortierii* : A Case of Kin Selection ? » *The American Naturalist* 106 (juillet-août 1972) : 447-52.

Smuts Barbara. « Dominance : An Alternative View. » *Behavioral and Brain Sciences* 4 (1981) : 448-49.

Spiegel, Marjorie. *The Dreaded Comparison : Human and Animal Slavery.* Philadelphia : New Society Publishers, 1988.

Staddon, J. E. R. « Animal Psychology : The Tyranny of Anthropocentrism. » *In Whither Ethology ? Perspectives in Ethology,* P. P. G. Bateson et Peter H. Klopfer (éd. établie par). New York : Plenum Press, 1989.

Starobinski, Jean. « Rousseau et Buffon. » *Gesnerus* 21 (1964) : 83-94.

Strum, Shirley C. *Almost Human : A Journey into the World of Baboons.* New York : Random House, 1987. Traduction française : *Voyage chez les babouins.* Paris : Editions du Seuil, 1995.

Symons, Donald. *The Evolution of Human Sexuality.* New York : Oxford University Press, 1979. Traduction française : *Du sexe à la séduction.* Paris : Editions Sand, 1995.

Teal, John J. Jr. « Domesticating the Wild and Woolly Musk Ox. » *National Geographic* (juin 1970).

Terrace, Herbert. *Nim : A Chimpanzee Who Learned Sign Language.* New York : Washington Square Press, 1979. Traduction française : *Nim, un chimpanzé qui a appris le langage gestuel.* Liège : Editions Mardaga, 1986.

Thomas, Elizabeth Marshall. « Reflections : The Old Way. » *The New Yorker* (15 octobre 1990) : 78-110. *The Hidden Life of Dogs.* Boston et New York : Houghton Mifflin Co., 1993. Traduction française : *La Vie secrète des chiens.* Paris : Robert Laffont, 1995. *The Tribe of Tiger.* New York : Simon & Schuster, 1994.

Thomson, Robert. « The Concept of Fear. » *In Fear in Animals and Man.* Voir Mayes, 1979.

Tomkies, Mike. *On Wing and Wild Water.* Londres : Jonathan Cape, 1987. *Last Wild Years.* Londres : Jonathan Cape, 1992.

Trivers, Robert L. « The Evolution of Reciprocal Altruism. » *Quarterly Review of Biology* 46 (1971) : 35-57.

Turner, E. S. *All Heaven in a Rage.* Sussex, Angleterre : Centaur Press, 1992.

Turner, J. *Reckoning with tbe Beast : Animals, Pain, and Humanity in tbe Victorian Mind.* Baltimore : The Johns Hopkins University Press, 1980.

Tyack, Peter. « Whistle Repertoires of Two Bottle-nosed Dolphins, *Tursiops truncatus* : Mimicry of Signature Whistles ? » *Behavioral Ecology and Sociobiology* 18 (1989) : 251-57.

Voltaire, François-Marie Arouet, dit. *Dictionnaire philosophique,* Julien Benda et Raymond Naves (éd. établie par). Paris : Garnier Frères, 1961. « Les bêtes. » Article 6 *in Le Philosophe ignorant.* Les Œuvres complètes de Voltaire, vol. Mélanges, éd. établie par Jacques Van den Heuvel. Paris : Gallimard.

Waal, Frans de. *Chimpanzee Politics : Power and Sex Among Apes.* New York : Harper & Row, 1982. Traduction française : *La Politique du chimpanzé.* Monaco : Editions du Rocher, 1992. *Peacemaking Among Primates.* Cambridge, MA et Londres : Harvard University Press, 1989. Traduction française : *De la réconciliation chez les primates,* Paris, Flammarion, 1992.

Walker, Ernest P. *Mammals of the World,* 2e éd. Baltimore : The Johns Hopkins Press, 1986.

Walker, S. *Animal Thought.* Londres : Routledge & Kegan Paul, 1983.

Welty, Joel Carl, et Baptista, Luis. *The Life of Birds,* 4e éd. New York : Saunders College Publishing, 1988.

Wierzbicka, Anna. « Human Emotions : Universal or Culture-Specific ? » *American Anthropologist* 88 (1986) : 58-94.

Wiesner, Bertold P., et Sheard, Norah M. *Maternal Behavior in the Rat.* Edimbourg Londres : Oliver & Boyd, 1933.

Wigglesworth, V. B. « Do Insects Feel Pain ? » *Antenna* 4 (1980) : 8-9.

Wilkinson, Gerald S. « Food Sharing in Vampire Bats. » *Scientific American* 262 (1990) : 76-82.

Williams, J. H. *Elephant Bill.* Garden City, NY : Doubleday & Co., 1950.

Wilsson, Lars. *My Beaver Colony.* Trad. en anglais par Joan Bulman. Garden City, NY : Doubleday & Co., 1968.

Wiltschko, Wolfgang, Munro, Ursula, Ford, Hugh Ford, et Wiltschko, Roswitha. « Red Light Disrupts Magnetic Orientation of Migratory Birds. » *Nature* 364 (5 août 1993) : 525.

Winslow, James T., Hastings, Nick, Carter, C. Sue, Harbaugh, Carroll R., et Insel, Thomas R. « A Role for Central Vasopressin in Pair Bonding in Monogamous Prairie Voles. » *Nature* 365 (7 octobre 1993) : 545-48.

Wittgenstein, Ludwig. *Philosophical Investigations,* 3e éd. Trad. en anglais G. E. M. Anscombe. New York : Macmillan Co., 1968. L'édition française des œuvres de Wittgenstein a été assurée par les éditions Gallimard, Paris et les Editions Ter, Mauvesin.

Wu, Hannah M. H., Holmes, Warren G., Medina, Steven R., et Sackett, Gene P. « Kin Preference in Infant *Macaca nemestrina.* » *Nature* 285 (1980) : 225-27.

Yerkes, Robert M., et Yerkes, Ada W. *The Great Apes : A Study of Anthropoid Life.* New Haven, CT : Yale University Press, 1929.

Young, Stanley P. *The Wolves of North America : Their History, Life Habits, Economic Status, and Control.* 2e partie : « Classification of Wolves », par Edward A. Goldman. Washington, DC : American Wildlife Institute, 1944.

Index

Abus sexuels sur des enfants, 17, 40, 76
Adams, Jack, 87
Adamson, George, 16
Adamson, Joy, 65, 321
Adoption, 115-116, 242, 305
Agression, 52-53, 75-76, 188-214
Aigles, 73
Albatros, 272
Alexithymie, 34
Alligators, 97, 180
Alloparentage, 118, 228
Altruisme, 36, 55, 219-220, 226-232, 241-246
Ame, 291-292
American Anthropological Association, 126
Amitié, 122-125, 168
Amour, 34-36, 37, 55, 102-121
  filial, 113-115
  parental, 102-103, 105-113
  romanesque, 104-105, 126-135
Androclès, 320-321
Année de l'oie cendrée, L' (Lorenz), 49
Anthropocentrisme, 74-76
Anthropomorphisme, 15, 17, 21, 59-64, 68-73, 78, 96, 131
Ape Language (Savage-Rumbaugh), 19
Apion, 320
Apprendre l'optimisme (Seligman), 150
Araignées, 106-107, 316
Archibald, George, 133-134
Arioste, 52
Athan, Mattie Sue, 130, 212, 239, 255
Aulu-Gelle, 320
Autodéfense, 85-86, 189

Babouins, 30, 73, 95, 105, 114-115, 119, 195, 251, 287
Baleines, 57, 147, 186-187, 221-222, 230, 231-232, 269, 298
Bates, Henry Walter, 185-186, 218
Beauté, sens de la, 264-268, 274-277, 285-289
Becquetage, hiérarchie du, 194
Beehler, Bruce, 275
Bekoff, Marc, 67, 177
Bell Curve, The (Murray et Herrstein), 57

Bentham, Jeremy, 314, 315
Besoin de raconter, 294-299
Bisons, 179
Blaireaux, 121, 234
Bledsoe, Thomas, 87, 91
Boeufs musqués, 122
Bonobos (chimpanzés nains), 54, 179, 213
Bouc émissaire, 209
Brophy, Brigid, 310, 314
Brunvand, Jan Harold, 319
Buffles, 94, 218
Buffon, Georges Louis Leclerc de, 53-54
Burghardt, Gordon, 38

Cacatoès, 130
Caligula, 320, 321
Campagnols, 132
Canards, 132, 198
Caniches, 157
Caracals, 239
Caribous, 260
Carlquist, Sherwin, 98
Carrel, Alexis, 312
Cartmill, Matt, 56
Case for Animal Rights, The (T. Regan), 315
Castors, 113, 119, 124, 143-144, 158, 163-164, 167-169, 234
Cerfs, 174, 260
Cerveau, taille du, 56-57
Chadwick, Douglas, 83, 85-86, 92, 94, 157, 184, 283, 317
Chahut de l'accouplement, 300
Chasse, 56, 71
Chats, 60, 76, 81, 92, 110-111, 116-117, 119, 125, 203-205, 209
sauvages, 144, 195
viverins, 144-145
Chauve-souris, 242-243
Chevaux, 84, 125-126, 139, 154
Chèvres, 83-86, 89, 92, 94, 164-165, 236, 251
Chiens, 13-15, 60, 61, 76, 84-85, 88, 120, 138, 150-151, 170-171, 182, 201, 222-223, 253, 262, 293-294
sauvages, 28-29, 109, 118, 122-123, 217
sauvages des Indes, 202
Chimpanzés, 15, 24, 46, 67, 75, 92, 100, 115, 125, 127-128, 142-143, 153-154, 164-165, 168, 171-172, 177-178, 180, 190-191, 208, 211, 212-217, 224, 227, 230-231, 247-248, 253, 262, 264, 277-279, 287-288, 292-293, 295-298
Choking Doberman, The (J.H. Brunvand), 319
Coatis, 198, 271-272, 294
Cochons, 313
Colère, 37, 188, 190, 199-203
Communication non verbale, 48-50
Compassion, 35, 55, 218-225
Condors, 148
Connor, Richard, 232, 244
Conscience de soi, 247-248, 251
Contre-phobie, 82, 83
Corbeaux, 67
Corneilles, 179-181
Courage, 94-96
Cousteau, Jacques-Yves, 186
Coyotes, 31, 85, 118, 132-133, 269
Création artistique, 277-285
Crocodiles, 105-106
Cruauté (voir aussi Expérimentation animale) 152, 203-209
Crumley, Jim, 88
Culpabilité, 247-248, 261-263

Culture, 56, 285-289
Cummings, R. Gordon, 155
Cygnes, 88, 129-130, 132, 181

Darling, F. Fraser, 83, 174
Darwin, Charles, 9, 14, 23, 65, 83, 95, 153-155, 162, 254, 255, 311
Dauphins, 15-16, 57, 67, 76, 83, 139-140, 160, 163, 166, 170, 180, 182, 199, 230, 233-234, 244-246, 275, 284-285
Dawkins, Richard, 226-229, 242
De Grahl, Wolfgang, 83, 87
De la cruauté (Montaigne), 158
Dépression, 149-157
Descartes, René, 34, 44
Deuil, 51, 137-143
Dictionnaire du comportement animal (McFarland), 33, 80, 148
Dictionnaire philosophique (Voltaire), 45
Dinosaures, 167
Discours sur l'origine et les fondements de l'inégalité (Rousseau), 310
Discrimination raciale, 57
Dominance, 194-197
Douglas-Hamilton, Iain, 155
Douleur, 18, 57-59, 70, 310-311, 314-315
Dragons de Komodo , 180
Durrell, Gerald, 111, 269

Echidnés, 108
Ehmann, James, 281
Eléphants, 10-11, 24, 32, 57, 67, 73, 78, 87, 90, 96-97, 102-103, 118, 120, 126, 132, 140-142, 144, 154-157, 166-167, 182, 184-185, 210, 215-216, 222, 234-235, 249-250, 279-284, 300
Eléphants de mer, 98, 128
Elephant Tramp (G. Lewis), 156
Elsa, la lionne (J. Adamson), 16
Emotions (voir aussi les émotions spécifiques)
  en captivité, 28-30
  complexité des, 30-32
  définition des, 3, 34-36
  fonctions et bénéfices des, 36-38
  impossibilité d'ignorer les, 26-27
  inconscientes, 13
  intensité des, 303-304
  langage et, 43-47
  nobles, 55-57
  propres à l'animal, 299-301
Empathie 20, 41, 63, 67, 69, 92, 229, 235
Empreinte, 117-119
Encyclopaedia of Religion and Ethics (F. B. Jevons), 56
Enzensberger, Hans Magnus, 190
Epaulards (voir à Orques)
Epinéphrine, 42, 81
Erikson, Albert, 78
Espoir, 100-101
Ethique (Spinoza), 70
Expériences de privation, 103
Expérimentation animale, 18, 22, 81, 85, 149-152, 225, 310-312, 315, 316, 321-322
Expression des émotions chez l'homme et les animaux, L' (Darwin), 14, 23, 83, 154

Fagen, Robert, 176
Famille idéale, La (A. Rasa), 29
Faucons pèlerins, 92, 136-137, 181
Fauvettes, 272

Fenichel, Otto, 82
Feuerbach, Ludwig, 62
Fidélité, 131-132
Fisher, John Andrew, 62
Fonctions mentales dans les sociétés inférieures, Les (Lévy-Bruhl), 36
Fossey, Dian, 66, 158
Fous, 200
Fourmis, 185-186
Fouts, Roger, 98, 113, 230, 262, 280
Frame, Lory, 28
Frank, Robert, 244
Freuchen, Peter, 111
Freud, Sigmund, 13, 17, 34
Frey, William, 155, 157
Frisch, Karl von, 268, 297
Froude, James, 52
Funktionslust, 38-41, 145, 168, 207
Fureur et rage (voir aussi Colère), 35, 55

Gardner, Allen, 287
Gardner, Beatrix, 287
Gazelles, 82, 217
Gebel-Williams, Gunther, 27, 169
Gène égoïste, Le (R. Dawkins), 226, 242
Gènes, 227-229
Ghighlieri, Michael, 122
Gibbons, 270
Girafes, 110, 188
Gloutons, 128-129
Gnous, 82, 93, 94-95, 117, 258-259
Goodall, Jane, 15, 19, 25, 75, 115, 127, 145, 165, 192, 236, 247, 317
Gorilles, 83, 97, 125, 131, 146, 152, 158, 162, 164, 180, 210, 221, 251-252, 271, 278
Gould, Stephen Jay, 57
Goût, 271
Gratitude, 237-241
Grenouilles, 72
Griffin, Donald, 14, 297
Groos, Karl, 176
Grouses, 31
Grues blanches, 110, 133-134
Gucwa, David, 280-283
Guépards, 69, 72, 82, 95, 161
Guêpiers, 198
Guerre, 190-193
Guillemots, 108

Haine, 34, 55, 208
Haldane, J. B. S., 229
Hamburg, David A., 165
Harlow, Harry, 103, 149, 316
Hazlitt, William, 53
Herd of Red Deer (F.F. Darling), 174
Hérons, 303
Herrnstein, Richard J., 57
Hinde, Robert, 177
Histoire naturelle, L' (Buffon), 53
Histoire naturelle (Pline l'Ancien), 52
Hocking, William Ernest, 53
Holldobler, Bert, 185
Honte, 35, 36, 247-251
Hormones, 41-42, 81
Horner, John, 167
Houle, Marcy Cottrell, 136
Hugo, Victor, 156
Humour, sens de l', 53
Humphrey, N. K., 54, 70
Huxley, Julian, 65, 303
Hwange, Parc national, Zimbabwe, 90
Hyènes, 75, 94, 95, 122-123, 178, 192, 199, 206, 258-259

Ibex, 108
Impuissance acquise, 150-152
Intelligence, 19, 43, 53, 57
Izard, Carroll, 35

Jalousie, 209-213
James, William, 34, 53
Jamieson, D., 67
Jankowiak, William, 126
Jeux, 176-181
Jeux interespèces, 183-187
Jeux, 181-187
Jevons, Frank B., 61
Joie, 34, 160-187, 303-304
Jolly, Allison, 291
Jordan, William, 210
Justice, sens de la, 292-294

Kalahari, désert du, 286
Kangourous, 183, 190
Kant, Emmanuel, 34
Kavanau, J. Lee, 172
Kearton, Cherry, 224
Kennedy, John S., 62, 69, 249
Kenny, Anthony, 81
Kiwis, 112, 272
Kobs, 259
Konner, Melvin, 83
Kooning, Elaine de, 281, 282, 283
Kooning, Willem de, 281, 282, 283
Kortlandt, Adriaan, 264
Krutch, Joseph Wood, 238, 288, 304
Kruuk, Hans, 82, 93, 94, 121, 192, 199, 258

Laboratoire, études de, 18, 22, 81, 85, 149-152, 225, 310-312, 315-316, 321
Langage, 19, 64-66, 302
Langage corporel, 48-50
Lapins, 235
Larmes, 153-159
Last Wild Years (M. Tomkies), 68
Léopards, 87, 122, 179, 286
Lévy-Bruhl, L., 36
Lewis, George, 156
Lewis, Helen Block, 256
Leyhausen, Paul, 92, 124, 145, 195, 203, 205, 209, 259
Libération animale, La (P. Singer), 315
Liberté, 172, 173
Lilly, John, 321
Lily Pond, The (H. Ryden), 234
Lindbergh, Charles, 312
Lindholm, Charles, 127
Linné, Carl, 72
Lions, 75, 95, 109-110, 119, 140, 145, 161, 188, 222, 251, 260, 286, 299-300, 320-321
Lions de mer, 121
Locke, John, 45
Lopez, Barry, 235
Lorenz, Konrad, 18, 49, 50, 130
Loups, 31, 111, 113, 120, 152, 174, 208, 235
Loutres, 134
Lynx, 85

Macaques, 54, 236
Macdonald, David, 49, 111, 207, 219
Magoun, A. J., 128
Makis, 122-123, 182, 196
Mal-mesure de l'Homme, La (S.J. Gould), 57
Mangoustes, 29-30, 75, 113, 183-184, 191, 220-221, 239, 318
Marsouins, 87, 200, 252-253

Maxwell, Gavin, 134
McFarland, David, 62
Médicis, Cosme de, 188-189
Midgley, Mary, 26, 68, 70, 314
Moggridge, J. T., 106
Montaigne, Michel Eyquem de, 158
Montgomery, Sy, 66, 115
Morgan, Lloyd, 37
Morgan, Prys, 319
Morris, Desmond, 262, 277, 279
Mort, concept de la, 53, 141
Moss, Cynthia, 66, 96, 140-142, 167, 177, 222, 234
Murray, Charles, 57
Musaraignes, 268
Musique, 269-271, 289

Nathanson, Donald, 249, 256, 257, 262, 263
Néophobie, 87
New Antropomorphism, The (J.S. Kennedy), 62
Newton, Isaac, 45
Nollrnan, Jim, 270, 298
Nom, donner un, 66-68
Norépinéphrine, 81
Norris, Kenneth, 160, 163, 232, 244
Nuits Attiques (Aulu-Gelle), 320

Oceana (J. Froude), 52
Océan des Contes, L', 318
Ocelots, 124
Odorat, 271-272
Oertzen, Jasper von, 146
Of Wolves and Men (B. Lopez), 235
Oies, 31, 49, 130
Oiseaux à berceau, 274-276
Oiseaux de paradis, 274-276
Orangs-outans, 88, 131, 152, 175
Orgasme, 54
Orgueil et fierté, 55, 168-169
Ornithorynques, 108
Orques, 17, 147, 200, 206, 212, 233, 241
Ortega y Gasset, José, 71
Oryx, 196, 217
Ouistitis, 111
Ours, 32, 78-79, 86-87, 91-92, 105, 115, 162, 179, 206, 304-306
Oxytocine, 42, 304

Packer, Craig, 251
Pandas, 172, 300-301
Paons, 267, 268
Papillons, 106, 238
Parcimonie, principe de (rasoir d'Ockham), 37-38
Passion within Reason (R. Frank), 244
Patenaude, Françoise, 119
Pavlov, Ivan, 201
Payne, Roger, 298
Pepperberg, Irene, 46-47, 65, 212, 252, 313
Perroquets, 40, 46-47, 65, 84, 87, 116-117, 154, 174, 194, 211-212, 219, 239, 252, 269, 313
Peur, 35-37, 78-101
Philosophe ignorant, Le (Voltaire), 45
Phoques, 147, 154, 157-158
Pie II, 188-189
Pieuvres, 173
Pigeons, 269
Pingouins, 199
Pline l'Ancien, 52
Plutchik, Robert, 35
Pluviers, 184

Poissons, 128, 268
Poole, Joyce, 300
Poule de Tasmanie, 31
Preston, J. W., 110
Preuve anecdotique, 24-26
Propithèques, 182, 291
Pryor, Karen, 147, 170, 200-252, 253, 284-285
Psychanalyse, 12-13

Question of Animal Awareness, The (D. Griffin), 14

Rasa, Anne, 29, 220
Rats, 81, 85, 89, 108, 116
Raven, Seek thy Brother (G. Maxwell), 134
Réconciliation, 64, 213-214
Redmond, Ian, 162
Regan, Tom, 314, 315, 316
Reiss, Diana, 15
Religion, 291-292
Renards, 49, 75, 111-112, 181, 206, 219-220
Rensch, Bernhard, 273
Rêves, 11-12, 14, 78
Rhinocéros, 132, 163, 215-217
Richter, C. P., 150
Ristau, Carolyn, 164
Roberts, Catherine, 316
Rogers, Lynn, 78, 79, 162, 305-306
Roland Furieux (Arioste), 52
Rollin, Bernard, 314
Roosevelt, Theodore, 32
Rouges-gorges, 31
Rougir, 247, 254-255
Rousseau, Jean-Jacques, 310
Running with the Fox (D. Macdonald), 49, 207
Rushby, G. G., 24
Ryden, Hope, 31, 133, 234, 269

Savage-Rumbaugh, Sue, 19, 24, 297
Schaller, George, 28, 172, 208, 299, 300-301
Sélection naturelle, 226, 242
Seligman, Martin, 89, 150-151
Serengeti, 28, 72, 82, 122, 132, 251, 260
Sérotonine, 42
Serpents, 98, 272
Servals, 205
Signes, langue des, 46, 97-101, 295-297, 301-303
Singer, Peter, 314, 315
Singes, 25, 85, 95-96, 103, 111, 149, 151, 184, 225, 272-273, 286
Singes hurleurs, 270-271
Singh, Billy Arjan, 87
Solipsisme, 69-72
Solitude, 143-145
Souris, 172-173, 203-205
Spinoza, Baruch, 70, 71
Staddon, J. E. R., 74
Steller, George, 137-138
Strum, Shirley, 195
Symons, Donald, 54
Système limbique, 42

Tamerlan, 156
Teal, John, 122
Teleki, Geza, 227-264
Tennant, Sir E., 154-155
Terrace, Herbert, 211, 295, 296, 302
Testostérone, 42
Théorie béhavioriste classique du conditionnement, 89
Thomas, Elizabeth Marshall, 48-

49, 77, 88-89, 104-105, 138, 240, 286, 292, 293, 294, 306
Tigres, 27, 87, 169, 179
Timidité, 251-254
Tomkies, Mike, 68, 73, 234
Tomkins, Silvan, 35
Tortues, 105
Torture, 52, 70, 203-205
Toucans, 218
Tristesse et chagrin, 34, 36, 51, 136-159
Trivers, Robert, 244
Troglodytes, 99
Tuer en excédent, 206-207
Turnbull, Colin, 66

Vaches de mer, 138
Valkenburg, P., 128
Vampires, 242-243
Van Lawick, Hugo, 217, 218
Vautours, 272
Vengeance, 241
Vervets, 237
Veuves, 273
Vie secrète des chiens, La (E.M. Thomas), 77
View to a death in the Morning, A (M. Cartmill), 56
Viol, 71, 76, 197-199
Vision colorée, 266-267, 272-277
Vivisection, 45, 311-312
Vocalisations, 48, 161-162, 298
Voltaire, 45

Waal, Frans de, 19, 40, 49, 54, 64, 212-214, 250, 293
Wapitis, 31
Watson, J. B., 35
White, Robert, 311, 316
Wierzbicka, Anna, 35
Williams, J. H., 102-103
Wilson, Edward O., 185
Wilsson, Lars, 167-168
Wittgenstein, Ludwig, 100

Xénophane, 61

Zèbres, 112, 217-218
Zeligs, Jennifer, 120-121
Zoomorphisme, 77
Zoos, 14, 131, 143-144, 145-147, 174

Remerciements

Au cours des recherches effectuées pour la rédaction de cet ouvrage, nous avons rencontré de nombreux scientifiques, dresseurs d'animaux et autres professionnels dont l'avis nous a été des plus précieux. Nous tenons à remercier ici tout particulièrement pour leur aide et leur patience lors de nos conversations : George Archibald, Mattie Sue Athan, Luis Baptista, Kim Bartlett, John Beckman, Mark Bekoff, Tim Benneke, Joseph Berger, Nedim Buyukmihci, Lisa De Nault, Ralph Dennard, Pat Derby, Ian Dunbar, Mary Lynn Fischer, Maria Fitzgerald, Lois Flynne, Roger Fouts, William Frey II, Jane Goodall, Wendy Gordon, Donald Griffin, David Gucwa, Nancy Hall, Ralph Helfer, Abbie Angharad Hughes, Gerald Jacobs, William Jankowiak, Marti Kheel, Adriaan Kortlandt, Charles Lindholm, Sarah McCarthy, David Mech, Mary Midgley, Myrna Milani, Jim Mullen, Kenneth Norris, Cindy Ott-Bales, Joel Parrott, Irene Pepperberg, Leonard Plotnicov, Karen Reina de chez Bristol-Myers Squibb, Diana Reiss, Lynn Rogers, Vivian Siegel, Barbara Smuts, Elizabeth Marshall Thomas, Ron Whitfield et Gerald S. Wilkinson, entre autres. Toute notre reconnaissance également à Jennifer Conroy, Joanne Ritter, Mike Del Ross et Kathy Finger, de la Société des chiens guides d'aveugles à San Rafael. Nos éventuelles erreurs, pas plus que les spéculations hasardeuses et notamment celles jugées scientifiquement peu honorables, ne doivent pas être portées à leur crédit.

Nos amis et nos familles méritent quant à eux nos remerciements plus personnels pour leur soutien et la qualité de leur assistance, tout particulièrement Daniel Gunther, Joseph Gunther, Kitty Rose

McCarthy, Martha Coyote, John McCarthy, Mary Susan Kuhn, Andrew Gunther, Barbara et Gerald Gunther, Thomas Goldstein, Martin Levin, Bernard Taper, ainsi que Daidie Donnelley, Fred Goode, Justine Juson, Marianne Loring, Jane Matteson, Eileen Max et Barbara Sonnenborn.

Merci également à Elaine Markson, merveilleux agent, à Tony Colwell pour avoir cru tout du long à cette idée, à Steve Ross pour son enthousiasme et l'aide indispensable qu'il nous a apportée pour la réalisation de cet ouvrage ; quant à Kitty, ce qui est dû à Kitty, il n'y a que Kitty pour le savoir.

Table

Prologue : Sonder le cœur de l'autre 9

1. La cause des émotions 23
2. Des bêtes dépourvues de sentiment 52
3. Peur, espoir et terreurs nocturnes 78
4. L'amour et l'amitié 102
5. Chagrin, tristesse et ossements d'éléphants 136
6. Une aptitude à la joie 160
7. Fureur, dominance et cruauté 188
8. La compassion, le secours aux autres et le débat sur l'altruisme 215
9. Honte, rougeur et secrets cachés 247
10. La beauté, les ours et les couchers de soleil 264
11. Le religieux, la justice, l'indicible 290

Conclusion : Partager le monde avec ces animaux qui ont une vie émotionnelle 309

Notes 323
Bibliographie 363
Index 379

OUVRAGE DE JEFFREY M. MASSON
TRADUIT EN FRANÇAIS

Le Réel escamoté :
le renoncement de Freud
à la théorie de la séduction
Aubier-Montaigne, 1984.

La composition de cet ouvrage
a été réalisée par I.G.S. - Charente-Photogravure
l'impression et le brochage ont été effectués
sur presse Cameron dans les ateliers de
Bussière Camedan Imprimeries
à Saint-Amand-Montrond (Cher),
pour le compte des Éditions Albin Michel.

Achevé d'imprimer en janvier 1997.
N° d'édition : 15567. N° d'impression : 4/43.
Dépôt légal : janvier 1997.